Studien und Materialien
zum Straf- und Maßregelvollzug

herausgegeben von
Friedrich Lösel, Gerhard Rehn und Michael Walter

BAND 16

Die Verrechtlichung des Strafvollzugs und ihre Auswirkungen auf die Strafvollzugspraxis

Eine qualitative Analyse
teilstrukturierter Interviews

Maren Bergmann

Centaurus Verlag & Media UG 2003

Die Autorin, geb. 1968, studierte Rechtswissenschaft an der Universität Mainz und promovierte dort 2002 mit dieser Arbeit. Sie ist als Finanzbeamtin tätig.

Die Deutsche Bibliothek – CIP-Einheitsaufnahme

Bibliographische Information der Deutschen Bibliothek
Die Deutsche Bibliothek verzeichnet diese Publikation in der
Deutschen Nationalbibliographie; detaillierte bibliographische Daten
sind im Internet über http://dnb.ddb.de abrufbar.

ISBN 978-3-8255-0368-0   ISBN 978-3-86226-875-7 (eBook)
DOI 10.1007/978-3-86226-875-7
ISSN 0944-887X

Alle Rechte, insbesondere das Recht der Vervielfältigung und Verbreitung sowie der Übersetzung, vorbehalten. Kein Teil des Werkes darf in irgendeiner Form (durch Fotokopie, Mikrofilm oder ein anderes Verfahren) ohne schriftliche Genehmigung des Verlages reproduziert oder unter Verwendung elektronischer Systeme verarbeitet, vervielfältigt oder verbreitet werden.

© CENTAURUS Verlags-GmbH & Co. KG, Herbolzheim 2003

Satz: Vorlage der Autorin
Umschlaggestaltung: DTP-STUDIO, Antje Walter, Hinterzarten

Vorwort

Die vorliegende Arbeit wurde im Wintersemester 2001/2002 vom Fachbereich Rechts- und Wirtschaftswissenschaften der Johannes Gutenberg-Universität Mainz als Dissertation angenommen.

Namentlich gilt mein besonderer Dank meinem Doktorvater, Herrn Professor Dr. Dr. Michael Bock, für die fachliche Betreuung und sein Vertrauen in das Gelingen dieser Arbeit. Seit meiner Studienzeit konnte ich immer wieder durch die Teilnahme an seinen Lehrveranstaltungen und am Doktorandenkolloquium neue Erkenntnisse und Denkanstöße gewinnen. In diesem Rahmen hat er meine Interesse an der Kriminologie und an sozialwissenschaftlichen Fragestellungen geweckt.

Herrn Professor Dr. Alexander Böhm danke ich für wertvolle Hinweise und Anregungen sowie für die Erstellung des Zweitgutachtens.

Herr Leitender Ministerialrat Dr. Jürgen Behr hat durch seine freundliche Hilfestellung die Durchführung der Interviewreihen in den Justizvollzugsanstalten ermöglicht und somit eine Grundvoraussetzung für die Anfertigung der Arbeit geschaffen.

Dank sagen möchte ich weiterhin Frau Kerstin Kummermehr, die sich um die oft mühevolle und zeitintensive Transkription der Interviews verdient gemacht hat.

Ich möchte es darüber hinaus nicht versäumen, der Lang-Hinrichsen-Stiftung sowie der Gustav Radbruch-Stiftung meinen aufrichtigen Dank für ihre finanzielle Förderung auszusprechen.

Weiterhin möchte ich auch allen Freunden und Kollegen danken, die mich bei der Anfertigung dieser Arbeit unterstützt und sie bis zu ihrem Abschluss auf vielfältige Art und Weise begleitet haben.

Schließlich bin ich meinem Mann und meiner Familie für ihre ständige Unterstützung und ihr großes Verständnis dankbar. Ohne sie wäre die Arbeit nicht zu leisten gewesen. Großen Anteil daran haben vor allem meine Eltern, die meinen Werdegang in jeder erdenklichen Hinsicht gefördert haben. Ihnen widme ich dieses Buch.

Im Juli 2002												Maren Bergmann

Inhaltsverzeichnis

ABKÜRZUNGSVERZEICHNIS — XVII

EINLEITUNG — 1

  A. Problemstellung — 1
    I. Theoretische Konzeption — 1
    II. Der Strafvollzug als Forschungsfeld — 3

  B. Struktur des Forschungsvorhabens — 6
    I. Ziel des Forschungsvorhabens — 6
    II. Konzeption des Forschungsvorhabens — 6
      1. Qualitatives Forschungsdesign — 6
      2. Regionaler und sachlicher Umfang — 8
    III. Zur Aussagekraft der Forschungsergebnisse — 9

  C. Praktische Relevanz der Untersuchung — 10

TEIL 1 — 12

1. KAPITEL: DIE VERRECHTLICHUNG DES STRAFVOLLZUGS — 12

  A. Die Ambivalenz der Verrechtlichung — 12
    I. Begriff der Verrechtlichung — 12
    II. Begriff der Ambivalenz — 14
    III. Ursachen der Verrechtlichung — 14
      1. Technisch-industrielle Entwicklung — 14
      2. Internationale Verflechtungen — 15
      3. Rechtsstaatliche Anforderungen — 15
      4. Sozialstaatliche Anforderungen — 16
    IV. Ambivalente Folgen der Verrechtlichung — 17
    V. Gegenstrategien — 20
    VI. Zusammenfassung — 22

B. Die Ambivalenz der Verrechtlichung im Strafvollzug ... 23
I. Zur Sonderstellung des Strafvollzugs in der Verrechtlichungsdebatte ... 23
II. Die Verrechtlichung des Strafvollzugs ... 24
III. Die Auswirkungen des Rechts- und Sozialstaatsprinzips auf die Konzeption des StVollzG ... 26
  1. Rechtsstaatliche Auswirkungen ... 26
  2. Sozialstaatliche Auswirkungen ... 26
  3. Zusammenfassung ... 27
IV. Die Ambivalenz der Verrechtlichung im Strafvollzug ... 28
  1. Exkurs: Die (Fort-)Geltung der Behandlungsaufgabe des Strafvollzugs ... 28
    a) Vorwurf der mangelnden Effizienz des Behandlungsvollzugs ... 29
    b) Vorwurf der repressiven Funktionen des Behandlungsvollzugs ... 31
    c) Vorwurf der Fortsetzung des Verwahrvollzugs ... 32
  2. Wesentliche verrechtlichungsabhängige und -unabhängige Faktoren innerhalb einer Vollzugsanstalt ... 34
    a) Normierung von Rechten und Pflichten im Allgemeinen (Faktor 1) ... 37
    b) Normierung des Rechtswegs (Faktor 2) ... 40
    c) Erlass der VVStVollzG (Faktor 3) ... 43
    d) Normierung des Behandlungsvollzugs im Allgemeinen (Faktor 4) ... 46
    e) Normierung von Behandlungsmaßnahmen als subjektive Rechte (Faktor 5) ... 51
    f) Einbeziehung der Fachdienste in den Vollzug (Faktor 6) ... 52
    g) Sachzwänge einer JVA (Faktor 7) ... 56
    h) Vollzugsklima (Faktor 8) ... 57
    i) Zwangssituation der Haft (Faktor 9) ... 57
    k) Die JVA als staatliche Institution (Faktor 10) ... 58
V. Zusammenfassung ... 59

2. KAPITEL: DIE VERGLEICHSPAARE ... **61**

A. Der direkte Vergleich ... 61

B. Die Vergleichspaare ... 61
I. Vergleich zwischen den Fachdiensten und dem Allgemeinen Vollzugsdienst ... 61
II. Vergleich des Erwachsenen(regel)vollzugs mit dem Jugendstrafvollzug ... 63
III. Vergleich des Erwachsenen(regel)vollzugs mit dem Vollzug in einer sozialtherapeutischen Anstalt ... 64

C. Zusammenfassung	66
3. KAPITEL: PLANUNG DER EMPIRISCHEN ERHEBUNGEN	**66**
A. Forschungsrichtung: Qualitative Sozialforschung	66
I. Theoretischer Hintergrund und Methodologie der qualitativen Sozialforschung	67
II. Datengewinnung im Rahmen qualitativer Sozialforschung	70
III. Datenauswertung im Rahmen qualitativer Sozialforschung	72
IV. Kritische Betrachtung des qualitativen Forschungsansatzes	76
1. Zum Vorwurf der mangelnden Repräsentativität	76
2. Gütekriterien qualitativer Datenerhebung	78
3. Gütekriterien qualitativer Datenauswertung	79
4. Zusammenfassung	80
V. Der qualitative Ansatz des Forschungsvorhabens	80
B. Allgemeine Überlegungen zur Durchführung der Befragungen	82
C. Die Befragungsmethoden	83
I. Eingrenzung der Befragungsformen	83
II. Qualitative Befragungsmethoden	84
1. Gruppendiskussion	84
2. Das Interview	85
a) Das narrative Interview	86
b) Das wenig strukturierte Interview	87
c) Das teilstrukturierte Interview	88
III. Die angewandte Interviewform	90
D. Datenschutzrechtliche Vorgaben	91
4. KAPITEL: DIE EXPERTENINTERVIEWS	**93**
A. Vorstellung der Experten	93
B. Durchführung und Auswertung der Interviews	94
C. Bewertung der Kernaussagen	95
I. Kernaussagen zu den Themengebieten	95

1. Kernaussagen zum Verhältnis von Sicherheit und Behandlung	95
2. Kernaussagen zur Ausbildung des AVD in Hinblick auf behandlungsorientierte Aufgaben	95
3. Kernaussagen zum Ziel- und Rollenkonflikt des AVD	95
4. Kernaussagen zum Verhältnis zwischen dem AVD und den Fachdiensten	96
5. Kernaussagen zur Anwendung des StVollzG in der Vollzugspraxis	97
6. Kernaussagen zum Beschwerde- und gerichtlichem Antragsverfahren sowie zum Verwaltungsaufwand	98
7. Kernaussagen zu weiterem Regelungsbedarf	100
II. Bewertung der Kernaussagen	101
1. Regelvollzugsanstalt	101
2. Sozialtherapeutische Anstalt	102
3. Jugendstrafanstalt	104
4. Bewertung der übereinstimmende Aussagen	104
III. Zusammenfassung	105

5. KAPITEL: DIE INTERVIEWS MIT DEN GEFANGENEN   **107**

A. Beschreibung der in die Untersuchung einbezogenen Justizvollzugsanstalten	107
I. Die sozialtherapeutische Anstalt Ludwigshafen	107
II. Die Jugendstrafanstalt Schifferstadt	108
III. Die Justizvollzugsanstalt Diez	109
B. Planung der Auswahl	110
I. Auswahl der Gefangenen	110
II. Weitere Planungsschritte	111
III. Die konkrete Gruppeneinteilung	112
1. In der sozialtherapeutischen Anstalt Ludwigshafen	112
2. In der Jugendstrafanstalt Schifferstadt	113
3. In der Justizvollzugsanstalt Diez	113
C. Die Interviews in der sozialtherapeutischen Anstalt Ludwigshafen	114

I. Auswahl und Anwerbung der Interviewpartner	114
II. Rahmenbedingungen der Interviews	115
III. Exkurs: Bewertung des Untersuchungsvorgangs	116
D. Die Interviews in der Jugendstrafanstalt Schifferstadt	117
I. Auswahl und Anwerbung der Interviewpartner	117
II. Rahmenbedingungen der Interviews	118
E. Die Interviews in der Justizvollzugsanstalt Diez	119
I. Auswahl und Anwerbung der Interviewpartner	119
II. Rahmenbedingungen der Interviews	120

6. KAPITEL: DIE INTERVIEWS MIT DEN VOLLZUGSBEDIENSTETEN — 121

A. Die Planung der Auswahl	121
B. Die Interviews in der sozialtherapeutischen Anstalt Ludwigshafen	121
I. Auswahl und Anwerbung der Interviewpartner	121
II. Rahmenbedingungen der Interviews	122
C. Die Interviews in der Jugendstrafanstalt Schifferstadt	122
I. Auswahl und Anwerbung der Interviewpartner	122
II. Rahmenbedingungen der Interviews	122
D. Die Interviews in der Justizvollzugsanstalt Diez	123
I. Auswahl und Anwerbung der Interviewpartner	123
II. Rahmenbedingungen der Interviews	123

TEIL 2 — 125

1. KAPITEL: DAS ANALYTISCHE VORGEHEN — 125

A. Anerkannte Verfahren der Qualitativen Inhaltsanalyse	125
B. Das angewandte Verfahren der Qualitativen Inhaltsanalyse	128
I. Transkription der Interviews	128
II. Analyseschritte	129

1. Inhaltlich-strukturelle Zusammenfassung	129
a) Feststellung der verwertbaren Wortprotokolle	129
b) Auswahl der zu analysierenden Interviews	130
c) Bildung der Kategorien	131
d) Codierung der Interviews	132
e) Kernaussagen der Einzelinterviews	133
f) Kernaussagen der Gruppen	133
2. Interpretation	134

2. KAPITEL: AUF DIE STRAFVOLLZUGSANSTALTEN BEZOGENE AUSWERTUNG 135

A. Sozialtherapeutischer Vollzug	135
I. Normierung von Rechten und Pflichten im Allgemeinen (Faktor 1)	135
1. Normierung und Gestaltungsfreiräume	135
2. Antrags- und Entscheidungsverfahren	136
3. Verwaltungsstrukturen und therapeutisches Bündnis	139
4. GMV	140
5. Sicherheit und Ordnung	141
6. Regelungserfordernisse	143
II. Normierung des Rechtswegs (Faktor 2)	145
1. Konfliktenteignung	145
2. Absicherungsbedürfnis der Anstalt	146
III. Erlass der VVStVollzG (Faktor 3)	147
IV. Normierung des Behandlungsvollzugs im Allgemeinen (Faktor 4)	149
1. Behandlungsvollzug	149
a) Therapeutische Behandlung	149
b) Behandlung und Wohngruppenvollzug	150
c) Sozialtherapeutischer Vollzug aus Sicht der Gefangenen	154
2. Behandlungsbeitrag des AVD	156
V. Normierung von Behandlungsmaßnahmen als subjektive Rechte (Faktor 5)	159
1. Scheinanpassung	159
2. Absicherungsbedürfnis der Anstalt	161
VI. Einbeziehung der Fachdienste in den Vollzug (Faktor 6)	162

1. Aufgaben der Fachdienste und ihre Stellung im Vollzug	162
a) Sozialdienst	162
b) Psychologischer Dienst	162
2. Verhältnis zwischen AVD und Fachdiensten	164
VII. Sachzwänge einer JVA (Faktor 7)	166
VIII. Vollzugsklima (Faktor 8)	167
IX. Zwangssituation der Haft (Faktor 9)	168
1. Zwangssituation der Haft	168
2. Therapiemotivation	171
X. Die JVA als staatliche Institution (Faktor 10)	172
B. Jugendstrafvollzug	174
I. Normierung von Rechten und Pflichten im Allgemeinen (Faktor 1)	174
1. Normierung und Gestaltungsfreiräume	174
2. Antrags- und Entscheidungsverfahren	175
3. Verwaltungsstrukturen und therapeutisches Bündnis	178
4. GMV	178
5. Sicherheit und Ordnung	178
6. Regelungserfordernisse	180
II. Normierung des Rechtswegs (Faktor 2)	181
III. Erlass der VVStVollzG (Faktor 3)	182
IV. Normierung des Behandlungsvollzugs im Allgemeinen (Faktor 4)	183
1. Behandlungsvollzug	183
a) Therapeutische Behandlung	184
b) Behandlung und Erziehungsinhalte	185
c) Behandlungsvollzug aus Sicht der Gefangenen	187
2. Behandlungsbeitrag des AVD	190
V. Normierung von Behandlungsmaßnahmen als subjektive Rechte (Faktor 5)	193
1. Scheinanpassung	193
2. Absicherungsbedürfnis der Anstalt	194
VI. Einbeziehung der Fachdienste in den Vollzug (Faktor 6)	194

1. Aufgaben der Fachdienste und ihre Stellung im Vollzug	194
a) Sozialdienst	195
b) Psychologischer Dienst	195
2. Verhältnis zwischen AVD und Fachdiensten	196
VII. Sachzwänge einer JVA (Faktor 7)	198
VIII. Vollzugsklima (Faktor 8)	200
IX. Zwangssituation der Haft (Faktor 9)	201
1. Zwangssituation der Haft	201
2. Therapiemotivation	202
X. Die JVA als staatliche Institution (Faktor 10)	203
C. Regelvollzug	204
I. Normierung von Rechten und Pflichten im Allgemeinen (Faktor 1)	204
1. Normierung und Gestaltungsfreiräume	204
2. Antrags- und Entscheidungsverfahren	206
3. Verwaltungsstrukturen und therapeutisches Bündnis	210
4. GMV	210
5. Sicherheit und Ordnung	211
6. Regelungserfordernisse	212
II. Normierung des Rechtswegs (Faktor 2)	212
1. Konfliktenteignung	212
2. Absicherungsbedürfnis der Anstalt	215
III. Erlass der VVStVollzG (Faktor 3)	215
IV. Normierung des Behandlungsvollzugs im Allgemeinen (Faktor 4)	217
1. Behandlungsvollzug	217
a) Therapeutische Behandlung	219
b) Behandlung und Wohngruppenvollzug	221
c) Behandlungsvollzug aus Sicht der Gefangenen	222
d) Zusammenfassung	224
2. Behandlungsbeitrag des AVD	225
V. Normierung von Behandlungsmaßnahmen als subjektive Rechte (Faktor 5)	229
1. Scheinanpassung	229
2. Absicherungsbedürfnis der Anstalt	230

VI. Einbeziehung der Fachdienste in den Vollzug (Faktor 6)	232
1. Aufgaben der Fachdienste und ihre Stellung im Vollzug	232
a) Sozialdienst	232
b) Psychologischer Dienst	233
2. Verhältnis zwischen AVD und Fachdiensten	236
VII. Sachzwänge einer JVA (Faktor 7)	239
VIII. Vollzugsklima (Faktor 8)	242
IX. Zwangssituation der Haft (Faktor 9)	244
1. Zwangssituation der Haft	244
2. Therapiemotivation	245
X. Die JVA als staatliche Institution (Faktor 10)	245

3. KAPITEL: ZUSAMMENFASSUNG DER UNTERSUCHUNGSERGEBNISSE — **247**

A. Die Vergleichspaare	249
I. Vergleich zwischen den Fachdiensten und dem Allgemeinen Vollzugsdienst	249
1. Aufgabenumschreibung und Stellung der Fachdienste im Vollzug	249
2. Zusammenarbeit zwischen den Fachdiensten und dem AVD	255
II. Vergleich des Erwachsenen(regel)vollzugs mit dem Vollzug in einer sozialtherapeutischen Anstalt	260
1. Vollzug in einer sozialtherapeutischen Anstalt	260
2. Regelvollzug	266
3. Zusammenfassung	273
III. Vergleich des Erwachsenen(regel)vollzugs mit dem Jugendstrafvollzug	274
B. Prognose hinsichtlich ambivalenter Auswirkungen eines Jugendstrafvollzugsgesetzes	277

ANHANG — **283**

A. Leitfaden für die Gefangenen-Interviews	283
B. EXKURS: Interviews mit Gefangenen und Bediensteten einer JVA	286

I. Allgemeine Darstellung 286
   1. Vorbemerkungen 286
   2. Begrüßung und Einstieg 287
      a) Bedankung für die Bereitschaft zum Interview 287
      b) Informierung des Gesprächspartners und Vorstellung des Projekts 287
      c) Die Anfangsphase des Interviews 288
   3. Interviewtechniken, Gefahren und Probleme 289
      a) Äußere Verhaltensweisen 289
      b) Verhaltensweisen 291
      c) Techniken 291
   4. Beendigung des Interviews 292

II. Zu den Interviews mit den Gefangenen 293
   1. In der SthA Ludwigshafen 293
   2. In der JSA Schifferstadt 293
   3. In der JVA Diez 294

C. Kategorienschema für Gefangene 296

D. Kategorienschema für Bedienstete 298

LITERATURVERZEICHNIS **301**

Abkürzungsverzeichnis

a.A.	anderer Ansicht
Abs.	Absatz
a.F.	alte Fassung
AK-StVollzG	Kommentar zum Strafvollzugsgesetz in der Reihe Alternativkommentare
Anm.	Anmerkung
Art.	Artikel des Grundgesetzes
Aufl.	Auflage
AVD	Allgemeiner Vollzugsdienst
Bd.	Band
BDSG	Bundesdatenschutzgesetz
BVerfG	Bundesverfassungsgericht
BVerfGE	Entscheidungen des Bundesverfassungsgerichts (zitiert nach Band und Seite der amtlichen Entscheidungssammlung)
bes.	besonders
bzw.	beziehungsweise
d.h.	das heißt
ders.	derselbe
Diss.	Dissertation
DÖV	Die öffentliche Verwaltung
DSVollz	Dienst- und Sicherheitsvorschriften für den Strafvollzug
DVBl	Deutsches Verwaltungsblatt
DVollzO	Dienst- und Vollzugsordnung
EDV	Elektronische Datenverarbeitung
EGGVG	Einführungsgesetz zum Gerichtsverfassungsgesetz
Einl.	Einleitung
et al.	und andere
FGH	Freigängerhaus
Fn.	Fußnote
GG	Grundgesetz

GMV	Gefangenenmitverantwortung
Hrsg.	Herausgeber
i.d.R.	in der Regel
i.e.S.	im engeren Sinn
i.H.v.	in Höhe von
i.V.m.	in Verbindung mit
i.w.S.	im weiteren Sinn
JGG	Jugendgerichtsgesetz
JSA	Jugendstrafanstalt
JugStVollzG	Jugendstrafvollzugsgesetz
JVA	Justizvollzugsanstalt
JZ	Juristenzeitung
KJ	Kritische Justiz
KrimJ	Kriminologisches Journal
KZfSS	Kölner Zeitschrift für Soziologie und Sozialpsychologie
MRK	Menschenrechtskonvention
m.a.W.	mit anderen Worten
m.w.Nachw.	mit weiteren Nachweisen
MschrKrim	Monatszeitschrift für Kriminologie und Strafrechtsreform
n.F.	neue Fassung
NJW	Neue Juristische Wochenschrift
NStZ	Neue Zeitschrift für Strafrecht
o. Ä.	oder Ähnliches
o.g.	oben genannte
Rdnr.	Randnummer
S.	Seite
sog.	so genannte
st. Rspr.	ständige Rechtsprechung
StGB	Strafgesetzbuch
SthA	Sozialtherapeutische Anstalt
StPO	Strafprozessordnung
StVollzG	Strafvollzugsgesetz (Gesetz über den Vollzug der Freiheitsstrafe und der freiheitsentziehenden Maßregeln der Besserung und Sicherung)

u.a.	unter anderem
U-Haft	Untersuchungshaft
u.U.	unter Umständen
u.v.a.	und viele andere
Verf.	Verfasserin
VV	Verwaltungsvorschriften
VVJug	(bundeseinheitliche) Verwaltungsvorschriften zum Jugendstrafvollzug
VVStVollzG	(bundeseinheitliche) Verwaltungsvorschriften zum Strafvollzugsgesetz
WRV	Weimarer Reichsverfassung
z.B.	zum Beispiel
ZfStrVo	Zeitschrift für Strafvollzug und Straffälligenhilfe
ZG	Zeitschrift für Gesetzgebung
ZStrW	Zeitschrift für die gesamte Strafrechtswissenschaft
z.T.	zum Teil

Einleitung

A. Problemstellung

I. Theoretische Konzeption

Während Begriffe wie „Gesetzesflut" und „Überreglementierung"[1] mittlerweile eine eigenständige Aktualität in der Alltagssprache gefunden haben, wird in der wissenschaftlichen, interdisziplinär geführten Diskussion von Juristen, Soziologen, Politikwissenschaftlern und Ökonomen das Phänomen der Verrechtlichung erörtert. Aus historischer Sicht setzte die Verrechtlichung mit der Entwicklung des modernen Wohlfahrtsstaats ein[2], in welchem das Recht als Steuerungsmittel für Interventionen und Kompensationen des Sozialstaates eingesetzt wurde und bis heute der Gewährleistung der Daseinsvorsorge dient.[3] In Deutschland entwickelte sich die Diskussion erstmals in den 20er-Jahren mit der Verankerung des Sozialstaatsprinzips in einer deutschen Verfassung (Art. 151-165 WRV), die vor allem den Kampf um die Erhaltung bzw. den Ausbau sozialer Teilhaberechte zum Ziel hatte.[4] Der Begriff der „Verrechtlichung" entstand dabei als Kampfbegriff in der arbeitsrechtlichen Debatte der Weimarer Republik.[5] Ihren bedeutendsten Höhepunkt fand die Diskussion[6], die bis heute anhält, in den 70er und 80er-Jahren, wobei die Arbeits-, Wirtschafts- und Sozial-, Bildungs- und Umweltpolitik im

---

[1] Vgl. hierzu die Nachweise über die kaum noch überschaubare Literatur bei *Holtschneider*, Normenflut und Rechtsversagen, 1991, in Fn. 2, S. 28, der den Begriff „Gesetzesflut" wegen empirischer Unsicherheiten ablehnt und statt dessen die allgemeinen Begriffe „Verrechtlichung" oder „Rechtsvermehrung" bevorzugt (S. 43).

[2] *Teubner*, Verrechtlichung – Begriffe, Merkmale, Grenzen, Auswege, in: Kübler (Hrsg.), Verrechtlichung von Wirtschaft, Arbeit und sozialer Solidarität, 1984, S. 301; *Voigt*, Gegentendenzen zur Verrechtlichung, in: ders. (Hrsg.), Jahrbuch für Rechtssoziologie und Rechtstheorie, Bd. 9 (1983), S. 7 (22 f.). Die Entwicklungsphase der Verrechtlichung sieht *Habermas*, Theorie des kommunikativen Handelns, Bd. II, Zur Kritik der funktionalistischen Vernunft, 1981, bes. S. 522 ff., in vier epochalen Verrechtlichungsschüben, wobei er in dem zuletzt einsetzenden, der zum demokratischen und sozialen Rechtsstaat führte, den entscheidenden für das Verrechtlichungsphänomen sieht.

[3] *Bock*, Recht ohne Maß, 1988, S. 15; *Teubner* (Fn. 2), S. 303.

[4] *Voigt* (Fn. 2), S. 22.

[5] *Teubner* (Fn. 2), S. 298.

[6] Vgl. hierzu die Literaturübersicht bei *Hill*, Impulse zum Erlaß eines Gesetzes, DÖV 1981, in Fn. 2 auf S. 487 und bei *Holtschneider* (Fn. 1) in Fn. 4 auf S. 29.

Zentrum der wissenschaftlichen Beiträge und Veröffentlichungen standen und noch immer stehen.[7] Annähernd in dem Maße, in welchem die zunehmende Verrechtlichung festgestellt und beklagt wird, erfolgt eine Auseinandersetzung mit Strategien der Entrechtlichung, die von Entregelung in Form von Normreduzierung und Verbesserung der Gesetzesqualität bis hin zu Entstaatlichung reichen.[8] Weitgehend unbeeindruckt hiervon schreitet die Verrechtlichung voran. Zum einen werden weitere Rechtsnormen gefordert, beispielsweise durch Rufe nach „härteren" (Straf-)Gesetzen, und – so im Steuerrecht unter Hinweis auf eine gerechtere Verteilungspraxis – auch erlassen. Zum anderen eröffnen sich durch den gesellschaftlichen und technisch-industriellen Wandel immer wieder neue Rechtslücken, die zur Gewährleistung von Rechtsschutz und Rechtssicherheit einer Reglementierung bedürfen.[9] Als Folge der Verrechtlichung werden dieser gesellschaftliche Zustände zugeordnet, die aufgrund der unüberschaubaren Anzahl rechtlicher Vorschriften aller Art durch eine zunehmende Distanzierung zum Recht charakterisiert sind und letztlich ein Rechtsversagen herbeiführen, in dem das Recht seine Aufgabe als Steuerungsinstrument in der Gesellschaft nicht mehr erfüllt.[10] Gerade wegen der „beispiellosen Quantität und Qualität garantierter subjektiver Rechte, Freiheitsrechte und Rechte der sozialen Sicherung" ergebe sich die „paradoxe Situation", dass „sich viele Bürger vom Recht zurückziehen, es nicht ‚ergreifen' wollen oder können, und dass zunehmend diejenigen, die nach Moral und Gerechtigkeit fragen, sich *außerhalb* des Rechtsstaates stellen zu müssen glauben, um die Integrität ihrer Gesinnung unter Beweis zu stellen".[11]

Wenn derartige Folgen der Verrechtlichung in Staat und Gesellschaft im Allgemeinen festgestellt werden, sind sie insbesondere dort konkretisierbar, wo sozial geprägte Bereiche und zwischenmenschliche Beziehungen von ihr betroffen sind, die einer rechtlichen Erfassung und Durchdringung nicht zugänglich erscheinen, ohne dass ihre gerade in der „sozialen Prägung" bzw. „Zwischenmenschlichkeit" liegenden spezifischen Qua-

---

[7] Z.B. *Blanke*, Verrechtlichung von Wirtschaft, Arbeit und sozialer Solidarität, KJ 21 (1988), S. 190 ff.; Beiträge verschiedener Autoren in: *Kübler* (Hrsg.), Verrechtlichung von Arbeit, Wirtschaft und sozialer Solidarität, 1985; *Voigt* (Fn. 2). – Allgemein zur Problematik der Verrechtlichung *Bock* (Fn. 3); *Deggau*, Über einige Voraussetzungen und Folgen der Verrechtlichung, Rechtstheorie 20 (1989), S. 98-123.
[8] Vgl. die Vorschläge, zusammengefaßt von *Voigt* (Fn. 2), S. 17 ff.
[9] Vgl. z.B. die rasante Entwicklung des Internet, die datenschutzrechtliche Probleme mit sich bringt.
[10] *Holtschneider* (Fn. 1), S. 19, bes. S. 122 ff.
[11] *Bock* (Fn. 3), S. 26.

litäten Schaden erleiden oder gänzlich verloren gehen.¹² Solchermaßen zu beobachtende Tendenzen werden als Ambivalenz der Verrechtlichung bezeichnet.

Eine ausführlichere Darstellung der Problematik über die Ambivalenz der Verrechtlichung findet sich in Teil 1, 1. Kapitel, A., S. 12 ff.

II. Der Strafvollzug als Forschungsfeld

Obwohl sich der Strafvollzug, wie noch aufzuzeigen ist, durchaus als ein „verrechtlichtes" Gebiet darstellt, war er bislang kaum Gegenstand der wissenschaftlichen Forschung über die Verrechtlichung.¹³ Bevor er mit In-Kraft-Treten des Strafvollzugsgesetzes am 1.1.1977 auf eine gesetzliche Grundlage gestellt worden ist, wurden alle Maßnahmen an der seit 1.7.1962 bundesweit geltenden Dienst- und Vollzugsordnung der Landesjustizverwaltungen vom 1.12.1961 gemessen. Der Prozess der Verrechtlichung des Strafvollzugs als Vergesetzlichung, Justizialisierung und darüber hinaus als Bürokratisierung stellt sich gleichsam als Kettenreaktion nach In-Kraft-Treten des StVollzG dar, indem er sich – mit interpretierenden und ermessensleitenden (bundesweit geltenden) Verwaltungsvorschriften sowie ergänzenden Erlassen und Rundverfügungen auf Länderebene fortsetzte und eine Fülle gerichtlicher Entscheidungen verursachte.

Dass er dennoch nicht in den Blickwinkel der Verrechtlichungsdebatte geriet, mag daran liegen, dass er auf den ersten Blick nicht zwingend als einer der Bereiche zu qualifizieren ist, in denen das in Art. 20 Abs. 1 GG verankerte Sozialstaatsprinzip zu einer entsprechenden rechtlichen Ausgestaltung der Materie führte. Ausschlaggebend für den Erlass des StVollzG war der Beschluss des Bundesverfassungsgerichts vom 14.3.1972¹⁴, das für die rechtsstaatliche Legitimation der mit dem Freiheitsentzug ver-

---

¹² *Bock* (Fn. 3), S. 12 f.
¹³ In der einschlägigen Literatur gehen darauf mehr oder weniger ausführlich ein *Bandell*, Erfahrungen mit dem StVollzG aus der Sicht der Praxis, in: Gesellschaft für Rechtspolitik (Hrsg.), Bitburger Gespräche, Jahrbuch 1986/2, S. 53 ff.; *Böhm*, Zur „Verrechtlichung" des Strafvollzugs, ZfStrVo 1992, S. 37 ff.; *Koepsel*, Das Vollzugskonzept des Strafvollzugsgesetzes und seine Veränderungen durch Verwaltungsvorschriften und Erlasse der Landesjustizverwaltungen, ZfStrVo 1992, S. 46 ff.; *Müller-Dietz*, 20 Jahre Strafvollzugsgesetz – Anspruch und Wirklichkeit, ZfStrVo 1998, S. 12 ff.; *Preusker*, Erfahrungen der Praxis mit dem Strafvollzugsgesetz, ZfStrVo 1987, S. 11 ff.; *Walter*, Strafvollzug, 2. Aufl., 1999, Rdnr. 374 ff.; *Wingenfeld*, Die Verrechtlichung des Strafvollzugs in ihren Auswirkungen auf die judikative Entscheidungspraxis, 1999.
¹⁴ BVerfGE 33, 1 ff.

bundenen Eingriffe in Grundrechte der Gefangenen ein formelles Gesetz forderte. Der Gesetzgeber kam dieser Vorgabe mit Erlass des am 1.1.1977 in Kraft getretenen StVollzG nach.

Bereits 1973 hatte das Bundesverfassungsgericht jedoch in einer weiteren Entscheidung klargestellt, dass sich das zukünftige Strafvollzugsgesetz nicht nur in einem Rechtsstellungsgesetz erschöpfen dürfe, sondern auch im Zuge sozialstaatlicher Erfordernisse resozialisierende Maßnahmen gewährleisten müsse.[15] Entsprechend orientieren sich sowohl das in § 2 Satz 1 StVollzG normierte Vollzugsziel der Resozialisierung als auch die Konzeption des Strafvollzugs als Behandlungsvollzug am Maßstab des Sozialstaatsprinzips.[16] Der Gesetzgeber begriff den Behandlungsvollzug dabei im Sinne einer „problemlösenden Gemeinschaft", die soziale Interaktion und Kommunikation, basierend auf einer entsprechenden Sozial- und Organisationsstruktur der Anstalten, voraussetzt.[17] Kennzeichnend hierfür sind Beziehungen zwischen der Anstalt und ihren Insassen, die von Vertrauen und Hilfe der Stärkeren gegenüber den Schwächeren geprägt sind. Die sich anschließende Frage, inwieweit im Zuge der rechtlichen Umsetzung der rechts- und sozialstaatlichen Inhalte Gefahren und Hemmnisse für die Erreichung des Resozialisierungsziels allgemein in der Vollzugspraxis sowie konkret für die behandlungsorientierten Beziehungen zwischen Gefangenen und Vollzugsbediensteten bestehen, z.B. durch die rechtliche Verstellung von Experimentierräumen[18] oder die vollständige Inanspruchnahme der Vollzugsbediensteten durch Verwaltungsarbeiten zulasten von Behandlungsmaßnahmen[19], kann als typische Verrechtlichungsthematik verstanden werden.

Die Erforschung der Ambivalenz der Verrechtlichung läuft jedoch nicht auf eine einseitige, ausschließlich ihre negativen Auswirkungen beachtende Sicht hinaus, obwohl gerade in ihnen die Ambivalenz zum Ausdruck kommt. Gleichermaßen ist zu untersuchen, ob das StVollzG auch Möglichkeiten geschaffen hat, die geeignet sind, zum einen das Selbstbewusstsein und die Selbstachtung der Gefangenen zu fördern, und zum anderen

---

[15] BVerfGE 35, 202 (235 f.) – Lebach; bestätigt in E 40, 276 (283).
[16] *Calliess/Müller-Dietz*, StVollzG, 8. Aufl., 2000, Rdnr. 30 der Einl.
[17] *Calliess/Müller-Dietz* (Fn. 16), § 4 Rdnr. 6. Zur eingeschränkten Anwendung der Prinzipien der „therapeutischen Gemeinschaft" im Strafvollzug siehe *Michelitsch-Träger*, Sozialtherapeutisch ausgerichteter Wohngruppenvollzug – oder: was man wissen muß, wenn man eine Wohngruppe implementieren will, ZfStrVo 1991, S. 283 ff.
[18] *Walter* (Fn. 13), Rdnr. 386.
[19] *Herrfahrdt*, Das Strafvollzugsgesetz auf dem Prüfstand, ZfStrVo 1990, S. 4.

sie zugänglich zu machen, sich auf neue Erfahrungen und helfende Angebote der Vollzugsbediensteten einzulassen. Gerade die Stärkung der rechtlichen Stellung des Gefangenen durch das StVollzG und die damit verbundene Abschaffung des besonderen Gewaltverhältnisses gibt ihm – nun einfacher als zuvor[20] – die Möglichkeit, sein Begehren notfalls gerichtlich durchzusetzen, was bei ihm wiederum zu größerer Offenheit gegenüber Behandlungsangeboten führen könnte. Das Gefühl, nicht mehr „schutzlos" dem Staat ausgeliefert zu sein, sondern grundsätzlich mit Rechten und Pflichten – wie im alltäglichen Leben – ausgestattet zu sein, könnte zu einer Verbesserung des Klimas in den Strafanstalten und zu ihrer Befriedung beigetragen haben.

Darüber hinaus erschien der Strafvollzug auch insofern für eine Untersuchung der Ambivalenz der Verrechtlichung geeignet, als dass die Gefangenen Recht und Gesetz in der „totalen Institution"[21] Strafvollzug größte Bedeutung zumessen. Aufgrund der Vielzahl der Freiheitsbeschränkungen und der Unmöglichkeit, (vermeintlich) nicht gerechtfertigten Beeinträchtigungen auszuweichen, entwickeln die meisten von ihnen eine gesteigerte Rechtsempfindlichkeit. Selbst kleinste Einschränkungen werden als Rechtsverletzung empfunden, die ein Gefühl nach Genugtuung hervorrufen, das sich für sie in der Regel nur auf dem Rechtsweg erreichen lässt.[22]

Insgesamt kann festgestellt werden, dass sich der Strafvollzug bei näherem Hinsehen als ein durchaus verrechtlichungssensibler Bereich zeigt, der sich aufgrund seiner bisherigen Unerforschtheit als Untersuchungsfeld anbot. Die Ambivalenz der Verrechtlichung des Strafvollzugs ist Gegenstand der Ausführungen in Teil 1, 1. Kapitel, B., S. 23 ff.

---

[20] Erst seit 1961 konnte der Gefangene gemäß Nr. 196 Abs. 2 DVollzO i.V.m. §§ 23 ff. EGGVG einen Antrag auf gerichtliche Entscheidung stellen, über den das Oberlandesgericht durch Beschluss zu entscheiden hatte, wobei es die Rechtmäßigkeit von Vollzugsmaßnahmen anhand der DVollzO und nicht am GG überprüfte. Vorher hatten sich die Verwaltungs- und ordentlichen Gerichte – trotz der in Art. 19 Abs. 4 GG festgelegten Rechtsweggarantie – wechselseitig für unzuständig erklärt, siehe *Göppinger*, Kriminologie, 5. Aufl., 1997, S. 769/770.
[21] Begriff von *Goffmann* (1961).
[22] *Kaiser/Kerner/Schöch*, Strafvollzug, 4. Aufl., 1992, § 5 Rdnr. 3.

B. Struktur des Forschungsvorhabens

I. Ziel des Forschungsvorhabens

Das Ziel der vorliegenden Untersuchung ist es zu erforschen, ob die Verrechtlichung des Strafvollzugs ambivalenten Charakter aufweist und – bei Bestätigung dieser Annahme – wie sich diese Ambivalenz auf die Personal- und (soziale) Handlungsstruktur innerhalb einer Strafvollzugsanstalt auswirkt. Soweit in diesem Zusammenhang von der Verrechtlichung des Strafvollzugs gesprochen wird, konzentriert sich die Arbeit auf die Untersuchung der durch die Vergesetzlichung und Bürokratisierung ausgehenden Auswirkungen auf die Strafvollzugspraxis.

Mit der vorliegenden Arbeit wird erhofft, den Strafvollzug als Forschungsgebiet in der Verrechtlichungsdiskussion zu thematisieren, gleichsam ein „Feld zu öffnen" und entsprechende Tendenzen aufzeigen zu können. Ziel der Arbeit kann es hingegen nicht sein, das StVollzG in seinen konkreten Regelungen zu bewerten. Es liegt auch nicht annähernd in der Intention der Arbeit, ein Votum für den Abbau rechts- oder sozialstaatlicher Errungenschaften auf dem Gebiet des Strafvollzugs abzugeben.[23] Begreift man, wie hier vorausgesetzt, die sozialstaatliche Verrechtlichung als Teil eines epochalen Verrechtlichungsschubs, dann kommt eine Entrechtlichung in Form der Rücknahme politischer Entscheidungen ohnehin nicht in Betracht.[24]

II. Konzeption des Forschungsvorhabens

1. Qualitatives Forschungsdesign

Ein empirisches Vorgehen erwies sich zur Erreichung des Forschungsziels als unerlässlich, da es zu dem Verhältnis Strafvollzug und Verrechtlichung bislang nur wenige wis-

---

[23] Zutreffend insofern *Deggau* (Fn. 7), S. 98 f., der die Alternativfrage „Verrechtlichung oder Entrechtlichung" aufgrund der „durch das Recht erbrachten Leistungen" als falsche Fragestellung bezeichnet.
[24] *Teubner* (Fn. 2), S. 303.

senschaftliche Beiträge und insbesondere kaum empirische Erkenntnisse[25] gibt. Die Unerforschtheit des Untersuchungsgegenstandes gab den Ausschlag für ein qualitatives Forschungsdesign, das näher in Teil 1, 3. Kapitel, A., S. 66 ff. vorgestellt wird. Mittels offener, teilstrukturierter Interviews wurden insgesamt 40 Gefangene und 12 Vollzugsbedienstete aus drei Justizvollzugsanstalten zum Forschungsthema befragt. Die Wahl der Befragungsmethode und ihre konkrete Anwendung werden in Teil 1, 3. Kapitel C., S. 83 ff., beschrieben. Nach den Ausführungen zu den Experteninterviews in Teil 1, 4. Kapitel, S. 93 ff., die dem explorativen Einstieg in das Forschungsthema dienten, werden in Teil 1, 5. Kapitel, A., die in die Untersuchung einbezogenen Justizvollzugsanstalten (S. 107 ff.) sowie unter B. bis E. das Auswahlverfahren und die Interviewreihen mit den Gefangenen beschrieben (S. 110 ff.). Es schließt sich in Teil 1, 6. Kapitel, S. 121 ff., die Darstellung der Interviews mit den Vollzugsbediensteten an.

Aus den erstellten Wortprotokollen der Interviews mit den Gefangenen wurden jeweils 6 pro Anstalt ausgewählt und im Verfahren einer qualitativen Inhaltsanalyse ausgewertet. Ihrer Entwicklung und Anwendung gilt Teil 2, S. 125 ff., der Arbeit. Gleichermaßen wurden alle Interviews mit den Vollzugsbediensteten analysiert. Der sich darauf zuerst aufdrängende Vergleich der Situation vor und nach In-Kraft-Treten des StVollzG drohte von vornherein an „Zeitzeugen" zu scheitern. Um die derart gewonnenen Interpretationsergebnisse zu systematisieren, wurden daher bereits in der Explorationsphase Vergleichspaare gebildet, die geeignet erschienen, die Verrechtlichung im Strafvollzug zu verdeutlichen. Demnach wurden die Ergebnisse aus der Befragung im Erwachsenenvollzug denen aus der Befragung im Jugendstrafvollzug gegenüber gestellt, da Letzterer bislang keiner gesetzlichen Regelung unterliegt. Anhand eines weiteren Vergleichs des Regelvollzugs mit dem Vollzug in einer sozialtherapeutischen Anstalt konnten die Auswirkungen der Verrechtlichung auf einen realisierten Behandlungsvollzug deutlicher herausgearbeitet werden. Im Blickpunkt des dritten Vergleichs zwischen (Zusammen-)Arbeit und Aufgabenstellung der Fachdienste und des AVD standen die strukturellen Veränderungen, die durch das In-Kraft-Treten des StVollzG ausgelöst wurden. Der theoretische Hintergrund der Vergleichspaare wird ausführlich in Teil 1, 2. Kapitel, S. 61 ff., erörtert. Die entsprechenden Untersuchungsergebnisse sind in Teil 2, 3. Kapitel, A., S. 247 ff., zusammengefasst.

---

[25] In einer Inhaltsanalyse richterlicher Entscheidungen geht *Wingenfeld* (Fn. 13) der Frage nach, welche Auswirkungen das In-Kraft-Treten des StVollzG auf die Rechtsprechung in Strafvollzugssachen hatte.

2. Regionaler und sachlicher Umfang

Das Forschungsvorhaben wurde – bedingt durch zeitliche und finanzielle Vorgaben – auf drei Justizvollzugsanstalten des Land Rheinland-Pfalz beschränkt. Die Untersuchung wurde für den Erwachsenen(regel)vollzug in der JVA Diez, für den Vollzug in einer sozialtherapeutischen Anstalt in der JVA Ludwigshafen und für den Jugendstrafvollzug in der JSA Schifferstadt durchgeführt.

In sachlicher Hinsicht beziehen sich die Ergebnisse des Forschungsvorhabens ausschließlich auf den geschlossenen Vollzug. Auf die Einbeziehung von Gefangenen und Vollzugsbediensteten im offenen Vollzug wurde abgesehen, da angesichts der für eine empirische Untersuchung geringen Erhebungsanzahl von 40 Interviews mit Gefangenen und 12 Interviews mit Vollzugsbediensteten eine thematische Begrenzung geboten war.

Bewusst wurde auch auf eine Einbeziehung des Untersuchungshaftvollzugs verzichtet, obwohl gerade dieser – ebenso wie der Jugendstrafvollzug – noch keiner spezifischen gesetzlichen Normierung unterliegt. Abgesehen von den allgemeinen Regelungen des § 119 StPO und der §§ 177, 178 StVollzG findet sich eine rechtliche Ausgestaltung des Vollzugs der Untersuchungshaft lediglich in der Untersuchungshaftvollzugsordnung, die als Verwaltungsanordnung den verfassungsrechtlichen Anforderungen, insbesondere denen des Rechtsstaatsprinzips nicht genügt. Der Untersuchungshaftvollzug unterscheidet sich jedoch in einem Merkmal wesentlich von den anderen Vollzugsarten: In der Untersuchungshaft soll der Häftling nicht – wie während des Vollzugs von Jugend- und Freiheitsstrafe – „gebessert", d.h. resozialisiert bzw. erzogen, sondern dazu gezwungen werden, sich dem bevorstehenden Strafverfahren und der Vollstreckung einer Freiheitsstrafe bzw. Maßregel zu stellen.[26] Die Untersuchungshaft darf wegen der für den Häftling sprechenden Unschuldsvermutung gemäß Art. 6 II MRK keine – wie auch immer geartete – Behandlung des Untersuchungsgefangenen umfassen. Aber gerade die Behandlung bzw. Erziehung ist Ansatzpunkt der Diskussion über die Ambivalenz der Verrechtlichung im Strafvollzug, da ihr Wesen und ihre Qualität nur schwer in Recht umzusetzen sind. Da diese Überlegungen auf den Untersuchungshaftvollzug nicht oder nur bedingt zutreffen[27], blieb er thematisch unberücksichtigt.

---

[26] *Kleinknecht/Meyer-Goßner*, Strafprozeßordnung, 43. Aufl., 1997, Vor § 112, Rdnr. 5.
[27] Gemäß § 93 Abs. 2 JGG soll auch die Untersuchungshaft von jugendlichen Gefangenen erzieherisch gestaltet werden.

III. Zur Aussagekraft der Forschungsergebnisse

Es wird als selbstverständlich vorausgesetzt, dass angesichts der Komplexität sowohl der Verrechtlichungsthematik als auch der den Strafvollzug bestimmenden und beeinflussenden Bedingungen die vorliegende Arbeit die Frage nach der Ambivalenz der Verrechtlichung des Strafvollzugs in ihren Auswirkungen auf die Strafvollzugspraxis nicht erschöpfend beantworten kann. Vielmehr soll anhand von forschungsrelevanten Themenbereichen, welche in der explorativen Phase nach der Auswertung von Sekundärliteratur und der Experteninterviews herausgearbeitet wurden und die Konzeption der Interviews bestimmten, die Problematik der Verrechtlichung im Strafvollzug empirisch nachgewiesen werden, um gegebenenfalls weiteren Forschungsbedarf zu begründen.

Wenn von Auswirkungen der Verrechtlichung auf die Strafvollzugspraxis die Rede ist, insbesondere durch das StVollzG und die VVStVollzG, darf dies allerdings nicht in einem kausalen Sinn verstanden werden. Zum einen ist unübersehbar, dass die Verrechtlichungsphänomene im Strafvollzug flankiert, teilweise überlappt und untrennbar verbunden sind mit dessen tatsächlichen Bedingungen.[28] Ob die Haftzeit in einer Justizvollzugsanstalt als erträglich oder belastend empfunden wird, hängt von den Arbeits-, Weiterbildungs- und Freizeitangeboten[29], der Haftraumausstattung und der Lockerungspraxis ab.[30] Zum anderen gab es schon vor der Vergesetzlichung des Strafvollzugs in der bundeseinheitlich geltenden DVollzO von 1961 eine rechtliche Grundlage, die das Strafvollzugsverhältnis regelte. In ihrer Novellierung von 1969 nahm sie sogar reformatorische, auf den Resozialisierungsgedanken zurückzuführende Regelungen des StVollzG vorweg.[31] Insgesamt behauptete sich aber während ihrer Geltung ein sicherheitsorientierter Verwahrvollzug[32], so dass im Nachhinein nur in geringem Umfang Ansätze von verrechtlichungsbedingten Auswirkungen zu vermuten sind.

---

[28] Vgl. die Abbildung 1 auf S. 36 sowie die erläuternden Ausführungen in Teil 1, 1. Kapitel, IV., 2., S. 34 ff.
[29] Die Angebote zur Freizeitgestaltung hält beispielsweise *Rotthaus* als für die Lebensqualität in einer Anstalt aus der Sicht der Gefangenen für bestimmend, in: Die Bedeutung des Strafvollzugsgesetzes für die Reform des Strafvollzugs, NStZ 1987, S. 3.
[30] Weitere Faktoren sind z.B. Größe und bauliche Gestalt der Anstalt, Personal-, Organisations- und Interaktionsstruktur, Ausbildung der Bediensteten.
[31] *Rotthaus* (Fn. 29), S. 5.
[32] *Laubenthal*, Strafvollzug, 2. Aufl., 1998, Rdnr. 111.

Da jede Anstalt ihre eigene Organisations- und Personalstruktur hat, die erheblichen Einfluss auf das Interaktionsgefüge innerhalb der Anstalt ausübt[33], werden die in dieser Untersuchung erzielten Ergebnisse grundsätzlich nicht in ihrer Gesamtheit auf alle Strafanstalten in Deutschland zutreffen. Die aufgezeigten Tendenzen können jedoch insofern einen allgemeinen Aussagecharakter haben, als dass sie zumindest richtungsweisend für die gegenwärtige Lage des Strafvollzugs in Deutschland sind.

C. Praktische Relevanz der Untersuchung

Die praktische Bedeutung des Forschungsvorhabens erstreckt sich nicht nur auf die Frage, ob weitere Verrechtlichungstendenzen im Strafvollzug gerechtfertigt sind, sondern auch auf die schon seit Jahren bestehende Diskussion um die Schaffung eines Jugendstrafvollzugsgesetzes.[34] Eine einheitliche gesetzliche Regelung für den Jugendstrafvollzug besteht derzeit nicht. Neben den einschlägigen Vorschriften des JGG und des StVollzG zum Jugendstrafvollzug kommen insbesondere die von den Justizministern der Länder erlassenen „Bundeseinheitlichen Verwaltungsvorschriften zum Jugendstrafvollzug" zur Anwendung, die inhaltlich weite Teile des StVollzG übernommen haben.[35] Die Frage nach der Erforderlichkeit einer Verrechtlichung des Jugendstrafvollzugs ist allerdings nicht nur von rechtstheoretischer sowie – angelehnt an die rechtsstaatlichen Erwägungen zum Erlass des StVollzG – von verfassungsrechtlicher Bedeutung. Angesichts des gesetzlichen Rahmens, den die §§ 91, 92, 115 JGG, die einschlägigen Regelungen des StVollzG sowie die den Rechtsweg eröffnenden §§ 23 ff. EGGVG für den Jugendstrafvollzug bilden, ist verfassungsrechtlich zumindest zweifelhaft, ob dieser eine ausreichende gesetzliche, vom Parlament getragene Grundlage für Eingriffe in die Rechte der jugendlichen Gefangenen darstellt, da schließlich wesentliche Eingriffe in Rechte der jugendlichen Gefangenen unberücksichtigt bleiben.[36]

---

[33] *Müller-Dietz*, Empirische Forschung und Strafvollzug, 1976, S. 12.
[34] Siehe dazu *Schaffstein/Beulke*, Jugendstrafrecht, 13. Aufl., 1998, S. 273 ff., und *Böhm*, Zur Diskussion um die gesetzliche Regelung und die tatsächliche Entwicklung des Jugendstrafvollzuges, in: Schwind/Kube/Kühne (Hrsg.), Festschrift für Hans Joachim Schneider, 1998, S. 1015 ff., der befürchtet, dass es ohne eine Entscheidung des Bundesverfassungsgerichts in absehbarer Zeit keinen entsprechenden Erlass geben wird.
[35] *Laubenthal* (Fn. 32), Rdnr. 14; *Schaffstein/Beulke* (Fn. 34), S. 273.
[36] *Böhm* (Fn. 34), S. 1019; *ders.*, Überlegungen zur Rechtsstellung der im Jugendstrafvollzug befindlichen Gefangenen, in: Schwind (Hrsg.), Festschrift für Günter Blau, 1985, S. 192; *Walter* (Fn. 13), Rdnr. 18 b.

Es herrscht vielmehr weitgehend Einigkeit darüber, dass der Jugendstrafvollzug nicht den gleichen Regelungen unterliegen darf wie der Erwachsenenstrafvollzug. Aus diesem Grund wird der Erlass eines Gesetzes gefordert, das jugendspezifischen Bedürfnissen entspricht und eine eigenständige, vom Erwachsenenstrafvollzug unabhängige Entwicklung des Jugendstrafvollzugs ermöglicht.[37] Zwar gibt § 91 Abs. 1 JGG das Ziel des Jugendstrafvollzugs vor und in seinen Abs. 2 bis 4 grundsätzliche Hinweise dafür, wie dieses Ziel erreicht werden soll. Es fehlen jedoch Vorschriften, welche die Inhalte und Zuständigkeiten bei allen Rechtsbeschränkungen definieren.[38] Insbesondere stellt sich die Frage, ob und inwieweit mit dem Erziehungsziel – ähnlich wie mit dem Resozialisierungsziel im Erwachsenenstrafvollzug[39] – Eingriffe in die Rechte der jugendlichen Gefangenen gerechtfertigt werden dürfen.[40] Gleichfalls ungeklärt ist das Verhältnis zwischen dem Erziehungsziel und den anderen ebenfalls im Jugendstrafvollzug geltenden Aufgaben wie Sicherheit und Ordnung der Anstalt und Schutz der Allgemeinheit.[41] Aber auch einem JugStVollzG würde das Auftreten ambivalenter Wirkungen immanent sein. Die Normierung jugendspezifischer Belange birgt die Gefahr in sich, die derzeit existierenden Entscheidungs- und Experimentierräume einzuschränken, wenn nicht sogar gänzlich zu beseitigen. Diese jedoch sind im Jugendstrafvollzug Voraussetzung für flexible, auf die jugendlichen Straftäter individuell abgestimmte und situationsangepasste Erziehungsmaßnahmen während ihrer Haftzeit. Zu bedenken ist, ob ein gelockerter, pädagogisch orientierter und vom Erziehungsgedanken geprägter Jugendstrafvollzug[42] durch gesetzliche Vorgaben gefährdet wird. Die vorliegende empirische Untersuchung zur Verrechtlichung des Strafvollzugs möchte daher zur Diskussion über die Fassung eines JugStVollzG beitragen, indem aufgrund der erzielten Ergebnisse zur Verrechtlichung im (Erwachsenen-)Strafvollzug in Teil 2, 3. Kapitel, B., S. 277 ff., eine Prognose für den Jugendstrafvollzug gewagt wird.

---

[37] *Böhm* (Fn. 34), S. 1024 f.; *ders.* (Fn. 36), S. 190.
[38] *Böhm* (Fn. 37), S. 193.
[39] Vgl. hierzu 1. Kapitel, B., III., 2., S. 26 (mit Fn. 136).
[40] *Böhm* (Fn. 37), S. 194.
[41] Aus der Systematik des § 91 JGG wird deutlich, dass dem Erziehungsziel gegenüber den anderen Aufgaben des Vollzugs ein höherer Stellenwert zukommt, als ihn das Resozialisierungsziel im Erwachsenenvollzug besitzt, *Böhm* (Fn. 37), S. 194, und *ders.* (Fn. 34), S. 1018.
[42] *Schaffstein/Beulke* (Fn. 34), S. 270.

Teil 1

1. Kapitel: Die Verrechtlichung des Strafvollzugs

A. Die Ambivalenz der Verrechtlichung

I. Begriff der Verrechtlichung

Bevor auf die Ambivalenz der Verrechtlichung näher eingegangen und der Bezug zum Strafvollzug hergestellt wird, soll zunächst der Begriff der Verrechtlichung inhaltlich bestimmt werden.

Aufgrund der in verschiedenen Wissenschaftsgebieten geführten Verrechtlichungsdebatte, sowohl auf nationaler als auch auf internationaler Ebene, werden der Verrechtlichung gleichermaßen vielfältige Bedeutungsinhalte zugewiesen, welche im Rahmen dieser Arbeit nicht erläutert werden können.[43] Ausgehend von der hier zu Grunde gelegten rechtswissenschaftlichen Begriffsbestimmung von *Voigt*[44], die neben quantitativen auch qualitative Aspekte der Verrechtlichung einbezieht, werden gleichermaßen rechtssoziologische Aspekte berücksichtigt.

Voigt versteht unter Verrechtlichung einerseits den Erlass von Gesetzen und anderen rechtlichen Regelungen (Rechtsverordnungen, Verwaltungsvorschriften, Dienstvorschriften) in noch nicht rechtlich erfassten Bereichen (Dynamisierung des Rechts) und andererseits die Spezialisierung und Detaillierung von bereits rechtlich erfassten Berei-

---

[43] Eine ausführliche Darstellung der Verrechtlichungsthematik sowie ein Überblick über die verschiedenen Ansätze zur Begriffsbestimmung finden sich bei *Wingenfeld* (Fn. 13), S. 21 ff.
[44] Grundlegend hierzu *Voigt*, Mehr Gerechtigkeit durch mehr Gesetz? Ein Beitrag zur Verrechtlichungsdiskussion, Aus Politik und Zeitgeschichte, B 21/81, 23. Mai 1981, S. 3 ff.

chen durch Erlass weitergehender Rechtsnormen.[45] Dabei unterscheidet er drei Arten der Verrechtlichung: 1. die Vergesetzlichung als Zunahme der Gesetzesschaffung und Intensivierung bestehender Regelungswerke durch das Parlament, 2. die Bürokratisierung als Kompetenzzuwachs der Verwaltung hinsichtlich der Schöpfung eigenen (neuen) Rechts auf untergesetzlicher Ebene und als zunehmende Selbststeuerung der Administration sowie 3. die Justizialisierung.[46] Letztere Variante der Verrechtlichung tritt in (Akten-)Form von gerichtlichen Entscheidungen auf und ist durch eine wachsende Verlagerung politischer Entscheidungs- und Initiativfunktionen auf die Justiz geprägt. Zum einen werden durch die zunehmende Unbestimmtheit gesetzlicher Regelungen immer mehr gesellschaftliche und soziale Konflikte der richterlichen Entscheidung im Einzelfall unterworfen. Zum anderen dehnt sich die Justizialisierung im Wege der richterlichen Rechtsfortbildung über die Regelung des Einzelfalls hinaus auf den Bereich rechtlicher Normierung von Verwaltungshandeln aus.[47]

Die qualitative Dimension der Verrechtlichung ist „durch eine zunehmende Tendenz der Verfestigung sozialer Normen zu Rechtsnormen, durch eine wachsende Komplexität des Rechts und durch eine immer größere Distanz des Bürgers zum Recht gekennzeichnet".[48] Wenn somit das Anwachsen des Normenbestandes an sich kritisiert wird, weil die Rechtsordnung unübersichtlicher und die Durchsetzung des Rechts schwieriger wird, zeigen sich rechtsimmanente Aspekte der „Normenflut" in Unübersichtlichkeit, Spezialisierung, fehlender dogmatischer Systematisierung und Pluralisierung der Rechtsquellen, Rechtszwecke, Rechtsfunktionen sowie ihrer Verwalter und Adressaten, „wodurch Erwartungssicherheiten zerstört und administrativen Beliebigkeiten neue Spielräume eröffnet werden".[49]

---

[45] *Voigt* (Fn. 44), S. 4; *ders.*, Verrechtlichung des Rechtsstaats, Materialien zur politischen Bildung, 1979, S. 23.
[46] *Voigt* (Fn. 44), S. 5 ff.
[47] *Voigt* (Fn. 44), S. 6. Rechtssetzungsfunktionen nimmt vor allem das Bundesverfassungsgericht wahr, wenn es dem Gesetzgeber in seinen Entscheidungen Regelungsvorgaben macht, *Ellwein*, Aus Vernunft und Wohltat darf nicht Plage werden. Recht und Verrechtlichung – ein historischer Problemaufriß, Materialien zur Politischen Bildung, 1979, S. 20; *Hill* (Fn. 6), S. 493; *Voigt* (Fn. 45), S. 26.
[48] *Voigt* (Fn. 2), S. 19.
[49] *Blanke* (Fn. 7), S. 191.

II. Begriff der Ambivalenz

Die Ambivalenz der Verrechtlichung wird von *Voigt* als „Doppelwertigkeit" verstanden.[50] Dies scheint jedoch das Problem nicht ganz zu treffen, da es hier nicht um verschiedene „Werte" geht, die sich im üblichen Sinne als durchweg positive Eigenschaften zeigen. Vielmehr vermittelt der Begriff „Ambivalenz", dass sich etwas gegenübersteht. Der von *Bock* verwendete Ausdruck der „Zwiespältigkeit"[51] bezeichnet die Situation zutreffender. Er zeigt an, dass die Verrechtlichung gleichermaßen positive wie negative Folgen nach sich zieht. Der Begriff Ambivalenz soll in diesem Sinne verstanden werden.

III. Ursachen der Verrechtlichung

Als wesentliche Ursachen der Verrechtlichung können die Dynamik der technisch-industriellen Welt, zunehmende internationale Verflechtungen, insbesondere im Rahmen der Europäischen Union sowie – und das gilt als ihre wichtigste Ursache – das rechts- und sozialstaatlich intendierte Aufgabenwachstum des (Wohlfahrts-)Staates festgestellt werden.

1. Technisch-industrielle Entwicklung

Die zunehmende Technisierung und Industrialisierung erfordern eine ständige Anpassung der rechtlichen Regelungen, sei es in Form von Neuregelungen oder Erweiterungen bereits bestehender Regelwerke, beispielsweise im Datenschutz-, Umweltschutz- oder Medienrecht.[52]

---

[50] *Voigt* (Fn. 44), S. 23, und *ders.* (Fn. 45), S. 29.
[51] *Bock* (Fn. 3), S. 11, der an anderer Stelle auch vom „Doppelgesicht" der Verrechtlichung spricht (S. 15).
[52] *Hill* (Fn. 6), S. 487 f.; *Holtschneider* (Fn. 1), S. 46; *Vogel*, Zur Diskussion um die Normenflut, JZ 1979, S. 322.

2. Internationale Verflechtungen

Ähnliches gilt für die wachsenden internationalen Verflechtungen der Staaten, insbesondere im Rahmen der Europäischen Union.[53] Ihre Standards werden im Wege der Rechtsangleichung durch die Mitgliedsstaaten erreicht.[54]

3. Rechtsstaatliche Anforderungen

Ursprünglich wurde die Durchsetzung des Rechtsstaates als Freiheitssicherung und Emanzipation erkämpft und begrüßt.[55] Insbesondere mit dem formal-rechtsstaatlichen Prinzip der Gesetzmäßigkeit der Verwaltung versuchte im 19. Jahrhundert das liberale Bürgertum, sich Machtpositionen und Einfluss gegenüber absolutistischen Herrschaftsansprüchen zu sichern. Es setzte der in der Hand des Fürsten bzw. der Krone verbliebenen Exekutivgewalt Grenzen, indem es die Bindung staatlichen Handelns an Gesetze und die parlamentarische Mitwirkung an ihrer Verabschiedung, insbesondere bei Eingriffen in Freiheit und Eigentum, durchsetzte.[56] Die Verrechtlichung des Verhältnisses von Bürger und Staat führte zu Rechtssicherheit, sicherte einklagbare Rechtsansprüche und unterwarf die Menschen nicht einzelnen Machthabern, sondern allgemeinen, für alle geltenden „rationalen" Gesetzen.[57]

Die heutige verfassungsrechtliche Funktion des Gesetzes als Handlungs- und Entscheidungsbegrenzung für die Exekutive begründet sich zum einen auf das in Art. 20 Abs. 3 GG verankerte Rechtsstaatsprinzip[58], zum anderen auf das klassische Verständnis der Grundrechte als „Abwehrrechte" der Bürger gegen den Staat zur Gewährleistung privater Freiheiten.[59] Viele aus dem Rechtsstaatsprinzip abgeleitete Einzelelemente[60] garantieren in ihrer Gesamtheit die Kontrolle der Staatsgewalt und die Sicherung individueller Freiheiten. Die Gesichtspunkte der Rechtssicherheit und des Vertrauensschutzes, der

---

[53] *Holtschneider* (Fn. 1), S. 46; *Vogel* (Fn. 52), S. 323.
[54] *Vogel* (Fn. 52), S. 323.
[55] *Bock*, Recht und Gesellschaft unter den Bedingungen der Verrechtlichung, MschrKrim 1986, S. 289.
[56] *Holtschneider* (Fn. 1), S. 87 m.w.Nachw.; *Voigt* (Fn. 44), S. 5.
[57] *Bock* (Fn. 55), S. 289.
[58] Wie auch in jüngerer Zeit auf das Demokratieprinzip.
[59] *Holtschneider* (Fn. 1), S. 88.
[60] U.a. Vorbehalt des Gesetzes, Rechtsschutzgarantie, Bestimmtheitsgrundsatz. Als eine weitere Quelle der Verrechtlichung gilt auch die vom Bundesverfassungsgericht entwickelte Wesentlichkeitstheorie, nach welcher ein Tätigwerden des parlamentarischen Gesetzgebers in allen für den Bürger „wesentlichen Entscheidungen", insbesondere bei Grundrechtseingriffen erforderlich ist, BVerfGE 34, 165 (192 f.); 47, 46 (78 ff.); 49, 89 (126 f.); 57, 295 (321).

Berechenbarkeit und der Vorhersehbarkeit staatlichen Handelns einschließlich des Vorbehalts des Gesetzes nehmen darunter eine zentrale Stellung ein.[61] Die Verrechtlichung weist dergestalt im Verhältnis des Bürgers zum Staat in erster Linie freiheitssichernde Funktionen auf.[62]

Die Beachtung rechtsstaatlicher Sicherungen und grundrechtlich gewährter Freiheiten fordert bis heute fortwährend eine rechtliche Ausgestaltung und Anpassung.[63] Die Aktualität des Rechtsstaatsprinzips als Ursache der Verrechtlichung bleibt somit bestehen.

4. Sozialstaatliche Anforderungen

Eine andere, die Verrechtlichung entscheidend prägende Komponente ist die inhaltliche Ausgestaltung des in Art. 20 Abs. 1 GG verankerten Sozialstaatsprinzips.[64] Darunter wird ein Staat begriffen, der den wirtschaftlich Schwächeren zu helfen sucht, indem er ihnen die Teilhabe an den wirtschaftlichen Gütern nach den Grundsätzen der Gerechtigkeit mit dem Ziel der Gewährleistung eines menschenwürdigen Daseins für jedermann ermöglicht.[65] Er soll demzufolge eine „soziale Gerechtigkeit"[66] bzw. eine „gerechte Sozialordnung"[67] gewährleisten. Diesem Postulat kann der Staat nur durch Reglementierung in Form von Gesetzen und anderen Vorschriften auf bestimmten Gebieten (insbesondere in der Sozial-, Arbeits-, Bildungs-, Steuer- und Wirtschaftspolitik) gerecht werden, wobei er immer bereit sein muss, neue soziale Probleme wahrzunehmen und alte Festschreibungen zu relativieren.[68] Dementsprechend sichert das Gesetz nicht mehr nur als bewahrendes Ordnungsinstrument die Grundfreiheiten des Bürgers vor staatlichen Eingriffen, sondern erfüllt seine Aufgabe als (politisches) Planungs- und Steuerungsinstrument des Wirtschafts- und Sozialstaates[69], was sich wiederum oft nur durch Eingriffe in die Privatsphäre des einzelnen verwirklichen lässt. Damit hat das Recht – aus-

---

[61] *Holtschneider* (Fn. 1), S. 97 f.
[62] *Bock* (Fn. 3), S. 12; *Voigt* (Fn. 47), S. 29.
[63] *Holtschneider* (Fn. 1), S. 45.
[64] Zur Entstehungsgeschichte und inhaltlichen Eingrenzung des Sozialstaatsprinzips im Gefüge des GG vgl. *Zacher*, Das soziale Staatsziel, in: Isensee/Kirchhof (Hrsg.), HbdStR, Bd. I, 2. Aufl., 1995, § 25 (S. 1045 ff.).
[65] *Zacher* (Fn. 64), § 25 Rdnr. 21 (S. 1058).
[66] BVerfGE 5, 85 (198).
[67] BVerfGE 69, 272 (314).
[68] *Zacher* (Fn. 64), § 25 Rdnr. 24 (S. 1060).
[69] *Bock* (Fn. 55), S. 290; *Pollähne*, Lockerungen im Maßregelvollzug, 1994, S. 7 m.w.Nachw.; *Voigt* (Fn. 44), S. 15.

gehend von der Ausweitung sozialstaatlicher Interventionen in autonomen Sozialbereichen – eine neue Legitimation erfahren: Durch die direkte, ergebnisorientierte Steuerung sozialen Verhaltens wird es „regulatorisches Recht".[70] Dieses versteht sich „als instrumentales Recht, als Mittel der Ausgestaltung des Wohlfahrtstaates, das bestimmte soziale Veränderungen hervorrufen will und dazu soziales Wissen benötigt".[71] Als Folge dessen wird das Gesetz veränderlicher und zeitbezogener. Es muss in Form von Einzelfall- und Maßnahmegesetzen auf wandelnde Verhältnisse schnell reagieren, Anforderungen gesellschaftlicher Gruppen gerecht werden und stets sozial unverträglichen Auswirkungen der wirtschaftlichen Verhältnisse entgegensteuern.[72]

Ausgehend vom sozialstaatlichen Verfassungsauftrag, auf welches überwiegend die Herstellung und Sicherung gerechter sozialer Verhältnisse durch den Staat zurückgeführt wird, gewähren auch die Grundrechte, soweit sie über ihre Funktion als „Abwehrrechte" hinaus als „Elemente einer objektiven Werteordnung"[73] zur Geltung kommen, im Einzelfall ein subjektives Recht auf Teilhabe an staatlichen Einrichtungen, Förderungen oder Leistungen.[74] Die sozialstaatlich begründete Verrechtlichung ist durch ihre statussichernde Funktion gekennzeichnet.

IV. Ambivalente Folgen der Verrechtlichung

Die positiven Aspekte rechts- und sozialstaatlich begründeter Verrechtlichung wurden bereits erwähnt[75] und sollen an dieser Stelle lediglich noch einmal stichwortartig genannt werden: rechtsstaatliche Sicherungen zwecks Kontrolle staatlicher Gewalt sowie Schutz individueller Freiheiten und sozialstaatliche Sicherungen zur Herstellung sozial ausgleichender gerechter Gesellschaftsverhältnisse. Die durch andere Quellen der Verrechtlichung verursachten – positiven – Folgen lassen sich unter die oben genannten subsumieren.

---

[70] *Teubner* (Fn. 2), S. 312 f.
[71] *Teubner* (Fn. 2), S. 311.
[72] *Holtschneider* (Fn. 1), S. 90; *Voigt* (Fn. 44), S. 6; *ders.* (Fn. 45), S. 26.
[73] St. Rspr. seit BVerfGE 7, 198 (205).
[74] *Pieroth/Schlink*, Grundrechte, 13. Aufl., 1997, Rdnr. 95 ff. (S. 26).
[75] Oben III., 3. und 4., S. 15 ff.

Dem gegenüber wird heftig und kontrovers diskutiert, wenn es um die negativen Folgeerscheinungen der Verrechtlichung geht. Sie lassen sich zunächst aus rechtlicher Sicht sowohl auf der individuellen als auch auf der gesellschaftlichen Ebene auf Probleme der Rechtssicherheit zurückführen.[76] Bekannte negative Erscheinungsformen der Verrechtlichung liegen in der allgemeinen Entfremdung und bevormundenden Einschränkung individueller Handlungs- und Gestaltungsfreiheit, in dem Eigenleben der Bürokratie durch Produktion eigener Rechtsvorschriften und in der Übermacht der Gerichte.[77] Hinzu kommen die Unverständlichkeit der Rechtssprache und die verbreitete Verweisungspraxis auf andere Vorschriften, die eine effektive Umsetzung des Rechts beeinträchtigen.[78] Darüber hinaus entstehen Zweifel an der Effektivität des Rechts, wenn es aufgrund mangelnder Transparenz und Verständlichkeit, aber auch aufgrund seiner unzureichenden Regelungsgenauigkeit nicht zur Kenntnis des Bürgers gelangt.[79] Diese werden bestätigt, wenn gesetzlich normierte Handlungsweisen von den ausführenden Behörden nicht oder nur zum Teil umgesetzt und so vorgegebene Ziele nicht erreicht werden.[80] Als Folge tritt letztlich eine kontraproduktive Wirkung des Rechts ein, die in einem Rechtsversagen enden kann.[81] Dieses hingegen kann wiederum als Ansatz neuer Verrechtlichung dienen, so dass sich dadurch ein Kreislauf ergibt.[82]

Der stete Ausbau des sozialen Systems und die ausgleichenden Eingriffe in Wirtschaftskreisläufe lassen das Recht allerdings auch zulasten aller anderen Sozialbeziehungen anwachsen.[83] Gerade im Zusammenhang mit stark wertgebundenen Verhaltensweisen kann Recht für bestimmte gesellschaftliche Bereiche, wie beispielsweise Ehe und Familie, Schule, „unpassend" sein.[84] Nicht selten wird daher von einigen Bürgern bei ihren Überzeugungen zuwiderlaufenden Normen nach Alternativen gesucht, wie es sich z.B. bei der Abtreibung trotz strafrechtlichen Verbots (§ 218 StGB) zeigt.[85] Umgekehrt könnte Verrechtlichung eine innere Abhängigkeit des Menschen von rechtlichen Normierungen erzeugen, die auf Dauer zu Passivität und Unselbstständigkeit

---

[76] *Holtschneider* (Fn. 1), S. 51 f.
[77] *Voigt* (Fn. 2), Vorwort, S. 7.
[78] *Voigt* (Fn. 2), Vorwort, S. 7; *Teubner* (Fn. 2), S. 294.
[79] *Teubner* (Fn. 2), S. 294.
[80] *Voigt* (Fn. 2), Vorwort, S. 7.
[81] *Holtschneider* (Fn. 1), S. 48 f. m.w.Nachw.
[82] *Holtschneider* (Fn. 1), S. 204.
[83] *Voigt* (Fn. 2), Vorwort, S. 7.
[84] *Holtschneider* (Fn. 1), S. 72.
[85] *Voigt* (Fn. 2), Vorwort, S. 7/8.

führen. *Habermas* fasst diese Bedenken zusammen, wenn er von der „Kolonialisierung der Lebenswelt" durch das Recht spricht.[86] Er appelliert, „Lebensbereiche, die funktional notwendig auf eine soziale Integration über Werte, Normen und Verständigungsprozesse angewiesen sind, davor zu bewahren, (...) über das Steuerungsmedium Recht auf ein Prinzip der Vergesellschaftung umgestellt zu werden, das für sie dysfunktional ist".[87] Der negative Effekt sozialstaatlicher Verrechtlichung besteht somit in einer tendenziellen Zerstörung lebensweltlicher Strukturen,[88] indem soziale Beziehungen rechtlichen Regelungen unterworfen werden, ohne hierfür geeignet zu sein. Von ihrer Eigenart her erscheinen sie für die Umsetzung in Normen untauglich, da sie auf Bereitschaft und Fähigkeiten aufbauen, die nicht in erzwingbare Rechtsansprüche und Rechtspflichten umzuwandeln sind, ohne gerade dadurch ihre spezifischen Qualitäten einzubüßen. Gerade durch die Einräumung von subjektiven Rechten werden die menschlichen Beziehungen, die von Vertrauen, Freundschaft und Liebe geprägt sind, dadurch verändert, dass mit dem Rechtsweg eine allzeit präsente Alternative zu den nicht- bzw. vorrechtlichen Formen des Zwingens und Nachgebens, des Gebens und Nehmens, des Lehrens und Lernens geschaffen wurde.[89]

In diesem Sinne sind Bereiche wie Familie, Schule, Universität und Krankenhaus mittlerweile verrechtlicht. Dabei ist fraglich, ob der bessere Rechtsschutz des Schülers oder Studenten mit einem drohenden Qualitätsverlust der Erziehung bzw. Lehre nicht zu teuer erkauft ist oder ob der umfassende Rechtsschutz des Patienten nicht das erforderliche Vertrauen zwischen ihm und dem Arzt derart zersetzt, dass letztlich der Heilerfolg gefährdet wird, obwohl er medizinisch und menschlich möglich wäre. Nicht zu Unrecht wird daher befürchtet, dass die Verrechtlichung in diesen – auf soziale Integration angewiesenen – gesellschaftlichen Bereichen entweder zu einer Verfremdung und Zerstörung menschlichen Zusammenlebens führt oder das Recht Gefahr läuft zu scheitern. Denn das konkrete Lebensproblem wird durch rechtliche Subsumtion und bürokratische Bearbeitung auf eine juristische Ebene gehoben, auf der die Mechanismen und die spezifischen „Eigengesetze" (im nicht-technischen Sinne) des sozialen Bereichs verdrängt

---

[86] *Habermas* (Fn. 2), S. 522.
[87] *Habermas* (Fn. 2), S. 547.
[88] *Teubner* (Fn. 2), S. 321.
[89] *Bock* (Fn. 3), S. 12/13.

werden.[90] Aus rechtssoziologischer Sicht verliert das Recht seine „Konfliktlösungskapazität". Die Verrechtlichung löse nicht Konflikte, sondern entfremde sie dadurch, dass sie „den sozialen Streit zum Rechtsfall" verstümmele, Konflikte enteigne.[91] Die „repressive Funktion" der Verrechtlichung führe zu einer „Entpolitisierung" gesellschaftlicher (Arbeits-)Konflikte, wodurch die spezifische Ambivalenz der Verrechtlichung deutlich werde: Freiheitsverbürgung und Freiheitsentzug.[92] Letztlich gehe es in beiden Fällen um die Justizialisierung von Konflikten „auf der Basis gesetzlich vertypter Konfliktlösungs-Schemata", weil sowohl der individuell-menschliche als auch der gesellschaftlich-politische Konflikt per Gesetz der Justiz übereignet wird und damit seinen politischen Anlass und seine gesellschaftliche Relevanz verliert.[93]

V. Gegenstrategien

Als Reaktion auf die negativen Folgen der Verrechtlichung wird häufig der Ruf nach Entrechtlichung, Entbürokratisierung oder allgemein nach Deregulierung laut. Der rein quantitative Abbau von Rechtsnormen bzw. ein „Rechtsetzungsstopp" stößt allerdings auch an Grenzen, welche die oben genannten Ursachen der Verrechtlichung setzen: Sozial- und rechtsstaatliche Erfordernisse, Anforderungen des technisch-industriellen Zeitalters sowie föderative und internationale Verbindungen sichern als beständige Faktoren die Bedingungen für weitere Verrechtlichung.

Dennoch bleibt Raum für Maßnahmen, die sich mit Entrechtlichung und Entbürokratisierung beschäftigen. Aus staatlicher Sicht wurde mit dem Erlass von Rechtsbereinigungsgesetzen und dem Einsatz von Entbürokratisierungskommissionen ein Anfang gemacht.[94] Unter Rechtsbereinigung wird eine Überprüfung bestehender Gesetzeswerke auf ihre Systematisierung und Vereinheitlichung unter Streichung überflüssiger, widersprüchlicher oder unverständlicher Normen verstanden. Darüber hinaus wird überlegt, in Wege von Kodifikationen verstreute Einzelregelungen zu einer Materie in einem ein-

---

[90] *Teubner* (Fn. 2), S. 321. Als Beispiel aus jüngerer Zeit ist die geplante Verabschiedung eines Nichtrauchergesetzes zu nennen, das ein strafbewehrtes Rauchverbot an öffentlichen Plätzen vorsah. Der Gesetzentwurf ist im Februar 1998 im Bundestag gescheitert.
[91] *Teubner* (Fn. 2), S. 296.
[92] *Teubner* (Fn. 2), S. 298, nach Habermas.
[93] *Pollähne* (Fn. 69), S. 9.
[94] *Holtschneider* (Fn. 1), S. 56, bes. S. 195 ff. m.w.Nachw.

heitlichen Gesetzbuch[95] zusammenzufassen.[96] Die Entbürokratisierung zielt in ähnlicher Art und Weise auf eine Entlastung im Verwaltungssektor.[97] Um bei der Neufassung von Rechtsnormen diese Umstände von vornherein zu vermeiden, wurden schon 1984 die so genannten „10 Blauen Prüffragen" durch einen Beschluss der damaligen Bundesregierung verabschiedet. Mittlerweile durch zahlreiche weitere Fragen ergänzt soll dabei jedes Gesetzesvorhaben auf Bundesebene auf dessen Notwendigkeit, Wirksamkeit und Verständlichkeit überprüft werden.[98] Wurde damit ein erster Schritt in die richtige Richtung getan, zeigen doch diese Bemühungen wenig Wirkung. Die ernsthafte Umsetzung der Blauen Prüffragen scheitert in nicht wenigen Fällen an ihrer mangelnden Durchsetzungskraft, da es sich bei diesen Maßstäben nicht um Normen, sondern lediglich um Ziele handelt, deren Erfüllung aufgrund von Wertungen und Abwägungen ermittelt und daher oftmals unterschiedlich beurteilt werden.[99]

Andere Vorschläge zielen daher auf Entstaatlichung und Privatisierung staatlicher Aufgaben[100] oder auf außerrechtliche Steuerungsmittel wie beispielsweise finanzielle Anreize und Überzeugungsprogramme.[101] Der Vollständigkeit halber erwähnt werden soll zudem ein Vorschlag, der sich als Gegenstrategie der „offenen Rahmenziele" begreift.[102] Unter diesem Begriff verstehen seine Vertreter eine „Summe bewusst angestrebter, rechtlicher Steuerungsmaßnahmen insbes. der rechtsetzenden Instanzen in allen dafür geeigneten (...) Politikfeldern nach der Devise: so viel Selbststeuerung wie möglich, so viel Fremdsteuerung wie nötig".[103] Dabei soll das Besondere dieses Ansatzes in der bewusst beschränkten „Ziel"-Setzung dieser Rahmennormen liegen.

---

[95] So z.B. aus jüngerer Zeit die Verwaltungsprozessordnung.
[96] *Hill* (Fn. 6), S. 490.
[97] *Holtschneider* (Fn. 1), S. 195.
[98] Bundesministerium der Justiz (Hrsg.), Handbuch der Rechtsförmlichkeit, 1991, Rdnr. 27. Aufgrund eines weiteren Kabinettsbeschlusses wurde diese Prüfung 1989 auf Verwaltungsvorschriften ausgedehnt.
[99] *Fliedner*, Notwendigkeit, Verständlichkeit und Praktikabilität von Rechtsvorschriften, ZG 1993, S. 355 f.
[100] Einen Überblick über die Literatur findet sich bei *Holtschneider* (Fn. 1), in Fn. 2, S. 184.
[101] Entsprechende Nachw. ebenda, S. 188 ff.
[102] *Holtschneider* (Fn. 1), S. 204 ff.
[103] *Holtschneider* (Fn. 1), S. 205.

VI. Zusammenfassung

Eine Begrenzung des Verrechtlichungsprozesses auf eine „Überproduktion" von Gesetzen und Normen (Parlamentarisierung) unter dem Stichwort der „Gesetzes- oder Normenflut" greift zu kurz. So zeigt sich die Verrechtlichung in erster Linie auch nicht in einer Zunahme der (Parlaments-)Gesetze, sondern vielmehr in der Änderung bestehender Normen durch Detaillierung und Spezialisierung sowie wachsender Vernetzung unterhalb der Normen insbesondere auf den Gebieten Wirtschaft und Finanzen, Arbeit und Soziales sowie Verkehr und im Bereich der Verwaltung auf Landesebene.[104] Ebenso wenig wird daher der Verrechtlichung, ihren Ursachen und Folgen durch eine Entrechtlichung im Sinne eines quantitativen Abbaus von Normen beizukommen sein.[105] Der Verrechtlichungsprozess ist angesichts seiner vielfältigen Folgeprobleme sowie der zu erwartenden Probleme aufgrund der anwachsenden Autonomisierung gesellschaftlicher Teilbereiche auch weder aufzuhalten noch umkehrbar.[106] Nur die Einbeziehung von Bürokratisierung und die Justizialisierung auf der einen und von qualitativen Aspekten auf der andere Seite lässt die Bedeutung und Tragweite des Verrechtlichungsprozesses im gesellschaftspolitischen Kontext erkennen und zu angemessenen Gegenmaßnahmen greifen.

Dabei wird das Spannungsverhältnis von Rechts- und Sozialstaat dahingehend, dass der Sozialstaat eine unabdingbare Voraussetzung rechtsstaatlich garantierter Freiheit für alle darstellt, stets in dem Sinne gegenwärtig sein, dass die Verrechtlichung durch ihre Ambivalenz von Schutz und Gefährdung der Freiheit des Individuums geprägt ist. *Habermas* bezeichnet diesen Umstand als „Ambivalenz von Freiheitsverbürgung und Freiheitsentzug".[107] Dieses Dilemma ist grundsätzlich hinzunehmen, da weder der Abbau rechtsstaatlicher noch sozialstaatlicher Errungenschaften mit einer Entrechtlichung im Sinne einer bloßen Verringerung von Normen gewollt sein kann.

---

[104] *Holtschneider* (Fn. 1), S. 43.
[105] *Voigt* (Fn. 44), S. 11.
[106] *Blanke* (Fn. 7), S. 192. Ähnlich auch *Voigt* (Fn. 2), S. 37, wenn er – zwar bereits 1983 – auf Verrechtlichungsdefizite beispielsweise im Umwelt- und Datenschutz hinweist.
[107] (Fn. 2), S. 531.

B. Die Ambivalenz der Verrechtlichung im Strafvollzug

I. Zur Sonderstellung des Strafvollzugs in der Verrechtlichungsdebatte

Der Strafvollzug ist bislang kaum in Verbindung mit der Problematik der Verrechtlichung gebracht worden. Bei dem Aufzeigen von Missständen und Fehlentwicklungen im Strafvollzug sowie im Rahmen der Diskussion um die Bewährung des StVollzG bzw. des Behandlungsvollzugs befassen sich darüber hinaus nur wenige Autoren mit der Frage, welche von den festgestellten Erscheinungen auf die Verrechtlichung zurückzuführen sind.[108] Sicherlich unterscheidet sich das Vollzugsverhältnis von anderen gesellschaftlichen, insbesondere wohlfahrtsstaatlichen Bereichen, in welchen die Ambivalenz der Verrechtlichung bislang diskutiert wird.[109] Zum einen wurde das StVollzG erst nach massivem Druck durch das Bundesverfassungsgericht verabschiedet und beendete – im Gegensatz zu den Verrechtlichungsprozessen im Arbeits-, Wirtschafts- und Sozialrecht – einen zumindest verfassungsbedenklichen Zustand. Nach der bis dahin vorherrschenden Lehre vom besonderen Gewaltverhältnis befand sich der Straf- und Untersuchungshaftgefangene[110] in einem spezifischen Unterwerfungs- und Pflichtenverhältnis zum Staat, kraft dessen er alle Rechtsbeschränkungen hinzunehmen hatte, die sich aus den allgemein anerkannten Strafzwecken und Aufgaben des Vollzugs ergaben. Dem Vorbehalt des Gesetzes (Art. 20 Abs. 3 GG) sollte durch die Vorschriften des StGB über die Freiheitsstrafe und durch die Regelung des Strafverfahrens in der StPO hinreichend Rechnung getragen worden sein.[111] Das Bundesverfassungsgericht hatte die Lehre vom besonderen Gewaltverhältnis in seiner Entscheidung vom 14.3.1972[112] endgültig verabschiedet, indem es ausdrücklich festgestellt hatte, dass auch die Grundrechte von Strafgefangenen nur durch Gesetz oder aufgrund eines Gesetzes eingeschränkt werden kön-

---

[108] Vgl. die Nachw. in Fn. 13.
[109] Vgl. zur eingeschränkten Übertragbarkeit der rechtstheoretischen und -soziologischen Verrechtlichungsdebatte auf den gesellschaftlichen Teilbereich „Forensische Psychiatrie" auch *Pollähne* (Fn. 69), S. 28 f.
[110] Als besonderes Gewaltverhältnis wurden ebenfalls bezeichnet das Schul- sowie Militärwesen, das Beamtentum, das Richter- und Studentenverhältnis; vgl. zu den Grundlagen und Problemen der Lehre vom besonderen Gewaltverhältnis *Bleckmann*, Zum Sonderstatus insbesondere der Straf- und Untersuchungsgefangenen, DVBl. 1984, S. 991 ff.
[111] *Calliess/Müller-Dietz* (Fn. 16), Rdnr. 21 der Einl.
[112] BVerfGE 33, 1 (9 ff.).

nen. Dem hierdurch erteilten Gesetzgebungsauftrag kam der Gesetzgeber mit dem Erlass des StVollzG nach.[113]

Zum anderen ist der Strafvollzug gekennzeichnet durch repressive Funktionen aufgrund eines ausgeprägten Über- und Unterordnungsverhältnisses. Im Interesse des Gesellschaftsschutzes wird staatliche Macht gegen den Willen des Individuums ausgeübt.[114] Geprägt durch ein extremes Machtgefälle, das sich in ungleichgewichtigen Beziehungen manifestiert, bedarf der Strafvollzug zur Vermeidung privater Machtausübung und Willkür unzweifelhaft einer gesetzlichen Regelung.[115]

Wenn im Folgenden der Versuch unternommen wird, die Entwicklung des Strafvollzugs als einen Prozess der Verrechtlichung zu erfassen, wird es auch darum gehen, die Übertragbarkeit der aufgezeigten Ausprägungen der Verrechtlichung und ihre spezifischen Probleme und Konsequenzen auf diesem Gebiet zu untersuchen. Erstes Indiz ist hier ebenfalls die Beeinflussung der Strafvollzugsreform und ihrer Einmündung in den Erlass des StVollzG durch die zwei verfassungsrechtlichen Prinzipien des Rechts- und Sozialstaats[116]: einerseits „Rechtsstellungsgesetz"[117], andererseits „sozialstaatlich motiviertes Leistungsgesetz".[118]

II. Die Verrechtlichung des Strafvollzugs

Verrechtlichung im Sinne von Vergesetzlichung erfolgte im Strafvollzug durch das In-Kraft-Treten des StVollzG am 1.1.1977[119] und war damit auch vorläufig beendet.[120]

---

[113] Ob es zum StVollzG ohne den vom BVerfG ausgeübten Zwang gekommen wäre, bezweifelt z.B. *Böhm* (Fn. 34), S. 1018.
[114] Für die Forensische Psychiatrie als „Subsystem des kriminalrechtlichen Kontrollsystems" vgl. *Pollähne* (Fn. 69), S. 28.
[115] *Böhm* (Fn. 13), S. 38.
[116] *Müller-Dietz*, Erfahrungen mit dem Strafvollzugsgesetz, in: Gesellschaft für Rechtspolitik (Hrsg.), Bitburger Gespräche, Jahrbuch 1986/2, S. 30.
[117] *Müller-Dietz*, Grundfragen des heutigen Strafvollzugs, NStZ 1990, S. 307; *Rotthaus* (Fn. 29), S. 2.
[118] *Schüler-Springorum*, Hauptprobleme einer gesetzlichen Regelung des Jugendstrafvollzuges, in: Herren/Kienapfel/Müller-Dietz. (Hrsg.), Festschrift für Thomas Würtenberger, 1977, S. 433.
[119] Vgl. zur historischen Entwicklung des StVollzG ausführlich *Wingenfeld* (Fn. 13), S. 58 ff. m.w. Nachw.
[120] Endgültig abgeschlossen ist die Vergesetzlichung des Strafvollzugs noch nicht, da das in § 198 Abs. 3 StVollzG vorgesehene besondere Bundesgesetz – mit Rücksicht auf die finanzielle Lage der Länder – noch immer aussteht. Es betrifft u.a. die sozialstaatlichen Verpflichtungen des Gesetzgebers

Gleichzeitig wurde eine umfassende Justizialisierung in Gang gesetzt. Dieser Prozess hat vor allem seine Ursache darin, dass das StVollzG den Vollzugsbehörden in vielen Fällen Ermessensentscheidungen zuweist, die zudem von unbestimmten, auslegungsfähigen und -bedürftigen Rechtsbegriffen getragen werden.[121] Verbunden mit den explizit normierten Rechtsschutzmöglichkeiten der Gefangenen (§§ 109 ff. StVollzG) wurden und werden bis heute die Gerichte zur Klärung strafvollzugsrechtlicher Streitigkeiten angerufen.[122] Die richterliche Kontrolldichte ist allerdings aufgrund des geringen Umfangs unmittelbar einklagbarer Rechte der Gefangenen und des großen Ausmaßes von Generalklauseln, unbestimmten Rechtsbegriffen und Ermessensvorschriften begrenzt.[123]

Ein Bürokratisierungsprozess ist im Strafvollzug hingegen nur bedingt in Gang gesetzt worden, da die Vergesetzlichung und die Justizialisierung bereits auf einer funktionierenden Vollzugsverwaltung aufgebaut haben. Daher erscheint es zunächst so, als habe die gesetzliche Normierung in Gestalt des StVollzG die Macht der Anstaltsverwaltung zugunsten rechtsstaatlicher Forderungen zurückgedrängt: Gnadenentscheidungen wurden durch gesetzlich begründete Rechtsansprüche ersetzt, der gerichtliche Rechtsschutz auch gegenüber Vollzugsentscheidungen explizit geregelt. Die als Teilaspekt unter die Bürokratisierung gefasste Selbststeuerung der Administration ist daher zunächst eher aufgehalten als gefördert worden. Was allerdings die Schöpfung eigenen Rechts angeht, so steht hierfür schon fast beispielhaft der Erlass der Verwaltungsvorschriften für den Strafvollzug, der 1985 aufgrund einer Vereinbarung der Landesjustizverwaltungen bundeseinheitlich erfolgte.[124] Weitere bundeseinheitlich erlassene, untergesetzliche Regelungen stellen die Dienst- und Sicherheitsvorschriften für den Strafvollzug (DSVollz) und die Vollzugsgeschäftsordnung (VGO) dar. Hinzu kommen zahlreiche ergänzende Ausführungsvorschriften, Erlasse und Rundverfügungen der einzelnen Bundesländer,

---

zum Arbeitsentgelt sowie zur Einbeziehung der Gefangenen in die Renten- und Krankenversicherung.
[121] *Walter* (Fn. 13), Rdnr. 396 ff.
[122] Zur Effektivität des Rechtsschutzes nach §§ 109 ff. StVollzG vor Gericht und in der Anstalt vgl. die Untersuchung von *Feest/Lesting/Selling*, Totale Institution und Rechtsschutz, 1997; *Kamann*, Der Richter als Mediator im Gefängnis: Idee, Wirklichkeit und Möglichkeit, KrimJ 25 (1993), S. 13-25.
[123] *Feest/Lesting/Selling* (Fn. 122), S. 199, die deshalb eine gesetzliche Präzisierung der Rechte der Gefangenen fordern. *Göppinger* (Fn. 20), S. 770 f., wünscht sich ebenfalls „(...) eine noch stärkere Regelungsdichte zu Gunsten des Gefangenen und eine noch bessere Überprüfung seiner Wünsche durch die Gerichte (...)." *Kamann* (Fn. 122) bestätigt als Richter einer Strafvollstreckungskammer die niedrige Erfolgsquote von Rechtsschutzanträgen Gefangener nach § 109 StVollzG: Er habe zwischen 1986 und 1989 in 1608 Verfahren lediglich 10 Verpflichtungsurteile aussprechen können (S. 14).
[124] *Walter* (Fn. 13), Rdnr. 376.

die ebenfalls der einheitlichen Durchsetzung rechtlicher Maßstäbe durch die Vollzugsverwaltung dienen sollen.[125]

III. Die Auswirkungen des Rechts- und Sozialstaatsprinzips auf die Konzeption des StVollzG

1. Rechtsstaatliche Auswirkungen

Hinsichtlich der normativen Ausgestaltung des StVollzG sind neben dem Grundrechtskatalog (Art. 1 bis 19 GG) die Verfassungsprinzipien des Rechts- und Sozialstaates maßgebend gewesen.[126] Als wesentliche Bestandteile des Rechtsstaatsprinzips prägen das Strafvollzugsrecht der Grundsatz der Gesetzmäßigkeit der Verwaltung (Vorrang und Vorbehalt des Gesetzes), die Rechtsweggarantie des Art. 19 Abs. 4 GG, die Grundrechtsgeltung und -bindung gemäß Art. 1 Abs. 3 GG, insbesondere die Beachtung des Gleichheitsgebots, und der verfassungsrechtliche Grundsatz der Verhältnismäßigkeit.[127] Mit der Abschaffung des besonderen Gewaltverhältnisses sind daher Rechtsbeschränkungen der Gefangenen nur noch durch oder aufgrund Gesetzes (Vorbehalt des Gesetzes) zulässig.[128] Die Möglichkeit der gerichtlichen Klärung von Vollzugsmaßnahmen erhält der Gefangene durch den ihm gemäß §§ 109 ff. StVollzG eröffneten Rechtsweg vor die Strafvollstreckungskammern.

2. Sozialstaatliche Auswirkungen

Sowohl das Vollzugsziel als auch die Ausgestaltung des Vollzugs (§§ 2, 3 StVollzG) sind durch das Sozialstaatsprinzip beeinflusst.[129] Darüber hinaus werden Organisationsformen und Handlungsprinzipien der Leistungsverwaltung in die Vollzugsverwaltung (§§ 4 bis 7, 154 und 159 StVollzG) integriert.[130] Das Bundesverfassungsgericht hat im

---

[125] *Laubenthal* (Fn. 32), Rdnr. 28.
[126] *Calliess/Müller-Dietz* (Fn. 16), Rdnr. 26 der Einl.; *Feest*, in: AK-StVollzG, 3. Aufl., 1990, vor § 2 Rdnr. 1; ausführlich hierzu *Koepsel*, Strafvollzug im Sozialstaat, 1985; *Laubenthal* (Fn. 32), Rdnr. 16; *Walter* (Fn. 13), Rdnr. 347.
[127] *Kaiser/Kerner/Schöch* (Fn. 22), § 5 Rdnr. 9.
[128] *Göppinger* (Fn. 20), S. 771.
[129] *Koepsel* (Fn. 126), S. 45/46.
[130] *Koepsel* (Fn. 126), S. 71.

sog. Lebach-Urteil vom 5.6.1973[131] aus dem Gebot der Achtung der Menschenwürde in Art. 1 Abs. 1 GG i.V.m. Art. 2 Abs. 1 Satz 1 GG und dem Sozialstaatsprinzip (Art. 20 Abs. 1, 28 GG) erstmals bestimmte Konsequenzen für die Bestimmung des Vollzugszieles und die Vollzugsgestaltung abgeleitet: Ziel des Vollzugs ist die Befähigung des Gefangenen zu einer sozial verantwortlichen Lebensführung ohne weitere Straftaten. Zur Erreichung dieses Vollzugszieles muss der Vollzug Lebensbedingungen und äußere Voraussetzungen schaffen, welche die Chancen sozialer Eingliederung erhöhen und zur Bekämpfung eines Rückfalls geeignet erscheinen. Gleichzeitig ist der Vollzug aufgefordert, die „inneren" Voraussetzungen bei dem Gefangenen selbst zur Führung eines straffreien Lebens zu gründen, indem er ihm soziale Hilfen im weitesten Sinne, namentlich Hilfen und Behandlung zur Lösung persönlicher Schwierigkeiten und Hilfen zur äußeren Eingliederung gewährt.[132] Dem folgend hat der Gesetzgeber in § 2 Satz 1 StVollzG die Resozialisierung des Gefangenen, also seine Wiedereingliederung in die soziale Gemeinschaft[133], als Ziel des Vollzugs vorangestellt. Dieses Ziel soll durch eine entsprechende Behandlung des Gefangenen während seiner Haftzeit erreicht werden, wobei der Gesetzgeber auf eine Definition oder auch nur Umschreibung bestimmter Behandlungsmodelle zugunsten der Erprobung neuer Methoden und ihrer Weiterentwicklung in der Praxis verzichtet hat.[134] Fest steht allerdings – und insoweit folgte der Gesetzgeber der Auffassung des Bundesverfassungsgerichts[135] –, dass Behandlung nicht ausschließlich Ansprüche des Gefangenen auf Angebote oder Leistungen des Staates begründet, sondern auch grundrechtsbeschränkende Maßnahmen rechtfertigen kann, wenn diese erforderlich sind, um den Prozess der Wiedereingliederung des Gefangenen zu fördern oder die Eingliederung der Insassen nicht zu behindern.[136]

3. Zusammenfassung

Auch wenn also im Vordergrund der Verrechtlichung des Strafvollzugs die rechtsstaatliche Ausformung staatlicher „Gewaltverhältnisse" sowie die Bindung staatlicher Gewalt an Recht und Gesetz stand, wollte der Gesetzgeber das StVollzG gerade nicht nur als Rechtsstellungsgesetz verstanden wissen. Vielmehr sollte der sozialstaatliche Auf-

---
[131] BVerfGE 35, 202 (235 f.).
[132] *Calliess/Müller-Dietz* (Fn. 16), Rdnr. 33 (i.V.m. Rdnr. 32) der Einl.
[133] BVerfGE 35, S. 202 (235).
[134] *Calliess/Müller-Dietz* (Fn. 16), § 4 Rdnr. 6.
[135] Z.B. in BVerfGE 40, 276 (284 ff.).
[136] §§ 25 Nr. 2, 27 Abs. 1, 28 Abs. 2 Nr. 2, 29 Abs. 3, 31 Abs. 1 Nr. 1, 34 Abs. 1 Nr. 2, 68 Abs. 2 Satz 2, 70 Abs. 2 Nr. 2 StVollzG. Vgl. auch *Schwind/Böhm*, Strafvollzug, 3. Aufl., 1999, § 4 Rdnr. 3.

trag des Grundgesetzes auch im Bereich des Strafvollzugs verwirklicht werden, wenn auch zunächst mit Abstrichen am Behandlungskonzept und an anderen sozialstaatlichen Verpflichtungen.[137] Die Beeinflussung des StVollzG durch die beiden Prinzipien des Rechts- und Sozialstaats legt die Vermutung nahe, dass auch auf dem Gebiet des Strafvollzugs ähnliche ambivalente Auswirkungen der Verrechtlichung zu Tage treten, wie sie bereits auf anderen Gebieten festgestellt worden sind.[138]

IV. Die Ambivalenz der Verrechtlichung im Strafvollzug

1. Exkurs: Die (Fort-)Geltung der Behandlungsaufgabe des Strafvollzugs

Zentrale Prämisse für die Diskussion über die Ambivalenz der Verrechtlichung im Strafvollzug ist das Festhalten am Behandlungs- bzw. Erziehungskonzept als Ausfluss des Sozialstaatsprinzips im (Jugend-)Strafvollzug. Wie zu zeigen ist, werden gerade in den behandlungsorientierten Interaktionen die ambivalenten Auswirkungen deutlich. Auch wenn nach der Ernüchterung, die auf die Reformbegeisterung und „Behandlungseuphorie" der 60er und 70er Jahre folgte[139], bereits seit Anfang der 70er-Jahre wieder Stimmen laut wurden, die eine „Abkehr von der Behandlungsideologie" forderten[140], dürfte heute eine Rückkehr zu dem Verständnis der absoluten Strafrechtstheorien von Vergeltung und Sühne sowie der bloßen Verwahrung von Gefangenen keine ernst zu nehmende Alternative bieten.[141] Das Sicherheitsdenken mag zwar zur beherrschenden Maxime im Strafvollzug geworden sein[142], die Zeit der bloßen Verwahrung Straffälliger wurde jedoch mit dem In-Kraft-Treten des StVollzG beendet.

---

[137] *Müller-Dietz* (Fn. 116), S. 31 f.
[138] Vgl. oben A. IV., S. 17 ff.
[139] Vgl. hierzu die Ausführungen bei *Kaiser/Kerner/Schöch* (Fn. 22), § 16 Rdnr. 3, und *Kury*, Die Behandlung Straffälliger, Teilband 1, 1986, S. 38 ff. m.w.Nachw., unter Bezug auf die Behandlungsforschung.
[140] Siehe die Nachw. bei *Kaiser*, Resozialisierung und Zeitgeist, in: Herren/Kienapfel/Müller-Dietz (Hrsg.), Festschrift für Thomas Würtenberger, 1977, in Fn. 9 (S. 360), Fn. 17 (S. 362) und Fn. 18 (S. 363); vgl. auch *Feest* (Fn. 126), vor § 2 Rdnr. 5; *Müller-Dietz* (Fn. 116), S. 33.
[141] So auch *Hassemer*, Resozialisierung und Rechtsstaat, KrimJ 14 (1982), S. 161 (163) und *Kaiser* (Fn. 140), S. 371. Die Befürwortung des Behandlungskonzepts schließt selbstverständlich die Suche nach Alternativen sowohl für den Freiheitsentzug als auch für die Vollzugskonzeption nicht aus; diese können vielmehr gerade aus einer konstruktiven kritischen Auseinandersetzung mit dem Behandlungsmodell erarbeitet werden.
[142] So für den Regelvollzug *Bandell* (Fn. 13), S. 59, und *Wagner*, Strafvollzug und Sicherheitspolitik, in: Müller-Dietz/Walter (Hrsg.), Festgabe für Karl Peter Rotthaus, 1995, S. 184: „Was in den 60er

Wenngleich im Rahmen dieser Arbeit nur knapp möglich, soll zu folgenden aus Sicht der Verfasserin wesentlichen Einwänden gegen den Behandlungsvollzug Stellung genommen werden.

a) Vorwurf der mangelnden Effizienz des Behandlungsvollzugs

Es werden Zweifel geäußert, dass ein Erlernen sozialer Handlungs- und Verhaltensweisen, wie sie „in Freiheit" von der Gesellschaft erwartet werden, unter den Bedingungen der „Unfreiheit" überhaupt möglich sein soll.[143] Jeglicher Sozialisationsprozess im Rahmen einer durch Dynamik und Entwicklung gekennzeichneten Behandlung scheitere schon an dem starren Organisationssystem einer Strafanstalt. Hierzu nur Folgendes: Trotz der in zahlreichen Untersuchungen zur Behandlungsforschung aufgezeigten Probleme, Schwierigkeiten und Rückfälle der Behandlung im Strafvollzug[144] kann dies nach überwiegender Ansicht eine prinzipielle Abkehr vom Behandlungsgedanken nicht rechtfertigen.[145] Abgesehen hiervon kann – zumindest im Regelvollzug – von einer Verwirklichung des Behandlungsvollzugs auch heute noch nicht gesprochen werden[146], und daher auch nicht von seinem Scheitern.[147] Mit Vorsicht ist in diesem Zusammenhang auch dem Verweis auf Rückfallquoten zu begegnen, wenn an ihnen der Erfolg bzw. Misserfolg des Behandlungsvollzugs abgelesen werden soll.[148] Die grundlegende Frage, ob eine Behandlung von sozial gestrandeten Menschen unter den Bedingungen

---

und 70er Jahren Anlaß zum Ruf nach Resozialisierung von Straffälligen wurde, wird heute zu dem nach mehr Sicherheit vor Straffälligen."

[143] *Feest* (Fn. 126), vor § 2 Rdnr. 17; vgl. zudem die Nachw. vor § 2 Rdnr. 6.

[144] Vgl. die Darstellung der eine Behandlung im Strafvollzug beeinträchtigenden Variablen – unter Hinweis auf empirische Untersuchungen – von *Kury* (Fn. 139), S. 52 bis 77, welche sind u.a: institutionelle Grenzen, Zielkonflikt, fehlendes therapeutisches Klima, mangelnde Therapiemotivation der (aus überwiegend unteren Sozialschichten stammenden) Gefangenen, verkürzte bzw. nicht intensiv genutzte Therapiedauer, mangelnde Entlassungsvorbereitung bzw. Nachbetreuung, Stigmatisierung durch die Öffentlichkeit. Siehe auch die Nachw. bei *Kaiser* (Fn. 140) in Fn. 32 bis 34 (S. 366/367) und *Koepsel* (Fn. 126) in Fn. 23 (S. 46).

[145] Z.B. *Koepsel* (Fn. 126), S. 47/48; *Kury* (Fn. 139), S. 48 m.w.Nachw.; *Müller-Dietz* (Fn. 13), S. 14; *Rehn*, Behandlung im Strafvollzug: unzeitgemäß?, in: Müller-Dietz/Walter (Hrsg.), Festgabe für Karl Peter Rotthaus, 1995, S. 79 ff. (bes. S. 81 f.); *Walter* (Fn. 13), Rdnr. 296.

[146] So z.B. *Böllinger*, Unheils-Ideologie, KrimJ 15 (1982), S. 91, auch bzgl. sozialtherapeutischer Anstalten; *Kaiser/Kerner/Schöch* (Fn. 22), § 2 Rdnr. 110; *Müller-Dietz* (Fn. 13), S. 14 f.

[147] So auch *Kury*, Zum Stand der Behandlungsforschung, in: Bock/Feuerhelm/ Schwind (Hrsg.), Festschrift für Alexander Böhm, 1999, S. 270.

[148] *Bock*, Schädlich, überflüssig, schmutzig, in: ders./Feuerhelm/Schwind (Hrsg.), Festschrift für Alexander Böhm, 1999, S. 287; *Müller-Dietz* (Fn. 13), S. 13. Ähnlich auch *Feest* (Fn. 126), vor § 2 Rdnr. 6, der von vornherein einen Rechtfertigungszwang des Behandlungsvollzugs aus Effizienzgründen ablehnt. Vgl. zu dem Problem, was unter Erfolg in der Evaluationsforschung zu verstehen ist, *Walter* (Fn. 13), Rdnr. 330 ff.

einer Justizvollzugsanstalt, die in erster Linie gegen den Willen der Betroffenen den Vollzug einer Freiheitsstrafe gewährleisten soll, nicht von vornherein ausgeschlossen erscheint, kann daher allenfalls theoretisch begründet, aber (noch) nicht mit Erfahrungswissen beantwortet werden. Ebenso ist durchaus denkbar, dass für die Gefangenen, die offensichtlich mit den Bedingungen in Freiheit in Konflikt geraten sind, „gerade das ‚Schonklima' eines behandlungsorientierten Freiheitsentzuges ein besseres Übungsfeld zum Nachholen versäumter Lernschritte" bietet.[149] Der Strafvollzug als problemlösende, therapeutische Gemeinschaft wird wohl ein, nicht zuletzt aus finanziellen Gründen, unerreichtes Ideal bleiben.[150] Wird Behandlung im Sinne des StVollzG jedoch unspezifisch und offen in dem Sinne verstanden, dass nicht nur (psycho-)therapeutische Maßnahmen, sondern auch die im Regelvollzug bestehenden Freizeit-, Ausbildungs- und Berufsangebote, Lockerungsmaßnahmen sowie die Kontakte zu menschlich und fachlich aufgeschlossenen Vollzugsbediensteten (letztlich also alle Interaktionen, die geeignet sind, auf die soziale Integration des Gefangenen positiv einzuwirken) darunter begriffen werden[151], dann dürfte auch das Erlernen sozialer Handlungs- und Verhaltensweisen in „Unfreiheit" nicht unmöglich erscheinen. Und weil eine derartige Sozialisation des Gefangenen in seiner Haftzeit nicht nur in seinem eigenen, sondern auch im gesellschaftlichen Interesse geschieht,[152] wird diese umso „erfolgreicher" sein, je intensiver die behandlungsorientierten Ansätze im Vollzug gefördert und erweitert werden.[153] Der Kritik an der „Behandlung in Unfreiheit" wird allerdings insofern Rechnung getragen, als dass sie unter dem Begriff Freiheitsentzug als ein verrechtlichungsunabhängiger Faktor anerkannt wird, der die Behandlung der Gefangenen im Vollzug wesentlich beeinflusst.[154]

---

[149] *Schwind/Böhm* (Fn. 136), § 2 Rdnr. 12; *Walter* (Fn. 13), Rdnr. 328. In diesem Sinne auch *Bock* (Fn. 148), S. 287, wenn er auf „die völlig entstrukturierten Lebensverhältnisse vieler Gefangener in der Freiheit" hinweist. Ebenfalls zutreffend sieht *Kury* (Fn. 147), S. 269, die Gefahr, dass ein „Zurücklassen der Behandlungsansätze aus dem Strafvollzug ... (auch bedeuten könnte), diese Menschen mit ihren Schwierigkeiten alleine zu lassen."

[150] Vgl. *Bandell*, Behandlung, Sicherheit, Schuld im Strafvollzug – Erfahrungen in der Praxis, in: Schwind/Steinhilper/Böhm, 10 Jahre Strafvollzugsgesetz, 1988, S. 53.

[151] *Rehn* (Fn. 145), S. 75. *Kaiser/Kerner/Schöch* (Fn. 22), § 16 Rdnr. 4, unterscheiden daher zwischen Betreuung und Behandlung: Letztere umfasst nur therapeutische Maßnahmen i.e.S., Betreuung hingegen alle anderen Vollzugsmaßnahmen, die geeignet sind, auf den Gefangenen positiv einzuwirken.

[152] Statt vieler *Rehn* (Fn. 145), S. 76.

[153] Vgl. – mit zahlreichen Vorschlägen – u.a. *Müller-Dietz* (Fn. 13), S. 14 ff.; *Rehn* (Fn. 145), S. 83 f. Die weitere Forschung wird sich vor allem auf die Frage zu konzentrieren haben, „mit welchen Angeboten und Interventionen bei welchen Probanden unter welchen Bedingungen welche Effekte hervorgerufen" werden können, *Walter* (Fn. 13), Rdnr. 330.

[154] Siehe unten 2. i), S. 57 f.

b) Vorwurf der repressiven Funktionen des Behandlungsvollzugs

Ein zweiter Einwand bezieht sich auf zusätzliche repressive Funktionen, die das Behandlungsmodell mit sich bringe.[155] Eine zeige sich darin, dass der Behandlungsvollzug als zwangsweise Umerziehung grundsätzlich mit den Grundrechten und einem rechtsstaatlichen Verfahren nicht vereinbar sei. Diese Kritik ist dort berechtigt, wo um einer wirksamen Behandlung willen die Freiheitsstrafe auf unbestimmte Zeit ausgedehnt werden kann.[156] Das ist jedoch weder im deutschen Erwachsenen- noch im Jugendstrafrecht der Fall. Weitere repressive Funktionen des Behandlungsvollzugs seien ersichtlich, wenn aus Gründen der Behandlung elementare Rechte der Gefangenen auch gegen deren Willen eingeschränkt werden können.[157] Diesen Einwänden wird von Teilen des Schrifttums mit dem Hinweis begegnet, dass der Behandlungsgrundsatz des StVollzG durchaus als Sozialisationsangebot ohne Zwangscharakter ausgestaltet ist und daher dem Gefangenen lediglich eine Chance zur Behandlung gegeben werden soll.[158] Diese Einschätzung ändert jedoch nichts an der Tatsache, dass das StVollzG an einigen Stellen grundrechtstangierende Beschränkungen aus Behandlungsgründen bzw. zur Erreichung des Vollzugszieles zulässt[159] und Behandlungsmaßnahmen als Verpflichtung umschreibt.[160] Für die Kritiker des Behandlungsvollzugs würde die Ausgestaltung von Behandlungsmaßnahmen als reine Angebote hingegen beispielsweise uneingeschränkte Informationsfreiheit und fehlende Arbeitspflicht bedeuten[161], nicht jedoch den Verzicht auf jegliche Ausbildung, Betreuung, Hilfe und Therapie.[162]

Soweit die Vollzugsbehörde als Träger hoheitlicher Gewalt in Grundrechte der Gefangenen eingreift, unterliegen diese Eingriffe ihrerseits verfassungsrechtlichen Schranken. Das dem Rechtsstaatsprinzip entnommene Übermaßverbot[163] zwingt alle hoheitliche Gewalt, nur soweit als nötig und in angemessenem, zumutbarem Umfang grundrechtli-

---

[155] *Feest* (Fn. 126), vor § 2 Rdnr. 12 m.w.Nachw.
[156] *Feest* (Fn. 126), vor § 2 Rdnr. 13; *Kaiser/Kerner/Schöch* (Fn. 22), § 2 Rdnr. 111.
[157] *Feest* (Fn. 126), vor § 2 Rdnr. 15; siehe auch *Kaiser* (Fn. 140), S. 363.
[158] *Calliess/Müller-Dietz* (Fn. 16), § 4 Rdnr. 6; *Kaiser/Kerner/Schöch* (Fn. 22), § 2 Rdnr. 111.
[159] Vgl. die Aufzählung in Fn. 136.
[160] Z.B. die Arbeitspflicht (§ 41 StVollzG), welche u.a. als eines der „Kernstücke im System der Maßnahmen (gilt), welche die Resozialisierung des Gefangenen und die Angleichung an allgemeine Lebensverhältnisse ermöglichen" soll, so *Kaiser/Kerner/Schöch* (Fn. 22), § 6 Rdnr. 89. Vgl. dazu auch *Calliess/Müller-Dietz* (Fn. 16), § 41 Rdnr. 2.
[161] *Feest* (Fn. 126), vor § 2 Rdnr. 19.
[162] *Feest* (Fn. 126), vor § 2 Rdnr. 16.
[163] BVerfGE 23, 127 (133).

che Freiheiten zu beschränken.[164] Eine absolute Grenze für Eingriffe in Grundrechte stellt die in Art. 1 Abs. 1 Satz 1 GG verankerte Menschenwürde dar, die nicht nur im Kern eines jeden Grundrechts enthalten ist, sondern auch darüber hinaus gemäß Art. 79 Abs. 3 GG zu den unabänderlichen, jeder Verfassungsänderung entzogenen Werten unserer Gesellschaftsordnung zählt. Daher darf in Anlehnung an die Umschreibung des Bundesverfassungsgerichts, eine Verletzung der Menschenwürde liege vor, wenn der Mensch zum „bloßen Objekt des Staates" gemacht werde[165], der Gefangene nicht zum bloßen Objekt therapeutischen Handelns werden.[166] Resozialisierende Maßnahmen, die aufgrund einer gesetzlichen Ermächtigungsgrundlage in grundrechtlich gewährte Freiheiten der Gefangenen eingreifen, unterliegen daher dem Grundsatz der Verhältnismäßigkeit, der im Einzelnen verlangt, dass die Maßnahme geeignet sein muss, das angestrebte Ziel (also die Resozialisierung) zu erreichen, dass kein milderes, gleichermaßen geeignetes Mittel zur Verfügung und der Eingriff in das Grundrecht in einem angemessenen Verhältnis zu dem angestrebten Zweck steht.[167] Werden diese verfassungrechtlichen Anforderungen gewahrt, bestehen keine Gefahren für die Grundrechtsgewährleistung im Strafvollzug.[168] Allerdings kommen bei Rechtseingriffen aus Behandlungsgründen andere Bedenken zum Tragen. Sie beziehen sich auf die Möglichkeit, dass in ihrem Fall die Grenze zwischen Eingriff und Hilfe nicht mehr eindeutig gezogen werden könnte. Darauf wird später unter dem Aspekt der Ambivalenz der Verrechtlichung im Strafvollzug einzugehen sein.[169]

c) Vorwurf der Fortsetzung des Verwahrvollzugs

Ideologiekritische Einwände gegen das Behandlungsmodell werden von *Lamott*[170] erhoben. Sie versteht den Behandlungsvollzug nicht als eine grundsätzliche Verbesserung bzw. Reformierung des Vollzugs, sondern lediglich als eine Fortsetzung des alten Ver-

---

[164] *Degenhart*, Staatsrecht I, 13. Aufl., 1997, Rdnr. 326 ff. (S. 128 ff.).
[165] BVerfGE 87, 209 (228).
[166] *Schneider*, Kriminologie, 1987, S. 838.
[167] *Pieroth/Schlink* (Fn. 74), Rdnr. 279 ff.
[168] Eine andere Frage ist die konkrete Umsetzung dieser Maßstäbe durch die Vollzugsbehörden und Gerichte. Da es sich bei den einzelnen Inhalten (Geeignetheit, Erforderlichkeit und Angemessenheit) um unbestimmte, auslegungsbedürftige Begriffe handelt und den Vollzugsbehörden diesbezüglich ein Beurteilungsspielraum eingeräumt werden muss, wird es immer unterschiedliche juristische Einschätzungen hinsichtlich der Verfassungsmäßigkeit einzelner Behandlungsmaßnahmen geben.
[169] Siehe unten 2. d), S. 43 ff.
[170] *Lamott*, Die erzwungene Beichte. Zur Kritik des therapeutischen Strafvollzugs, 1984. Weitere Ausführungen gemäß o.g. Seiten.

wahrvollzugs mit neuem ideologischem Unterbau. Der Behandlungsvollzug sei ein „humanitärer Mythos des Strafvollzugssystems", dessen „Bestrafungsfunktion" von den „neuen Professionen" „erfolgreich verschleiert" und „mit der Durchsetzung subtilerer Kontrollformen" gestützt wird (S. 84). Die „Krankheitseinsicht (des Gefangenen, Anm. der Verf.) unter dem Zwang der Institution stelle die erste Anpassungsleistung des Betroffenen an das ‚therapeutische Modell' des Strafvollzugs dar" (S. 82). Die „Individualisierung gesellschaftlich indizierter Problemlagen" werde durch den therapeutischen Umgang sichergestellt und mögliche Auflehnung gegen gesellschaftliche oder institutionelle Regeln werde mithilfe tradierter Sozialtechniken erfolgreich entschärft (S. 85), denn Auflehnung und Protest könne nur als Indiz für den „schlechten Zustand des Patienten" gesehen werden (S. 83), also als Krankheits- bzw. Rückfallindiz. Die Folge sei, dass durch diese individualisierte Sichtweise des therapeutisch ausgerichteten Vollzugs strukturelle gesellschaftliche Probleme, an denen sozialpolitische Maßnahmen einsetzen müssten, nicht als solche wahrgenommen werden, sondern allein der Strafvollzug mit der Lösungsproblematik beauftragt werde (S. 85). *Lamott* kommt zu dem Schluss, dass die Institution Strafvollzug keine therapeutische Hilfe leisten könne, da die Therapie immer den Regeln und Zielen des Justizvollzugs untergeordnet sei, die sich wiederum nach der an der Schuld des Täters orientierten Strafzumessung richten und nicht – wie es Therapie erfordere – an dem Grad der psychischen Störung. Soll dem Betroffenen therapeutisch geholfen werden, so setze diese Hilfe Beziehungen voraus, die auf Freiwilligkeit basieren, die also „Bedingungen bereitstellen, in denen angstfrei gesprochen werden kann" (S. 86).

An dieser Stelle ist es nicht möglich, sich mit dieser Kritik des Behandlungsvollzugs angemessen auseinanderzusetzen, da dies von dem hier betrachteten Thema zu weit abweichen würde. Nur so viel soll gesagt sein: Zum einen ist Kriminalität mit Krankheit nicht absolut gleichzusetzen.[171] Kriminalität basiert nicht ausschließlich auf gesellschaftlichen, strukturellen Problemen, sondern ist meistens auch individuell, in der jeweiligen Sozialisation des Straftäters angelegt.[172] Zum anderen wird der Strafvollzug als totale Institution, sofern man in seiner Abschaffung nicht die Lösung des Problems sieht, immer von der Ambivalenz des Sicherheitsbedürfnisses der Allgemeinheit und des Resozialisierungsanspruchs des Gefangenen getragen sein. Eine Therapie, wie sie

---

[171] *Böllinger* (Fn. 146), S. 91.
[172] *Böllinger* (Fn. 146), S. 92; *Rehn* (Fn. 145), S. 77.

für psychisch Kranke von Psychologen oder Psychotherapeuten „in Freiheit" angeboten wird, kann aus schon genannten Gründen im Strafvollzug nicht gelingen, ist aber auch nicht erklärtes Ziel des StVollzG. Die Begriffe Behandlung, Sozialtherapie oder therapeutische bzw. soziale Hilfen, wie sie im StVollzG verwendet werden, sind weiter gefasst als (Psycho-)Therapie im medizinischen Sinne. Sie umfassen neben psychotherapeutischen Maßnahmen beispielsweise auch schulische und berufliche Hilfen (§§ 37, 38 StVollzG), Freizeitangebote, seelsorgerische Unterstützung (§§ 53 bis 55, 157 StVollzG).[173] Wird also Behandlung zu Recht als betreuender, helfender Umgang mit dem Gefangenen verstanden, ist die Erreichung des Vollzugsziels, d.h. die Vorbereitung des Gefangenen auf eine sozial verantwortliche Lebensführung durchaus möglich.[174] Dabei steht außer Frage, dass ein Behandlungsvollzug – im Regelvollzug – bis heute höchstens in Ansätzen verwirklicht worden ist. Die Kritik von *Lamott* am therapeutischen Strafvollzug mag insofern berechtigt sein, als dass sie auf ambivalente Auswirkungen der Verrechtlichung im Strafvollzug hinweist. Sie kann jedoch nach der hier vertretenen Ansicht nicht zu einer Abkehr von der Behandlungskonzeption führen.

Ohne auf die Ergebnisse der Behandlungsforschung und die hieraus gezogenen Konsequenzen für die Behandlung Straffälliger umfassend eingehen zu können, wird in der folgenden Untersuchung die Umsetzung des sozialstaatlichen Postulats des Behandlungs- bzw. Erziehungsgedankens im (Jugend-)Strafvollzug vorausgesetzt.

2. Wesentliche verrechtlichungsabhängige und -unabhängige Faktoren innerhalb einer Vollzugsanstalt

Anhand der Abbildung 1 (S. 36) soll der Versuch unternommen werden, in einem Überblick die *möglichen* ambivalenten Auswirkungen wesentlicher Bestandteile der Verrechtlichung auf dem Gebiet des Strafvollzugs darzustellen. Diese werden im Folgenden als Faktoren bezeichnet. Den Bezugspunkt für die ambivalenten Auswirkungen bildet, wie bereits an anderer Stelle dargelegt, der verrechtlichungssensible Bereich der

---

[173] *Calliess/Müller-Dietz* (Fn. 16), § 4 Rdnr. 6; *Kaiser/Kerner/Schöch* (Fn. 22), § 2 Rdnr. 108; *Schwind/ Böhm* (Fn. 136), § 4 Rdnr. 6.
[174] *Koepsel* (Fn. 126), S. 48. Vgl. auch die Ausführungen zum ersten Kritikpunkt, 1. a), S. 29 ff.

Behandlung i.w.S., der durch soziale, zwischenmenschliche Interaktionen geprägt ist. Im Rahmen der Interviewauswertung dienten die aus theoretischen Vorüberlegungen heraus entstandenen Faktoren als Interpretationsmaßstäbe.[175]

---

[175] Siehe unten Teil 2, 1. Kapitel, B., II., 2., S. 134.

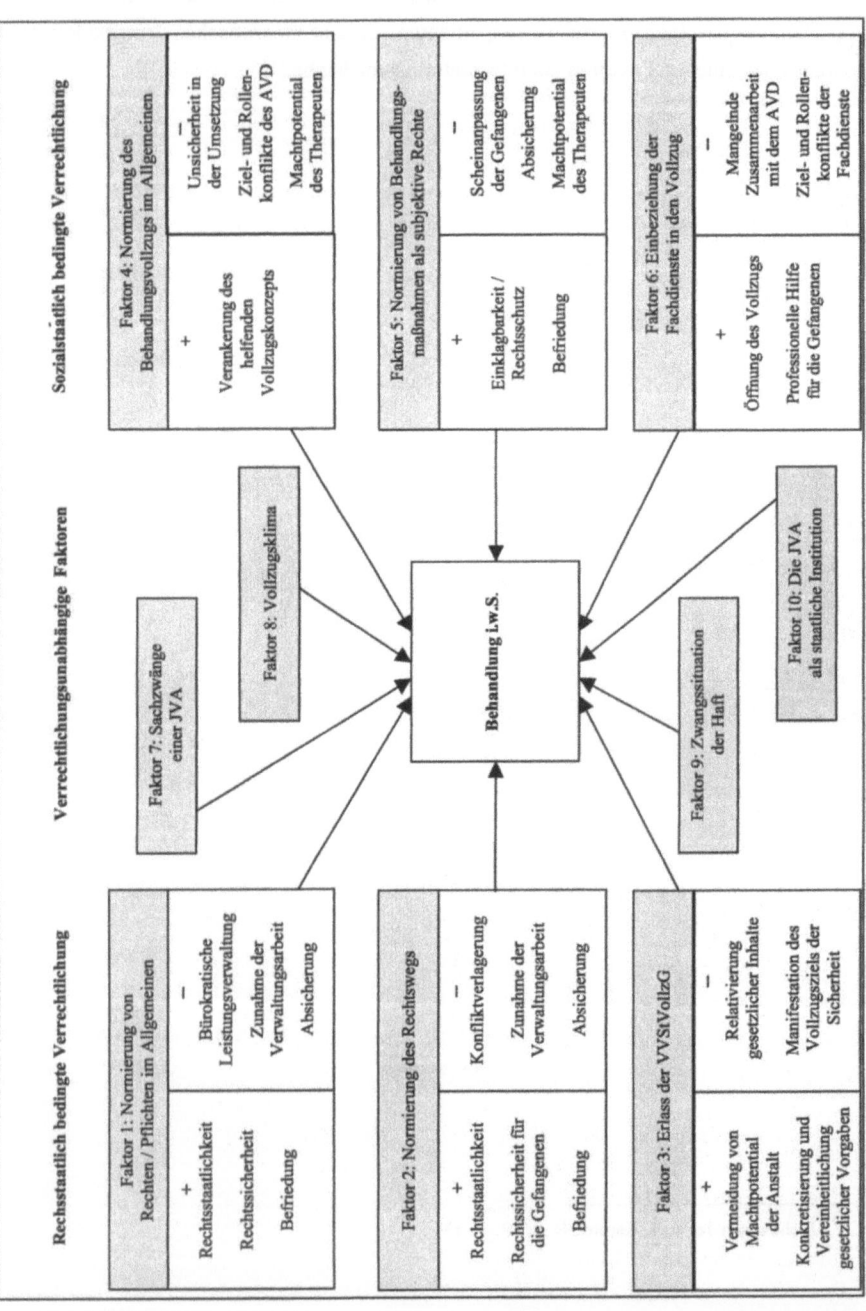

Abbildung 1: Die Ambivalenz der Verrechtlichung im Strafvollzug

In Abgrenzung zu den wesentlichen Faktoren der Verrechtlichung (Faktoren 1 bis 6) wurden die wesentlichen verrechtlichungsunabhängigen Faktoren (Faktoren 7 bis 10) herauskristallisiert, die ebenfalls großen Einfluß auf die „Behandlung" bzw. die Interaktionen zwischen allen Beteiligten und letztlich auf den Resozialisierungserfolg jedes einzelnen Gefangenen ausüben.[176] Die verrechtlichungsunabhängigen Faktoren setzen sich aus tatsächlichen – personellen, strukturellen, organisatorischen und anderen – sowie aus dem Strafvollzug immanenten Bedingungen zusammen, die von Anstalt zu Anstalt verschieden ausfallen können und die mangels eines ambivalenten Charakters ohne Auswirkungen dargestellt werden.

Die Verrechtlichungsfaktoren bestehen hingegen anstaltsunabhängig und zeichnen sich durch ihre möglichen ambivalenten Auswirkungen auf die sozialen, zwischenmenschlichen Interaktionen innerhalb einer Vollzugsanstalt aus. Diese Auswirkungen werden in der Abbildung mit (+) für positive, förderliche und mit (-) für negative, störende bzw. hinderliche Auswirkungen sichtbar gemacht. Die ambivalenten Auswirkungen der einzelnen Faktoren der Verrechtlichung treten wiederum nicht bezugslos nebeneinander auf bzw. sind nicht ausschließlich nur einem Faktor zuzuordnen, sondern weisen zum Teil mehrere verursachende Faktoren auf. Darüber hinaus sind selbst Auswirkungen Faktoren für weitere Auswirkungen. Der Übersichtlichkeit und Verständlichkeit wegen wurde jedoch auf die Darstellung dieser Querverbindungen verzichtet und nach dem Schwerpunkt der jeweiligen Auswirkung diese einem Faktor zugeordnet. Die Faktoren 1 bis 3 sind Ausformungen des Rechtsstaatsprinzips, die Faktoren 4 bis 6 sind jene des Sozialstaatsprinzips.

a) Normierung von Rechten und Pflichten im allgemeinen (Faktor 1)

Grundsätzlich steht die Normierung von Rechten und Pflichten im Strafvollzugsverhältnis für Rechtsstaatlichkeit und Rechtssicherheit als positive Folgen der Verrechtlichung des Strafvollzugs. Durch das StVollzG hat der parlamentarische Gesetzgeber die Gefangenen als Rechtssubjekte und Träger von Grundrechten anerkannt.[177] Grundrechts-

---

[176] Die Auswahl der Faktoren ist aus Sicht der Verfasserin geeignet, die Ambivalenz der Verrechtlichung im Strafvollzug beispielhaft darzustellen. Das Auftreten weiterer, beeinflußender Faktoren wird dadurch nicht ausgeschlossen.
[177] Diesen rechtsstaatlichen Fortschritt stellt in Frage, wer in der Verrechtlichung nur eine Verschleierung der fortbestehenden institutionellen Machtverhältnisse vermutet; zweifelnd *Feest*, Totale Institution und Rechtsschutz. Einleitende Bemerkungen, KrimJ 25 (1993), S. 9. Vgl. auch die Kritik von *Lamott* (Fn. 170), oben 1. c), S. 29 f.

beschränkende Eingriffsakte sind dadurch auf eine verfassungsrechtlich tragfähige Grundlage gestellt worden, indem sich jede Vollzugsentscheidung an rechtsstaatlichen Grundsätzen messen lassen muss.[178] Willkürliche Vollzugsmaßnahmen als Ausdruck eines nicht kontrollierbaren Machtpotentials der Vollzugsbehörde haben rechtlich keinen Bestand. Die Festlegung von Kompetenzen der Vollzugsbehörde als Ausdruck der Gesetzmäßigkeit der (Eingriffs- und Leistungs-) Verwaltung gewähren den Gefangenen die Sicherheit, auch in einem staatlichen Sonderrechtsverhältnis nicht außerhalb von Recht und Gesetz zu stehen, sondern sich mit rechtlich nachvollziehbaren und gerichtlich überprüfbaren Entscheidungen der Vollzugsbehörde auseinanderzusetzen. Die daraus resultierende Befriedungswirkung des Vollzugsgeschehens kann als weitere positive Auswirkung der Verrechtlichung des Strafvollzugs anerkannt werden. Die große Anzahl von Beurteilungs- und Ermessensspielräumen, die der Vollzugsbehörde zum einen die Prognose über gewisse Geschehensabläufe aufgrund ihrer fachlichen Kompetenz und sachlichen Nähe einräumt und zum anderen die Entscheidung über Vollzugsmaßnahmen in ihr freies Ermessen stellt, eröffnet die Möglichkeit, die Vollzugsplanung jedes Gefangenen flexibel und individuell angemessen zu gestalten.

Verrechtlichungsprozesse können nun mit der Durchsetzung rechtsstaatlicher Maßstäbe in der Eingriffs- und Leistungsverwaltung die Gefahr der Ausweitung formaler bürokratischer Strukturen in Bereichen beinhalten, die sich durch soziale Interaktionen auszeichnen. Die Inanspruchnahme der (staatlichen) Behandlungsangebote wird den Gesetzmäßigkeiten bürokratischen Handelns unterworfen, zu denen beispielsweise auch die Transparenz der Entscheidung zählt. Dieses Erfordernis könnte jedoch ein persönliches Vertrauensverhältnis zwischen Therapeut und Gefangenem von Grund auf gefährden[179] und den behandlerischen Handlungsspielraum weitgehend einengen.[180] Ein helfendes Verhältnis zwischen Anstalt[181] und Gefangenen, also Behandlung im weitesten Sinne (z.B. durch Vermittlung von Werten und Gefühlen oder – ganz allgemein formuliert – durch Verhaltensbeeinflussung[182]) setzt ein wie auch immer geartetes Vertrauensverhältnis voraus, soll es nicht von vornherein ein weder erstrebtes noch je erreich-

---

[178] *Rotthaus* (Fn. 29), S. 2.
[179] *Lamott* (Fn. 170), S. 51.
[180] *Lamott* (Fn. 170), S. 49; *Müller-Dietz* (Fn. 13), S. 15.
[181] Der Begriff der Anstalt wird hier stellvertretend für alle am Vollzugsgeschehen beteiligten Bediensteten verwendet.
[182] *Mey*, Gutachten und Sicherheit im Strafvollzug, in: Müller-Dietz/Walter (Hrsg.), Festgabe für Karl Peter Rotthaus, 1995, S. 205.

bares Vollzugsziel sein.[183] Insbesondere was das Verhältnis zwischen einer sozialtherapeutischen Anstalt und ihren Insassen angeht, baut es auf dem Vertrauen des „Patienten" in die Fähigkeit und den Willen des „Therapeuten" zu aufrichtiger Hilfeleistung auf.[184] Entscheidende Wirksamkeitsbedingungen sind „therapeutische Wärme", das „Akzeptieren", der „Respekt für den Klienten" und das „Gefühl der Aufrichtigkeit".[185]

Letztlich könnte hierbei eine Ambivalenz offenbar werden, die von Anfang an der Verrechtlichung des Sozialstaates anhaftet: Die erhöhte Fürsorglichkeit, die im Strafvollzug durch den Resozialisierungs- und Behandlungsauftrag Gestalt angenommen hat, wird um den Preis erheblicher Eingriffe in die sensiblen Bereiche zwischenmenschlicher Beziehungen durchgesetzt, indem die administrative Form der verordneten Behandlung der empfindlichen Struktur des „Therapeut-Klient-Verhältnisses" widerspricht.

Eine weitere Folge der Vergesetzlichung könnte sich in der Zunahme von Verwaltungsarbeiten in der Vollzugspraxis offenbaren. Indem die Vollzugsbeamten ihre Entscheidungen „rechtssicher" begründen müssen, sehen sie sich in ihrer Arbeitszeit mit einem erhöhten Verwaltungsaufwand konfrontiert.[186] Dieser bedeutet zugleich, dass immer weniger behandelt und immer mehr verwaltet wird. Der Zeitaufwand geht zulasten der pädagogisch-therapeutischen Arbeit mit den Insassen.[187] Darüber hinaus könnte dadurch eine flexible, unbürokratische Handhabung von Vollzugsentscheidungen verloren gehen. Zwar können Begründungszwänge und die verbindliche Darlegung von Begründungen das (staatliche) Handeln kontrollierbarer machen. Es bleiben aber umgekehrt viele Möglichkeiten, rechtsmittelsichere Begründungen zu liefern, die mit den Erwägungen während der Entscheidungsfindung nicht übereinstimmen[188] oder nur negative Fakten über den Gefangenen als Entscheidungsgrundlage heranziehen. Das wirkt sich nicht nur auf die Ablehnung im konkreten Fall aus, sondern führt dazu, dass „dieses negative Bild (des Gefangenen, Anm. der Verf.) für eine geraume Zeit zementiert" wird.[189] Die Begründung der Annahme eines Ausnahmefalls erfordert nämlich eine um-

---

[183] *Rehn* (Fn. 145), S. 79.
[184] *Dammann/Scheerer*, Verrechtlichung der Drogentherapie, Recht und Psychiatrie 1985, S. 7.
[185] *Dammann/Scheerer* (Fn. 184), S. 7.
[186] *Böhm*, Vollzugslockerungen und offener Vollzug zwischen Strafzwecken und Vollzugszielen, NStZ 1986, S. 201; *Bandell* (Fn. 150), S. 52, der zu dem Schluss kommt: „Die Verrechtlichung des Vollzugs schafft die Voraussetzung für die Selbsttäuschung, daß der Vollzug in Ordnung ist".
[187] *Böhm* (Fn. 186), S. 201; *Herrfahrdt* (Fn. 19), S. 4.
[188] *Walter* (Fn. 13), Rdnr. 385.
[189] *Preusker* (Fn. 13), S. 14.

fangreiche Stellungnahme, die mehr Zeit kostet und ein größeres Risiko darstellt, weil sie im Zweifel angreifbarer ist als eine „Standardentscheidung". Deutlich wird dies am Beispiel der Disziplinarpraxis, die durch das StVollzG zur Gewährleistung von Rechtssicherheit und Rechtsstaatlichkeit einer gesetzlichen Normierung unterworfen wurde. Die Vollzugsbehörde wird sich bei der Verhängung von Sanktionen gegen Gefangene unter Berufung auf gesetzliche Vorgaben so absichern, dass diese letztlich rechtlich unangreifbar sind.[190] Das mit der Einhaltung rechtlicher Vorgaben verbundene Absicherungsbedürfnis der Haftanstalt und ihrer Bediensteten – sowohl gegenüber der Aufsichtsbehörde als auch gegenüber der Öffentlichkeit – weist jedoch nur eine Scheinsicherheit auf, weil Bürokratisierung und Reglementierung nur „den Schein von Sicherheit vortäuschen, der uns so leicht in Sicherheit wiegt".[191] Die Gefahr, dass zugunsten dieser Absicherung Vollzugsentscheidungen zulasten der Behandlung der Gefangenen ergehen, kann deshalb nicht ausgeschlossen werden.

Der Vollzugsalltag soll nach pädagogischen Gesichtspunkten, unter Einräumung von Handlungsfreiheiten[192] und Experimentierräumen[193] ausgestaltet sein, um das Erlernen von Selbstverantwortung und sozial angepaßtem Verhalten zu ermöglichen. Mit menschlicher Unterstützung sowohl von den Fachdiensten als auch vom AVD kann dies gelingen. Dass eine derart therapeutisch-pädagogische Ausrichtung des Strafvollzugs auf die als vorrangiges Vollzugsziel in § 2 Satz 1 StVollzG verankerte Resozialisierung des Gefangenen durch staatliche Reglementierung nicht ungehindert gelingen kann, erscheint dabei nachvollziehbar.

b) Normierung des Rechtswegs (Faktor 2)

Dass die Eröffnung eines Rechtswegs zur Überprüfung einer Maßnahme durch ein unabhängiges, nur Recht und Gesetz unterworfenem Gericht ein tragender Grundsatz des Rechtsstaatsprinzips ist und zur Vermeidung von Machtmißbrauch und Willkür beiträgt, soll an dieser Stelle lediglich kurz erwähnt werden. Zwar war der Gefangene auch schon vor dem Inkrafttreten des StVollzG nicht schutzlos gestellt, da ihm der Rechtsweg vor das Oberlandesgericht offen stand.[194] Der Antrag auf gerichtliche Entscheidung gemäß

---
[190] *Lamott* (Fn. 170), S. 43.
[191] *Müller-Dietz* (Fn. 13), S. 15.
[192] *Walter* (Fn. 13), Rdnr. 382.
[193] *Walter* (Fn. 13), Rdnr. 386.
[194] Vgl. den Text in Fn. 20.

§ 109 StVollzG, der bei der gemäß § 110 StVollzG zuständigen Strafvollstreckungskammer erhoben wird, und die sich anschließende Möglichkeit der Rechtsbeschwerde gemäß §§ 116 ff. StVollzG gewähren allerdings schnelleren, umfassenderen und effektiveren Schutz, als es bis 1977 der Fall war, denn die mit Rechtsbeschwerden nach §§ 23 ff. EGGVG befassten Oberlandesgerichte gingen noch von der Rechtsfigur des besonderen Gewaltverhältnisses aus, bis dieses durch das Bundesverfassungsgericht 1972 für verfassungswidrig erklärt worden war.[195] Ergänzt wird der Rechtsschutz der Gefangenen durch ihr besonderes Beschwerderecht nach § 108 StVollzG, von welchem sie im Vergleich zu den anderen Rechtsbehelfen am häufigsten Gebrauch machen.[196]

Die gesetzliche Fixierung der Rechtsschutzverfahren trägt zudem zur Rechtssicherheit im Vollzugsverhältnis bei. Die dem Gefangenen jederzeit zugänglichen rechtlichen Möglichkeiten könnten geeignet sein, sein Selbstbewußtsein und seine Selbstachtung zu fördern und in ihm die Bereitschaft zu wecken, sich auf neue Erfahrungen und persönliche Beziehungen zu Vollzugsbeamten und Mithäftlingen einzulassen. Gerade die Stärkung der rechtlichen Stellung des Gefangenen durch das StVollzG und die gleichzeitige Abschaffung des besonderen Gewaltverhältnisses gibt ihm – nun einfacher als zuvor – die Möglichkeit, seinen etwaigen Anspruch notfalls gerichtlich durchzusetzen.[197] Das wiederum könnte zu größerer Offenheit gegenüber Resozialisierungsangeboten führen. Jenes Gefühl, nicht mehr „schutzlos" dem Staat ausgeliefert, sondern – wie im alltäglichen Leben – grundsätzlich mit Rechten und Pflichten ausgestattet zu sein, kann letztlich zu einer Verbesserung des Klimas in den Strafanstalten beitragen. Indem mit der Möglichkeit gerichtlicher Normklärung für den Gefangenen zugleich eine größere Berechenbarkeit des Anstaltsgeschehens verbunden ist[198], könnte eine Befriedung im Vollzugsalltag eintreten.

Die negativen (ambivalenten) Auswirkungen dieses Verrechtlichungselements werden häufig, insbesondere von Vollzugspraktikern im Rechtsbehelfsmißbrauch bzw. im sogenannten Querulantentum gesehen. Die Beschwerde- bzw. Antragsflut an sich sowie

---

[195] *Göppinger* (Fn. 20), S. 770.
[196] *Kaiser/Kerner/Schöch* (Fn. 22), § 8 Rdnr. 4.
[197] A.A. *Rotthaus* (Fn. 29), S. 2, der darauf hinweist, dass zum einen die Gefangenen auch vorher nicht rechtlos gestellt waren und zum anderen das StVollzG in seiner Eigenschaft als Rechtstellungsgesetz keine Verbesserung ihrer Lebensqualität gebracht hat.
[198] Sofern die gerichtlichen Entscheidungen von den Anstalten umgesetzt werden, was angesichts fehlender Zwangsvollstreckungsmöglichkeiten durch die Gefangenen von dem Pflichtbewusstsein der Anstalt abhängt; vgl. hierzu die Untersuchung von *Feest/Lesting/Selling* (Fn. 122), S. 199.

der Mißbrauch von Rechtsbehelfen durch Gefangene ist jedoch nur scheinbar eine typische ambivalente Auswirkung einer Verrechtlichung, gab es doch zum einen die Möglichkeit des Rechts- bzw. Beschwerdemißbrauchs auch schon vor Inkrafttreten des StVollzG[199] und sind es zum anderen nur wenige Gefangene, die eine Vielzahl von Beschwerden und Anträgen auf gerichtliche Entscheidung aus den verschiedenen Gründen verfassen und damit den Anstaltsbetrieb „lahmlegen".[200]

Hinter diesem Phänomen treten allerdings andere Begleiterscheinungen zu Tage, welche auf die Ambivalenz des Faktors „Normierung des Rechtswegs" zurückgeführt werden könnten. Eine Auswirkung sozialstaatlicher Verrechtlichung ist, wie bereits erwähnt[201], die Konfliktenteignung, deren Auftreten gerade im Strafvollzug oftmals beobachtet werden kann. Viele Gefangene haben sich darauf spezialisiert, ihre persönlichen Schwierigkeiten und Defizite als Rechtsprobleme zu begreifen, die sie mit den ihnen zur Verfügung stehenden Rechtsbehelfen juristisch zu lösen versuchen.[202] Es findet eine Verlagerung des zwischenmenschlichen Umgangs auf die rechtliche Kommunikation statt[203], die im Extremfall dazu führt, dass sich der Kontakt zwischen Anstalt und Insasse auf den Austausch von Verfügungen und Beschwerden beschränkt.[204] Die hierbei von Gefangenen gemachten Erfahrungen tragen wiederum nicht dazu bei, in ihnen das Gefühl zu wecken, von der Anstalt bzw. dem Gericht nach Gesetz und Fairneß behandelt zu werden. Die eingeschränkte juristische Kontrolle von Beurteilungs- und Ermessensspielräumen der Verwaltung und die revisionsähnliche Ausgestaltung des Rechtsbeschwerdeverfahrens bleiben nicht nur Gefangenen, sondern auch Nicht-Juristen meist unverständlich.[205] Das hierfür u.a. ursächliche, in den Anstalten vorzufindende Grundklima des Mißtrauens, die damit zusammenhängende Befürchtung der Anstaltsleitung vor Autoritätsverlust und Beschwerdeflut bei – auch nur teilweisem – Nachgeben führt mitunter dazu, dass weder vor Beschreitung des Rechtswegs noch während des Verfah-

---

[199] So schon vor der erstmaligen Einführung eines Rechtswegs nach §§ 23 ff. EGGVG durch die Instrumente der Dienstaufsichtsbeschwerde und der Strafanzeige, *Böhm* (Fn. 13), S. 38.
[200] Dies geht aus einer internen Statistik der JVA Diez hervor.
[201] Siehe oben A. IV., S. 17 ff.
[202] Hierbei spielt eine nicht zu unterschätzende Rolle, dass der Gefangene im Vollzug (mangels Ablenkungen) einen ausgeprägten Sinn für – vermeintliche – Beeinträchtigungen jeder Art entwickelt, der leicht in ein Bedürfnis nach Genugtuung umschlägt, das sich vor allem in Beschwerden und Querelen äußern kann.
[203] *Walter* (Fn. 13), Rdnr. 385.
[204] *Preusker* (Fn. 13), S. 14.
[205] *Rotthaus*, Rechtsschutz und Mediation im Strafvollzug, KrimJ 25 (1993), S. 56.

rens vor der Strafvollstreckungskammer ein Vergleich möglich ist.[206] Dementsprechend besteht von vornherein keine Gelegenheit, die einem Rechtsstreit zugrundeliegenden persönlichen Probleme aufzudecken und zu erörtern.

Auch der unter dem Aspekt der Entpolitisierung gesellschaftlich relevanter Konflikte diskutierte Folge der Verrechtlichung[207] ist im Strafvollzug eine gewisse Tragweite nicht abzusprechen. So besteht die Gefahr, dass die politische Auseinandersetzung über den legitimen gesellschaftlichen bzw. staatlichen Umgang mit krimineller Abweichung in rechtliche Auseinandersetzungen über die juristisch korrekte Anwendung gesetzlicher Vorschriften übertragen wird.[208]

Letztlich könnte auch der bereits beschriebene Absicherungseffekt[209], verbunden mit dem schablonenhaften Aktenbild eines Gefangenen, die beide zu einem Anwachsen der Verwaltungsarbeiten auf Kosten der Zeit, in welcher beispielsweise in Form eines persönlichen Gesprächs o.ä. „behandelt" werden könnte, als ambivalent-negative Auswirkung des rechtsstaatlichen Erfordernisses „Normierung eines Rechtswegs" erkannt werden.

c) Erlaß der VVStVollzG (Faktor 3)

Der Vollzugsverwaltung wurde mit dem Erlaß des StVollzG eine Vielzahl von Beurteilungs- und Ermessensfreiräumen hinsichtlich der Normkonkretisierung sowie der Rechtsfolgen zugestanden. Zur Sicherung ihrer einheitlichen Anwendung vereinbarten die Landesjustizverwaltungen die bundeseinheitlich geltenden VVStVollzG. Diese erfüllen Konkretisierungs- und Vereinheitlichungsfunktionen, indem sie den Vollzugsbeamten – verwaltungsinterne – Entscheidungshilfen an die Hand geben, die zum einen der Auslegung von unbestimmten Rechtsbegriffen auf der Tatbestandsebene dienen und zum anderen als Ermessensrichtlinien für eine gleichmäßige Ermessensausübung sorgen

---

[206] Vgl. *Kamann* (Fn. 122), der eine Mediation in Strafvollzugssachen durch den Richter für sinnvoll hält, ihre Praktikabilität aber gleichzeitig durch rein tatsächliche Umstände, u.a. die ablehnende Haltung der Anstaltsleitungen, gehindert sieht: „... solange die Behörde nicht das Denken in den Kategorien von Sieg und Niederlage aufzugeben bereit ist ..." (S. 22), wird sich auch an der Einstellung der Gefangenen und an dem Grundklima des Mißtrauens nichts ändern. Für eine Mediation ebenfalls *Rotthaus* (Fn. 205), S. 58/59.
[207] Siehe oben A. IV., S. 17 ff.
[208] In Anlehnung an die Ausführungen von *Pollähne* (Fn. 69), S. 31, zur forensischen Psychiatrie.
[209] Siehe oben a), S. 37 f.

sollen.²¹⁰ Eine generalisierende Anwendung der Verwaltungsvorschriften ohne besondere Prüfung und Begründung des Einzelfalls gilt dabei jedoch als unzulässig.²¹¹

Aus anderer Sicht könnten die VVStVollzG allerdings die sozialen Interaktionen innerhalb der Vollzugsanstalt nachteilig beeinflussen. An einigen Stellen ist nämlich erkennbar, dass mit den VVStVollzG nicht nur Rechtsklarheit und -sicherheit im Vollzug angestrebt worden sind. Die Landesjustizverwaltungen haben vielmehr die Möglichkeit eigener Rechtsschöpfung genutzt, um – zur Vermeidung von Sicherheitsrisiken durch risikobehaftete Vollzugsentscheidungen – einigen Normen des StVollzG, insbesondere in den Bereichen der Vollzugslockerungen und des offenen Vollzugs, gegenzusteuern, indem sie inhaltliche Gesetzesvorgaben korrigierten bzw. relativierten.²¹² Regel-Ausnahmeverhältnisse wurden umgekehrt und restriktive Konkretisierungen unbestimmter Rechtsbegriffe führten zu Einschränkungen, die der Gesetzgeber gerade vermeiden wollte.²¹³ So lassen die praktisch relevanten VV zu § 11 StVollzG Einschränkungen bei der Gewährung von Lockerungen zu, die sich nicht auf die Besonderheiten des Einzelfalls, sondern auf generalisierende Merkmale stützen, die im Zuge der formalisierten Bearbeitung von Anträgen überbetont werden könnten.²¹⁴ Einige Versuche der Landesjustizverwaltungen, die Praxis der Anstalten durch den Erlaß entsprechender Verwaltungsvorschriften restriktiv zu steuern, sind erst an der Rechtsprechung gescheitert, die diese korrigiert hat.²¹⁵

Die sicherheitsorientierten VVStVollzG beeinflussen dementsprechend die Entscheidungspraxis in der Anstalt, da diese in erster Linie auf die Einhaltung der Verwaltungsvorschriften aufgrund ihrer Detailliertheit und größeren Sachnähe achten wird. Vollzugsentscheidungen zulasten von – vielleicht risikoreicheren, aber pädagogisch angeratenen – Behandlungsmaßnahmen sind nicht auszuschließen. Ob pädagogische und experimentelle Freiräume, individuelles Eingehen auf jeden Gefangenen und flexible Entscheidungsfindung durch die auf Gleichbehandlung aller Gefangenen gerichteten, gene-

---

[210] *Calliess/Müller-Dietz* (Fn. 16), Rdnr. 17 der Einl; *Koepsel* (Fn. 13), S. 46 f.; *Laubenthal* (Fn. 32), Rdnr. 29.
[211] *Laubenthal* (Fn. 32), Rdnr. 30.
[212] *Calliess/Müller-Dietz* (Fn. 16), § 2 Rdnr. 27; *Koepsel* (Fn. 13), S. 47; *Preusker* (Fn. 13), S. 13; *alter* (Fn. 13), Rdnr. 383.
[213] Vgl. die Beispiele bei *Walter* (Fn. 13), Rdnr. 383.
[214] *Böhm* (Fn. 186), S. 201.
[215] *Rotthaus* (Fn. 205), S. 57.

ralisierend angewendeten Verwaltungsvorschriften zum StVollzG nicht beeinträchtigt werden, dürfte zumindest fraglich sein.

Eine nicht zu unterschätzende Bedeutung kommt auch den Genehmigungsvorbehalten zu, die zugunsten der Aufsichtsbehörde in einigen Bestimmungen der VVStVollzG normiert sind.[216] Sie führen zwar u.U. dazu, dass der Anstaltsleiter fremde Entscheidungen vertreten muß, die den Kernbereich seiner Verantwortlichkeit berühren, werden jedoch gewissermaßen dadurch legitimiert, dass die Anzahl schwerer Lockerungsverstöße zurückgegangen ist.[217] Da die Zahl der Zustimmungsverweigerungen durch die Aufsichtsbehörde gering ist, muß allerdings angenommen werden, dass die Anstalten schon angesichts des Zustimmungsvorbehalts restriktiver entscheiden, weil sie die Mühe der Berichtvorlage oder die mögliche Zurückweisung ihres Lockerungsvorschlags scheuen.[218] Hinzu kommt, dass sowohl die Staatsanwaltschaft als auch die Aufsichtsbehörde sich bei einer Entscheidung über Vollzugslockerungen von dem Inhalt der Strafakten zum Zeitpunkt der Verurteilung eines Gefangenen möglicherweise stärker leiten lassen und damit der Vollzugsanstalt, die sich ein persönliches Bild vom dem Gefangenen zum Zeitpunkt der Entscheidung machen kann, die Entscheidung letztlich abnehmen.[219] Mit der von den Landesjustizverwaltungen steuerbaren aufsichtsbehördlichen „Genehmigungspraxis" ist somit ein „verdecktes System der Kurskorrektur unterhalb der Gesetzesschwelle" entstanden, um mittels empirisch kaum faßbarer Einwirkungen auf die Anstaltsleitungen justizpolitisch unerwünschte Vollzugsentscheidungen zu vermeiden.[220]

In diesem Zusammenhang soll auch auf die Bürokratisierung des Strafvollzugs durch Erlasse und Rundverfügungen der Landesjustizverwaltungen hingewiesen werden, bei denen ähnliche ambivalente Auswirkungen erkennbar sind, wie sie im Rahmen der VVStVollzG aufgezeigt wurden. Vorgaben der Aufsichtsbehörde an die ihr unterstehenden Justizvollzugsanstalten haben einen nicht zu unterschätzenden direkten Einfluß auf die Behandlungssituation in den Haftanstalten; so z.B., wenn sie bestimmen, mit

---

[216] Z.B. Abs. 1 (2) und 4 (2) der VV zu § 10 StVollzG; Abs. 5 (1) der VV zu § 11 StVollzG; Abs. 7 (3) der VV zu § 13 StVollzG.
[217] *Rotthaus* (Fn. 205), S. 58.
[218] *Rotthaus* (Fn. 205), S. 58.
[219] *Koepsel* (Fn. 13), S. 50.
[220] *Koepsel* (Fn. 13), S. 47.

welchen Dingen der Gefangene seinen Haftraum ausstatten darf und welcher Bewegungsspielraum ihm in der Anstalt gewährt wird.[221]

d) Normierung des Behandlungsvollzugs im allgemeinen (Faktor 4)

Die im StVollzG angelegte Konzeption des Strafvollzugs als Behandlungsvollzug zieht ambivalente Folgen nach sich, deren Betrachtung auch die Frage nach dem Bedürfnis einer weiteren Vergesetzlichung im Sinne der Spezialisierung und Detaillierung[222] im Strafvollzug aufwirft. Ausgangspunkt und seit In-Kraft-Treten des StVollzG Gegenstand kontroverser wissenschaftlicher Diskussion ist der vom Gesetzgeber gewollte Mangel an Vorgaben darüber, was unter Behandlung im Vollzug zu verstehen ist. Meistens wird der Behandlungsvollzug als Gegenbegriff zum Verwahrvollzug dahingehend charakterisiert, dass er über die sichernde Unterbringung der Gefangenen hinaus „eine lebendige Vollzugsgestaltung mit dem Mut zu verantwortbaren Risiken" umfasst.[223] Unklar bleibt weiterhin, wie Behandlung im Vollzugsalltag von den Bediensteten konkret praktiziert werden soll.

Die Spanne der Erklärungsversuche reicht von einfachen Formen des Umgangs und menschlicher Zuwendung bis zu einer von Fachkräften nach wissenschaftlich begründeten Kriterien durchgeführten Therapie.[224] *Kury* bezeichnet daher den Begriff Behandlung als „Sammeltopf für unterschiedliche Vorgehensweisen".[225] § 4 Abs. 1 StVollzG verwendet den Begriff zwar nicht im therapeutischen Sinne, aber im Zusammenhang mit den §§ 6 bis 8 StVollzG wird deutlich, dass es bei ihm auch nicht lediglich um ein schlichtes „Verhalten" des Vollzugspersonals gegenüber den Gefangenen gehen kann.[226] *Calliess/Müller-Dietz* bestimmen unter Bezug auf die §§ 4 bis 7 StVollzG „den Prozess der Interaktion zwischen Vollzugsstab und Gefangenen" zwecks Erreichung des Vollzugszieles als Behandlung[227], wobei sich die Art der Behandlungsmethoden „aus dem Stand der human- und sozialwissenschaftlichen Erkenntnisse" ergeben soll.[228] *Laubenthal* weist darauf hin, dass der in die Freiheit entlassene Gefangene über die

---

[221] *Koepsel* (Fn. 13), S. 49.
[222] Vgl. hierzu oben A. I., S. 11.
[223] *Walter* (Fn. 13), Rdnr. 274.
[224] *Kaiser/Kerner/Schöch* (Fn. 22), § 16 Rdnr. 1.
[225] *Kury* (Fn. 139), S. 31.
[226] *Mrozynski*, Resozialisierung und Soziales Betreuungsverhältnis, 1984, S. 116.
[227] *Calliess/Müller-Dietz* (Fn. 16), § 2 Rdnr. 33 (vgl. auch § 4 Rdnr. 6).
[228] *Calliess/Müller-Dietz* (Fn. 16), § 4 Rdnr. 6.

„Grundqualifikationen eines sozial handlungsfähigen Subjektes verfügen" muss, welche er oftmals erst in einem „Prozess der vollzuglichen Ersatzsozialisation" zu erlernen hat, der neben einer Behandlung individueller Defizite auch auf die Erlangung sozialer Handlungskompetenz gerichtet sein muss. Der Sozialisationsprozess sei daher mittels individual- und sozialtherapeutischer Behandlungsmaßnahmen zu fördern.[229]

Die Unbestimmtheit des Behandlungsbegriffs muss allerdings nicht zwangsläufig nachteilig sein. Mangels eines normativ vorgegebenen Behandlungskonzepts hat es der Gesetzgeber der Wissenschaft und Praxis überlassen, Behandlungskonzepte zu erarbeiten und fortlaufend zu verbessern, und somit eine Offenheit für dynamische Entwicklungen geschaffen.[230] Den Justizvollzugsanstalten ist – unter Berücksichtigung der tatsächlichen Vollzugsverhältnisse – der Einsatz von vielfältigen Methoden, Ansätzen und Modellen ermöglicht worden.[231] Was für eine JVA mit einer Belegung von 150 Gefangenen gut ist, kann beispielsweise für eine Anstalt mit 600 Gefangenen geradezu unmöglich erscheinen. Nicht zu verkennen ist allerdings, dass die Unbestimmtheit der Behandlungsaufgabe den Landesjustizverwaltungen die Gelegenheit erleichtert hat, in den von ihnen erlassenen VVStVollzG der Sicherheitsaufgabe des Vollzugs Vorrang vor der Resozialisierung einzuräumen, ohne konkret gegen einzelne Vorschriften des StVollzG zu verstoßen.

Das vage Behandlungskonzept warf andererseits Probleme hinsichtlich seiner konkreten Umsetzung in den Haftanstalten auf. Vor allem die Beamten des AVD wurden in eine unsichere Lage gebracht. Obwohl sie durch ihren ständigen und unmittelbaren Kontakt zu den Gefangenen große Chancen für eine behandlungsmäßige Einwirkung auf diese haben könnten, sind sie bis heute nur bedingt für diese „neuen" Aufgaben gerüstet.[232] Der frühere Aufsichtsdienst war – in Fortsetzung der militärischen Tradition des Strafvollzugs – in erster Linie für die Gewährleistung von Sicherheit und Ordnung zuständig.[233] Er sollte einen zwischenmenschlichen Kontakt zu den Gefangenen geradezu

---

[229] *Laubenthal* (Fn. 32), Rdnr. 511.
[230] *Walter* (Fn. 13), Rdnr. 280.
[231] *Laubenthal* (Fn. 32), Rdnr. 512.
[232] *Kaiser/Kerner/Schöch* (Fn. 22), § 10 Rdnr. 28.
[233] Zur militärischen Tradition vgl. *Böhm*, Das Berufsbild der Strafvollzugsbediensteten im Wandel der Zeit, ZfStrVo 1992, S. 275 ff. Nach *Walter* (Fn. 13), Rdnr. 201, bedingt die von den Beamten des AVD getragene Uniform zudem eine „gewisse optische Nähe zur Polizei und zum Militär", wodurch sie „gewisse Sicherheits- und Ordnungsideale" verkörpere.

vermeiden.[234] Mit In-Kraft-Treten des StVollzG, durch welches der alte Verwahrvollzug zugunsten eines modernen Behandlungsvollzugs abgelöst werden sollte, traten für den AVD neben der Erledigung der bisherigen Aufgaben neue hinzu, deren Inhalte unter Verweis auf das Vollzugsziel der Resozialisierung des Gefangenen grob umschrieben wurden.[235] Gleichermaßen unbestimmt wurde von ihm erwartet, dass er sowohl „Güte und Zuwendung" als auch „Distanz und Misstrauen im Umgang mit den Gefangenen" zeigt.[236] Abgesehen von der gesetzlichen Aufforderung in § 154 Abs. 1 StVollzG trifft das Gesetz keine detaillierte Aussage über Aufgabenverteilung und -inhalte. Lediglich in den ergänzenden Verwaltungsvorschriften werden die Kompetenzen näher abgegrenzt, von denen vorrangig die Inhalte der Vollzugsarbeit abzuleiten sind.[237] In den Dienst- und Sicherheitsvorschriften für den Strafvollzug wird der Vollzugsbeamte an mehreren Stellen auf die Mitwirkung an der Behandlung der Gefangenen hingewiesen (z.B. Nr. 11, 12 I Nr. 3 DSVollz), ohne dass sich allerdings konkretere Angaben über die Art und Weise der Aufgabenerfüllung entnehmen ließen. Die Aufforderung in Nr. 1 II DSVollz, die Gefangenen durch „gewissenhafte Pflichterfüllung" und „vorbildliche Lebensführung" zur Mitarbeit im Vollzug und zu einer geordneten Lebensführung hinzuführen, stellt bestenfalls eine Orientierungshilfe dar.

Davon abgesehen betonen die VVStVollzG und die DSVollz nach wie vor die klassischen Pflichten der Aufrechterhaltung von Sicherheit und Ordnung.[238] Die unklare Zielvorgabe und die z.T. widersprüchlichen Rollenanforderungen lassen demnach einen Maßstab vermissen, an dem das Handeln des Vollzugsbediensteten gemessen werden kann.[239] Kommt er seiner Behandlungsaufgabe mit sozialer und kommunikativer Kompetenz nach, indem er beispielsweise einen Gefangenen motiviert, eine positive Lebensperspektive zu entwickeln, ist ein entsprechender Nachweis dieser Arbeit kaum möglich. Erledigt er seine Sicherheits- und Ordnungsaufgaben, ohne dass Zwischenfälle passieren, kann das jederzeit nachvollzogen werden.[240] Darüber hinaus ist seine berufliche Stellung im Vollzug gekennzeichnet durch ein hohes Maß an Verantwortung bei

---

[234] *Kaiser/Kerner/Schöch* (Fn. 22), § 10 Rdnr. 29.
[235] *Dolde*, Motivationsprobleme der Strafvollzugsbediensteten, in: Müller-Dietz/Walter (Hrsg.), Festgabe für Karl Peter Rotthaus, 1995, S. 48.
[236] *Dolde* (Fn. 235), S. 48.
[237] *Dietl*, Alle im Vollzug Tätigen arbeiten zusammen, ZfStrVo 1989, S. 5.
[238] *Kaiser/Kerner/Schöch* (Fn. 22), § 10 Rdnr. 30; *Walter* (Fn. 13), Rdnr. 197.
[239] *Dolde* (Fn. 235), S. 51; in diesem Zusammenhang für eine klare Zielbestimmung im Strafvollzug, „etwa 1. Humanität, 2. Resozialisierung, 3. Sicherheit, 4. Sparsamkeit", *Böhm* (Fn. 233), S. 279.
[240] *Dolde* (Fn. 235), S. 50.

gleichzeitig geringer Entscheidungsfreiheit.[241] In einer Gratwanderung hat der Vollzugsbeamte einerseits auf die Einhaltung der Dienstvorschriften zu achten und ist andererseits auf die Kooperation der Gefangenen angewiesen, die er sich üblicherweise nicht durch „Dienst nach Vorschrift" sichert. Erschwerend kommen personelle Engpässe, Überstunden, Überlastung, Ausfälle wegen Krankheit usw. hinzu, welche nicht dazu beitragen, die Motivation des Bediensteten zu fördern, „behandelnd" tätig zu werden. Dieser Rollenkonflikt wird teilweise überlagert durch die Notwendigkeit, sich mit den Fachkräften zu arrangieren, sofern diese ausschließlich Behandlungsaufgaben für sich in Anspruch nehmen und klassische Aufgaben gänzlich dem AVD überantworten.[242]

Bedenken, die von der Unbestimmtheit des Behandlungskonzepts und der vom StVollzG vielfältig eingeräumten Beurteilungs- und Ermessensspielräume ausgehen und auf Lücken in der rechtlichen Stellung des Gefangenen hinweisen, beziehen sich auf eine fast unangreifbare Macht, die mit der psychiatrischen und psychologischen Deutung von Verhaltensweisen einhergeht.[243] Die Psychologisierung von Rechtsbegriffen sowie die Austauschbarkeit von Begründungen zeige Konsequenzen bei der Rechtsanwendung.[244] Beispielsweise bleibt auch ungeklärt, in welchem Ausmaß Disziplinschwierigkeiten in einer sozialtherapeutischen Anstalt, welche die Verhängung von Disziplinarmaßnahmen weitgehend zu vermeiden sucht, durch therapeutische „Maßnahmen" aufgefangen werden. Da in einem therapeutischen Vollzugsklima die Möglichkeit gegeben ist, sehr früh und differenziert auf bestimmte, den Vollzug störende Verhaltensweisen unter therapeutischen Vorzeichen zu reagieren, kann die Unterscheidung zwischen Disziplinierung und therapeutischer Maßnahme in machen Fällen kaum mehr möglich sein.[245] Ist dies der Fall, so entsteht die Gefahr, dass Disziplinarmaßnahmen als therapeutische Maßnahmen kaschiert werden mit der Folge, dass die dem Schutze des

---

[241] *Kaiser/Kerner/Schöch* (Fn. 22), § 10 Rdnr. 34. Auf ca. 90 % wird von *Walter* (Fn. 13), Rdnr. 203, der Anteil derjenigen Aufgaben der Beamten des AVD geschätzt, die fremdbestimmt sind, d.h. bei denen sie sich unterzuordnen haben.

[242] *Kaiser/Kerner/Schöch* (Fn. 22), § 10 Rdnr. 34. Vgl. zur Zusammenarbeit von Fachdiensten und AVD die Ausführungen unter f), S. 46 ff.

[243] *Mrozynski* (Fn. 226), S. 136, der sich für eine weitgehende Trennung von straf- und sozialrechtlichen Aufgaben im Strafvollzug ausspricht, da anderenfalls die Gefahr einer Verminderung des Rechtsschutzes der Gefangenen entstehe: „Die wohl bedenklichsten Beispiele einer schon eingeleiteten Entwicklung sind die Strapazierung therapeutischer Behandlungsgrundsätze im Strafvollzug und die ersten Anzeichen einer Umgestaltung des Strafverfahrens zu einer problemlösenden Gemeinschaft" (S. 300/301).

[244] *Mrozynski* (Fn. 226), S. 136.

[245] *Mrozynski* (Fn. 226), S. 139.

Gefangenen dienenden Verfahrensvorschriften über die Verhängung einer Disziplinarmaßnahme (§§ 102 bis 107 StVollzG) keine Anwendung finden. Es kann also nicht verkannt werden, dass Therapie als Sanktionsmittel auch ein Machtinstrument darstellen kann[246], das mitunter rechtsstaatliche Gefahren mit sich bringt.

Die Unbestimmtheit des im StVollzG verankerten Behandlungskonzepts wirft insgesamt gesehen die Frage auf: Muss Therapie/Behandlung im Strafvollzug zum Schutz der Gefangenen und zur Realisierung der Behandlungsanspruchs verrechtlicht werden? Gleichzeitig stehen einer solchermaßen begründeten Forderung nach weiterer Verrechtlichung die schon bekannten Bedenken entgegen, die auf die begrenzte Möglichkeit gesetzlicher Reglementierung von individueller Behandlung und pädagogischer Gestaltung des Vollzugs hinweisen: Wie soll eine – im Idealfall – individuell abgestimmte, flexibel am konkreten Fall zu entscheidende Behandlung in abstrakt-generell formulierte Normen gefasst werden, ohne dass diese spezifischen Qualitäten als Voraussetzung sozialer Interaktionen verloren gehen. *Schüler-Springorum* weist in Bezug auf die gesetzliche Regelung des Jugendstrafvollzugs zu Recht darauf hin, dass „jene zwischenmenschlichen Ereignisse, von denen ein qualifizierter Erziehungsvollzug bekanntlich lebt", der Gesetzgeber als solche nicht vorschreiben kann.[247] Kann es also gelingen, eine gesetzliche Regelung derart zu formulieren, dass sie nicht zu einem Verlust spezifischer Qualitäten zwischenmenschlicher Beziehungen führt, indem sie beispielsweise Behandlungsangebote so ausgestaltet, dass ihre Inanspruchnahme nicht unter die Erfordernisse einer bürokratischen Leistungsverwaltung fällt[248], sondern eigenen – unbürokratischen – Regeln folgt?

Im Übrigen gelten die eben aufgestellten, auf die Gefahr der subtilen Beeinträchtigung von Rechten der Gefangenen abzielenden Überlegungen auch hinsichtlich einer gesetzlichen Umschreibung der Sozialtherapie. Eine andere Intention verfolgen hingegen diejenigen, welche die „Erstellung eines verbindlichen sozialtherapeutischen Rahmenkonzepts"[249] oder die gesetzliche Festlegung der Leitung und Organisations- bzw. Entscheidungsstruktur sowie der personellen und sachlichen Ausstattung von sozialthera-

---

[246] *Kaiser/Kerner/Schöch* (Fn. 22), § 17 Rdnr. 50.
[247] (Fn. 118), S. 446.
[248] Siehe oben a), S. 37 ff.
[249] *Egg*, Der Streitfall Sozialtherapie, in: Müller-Dietz/Walter (Hrsg.), Festgabe für Karl Peter Rotthaus, 1995, S. 65.

peutischen Anstalten fordern.²⁵⁰ Eine solchermaßen begründete Verrechtlichung zielt auf die Stärkung und Unterstützung sozialtherapeutischer Anstalten ab, wobei Parallelen zur Forderung der Verrechtlichung des Jugendstrafvollzugs erkennbar werden. Wird dort eine jugendvollzugsspezifische Regelung zum Schutz jugendlicher Belange vor einer totalen Rezeption strafvollzugsrechtlicher Maßstäbe für Erwachsene gefordert, dann könnte eine gesetzliche Ausgestaltung der Sozialtherapie zum Schutz ihrer Eigenständigkeit und zur Abgrenzung gegenüber dem Regelvollzug erfolgen.

e) Normierung von Behandlungsmaßnahmen als subjektive Rechte (Faktor 5)

Die mit der Normierung von Behandlungsmaßnahmen im Allgemeinen verbundenen Fortschritte in der Vollzugspraxis ließen und lassen sich zwar nicht unmittelbar in zurückgehenden Rückfallquoten messen, führten aber zu einer Verbesserung der Arbeitsbedingungen in den Anstalten, zu der Öffnung des Vollzugs und – besonders als Folge der Lockerungspraxis – zu dessen Befriedung.[251]

Gleichzeitig könnten sichtbar werdende negative Erscheinungen im Behandlungsbereich auf die Ausformung von Behandlungsmaßnahmen als subjektive, gerichtlich einklagbare Rechte der Gefangenen – in Verbindung mit Faktor 2 (Normierung des Rechtswegs) – zurückgeführt werden. Am Beispiel der Vollzugslockerungen soll diese Vermutung näher erläutert werden: Viele Gefangene stellen ihr gesamtes Verhalten auf das Erreichen von Lockerungen ab.[252] Da deren Bewilligung wesentlich von der positiven Beurteilung durch die Fachdienste, insbesondere durch den Psychologen abhängt, ruft das die Gefahr einer Scheinanpassung des Gefangenen hervor. Dieser wird eine Aussprache über Probleme oder Schwierigkeiten vermeiden, da er fürchten muss, dass ein solches Verhalten statt zu einer Hilfestellung bei deren Bewältigung zur Verweige-

---

[250] *Böhm*, Zur Sozialtherapie, NJW 1985, S. 1814 f. Weitere Überlegungen zielen auf eine gesetzliche Normierung der Entscheidungsbefugnisse im Rahmen von § 9 Abs. 2 StVollzG (Auswahl der Gefangenen für die Sozialtherapie, Aufnahme und Abbruch der Sozialtherapie, Bereitstellung von Therapieplätzen), die nach dem derzeitigen Stand im Ermessen der Vollzugsbehörde stehen. Ob sich die sozialtherapeutischen Anstalten allerdings, wie *Lamott* (Fn. 170), S. 47, ihnen unterstellt, nur die erfolgsversprechenden, nicht aber die tatsächlich hilfsbedürftigen Gefangenen aussuchen, um die Existenzberechtigung des sozialtherapeutischen Konzepts belegen zu können mit der Folge, dass die Verrechtlichung von Therapie ihr Ziel verfehlt hätte, ist weder nachweisbar noch in dieser Pauschalität einleuchtend.
[251] *Preusker* (Fn. 13), S. 15.
[252] *Böhm* (Fn. 186), S. 201.

rung von Lockerungen führt.[253] Denn mit Bekanntwerden eines Risikofaktors sinkt die Chance auf eine positive Beurteilung, wenn mit ihm eine Gefährdung der Allgemeinheit verbunden ist.

Zur Vorbeugung eines möglichen Rechtsstreits mit dem Gefangenen wird die Vollzugsbehörde ihre abschlägige Entscheidung in einem Maße absichern, das möglicherweise den tatsächlichen Umständen des Falls nicht mehr entspricht, um so vor der Aufsichtsbehörde und vor Gericht ihre Entscheidung mit überzeugenden Gründen rechtfertigen zu können. So könnte ein Kreislauf begründet werden, der genau das verhindert, was ein Behandlungsvollzug fordert: ein Vertrauensverhältnis zwischen Anstalt und Gefangenem, in dem persönliche Probleme angesprochen und nach einer Lösung gesucht wird, damit der Gefangene „künftig in sozialer Verantwortung ein Leben ohne Straftaten" führt (§ 2 Satz 1 StVollzG).

Angesichts der Bedeutung der Lockerungspraxis im Vollzug besteht zudem auf therapeutischer Seite die Gefahr, Vollzugslockerungen disziplinarisch zu instrumentalisieren, indem die Versagung oder der Abbruch von Lockerungen als spezial- oder generalpräventive Sanktion legitimiert wird.[254] Im Rahmen der Normierung des Behandlungsvollzugs im Allgemeinen (Faktor 4) wurde darauf bereits hingewiesen.[255]

f) Einbeziehung der Fachdienste in den Vollzug (Faktor 6)

Ambivalente Auswirkungen der Verrechtlichung des Strafvollzugs könnten auch in der personellen Struktur der Anstalten zur Geltung kommen. Die Öffnung des Vollzugs durch die in § 155 Abs. 2 StVollzG ausdrücklich normierte Einbeziehung von Vertretern sozialwissenschaftlich (i.w.S.) ausgebildeter Berufe wie auch für ehrenamtliche Mitarbeiter steht in positiver Hinsicht für einen Verzicht auf überkommene Sicherheitsvorstellungen.[256] Die in sozialer Interaktion und professioneller Hilfe geschulten Fachkräfte sollen die Ursachen der Straffälligkeit in der Persönlichkeit des Gefangenen mit diesem erarbeiten, analysieren und bestenfalls so aufarbeiten, dass eine erneute Straffälligkeit ausgeschlossen wird.

---

[253] *Böhm* (Fn. 186), S. 201.
[254] *Pollähne* (Fn. 69), S. 41.
[255] Siehe oben d), S. 46 f.
[256] *Rotthaus* (Fn. 29), S. 5.

Die Einbeziehung der Fachdienste in den Vollzug warf jedoch auch vielfältige Fragen auf, die sich mit ihrer beruflichen Definition im Strafvollzug, ihrem Zuständigkeitsbereich, ihrer Aufgabenwahrnehmung und der Gestaltung der Zusammenarbeit mit dem AVD beschäftigten. Die folgenden Betrachtungen beziehen sich dabei hauptsächlich auf die Sozialarbeiter und Psychologen, weniger auf die Ärzte, Seelsorger und Lehrer, da ihre berufliche Stellung im Vollzug relativ sicher bestimmt ist.[257] Das StVollzG lässt viele Fragen offen. In § 155 Abs. 2 StVollzG werden die Vertreter der Fachdienste lediglich erwähnt. § 154 Abs. 1 StVollzG formuliert den allgemein gehaltenen Auftrag an „alle im Vollzug Tätigen", zur Erfüllung der Aufgaben des Vollzugs zusammenzuarbeiten bzw. daran mitzuwirken. Im Übrigen enthält sich das StVollzG weiterer Aussagen zum Aufgabenbereich. Probleme können sich – auch über 20 Jahre nach In-Kraft-Treten des StVollzG – sowohl in Kompetenzkonflikten innerhalb der Fachdienste und mit dem AVD als auch in persönlichen Rollenkonflikten der sozialwissenschaftlich ausgebildeten Mitarbeitern stellen, die sich aus ihrer Vertrauensstellung zum Gefangenen einerseits und ihrer beruflichen Stellung als Vollzugsmitarbeiter innerhalb der Organisation Strafvollzug andererseits ergeben.[258]

Fest steht, dass die Zusammenarbeit zwischen den Vollzugsbeamten und den Fachdiensten sich vorrangig auf die Erreichung des Vollzugsziels richten soll, also auf die Behandlung jedes Gefangenen mit dem Ziel, ihn zu befähigen, künftig in sozialer Verantwortung ein Leben ohne Straftaten zu führen.[259] Im Sinne des Behandlungskonzepts soll jeder Vollzugsbedienstete individuell angemessen auf den Gefangenen dahingehend einwirken, künftig ein Leben ohne Straftaten zu führen. Soll die so umschriebene Zusammenarbeit gelingen, setzt dies eine entsprechende Organisation voraus. Abgesehen von den gesetzgeberischen Verpflichtungen in § 159 StVollzG, in bestimmten Fällen Konferenzen durchzuführen, liefert das Gesetz keine konkreten Organisationshinweise für die Gestaltung der Zusammenarbeit.[260] Zwei Aspekte erscheinen in diesem Zusammenhang besonders wichtig und sollen daher erwähnt werden: Zum einen sollte die Behandlung, die der Gefangene im Strafvollzug erfährt, insgesamt widerspruchsfrei sein. D.h. es ist beispielsweise auf eine fehlende Grundlage für ein gemeinsames Handeln

---

[257] *Göppinger* (Fn. 20), S. 783.
[258] *Kaiser/Kerner/Schöch* (Fn. 22), § 16 Rdnr. 21 ff. (bes. Rdnr. 23).
[259] Inhaltliche Anweisungen für die Zusammenarbeit lassen sich zudem aus den anderen Vollzugsgrundsätzen ableiten, wie z.B. dem Angleichungsgrundsatz (§ 3 Abs. 1 StVollzG); vgl. hierzu *Dietl* (Fn. 237), S. 6.
[260] *Dietl* (Fn. 237), S. 6.

zurückzuführen, wenn Sexualstraftäter einerseits unter hohem Erwartungsdruck einer Therapie durch den Psychologen oder Sozialarbeiter zugeführt werden, andererseits aber vom übrigen Vollzugspersonal bei fehlender spezifischer Behandlung weitgehend unbeachtet bleiben.[261] Zum anderen muss zu jedem Zeitpunkt als Voraussetzung für eine verantwortungsbewusste Teamarbeit, wie sie der Gesetzgeber in § 154 StVollzG vorsieht, ein Informationsaustausch zwischen allen beteiligten Bediensteten z.B. über Auffälligkeiten im Verhalten oder Veränderungen im sozialen Umfeld des Gefangenen gewährleistet sein.[262] Nur so können alle Bediensteten angemessene behandlungsorientierte Beiträge leisten. Besonders der Psychologe hat es dabei in der Hand, durch die Vermittlung seines Wissens über den Gefangenen und die transparente Auswertung der Informationen aller Bediensteten ein Klima der Zusammenarbeit zu fördern, in das sich alle einbringen.[263]

Eine einvernehmliche Zusammenarbeit wird jedoch erschwert durch die unterschiedliche berufliche Sozialisation der Vollzugsbediensteten, die sowohl verschiedene Zielvorstellungen vom Strafvollzug als auch verschiedene Einstellungen zum Umgang mit der Person des Gefangenen begründet. Idealtypisch stehen sich der an tradierte Ziele von Sicherheit und Ordnung orientierte AVD und die den Vorstellungen eines therapeutischen Behandlungsvollzugs verhafteten Vertreter der Fachdienste skeptisch bis ablehnend gegenüber.[264] Der bereits dargestellte Ziel- und Rollenkonflikt des Vollzugsbeamten[265] trägt ebenfalls nicht dazu bei, die Zusammenarbeit mit den Fachdiensten zu fördern. Gerade die im Verhältnis zu den Fachdiensten geringe Beteiligung des AVD an Vollzugsentscheidungen – trotz seines häufigen Kontaktes und seiner sozialen Nähe zum Gefangenen[266] und der Informationen über ihn – birgt die Gefahr von Missstimmung, die in einer Informationsblockade gipfeln könnte. Andererseits geraten die Vertreter der Fachdienste in eine schwierige Ausgangslage gegenüber den stärker formali-

---

[261] *Mey* (Fn. 182), S. 212.
[262] Zum Erfordernis eines fortlaufenden Informationsflusses für den Diagnostiker siehe *Mey* (Fn. 182), S. 211; *Dietl* (Fn. 237), S. 7, der weiterhin eine sachgerechte Motivation aller Beteiligten und das Erfordernis gegenseitiger Anerkennung als Voraussetzungen für eine erfolgreiche Teamarbeit im Vollzug nennt.
[263] *Mey* (Fn. 182), S. 207.
[264] *Haag*, Psychologen und Juristen im Strafvollzug, in: Ostendorf (Hrsg.), Festschrift für Lieselotte Pongratz, 1986, S. 219.
[265] Vgl. oben Faktor 4, d), S. 46 f.
[266] So z.B. in Hinsicht auf Schulausbildung und Sprache, *Walter* (Fn. 13), Rdnr. 200.

sierten Berufsgruppen, wenn im Konfliktfall die therapeutischen Ziele hinter den stärker normierten Aufgaben der Sicherheit und Ordnung zurückstehen werden.[267]

Das vom Gesetzgeber nicht konkretisierte Berufsbild der Psychologen und Sozialarbeiter im Strafvollzug könnte dazu führen, dass ihr Tätigkeitsfeld sich aufgrund einer großen verwaltungstechnischen, nicht berufsspezifisch begründeten Arbeitsbelastung und des ungünstigen Zahlenverhältnisses zwischen den Fachdiensten und den Gefangenen in der Behandlung aktueller Krisensituationen zu erschöpfen droht.[268] Das ist der Fall, wenn die Einbeziehung in bürokratische Vorgänge (Begutachtung und Stellungnahmen, Berichte zur vorzeitigen Entlassung, Sicherung sozialer Ansprüche der Gefangenen) einen Großteil ihrer Zeit in Anspruch nimmt. Die starke Rechtsförmigkeit der Verwaltung sichert gleichzeitig die Macht der juristischen Perspektive. Während die sozialen Berufsgruppen im Vollzug die Kriterien für ihre Arbeit aus dem therapeutischen Prozess mit ihren Klienten selbst entnehmen, entwickeln die Vertreter der juristischen bzw. bürokratischen Fachrichtung ihre Kriterien unter den Aspekten verfahrensmäßiger und rechtlicher Durchsetzbarkeit.[269] Der Rollenkonflikt kann sich dabei verstärken, wenn die Vertreter der Fachdienste einflussreichere Positionen in der Anstaltshierarchie erlangen. Integriert sich beispielsweise der Psychologe gänzlich in die Anstaltshierarchie, nimmt er Einfluss auf Vollzugsentscheidungen im Rahmen von Konferenzen und unterstützt er beispielsweise unter Berufung auf sein „therapeutisch erworbenes Wissen" auch ablehnende Entscheidungen, läuft er Gefahr, seine therapeutisch relevanten Kontakte zu den Gefangenen, die Offenheit und Vertrauen voraussetzen, zu verlieren. Behält er andererseits entscheidungsrelevantes Wissen aus therapeutischen Gründen für sich, wird er bald nicht mehr an Vollzugsentscheidungen konstruktiv mitwirken, da sowohl die Anstaltsleitung als auch die anderen Bediensteten seine Zurückhaltung mit Kommunikationseinschränkung und Informationsblockade erwidern und ihn so in eine Außenseiterrolle drängen.[270] Einem geradezu unlösbaren Ziel- und Rollenkonflikt zwischen Sicherheit und Behandlung sieht sich der Psychologe ausgesetzt, wenn er sich in einer Doppelrolle als Behandelnder und Beurteiler zugleich befindet.[271] Um daraus resultierende Konflikte von vornherein zu vermeiden, werden allerdings auf Anordnung

---

[267] *Haag* (Fn. 264), S. 221.
[268] *Göppinger* (Fn. 20), S. 783; *Kaiser/Kerner/Schöch* (Fn. 22), § 17 Rdnr. 15; *Walter* (Fn. 13), Rdnr. 215.
[269] *Haag* (Fn. 264), S. 222.
[270] *Kaiser/Kerner/Schöch* (Fn. 22), § 17 Rdnr. 18.
[271] *Pollähne* (Fn. 47), S. 50, bezogen auf den Maßregelvollzug.

der jeweiligen Landesjustizverwaltungen in vielen Haftanstalten Therapie und Diagnostik für den einzelnen Gefangenen personell getrennt. Ähnliche Überlegungen treffen auch auf die Position des Sozialarbeiters zu.[272]

g) Sachzwänge einer JVA (Faktor 7)

Unter dem Begriff Sachzwänge wird in diesem Zusammenhang ein verrechtlichungsunabhängiger Faktor verstanden, der sich auf den Personalschlüssel, die sachliche Ausstattung einer JVA sowie ihre baulichen Gegebenheiten bezieht. Es steht zu vermuten, dass diese Komponenten einen unmittelbaren Einfluss auf den Vollzugsalltag und die Behandlung der Gefangenen nehmen.

Die älteren Haftanstalten wurden als Zuchthäuser nach Sicherheitsbelangen überwiegend in panoptischer Bauweise konzipiert.[273] Es finden sich häufig entweder sehr kleine Ein-Mann-Zellen oder große Gruppenzellen, die sich mitunter in einem bedenklichen baulichen Zustand befinden. Abteilungen für einen Wohngruppenvollzug waren nicht vorgesehen. Müssen Gefangene unter baulich schlechten Verhältnissen ihre Haftzeit verbringen und wird dieser Zustand noch durch Überbelegung der Zellen verschlimmert, können (gewalttätige) Aggressionen hervorgerufen werden, auf welche die Anstalt ihrerseits zulasten der Behandlung wiederum mit verstärkten Sicherheitsmaßnahmen reagiert.

Die soziale Integration der Gefangenen wird auch durch das Angebot der Anstalt an Freizeitveranstaltungen gefördert: Je interessanter und vielfältiger die Freizeitangebote, je besser die Ausstattung der Anstaltsbücherei, des Kraftraums, des sportlichen Inventars, der gemeinsamen Räumlichkeiten usw., desto größer ist die Chance, in jedem einzelnen Gefangenen die Motivation zu wecken, etwas zu gestalten, sich zu engagieren und zu lernen, sich in einer Gemeinschaft gewaltlos auseinanderzusetzen.

---

[272] Vgl. *Kaiser/Kerner/Schöch* (Fn. 22), § 16 Rdnr. 23 ff. Die Ambivalenz der Sozialarbeit zwischen Hilfe und Kontrolle sieht hingegen *Lamott* (Fn. 170), S. 78 ff., nicht nur in ihrer Einbindung in die starre Organisation der Institution Strafvollzug begründet, sondern ebenso in ihrer Funktion als staatliche Dienstleistung. Als solche muss sie nämlich – aktenförmig kontrollierbar – den Kriterien sachgerechten Handelns und denen personenbezogener Hilfe genügen, was sie in ein Dilemma führt.
[273] *Laubenthal* (Fn. 32), Rdnr. 65.

Ein ansprechendes Freizeitangebot bedarf wiederum entsprechender personeller Begleitung, was gleichermaßen die Vollzugsbediensteten des AVD wie auch die Vertreter der Fachdienste betrifft. Je besser sich der Personalschlüssel einer JVA darstellt, desto eher besteht die Möglichkeit für die Vollzugsbediensteten, individuell auf die Gefangenen einzugehen. Das trägt nicht nur zur Verbesserung der Behandlungssituation im Allgemeinen bei, sondern auch zu einem entspannten Dienstverhältnis unter den Vollzugsbediensteten, was sich wiederum im Vollzugsklima positiv niederschlagen könnte (vgl. Faktor 8).

h) Vollzugsklima (Faktor 8)

Die jeweilige Behandlungspraxis bestimmt sich weiterhin nach Engagement, Durchsetzungsfähigkeit und fachlicher Orientierung des therapeutischen Leiters bzw. der Anstaltsleitung sowie der Qualifikation des Vollzugspersonals.[274] Gibt sich die Anstaltsleitung oder der therapeutische Leiter kooperativ, gesprächs- und kompromissbereit gegenüber den Gefangenen und vermittelt er diese Haltung auch seinen Bediensteten, wird er u.a. mehr Behandlungserfolge erzielen als mit einer unnachgiebigen, harten Haltung. Persönliches Engagement, berufliche Motivation und die Bereitschaft zur Teamarbeit sind u.a. Voraussetzungen dafür, dass die Vollzugsbediensteten sowohl des AVD als auch der Fachdienste innerhalb ihres Aufgabenbereichs auf die Gefangenen behandlungsorientiert eingehen.

i) Zwangssituation der Haft (Faktor 9)

Mit dem oftmals zitierten Schlagwort von der „Behandlung in Unfreiheit" wird auf die Schwierigkeiten des Aufbaus zwischenmenschlicher Beziehungen und des Erlernens sozialen Verhaltens in einem staatlichen Gewaltverhältnis hingewiesen.[275] Behandlung im Strafvollzug ist zunächst aufgedrängte, mit Zwang durchgesetzte Fürsorge, die rechtsstaatlich und gesellschaftlich eine andere Qualität aufweist als freiwillig angebotene oder angenommene Fürsorge.[276] Für den Betroffenen wird der Zwangscharakter der Resozialisierung – zumindest anfangs – sogar im Vordergrund stehen. In den Straf-

---

[274] *Eisenberg*, Über sozialtherapeutische Behandlung von Gefangenen, ZStrW 86 (1974), S. 1046; *Koepsel* (Fn. 126), S. 42; *Walter* (Fn. 13), Rdnr. 192.
[275] U.a. *Dammann/Scheerer* (Fn. 184), S. 6 ff.; *Pollähne* (Fn. 47), S. 33 ff. (S. 39); *Wycisk/Noeres*, Strafvollzug als Therapieziel?, Recht und Psychiatrie 1991, S. 114 ff. (115).
[276] *Hassemer* (Fn. 141), S. 163.

vollzug, wie auch in andere staatliche Einrichtungen[277], kommt der „Patient" nicht aus innerer Not und behandlungsmotiviert, sondern auf äußeren Druck.[278] Sein Vertrauen zu dem Psychologen, und erst recht zu den ihn „wegschließenden" Beamten des AVD wird i.d.R. gering sein, da jegliche Behandlung als unfreiwillig empfunden wird.[279] Der Aspekt der Freiwilligkeit wird allgemein jedoch als wesentliches Postulat jeglicher Therapie angesehen.[280] Soll die Resozialisierung bzw. Erziehung Erfolg haben, muss zunächst dieser innere Widerstand überwunden werden.

k) Die JVA als staatliche Institution (Faktor 10)

Letztlich kann auch das Organisationsgefüge von Vollzugsanstalten als staatliche Institution ein prinzipielles Hindernis gegen langfristig wirkende therapeutische Kontakte darstellen.[281] Gerade die Lebensbereiche, in denen der Staat mit der rechtlichen Regelung von Hilfe und Strafe mehr Effizienz erreichen will, sind auf Verständigungsprozesse, auf persönliches Vertrauen, Loyalität und auf gegenseitige Wertschätzung angewiesen. Werden sie in das System von Sicherheits- und Ordnungsbürokratie eingegliedert und von diesem beherrscht, entstehen derartige Voraussetzungen sozialer Therapie nur eingeschränkt oder möglicherweise gar nicht.[282] Weil der Vollzug von einer Vielzahl ordnender und sichernder Regelungen beherrscht wird, um einen störungsfreien Freiheitsentzug – auch unter dem Druck der (Medien-) Öffentlichkeit – zu gewährleisten, wird von den Gefangenen „das daraus entstehende Maß an Repression vor allem als Schikane empfunden", auf die sie mit Resignation, Hass oder Wut reagieren.[283] Es entsteht nicht nur ein behandlungsfeindliches Klima, sondern die Gefangenen richten ihre ganze Energie auf den „Kleinkrieg des Alltags" und das „Überleben in der Sub-

---

[277] Psychiatrisches Krankenhaus, Entziehungsanstalt (§ 61 StGB). Eingehend auf die rechtliche Lage Verurteilter in privaten Therapieeinrichtungen *Dammann/Scheerer* (Fn. 184).
[278] Auch wenn sich der Gefangene freiwillig um die Aufnahme in einer sozialtherapeutischen Anstalt bewirbt, so geschieht dies nur in seltenen Fällen aus innerer Not, bei der überwiegenden Anzahl der Fälle vielmehr aus höchst unterschiedlichen Motivationslagen heraus, was aus dem mit der Anstaltsleiterin der SthA Ludwigshafen geführten Experteninterview hervorgeht.
[279] So *Wycisk/Noeres* (Fn. 275), S. 115, zu einem therapeutischen Bündnis in der Maßregel.
[280] *Egg*, Straftäterbehandlung unter Bedingungen äußeren Zwangs, in: Bock/Feuerhelm/Schwind (Hrsg.), Festschrift für Alexander Böhm, 1999, S. 397, der darauf hinweist, dass Freiwilligkeit vor allem die innere Bereitschaft des Patienten zu dem therapeutischen Prozess bedeutet, nicht aber die Freiheit von jedwedem äußeren Druck oder Zwang (S. 398 f.).
[281] *Kaiser/Kerner/Schöch* (Fn. 22), § 17 Rdnr. 17.
[282] *Dammann/Scheerer* (Fn. 184), S. 9.
[283] *Rehn* (Fn. 145), S. 80 f.

kultur".[284] Möglicherweise verhindern daher unabhängig von gesetzgeberischen Vorstellungen die starren, überwiegend sicherheitsrelevanten Organisationsregeln einer Strafvollzugsanstalt grundsätzlich eine „Behandlung", die durch Dynamik und soziale Interaktion gekennzeichnet ist.

V. Zusammenfassung

Ambivalente Auswirkungen der Verrechtlichung sind im Strafvollzug erkennbar, auch wenn dieser sich von den Gebieten unterscheidet, die bislang Gegenstand wissenschaftlicher Forschung zur Verrechtlichung sind bzw. waren. Zum einen besteht ein Unterschied schon in dem Ausmaß rechtlicher Vorschriften: Im Vergleich zu den Gebieten des Umweltschutzes, der Bildungs- und Sozialpolitik sowie den Bereichen von Arbeits- und Wirtschaftsrecht, die eine Vielzahl von Normen aufweisen, enthalten lediglich das StVollzG sowie – abgesehen von zahlreichen Erlassen und Verfügungen der Länder – die VVStVollzG die maßgeblichen Regelungen für den Strafvollzug. Neben diesem quantitativen Unterschied grenzt sich der Strafvollzug auch in qualitativer Weise von den genannten Rechtsgebieten ab.[285] Das Vollzugsverhältnis ist als staatliches Sonderrechtsverhältnis von einem extremen Machtgefälle gekennzeichnet und muss daher grundsätzlich Recht und Gesetz unterworfen sein, um Willkür und Machtmissbrauch zu verhindern.[286] Dennoch zeigen sich bei näherem Hinsehen zwei Parallelen zu der auf den oben genannten Rechtsgebieten diskutierten Verrechtlichungsthematik, die ausreichend Ansatzpunkte liefern, um in einer empirischen Arbeit der Ambivalenz der Verrechtlichung im Strafvollzug nachzugehen.

Die erste Parallele findet sich in den die Verrechtlichung des Strafvollzugs maßgeblich beeinflussenden Komponenten. Die im Erlass des StVollzG mündende Strafvollzugsreform war geprägt durch Anforderungen, die aus dem Rechtsstaats- und Sozialstaatsprinzip abgeleitet wurden. Als die Hauptursachen für die Verrechtlichung im modernen Wohlfahrtsstaat fanden diese Staatsprinzipien entsprechend ihren Niederschlag in den Vorschriften des StVollzG. Dabei stand auf der einen Seite die Ausbildung von Recht

---

[284] *Rehn* (Fn. 145), S. 81.
[285] *Böhm* (Fn. 13), S. 37, nach dessen Ansicht die „überlegenswerten Einwände gegen die Verrechtlichung von Lebensbereichen ... auf dem Gebiet des Strafvollzugs und dem der Strafvollstreckung nicht (stechen)".
[286] *Böhm* (Fn. 13), S. 38.

als notwendige Begrenzung staatlicher Macht und institutioneller Gewalt, auf der anderen Seite die vom Sozialstaatsprinzip ausgehende Zielvorstellung eines therapeutischen Strafvollzugs.

Die zweite Parallele zu den typischen „Verrechtlichungsgebieten" knüpft an die gesetzgeberisch gewünschte Konzeption des Strafvollzugs als Behandlungsvollzug an, womit die Brücke von der bloßen Verrechtlichung zur ihrer möglichen Ambivalenz geschlagen wird. Dass es auch im Strafvollzug zwischenmenschliche Beziehungen gibt oder zumindest geben sollte, deren spezifische Qualitäten verloren gehen können, wenn sie in eine rechtliche Form gebracht, also verrechtlicht werden, kann nicht bestritten werden, sofern an einem Behandlungskonzept festgehalten wird, das auf dem Verständnis des Vollzugs als „problemlösender Gemeinschaft" beruht.[287] Eine Behandlung, die auf eine soziale Eingliederung der Gefangenen in die Gesellschaft und eine zukünftig straffreie Lebensführung ausgerichtet ist, setzt zwischen den Gefangenen und ihren Bezugspersonen, seien es die Bediensteten des AVD oder die Fachdienste, ein gewisses Vertrauensverhältnis voraus. Dieses Vertrauen gilt als Grundlage für die Hilfestellung seitens der Anstalt und ihrer Bediensteten und ihrer Annahme durch die Gefangenen.

Als Folge dieser Parallelen drängt sich letztlich die Frage auf, welche ambivalenten Auswirkungen mit der staatlichen Steuerung und Konditionierung eines derart auf Vertrauen und Hilfe ausgerichteten Lebensbereichs verbunden sind. Weil der Strafvollzug als staatliches Sonderrechtsverhältnis vielfachen – von seiner Verrechtlichung unabhängigen – Bedingungen unterliegt, müssen die wesentlichen in die weitere Planung des Forschungsvorhabens und anschließende Auswertung einbezogen werden.

---

[287] *Calliess/Müller-Dietz* (Fn. 16), § 4 Rdnr. 6. Zu den Voraussetzungen für die Existenz einer „problemlösenden Gemeinschaft" vgl. *Kaiser/Kerner/Schöch* (Fn. 22), § 16 Rdnr. 8.

2. Kapitel: Die Vergleichspaare

A. Der direkte Vergleich

Die empirische Erforschung der ambivalenten Auswirkungen, die durch die Verrechtlichung des Strafvollzugs entstanden sind, gestaltet sich schwierig, sofern ein direkter Vergleich zwischen der Situation des Strafvollzug vor und nach In-Kraft-Treten des StVollzG (1977) angestrebt wird. Es liegt nahe, dass sich nur noch wenige Interviewpartner finden lassen, die als „Zeitzeugen" über ihre Zeit im Strafvollzug vor 1977 berichten können. Um die Ergebnisse, die durch die Zuordnung der Interviewaussagen zu den ober aufgezählten Faktoren herauszuarbeiten sind, in einer systematisch geordneten Art und Weise zu veranschaulichen, mussten andere Vergleichspaare gefunden werden, anhand derer die Situation eines „verrechtlichten" und eines noch „ungeregelten" Vollzugs dargestellt bzw. auf die verrechtlichungssensiblen Themen im Strafvollzug aufmerksam gemacht werden kann.

B. Die Vergleichspaare

Folgende Vergleichspaare wurden demnach in die Untersuchung einbezogen:

I) Vergleich zwischen den Fachdiensten und dem Allgemeinen Vollzugsdienst
II) Vergleich des Erwachsenen(regel)strafvollzugs mit dem Jugendstrafvollzug
III) Vergleich des Erwachsenen(regel)strafvollzugs mit dem Vollzug in einer sozialtherapeutischen Anstalt

I. Vergleich zwischen den Fachdiensten und dem Allgemeinen Vollzugsdienst

Anknüpfend an die Ausführungen zu Faktor 6 (Einbeziehung der Fachdienste in den Vollzug[288]) soll in einem gesonderten Vergleich den möglichen ambivalenten Auswir-

---
[288] Siehe oben 1. Kapitel, B. IV., 2. f), S. 52 ff.

kungen der Verrechtlichung des Strafvollzugs auf die Personalstruktur der Haftanstalten nachgegangen werden.

Mit dem im StVollzG normierten Vollzugskonzept hat sich der Tätigkeitsbereich und das Berufsbild des AVD verändert. Von den Beamten des AVD, die vor In-Kraft-Treten des StVollzG überwiegend für die Sicherheit innerhalb der Strafanstalt zuständig waren und deren Aufgaben mit Begriffen wie Überwachen, Beaufsichtigen, Aus- und Einschließen beschrieben werden konnten, wurde gleichsam mit In-Kraft-Treten des StVollzG erwartet, dass sie sich am Behandlungsvollzug beteiligen. Im Sinne des in § 2 Satz 1 StVollzG explizit formulierten Resozialisierungsziels traten neben ihre „alten" Aufgaben neue, die von der sozialen Betreuung bis zur Unterstützung von Behandlungsmaßnahmen reichen. Zu der höheren Arbeitsbelastung kam die Unklarheit hinzu, teilweise hervorgerufen durch mangelnde Befähigung und Ausbildung, wie der Resozialisierungsgedanke in der Interaktion mit den Gefangenen konkret umgesetzt werden kann und soll.[289] Noch heute, über 20 Jahre nach Erlass des StVollzG, wird auf den Ziel- und Rollenkonflikt der Bediensteten des AVD hingewiesen.

Auf dieses Spannungsverhältnis innerhalb des AVD trifft nun die Aufforderung des Gesetzgebers in § 154 Abs. 1 StVollzG: „Alle im Vollzug Tätigen arbeiten zusammen und wirken daran mit, die Aufgaben des Vollzuges zu erfüllen". Hierunter sind vor allem die Vertreter der Fachdienste gemeint, denen alle haupt- oder nebenamtlich oder vertraglich verpflichteten Fachkräfte wie Geistliche, Ärzte, Psychologen, Lehrer und Sozialarbeiter angehören. Sie werden lediglich in § 155 Abs. 2 StVollzG erwähnt. Eine Aufgabenbeschreibung erfolgte nicht. Unterschiedliche Berufsauffassungen und Berufsausbildungen rufen zwingend unterschiedliche Einstellungen und Denkweisen bzgl. der Arbeit mit Gefangenen und der rechtlichen Konzeption des heutigen Strafvollzugs hervor. Aus den unterschiedlichen Funktionen des Strafvollzugs (Behandlungs- bzw. Sicherheitsvollzug) resultieren naturgemäß Spannungen zwischen den einzelnen Berufsgruppen, die in einer Anstalt vertreten sind.[290] Im Mittelpunkt der Untersuchung des ersten Vergleichspaares standen somit Fragen, die sich auf die Zusammenarbeit beider

---

[289] *Rosner*, Die Arbeitssituation der Bediensteten im Strafvollzug – eine empirische Untersuchung zur Situation der Mitarbeiter nach der Strafvollzugsreform, ZfStrVo 1983, S. 69.
[290] *Müller-Dietz* (Fn. 33), S. 25.

Dienste in Erfüllung ihrer Behandlungsaufgabe bezogen[291] und eine Verbindung zur Verrechtlichung des Strafvollzugs herzustellen suchten.

II. Vergleich des Erwachsenen(regel)vollzugs mit dem Jugendstrafvollzug

Der Vergleich zwischen dem Erwachsenenstrafvollzug und dem Jugendstrafvollzug kommt einem direkten Vergleich der Situation im Erwachsenenstrafvollzug vor und nach 1977 noch am nächsten. Die gewählten Vollzugsarten repräsentieren gewissermaßen Extreme, was ihre rechtliche Ausgestaltung angeht. Ausgangspunkt ist der Umstand, dass eine einheitliche gesetzliche Regelung für den Jugendstrafvollzug derzeit nicht besteht. Gesetzliche Vorschriften für diesen werden zum einen den §§ 91, 92, 110, 115 JGG entnommen, die allgemeine Aussagen über die Ausgestaltung des Jugendstrafvollzugs enthalten; zum anderen werden die §§ 94 bis 101 StVollzG (über den unmittelbaren Zwang) und die §§ 44, 49 bis 52 StVollzG (über die Entlohnung der Gefangenenarbeit) gemäß §§ 176, 178 StVollzG entsprechend auf den Jugendstrafvollzug angewendet. Für die weitere Ausgestaltung des Jugendstrafvollzugs kommen die VVJug zur Anwendung. Eine speziell auf die Bedürfnisse des Jugendstrafvollzugs abgestimmte Ausgestaltung der Rechtsmittel erfolgte bislang ebenfalls nicht. Dem jugendlichen Gefangenen steht gegen Maßnahmen der Strafvollzugsbehörde gemäß §§ 23, 25 EGGVG der Rechtsweg vor die Strafsenate der Oberlandesgerichte offen. Mangels gesetzlich detaillierter Vorgaben sind den Jugendstrafanstalten für die Umsetzung der am Erziehungsgedanken orientierten Konzeption des Jugendstrafvollzugs große Gestaltungs- und Entscheidungsfreiräume eingeräumt. Daher versprach die Gegenüberstellung von Befragungsergebnissen aus diesen Vollzugsarten die Darstellung eines differenzierteren Bildes der Vollzugswirklichkeit in Bezug zur Forschungsfrage.

---

[291] Interessant hierzu waren die Aussagen der Experten, die annähernd übereinstimmend keine auffälligen Konflikte zwischen Beamten des AVD und Vertretern der Fachdienste bestätigen, vgl. die Thesen aus den Experteninterviews, 4. Kapitel C., I., 4., S. 96. Der Grund hierfür könnte zum einen in einem Wunschdenken der Anstaltsleiter liegen, für die Konflikte ein Zeichen für eine „schlechte Anstalt" bedeuten würden; zum anderen mögen – besonders ältere – Anstaltsleiter vor dem Hintergrund der zeitlichen Entwicklung „keine" Konflikte innerhalb der Dienste mehr sehen, da sie im Vergleich zu früher erheblich abgenommen haben (was jedoch nicht heißt, dass es sie nicht mehr gibt bzw. sie sich nicht möglicherweise verlagert haben). Daher erscheint der Vergleich nach wie vor aktuell.

III. Vergleich des Erwachsenen(regel)vollzugs mit dem Vollzug in einer sozialtherapeutischen Anstalt

Die sozialtherapeutische Anstalt stellt wiederum ein weiteres Extrem auf dem Gebiet des Strafvollzugs dar. Sie versucht, weit stärker, als es in einer Regelvollzugsanstalt möglich ist, dem Ideal einer „problemlösenden Gemeinschaft" zu entsprechen.[292] Die Zielvorgabe ist auch hier die Resozialisierung des Gefangenen gemäß § 2 Satz 1 StVollzG, die allerdings gemäß § 9 Abs. 2 Satz 1 StVollzG mit „besonderen therapeutischen Mitteln und sozialen Hilfen" erreicht werden soll. Entsprechend dem vollzuglichen Behandlungsbegriff ist auch der Begriff Sozialtherapie nicht näher konkretisiert. Das Modell des Methodenpluralismus hat im Laufe der Entwicklung das anfangs die Sozialtherapie beherrschende medizinisch geprägte Modell im Sinne einer Individualtherapie abgelöst. Unter Methodenpluralismus wird eine Methodik verstanden, die neben psychoanalytisch orientierten Ansätzen Gesprächs- und Verhaltenstherapien sowie gruppendynamische Konzepte und social casework zur Behandlung einsetzt.[293] Die Erfahrung, dass ausschließlich psychotherapeutische oder sozialpädagogische Methoden im Strafvollzug nur bedingt erfolgreich sein können, führte zur Entwicklung eigenständiger Behandlungsverfahren, die in der Regel unter dem Stichwort Sozialtherapie bzw. Soziales Training zusammengefasst werden.[294] Die Sozialtherapie versteht dabei die psychischen Probleme der Insassen nicht mehr nur als individuell verursacht, sondern sieht sie zusätzlich von der engeren Umwelt und gegebenenfalls von der gesellschaftlichen Gesamtsituation mitbestimmt. Konsequenterweise spielt demnach die Einbeziehung der sozialen Umwelt in das Behandlungskonzept, das je nach wissenschaftlichem Bezug unterschiedliche Schwerpunkte erfährt, eine wesentliche Rolle.[295] Teilweise wird versucht, die gesamte Anstalt (von den Bediensteten bis zur Leitung) oder auch das „Umfeld", insbesondere die Angehörigen in den Behandlungsprozess zu integrieren. Um die aufgrund der Institutionalisierung und Ausgrenzung der Gefangenen als Personengruppe aus der Gesellschaft auftretende Gefahr einer Verstärkung der Probleme und Schwierigkeiten zu umgehen oder doch zumindest zu verringern, bemüht sich die Sozialtherapie um möglichst große Alltagsnähe.[296] Daher finden sich in den sozialtherapeutischen Anstalten neben den psychologisch-therapeutischen Angeboten gleicherma-

---

[292] *Laubenthal* (Fn. 32), Rdnr. 518.
[293] *Laubenthal* (Fn. 32), Rdnr. 526.
[294] *Kury* (Fn. 139), S. 31; *Laubenthal* (Fn. 32), Rdnr. 527.
[295] *Kaiser/KernerSchöch* (Fn. 22), § 17 Rdnr. 20.
[296] *Kury* (Fn. 139), S. 32.

ßen pädagogische Programme, schulische und/oder berufliche Fortbildungsangebote. Weitere spezifische Elemente des sozialtherapeutischen Vollzugs stellen der Wohngruppenvollzug sowie eine im Vergleich zum Regelvollzug differenziertere Lockerungspraxis und sorgfältigere Entlassungsvorbereitung dar.[297]

Die Schwierigkeit hierbei liegt auf der Hand: Wie kann Sozialtherapie in der starren, institutionalisierten Struktur einer Justizvollzugsanstalt und ihrer „Beharrungstendenz, am Althergebrachten und ‚bewährten' Vorgehen festzuhalten"[298], erfolgreich und effektiv praktiziert werden? Die Kritik an dem Behandlungsvollzug als soziales Trainingsfeld unter den Bedingungen in Unfreiheit[299] ist daher auch in Hinblick auf den sozialtherapeutischen Vollzug trotz aller Progressivität berechtigt, da dieser grundsätzlich den Vollzug der Freiheitsstrafe in der Institution Justizvollzugsanstalt gewährleisten soll. Der sozialtherapeutisch orientierte Strafvollzug muss sich ebenso fragen lassen, ob Therapie, eingesetzt als Sanktionsmittel und Machtinstrument, die schon erwähnte Gefahr für Rechte und Grundrechte der Gefangenen[300] begründen kann.

Da das therapeutische Vorgehen somit das gesamte Lebensfeld des Gefangenen innerhalb und außerhalb der sozialtherapeutischen Anstalt einbeziehen soll, führt dies zu einer Gestaltung der Handlungs- und Beziehungsformen in der Institution Strafvollzug im Sinne einer „problemlösenden Gemeinschaft" aller am Vollzugsgeschehen Beteiligten. Inwieweit dieses Vollzugskonzept mit den Regelungen des StVollzG, dessen §§ 8 bis 85, 123 bis 126 auf die sozialtherapeutische Anstalten Anwendung finden, zu vereinbaren ist bzw. welche Auswirkungen die strafvollzugsrechtlichen Regelungen auf die Umsetzung dieses Konzepts haben, sollte durch eine Gegenüberstellung der Befragungsergebnisse mit denen aus einer Regelvollzugsanstalt in Erfahrung gebracht werden. Hierbei wird auch auf Überlegungen einzugehen sein, die hinsichtlich der Sozialtherapie einen weiteren Regelungsbedarf sehen, und zwar – ähnlich wie im Jugendstrafvollzug – zur schützenden Abgrenzung gegenüber dem Regelvollzug im Sinne der Bewahrung ihrer Eigenständigkeit und Existenzberechtigung.[301]

---

[297] *Egg* (Fn. 249), S. 58.
[298] *Kury* (Fn. 139), S. 33.
[299] Vgl. die Ausführungen oben 1. Kapitel, B., IV., 1. a), S. 29 ff.
[300] Siehe oben 1. Kapitel, B. IV., 2. d), S. 46 f.
[301] So wohl *Egg* (Fn. 249), S. 65, wenn er die „Erstellung eines verbindlichen sozialtherapeutischen Rahmenkonzepts" fordert.

C. Zusammenfassung

Die drei in die Untersuchung einbezogenen Strafanstalten wurden ausgewählt, weil sie idealtypische Formen des Strafvollzugs darstellen. Durch gezielte Gegenüberstellung und Auswertung der Befragungsergebnisse aus den drei Vollzugsformen konnten Schlüsse darüber gezogen werden, welche Handlungsmuster bzw. Interaktionsmechanismen als Folge der Verrechtlichung des Strafvollzugs einzustufen und wie diese zu bewerten sind. Die vorgestellte Vergleichsmethodik wurde gewählt, um nicht nur auf einen direkten Vergleich angewiesen zu sein, der voraussichtlich aufgrund der geringen Erhebungsmöglichkeiten allgemeine Folgerungen und Interpretationen nicht zugelassen hätte.

3. Kapitel: Planung der empirischen Erhebungen

A. Forschungsrichtung: Qualitative Sozialforschung

Die Fragestellung eines Forschungsvorhabens und die erwarteten Ergebnisse bedingen die anzuwendende Methode der empirischen Sozialforschung. Für die dem Vorhaben zugrunde liegende Forschungsfrage, welche bisher noch nicht untersuchten – bekannten oder unbekannten – Zusammenhänge zwischen Handlungsmustern, Interpretationen und Interaktionen der im Vollzug Beschäftigten einschließlich der Gefangenen mit der Verrechtlichung des Strafvollzugs bestehen, musste ein Forschungsansatz und damit eine Methode gefunden werden, die es ermöglichen, diese Zusammenhänge quasi „von innen heraus" sichtbar zu machen. Daraus folgte die Entscheidung für die der qualitativen Sozialforschung zugehörigen Methoden zur Datengewinnung und -auswertung.

I. Theoretischer Hintergrund und Methodologie der qualitativen Sozialforschung

Der Begriff „qualitative Sozialforschung"[302] ist ein Sammelbegriff für sehr unterschiedliche theoretische und methodische Zugänge zur sozialen Wirklichkeit. Unter ihn lassen sich nicht nur verschiedene wissenschaftstheoretische Positionen, sondern auch vielfach konkrete empirische Forschungsverfahren subsumieren, was die Bestimmung der Prinzipien und Forschungspraktiken qualitativer Sozialforschung wesentlich erschwert.[303] Allgemein kann man sagen, dass sich unter dem Begriff „qualitative Sozialforschung" eine breite Bewegung gegen die traditionelle, quantitativ-standardisierte Sozialforschung und ihr herkömmliches Methodenverständnis formiert hat, die mit der Erarbeitung sozialwissenschaftlich-qualitativer Methoden verbunden und am Verstehen sozialer Geschehnisse orientiert ist.[304] Die folgenden Ausführungen zur qualitativen Sozialforschung können keine vollständige Darstellung der erkenntnistheoretischen und methodologischen Grundlagen liefern.[305] Auch muss auf eine umfassende, vergleichend kritische Auseinandersetzung mit der traditionellen Sozialforschung verzichtet werden.[306] Die sich anschließende Darstellung der theoretischen und methodischen Grundzüge qualitativer Sozialforschung dient lediglich dem Verständnis des Forschungsvorhabens.

Das Selbstverständnis der qualitativen Sozialforschung, auch „interaktionistische" bzw. „interpretative" Sozialwissenschaft genannt, wird in Gegenüberstellung mit der quantitativen Sozialforschung deutlich. Dieser liegt eine analytisch-nomologische bzw. deduktiv-nomologische Wissenschaftstheorie zu Grunde, welche von der Annahme einer geordneten, strukturvollen und regelhaften Welt ausgeht.[307] Dieses Kausalitätsprinzip führt nach der analytisch-nomologischen Wissenschaftstheorie konsequent zu dem Postulat der Einheitswissenschaft, welches besagt, dass zum Auffinden empirischer Ge-

---

[302] Zur Chronologie qualitativer Sozialforschung siehe *Lamnek*, Qualitative Sozialforschung, Bd. 1, Methodologie, 3. Aufl., 1995, S. 30 ff.
[303] *Lamnek* (Fn. 302), Bd. 1, S. 41 f.
[304] *Hendrik Schneider*, Grundlagen der Kriminalprognose, 1996, S. 126.
[305] Ausführlich hierzu *Lamnek*, Qualitative Sozialforschung, Bd. 1 und 2, jeweils 3. Aufl., 1995; *Göppinger* (Fn. 20), S. 54 ff., und verschiedene Autoren in: Flick/v.Kardorff/Keupp/v.Rosenstiel/Wolff (Hrsg.), Handbuch Qualitative Sozialforschung, 2. Aufl., 1995.
[306] Siehe hierzu *Kromrey*, Empirische Sozialforschung, 8. Aufl., 1998, S. 511 ff.; vgl. auch *Göppinger* (Fn. 20), S. 56 ff., und ausführlich *Lamnek* (Fn. 302), Bd. 1, S. 6 ff.
[307] *Kromrey* (Fn. 306), S. 25.

setzmäßigkeiten alle Erfahrungswissenschaften – also auch die Sozialwissenschaft – nach den gleichen methodischen Regeln vorgehen können, da sie sich lediglich in dem betrachteten Gegenstand unterscheiden.[308] Auch soziales Leben läuft – vergleichbar einem Naturvorgang – nach bestimmten Regelmäßigkeiten ab, deren Ablauf der Forscher gleichsam von außen beobachten und prinzipiell erklären kann.[309] Empirisch erlangte Aussagen über soziale Regelhaftigkeiten sollen daher im Idealfall „nomologischen" Charakter haben, d.h. sie sollen in ihrem Geltungsanspruch weder zeitlich noch räumlich relativiert sein.[310] Dementsprechend beginnen analytisch-nomologisch orientierte Forschungsvorhaben mit der Aufstellung von generellen Vermutungen (Hypothesen) über Eigenschaften der tatsächlichen Welt und über deren Gesetzmäßigkeiten.[311] Anschließend werden Daten auf kontrollierte Weise mittels standardisierter Methoden in repräsentativen Ausschnitten der Zielgruppe erhoben und ausgewertet. Die Standardisierung der Erhebungssituation soll hierbei die Intersubjektivität der Daten gewährleisten. Die so erlangten Ergebnisse werden mit den vorher formulierten Hypothesen verglichen, um ihre empirische Bewährung oder Falsifizierung festzustellen.[312] Das wissenschaftliche Erkenntnisinteresse und der Bereich potenzieller Forschungsgegenstände werden von vornherein auf das „Positive" und das tatsächlich Gegebene und Bekannte beschränkt, da zur empirischen Überprüfung von Hypothesen nur jene Daten zugelassen sind, die in irgendeiner Weise standardisierbar bzw. quantifizierbar und damit intersubjektiv nachvollziehbar sind.[313]

Die der qualitativen Sozialforschung zu Grunde liegende wissenschaftstheoretische Ausrichtung leitet sich vor allem aus den soziologischen Theorien der Phänomenologie[314], des Symbolischen Interaktionismus[315] und der damit verwandten Ethnomethodologie[316] ab. Grundlegend für diese interaktionistischen Ansätze ist ihr Ausgangspunkt

---

[308] *Kromrey* (Fn. 306), S. 26; *Lamnek* (Fn. 302), Bd. 1, S. 14.
[309] *Lamnek* (Fn. 302), Bd. 1, S. 39.
[310] *Kromrey* (Fn. 306), S. 27.
[311] *Kromrey* (Fn. 306), S. 28.
[312] *Kromrey* (Fn. 306), S. 29.
[313] *Kleining*, Umriß zu einer Methodologie qualitativer Sozialforschung, KZfSS 34 (1982), S. 228 f.; *Lamnek* (Fn. 302), Bd. 1, S. 8/9.
[314] Vgl. hierzu *Kleining*, Methodologie und Geschichte qualitativer Sozialforschung, in: Flick/v. Kardorff/Keupp/v. Rosenstiel/Wolff (Hrsg.), Handbuch Qualitative Sozialforschung, 2. Aufl., 1995, S. 18.
[315] Begriff nach *Blumer* (1973), in: Arbeitsgruppe Bielefelder Soziologen (Hrsg.), Alltagswissen, Interaktion und gesellschaftliche Wirklichkeit, Bd. 1, 5. Aufl., 1980, S. 80 bis 146.
[316] Begriff nach *Garfinkel* (1973), in: Arbeitsgruppe Bielefelder Soziologen (Hrsg.), Alltagswissen, Interaktion und gesellschaftliche Wirklichkeit, Bd. 1, 5. Aufl., 1980, S. 189 bis 262.

im Versuch eines vorrangig deutenden und sinnverstehenden Zugangs zu der interaktiv „hergestellten" und in sprachlichen Symbolen repräsentiert gedachten sozialen Wirklichkeit.[317] Erkenntnistheoretisch stehen diese Theorien auf dem Standpunkt, dass die soziale Wirklichkeit zureichend nur als sinnhaft durch Kommunikation und Interaktion der Menschen konstituiertes Gebilde begriffen werden kann. Sie ist daher nur auf dem Wege der Rekonstruktion kollektiver Deutungsmuster *verstehbar* und kann nicht aus Gesetzmäßigkeiten heraus *erklärt* werden.[318] Die gesellschaftlichen Strukturen, in denen die Menschen miteinander leben, werden von ihnen demnach durch ihr Handeln selbst geschaffen und auch ständig verändert.[319] Der jeweils gegenwärtige Zustand wird als Resultat komplexer Abfolgen von Interaktionen (aufeinander bezogenes Handeln von Personen oder Gruppen) begriffen, der in neuen Interaktionen ständig neu zur Disposition gestellt, erneut interpretiert und weiterentwickelt wird (sog. „interpretatives Paradigma"[320]). Das Handeln der Menschen bestimmt sich nach den Bedeutungen, welche sie ihrer Umgebung bzw. dem Handeln anderer zuweisen; diese entstehen und verändern sich fortwährend in sozialen Interaktionen.[321] Die soziale Realität unterliegt somit einem ständigen Interpretations- und Re-Interpretationsprozeß.[322] Qualitative Forschung geht davon aus, dass Bedeutungszuschreibungen innerhalb von Handlungssituationen, welche direkt allenfalls mit der Methode der teilnehmenden Beobachtung erfasst werden können, auch den sie begleitenden kommunikativen Akten zu Grunde liegen, und zwar auch dann, wenn retrospektiv oder fiktiv über einen Handlungsverlauf gesprochen wird.[323] „Daher reicht es zur Generierung von Wirklichkeit aus, wenn ein kommunikativer Akt über einen vergangenen oder fiktiven Handlungsverlauf initiiert wird".[324] Das kann beispielsweise in einem qualitativen Interview erfolgen. Die anschließend gewonnenen Transkriptionen enthalten – quasi in sprachlicher Form – diese, den Handlungen des Erzählers zugrunde liegenden Bedeutungszuweisungen und Interpretationen, die

---

[317] *V. Kardorff*, Qualitative Sozialforschung – Versuch einer Standortbestimmung, in: Flick/v. Kardorff/Keupp/v. Rosenstiel/Wolff (Hrsg.), Handbuch Qualitative Sozialforschung, 2. Aufl., 1995, S. 4.
[318] *Göppinger* (Fn. 20), S. 56; *v. Kardorff* (Fn. 317), S. 7; *Mayring*, Qualitative Inhaltsanalyse, 5. Aufl., 1995, S. 17/18.
[319] *Kromrey* (Fn. 306), S. 26.
[320] Begriff nach *Wilson*, in: Arbeitsgruppe Bielefelder Soziologen (Hrsg.), Alltagswissen, Interaktion und gesellschaftliche Wirklichkeit, Bd. 1, 5. Aufl., 1980, S. 55.
[321] *Wilson* (Fn. 320), S. 59.
[322] *Kromrey* (Fn. 306), S. 26 f. und 520.
[323] Arbeitsgruppe Bielefelder Soziologen (Hrsg.), Kommunikative Sozialforschung, Bd. 2, 1976, S. 196; *Lamnek*, Qualitative Sozialforschung, Bd. 2, Methoden und Techniken, 3. Aufl., 1995, S. 200.
[324] *Lamnek* (Fn. 323), Bd. 2, S. 200.

nun mittels eines inhaltsanalytischen Verfahrens ermittelt und ihrerseits interpretiert werden können.

Der qualitativen Forschung geht es also um die zutreffende Deutung der erforschten Realität, indem sie den Datenerhebungsprozess so strukturiert, dass der Forscher „in direktem Kontakt mit den Handelnden ein Verständnis ihrer Wirklichkeit entwickelt"[325], ohne seinen Interpretations- und Bezugsrahmen dem Untersuchungsgegenstand aufzuprägen.[326] Deshalb unterscheiden sich die Sozialwissenschaften nach dem Verständnis der qualitativen Forschung von der naturwissenschaftlichen Methodologie in ihrem Untersuchungsgegenstand: Ihr Gegenstand sind nicht naturwissenschaftliche Objekte, sondern menschliche Subjekte, welche in einem sozialen Kontext leben und handeln und deren Handeln mit Sinn und Bezug auf andere zu verstehen ist. Für die Wege der Datengewinnung und -auswertung können daher die üblichen quantitativen Methoden und Techniken nicht verwendet werden.

II. Datengewinnung im Rahmen qualitativer Sozialforschung

Im methodischen Vorgehen bemüht sich qualitative Sozialforschung, ein möglichst detailliertes und vollständiges Bild der zu erschließenden Wirklichkeitsausschnitte von „innen heraus" zu liefern. Dabei vermeidet sie es, den Bereich möglicher Erfahrungen durch theoretische Vorstrukturierung (Modell- und Hypothesenbildung) und methodische Vorentscheidungen (definierte Begriffe, Konzepte und Messinstrumente) einzuschränken, sondern wartet, „bis sich die Strukturierung des Forschungsgegenstandes durch die Forschungssubjekte herausgebildet hat" (Prinzip der Offenheit).[327] Der Forscher kann aber nur dann Zugang zu den bedeutungsstrukturierten Daten im Allgemeinen gewinnen, wenn er eine Kommunikationsbeziehung mit dem Forschungssubjekt eingeht und dabei das kommunikative Regelsystem des Forschungssubjektes unverändert bestehen lässt (Prinzip der Kommunikation).[328] Methodologisch folgt daraus, dass

---

[325] *Meinefeld*, zitiert in: Kromrey (Fn. 306), S. 519.
[326] Das machen jedoch standardisierte Forschungsdesigns, indem sie durch einen „Wahrnehmungsfilter" die soziale Realität „von außen" zu erfassen suchen, *Göppinger* (Fn. 20), S. 57.
[327] *Hoffmann-Riem*, Die Sozialforschung einer interpretativen Soziologie. Der Datengewinn, KZfSS 32 (1980), S. 343. Siehe dazu auch *Kleining* (Fn. 313), S. 231 f.; *Lamnek* (Fn. 302), Bd. 1, S. 22; *Reitemeier*, Qualitative Sozialforschung und Kriminologische Forschungsperspektiven, in: Kury (Hrsg.), Methodologische Probleme in der kriminologischen Forschungspraxis, 1984, S. 517.
[328] *Hoffman-Riem* (Fn. 327), S. 346 f.; *Lamnek* (Fn. 302), Bd. 1, S. 23 f.

die Hypothesen- und Theorienbildung (und ihre Überprüfung) nicht den Ausgangspunkt, sondern einen konstruktiven Teil des Forschungsprozesses bzw. dessen Ziel darstellt.[329] Dessen chronologische und inhaltliche Reihenfolge wird somit von der qualitativen Forschung gegenüber der traditionellen Forschungsmethodologie genau umgekehrt, ohne dass auf eine theoretisch umrissene Fragestellung vor Beginn der Untersuchung verzichtet wird. Die Theoriegeleitetheit qualitativer Forschung, die sich von der Bestimmung der Forschungsfrage über die Auswahl des Forschungsfeldes bis hin zu dem Einfluss theoretischer Vorannahmen in die Konzeption eines Gesprächsleitfadens erstrecken kann, steht nur scheinbar in Widerspruch zu dem Prinzip der Offenheit. Dieses bleibt gewahrt, wenn die Offenheit des methodischen Vorgehens gewährleistet ist.[330]

Als methodische Konsequenz sind demnach Forschungsformen zu finden, mit deren Hilfe ein genauer, möglichst unvoreingenommener, offener und flexibler sowie direkter Zugang zu dem sozialen Geschehen, wie es die Untersuchten selbst sehen[331], gewährleistet ist und die eigenständige Darstellung und Interpretation der Wirklichkeitskonzepte durch die „Akteure" (von dem Forscher) deutend verstanden werden können. Dabei wird in der Regel induktiv gearbeitet. Im Gegensatz zur deduktiven Forschung, die mittels eines Rückgriffs auf theoretische Wissensbestände oder bereits empirisch belegte Zusammenhänge Forschungshypothesen ableitet und diese anschließend in operationalisierter Form auf ihre Richtigkeit überprüft, räumt der induktive Ansatz den Daten und dem untersuchten Feld Priorität gegenüber theoretischen Annahmen ein.[332] Diese werden also nicht an den untersuchten Gegenstand herangetragen, sondern erst in der Auseinandersetzung mit dem „Feld" entdeckt und als Ergebnis formuliert. Es wird zwar die Fragestellung der Forschung unter theoretischen Aspekten umrissen; diese geht jedoch nicht über in einen Hypothesensatz.[333] Der Verzicht auf theoretische Vorstrukturierung schließt den Verzicht auf operationale Definitionen ein, die unter messtheoretischen Gesichtspunkten entwickelt worden sind. Aus ersten Felderkundungen werden vorläufige Vermutungen über Zusammenhänge im Untersuchungsfeld gewonnen und parallel hierzu der folgende Untersuchungsverlauf modifiziert und präzisiert.[334] Die

---

[329] *Hoffmann-Riem* (Fn. 327), S. 345; *Lamnek* (Fn. 302), Bd. 1, S. 99.
[330] *Hopf/Rieker/Sanden-Marcus/Schmidt*, Familie und Rechtsextremismus, 1995, S. 23; *Lamnek* (Fn. 323), Bd. 2, S. 208; *Mayring* (Fn. 318), S. 22.
[331] *Göppinger* (Fn. 20), S. 55.
[332] *Göppinger* (Fn. 20), S. 55.
[333] *Flick*, Stationen des qualitativen Forschungsprozesses, in: Flick/v. Kardorff/Keupp/v. Rosenstiel/ Wolff (Hrsg.), Handbuch Qualitative Sozialforschung, 2. Aufl., 1995, S. 150.
[334] *Reitemeier* (Fn. 327), S. 518.

induktive Vorgehensweise bewirkt weiterhin, dass erst nach Abschluss der Datenerhebungsphase und Durchsicht aller erhobenen Daten die für die Auswertung maßgebenden Kategorien formuliert und operationalisiert werden. Die induktiv entwickelten Theorien entstehen also in direkter Bezugnahme zur sozialen Realität und können gegebenenfalls mit fortschreitender empirischer Erkenntnis korrigiert und modifiziert werden.[335]

Methodische Verfahren, welche die vorgenannten Bedingungen erfüllen, sind u.a. die teilnehmende Beobachtung[336], qualitative Interviewformen[337] (u.a. das narrative Interview[338] und die Gruppendiskussion[339]), die Konversations[340]- und qualitative Inhaltsanalyse[341] sowie das qualitative Experiment.[342]

III. Datenauswertung im Rahmen qualitativer Sozialforschung

Seit den 40er Jahren, in denen erstmals das Verfahren der Inhaltsanalyse im Rahmen der Sozialforschung verwendet wurde, sind verschiedene Techniken erarbeitet worden, die den Begriff der Inhaltsanalyse unterschiedlich definieren.[343] Eine Übereinstimmung besteht gegenwärtig lediglich dahingehend, dass das Ziel der Inhaltsanalyse in der Gewinnung und/oder Auswertung von Material liegt, welches auf irgendeine Weise menschliches Verhalten oder soziales Handeln darstellt, um Rückschlüsse auf be-

---

[335] *Göppinger* (Fn. 20), S. 101.
[336] Kurze Beschreibung bei *Reitemeier* (Fn. 327), S. 519 bis 522; ausführlich bei *Legewie*, Beobachtungsverfahren, in: Flick/v. Kardorff/Keupp/v. Rosenstiel/Wolff (Hrsg.), Handbuch Qualitative Sozialforschung, 2. Aufl., 1995, S. 189 ff., und *Atteslander*, Methoden der empirischen Sozialforschung, 9. Aufl., 2000, S. 98 ff. (bes. S. 104 ff.).
[337] *Hopf*, Befragungsverfahren, in: Flick/v. Kardorff/Keupp/v. Rosenstiel/Wolff (Hrsg.), Handbuch Qualitative Sozialforschung, 2. Aufl., 1995, S. 177 ff.
[338] Ebenfalls knapp *Reitemeier* (Fn. 327), S. 522 bis 526; ausführlich *Hermanns*, Narratives Interview, in: Flick/v. Kardorff/Keupp/v. Rosenstiel/Wolff (Hrsg.), Handbuch Qualitative Sozialforschung, 2. Aufl., 1995, S. 182 ff.
[339] *Reitemeier* (Fn. 327), S. 526 f.; *M. Dreher/E. Dreher*, Gruppendiskussionsverfahren, in: Flick/v. Kardorff/Keupp/v. Rosenstiel/Wolff (Hrsg.), Handbuch Qualitative Sozialforschung, 2. Aufl., 1995, S. 186 ff. Siehe auch *Atteslander* (Fn. 336), S. 152 f.
[340] *Reitemeier* (Fn. 327), S. 529 bis 532; ausführlich *Bergmann*, Konversationsanalyse, in: Flick/v. Kardorff/Keupp/v. Rosenstiel/Wolff (Hrsg.), Handbuch Qualitative Sozialforschung, 2. Aufl., 1995, S. 213 ff.
[341] *Mayring* (Fn. 318) und *Lamnek* (Fn. 323), Bd. 2, S. 197 ff.
[342] *Kleining*, Das qualitative Experiment, in: Flick/v. Kardorff/Keupp/v. Rosenstiel/Wolff (Hrsg.), Handbuch Qualitative Sozialforschung, 2. Aufl., 1995, S. 263 ff.
[343] Eine Übersicht über die Entwicklungsphasen der qualitativen Inhaltsanalyse bietet *Spöhring*, Qualitative Sozialforschung, 2. Aufl., 1995, S. 193 bis 207.

stimmte Aspekte dieser Kommunikation abzuleiten.[344] Im Gegensatz zur Inhaltsanalyse der quantitativen Methodologie, die gleichermaßen als Technik zur Erhebung von Daten dient[345], wird die qualitative Inhaltsanalyse in erster Linie als Auswertungsverfahren von (transkribierten) Daten verwendet, welche zum Zwecke ihrer Analyse ohne vorherige Formulierung theoretischer Auswertungskategorien mittels eines anderen Datenerhebungsverfahrens gesammelt worden sind.[346] Die qualitativen Verfahren der Inhaltsanalyse haben sich vor allem aus der Kritik der quantitativen Ansätze entwickelt, die zwar das Erfordernis der Exaktheit erfüllen, aber vielen als inhaltsleer erscheinen. Welches Analyseverfahren, ob quantitativ oder qualitativ, angewendet wird, hängt letztlich jedoch von dem Ziel des Forschungsvorhabens ab: Ist der Forscher an einer – wie auch immer auftretenden – Häufigkeitsverteilung bestimmter (Text-)Merkmale innerhalb seiner Untersuchungsgruppe interessiert, wählt er hierfür die quantitative Inhaltsanalyse.[347] Will er hingegen die in seinem gesammelten Datenmaterial enthaltenen Kommunikationsinhalte deutend verstehen und die ihnen zugrunde liegenden Handlungsstrukturen systematisierend und typisierend darstellen, wird er auf das Verfahren der qualitativen Inhaltsanalyse zurückgreifen.[348]

Das bislang größte Problem bei der Anwendung qualitativer Erhebungsmethoden tritt auf, wenn die Fülle der häufig ungeordnet produzierten Einzeldaten in einer intersubjektiv gültigen Art und Weise ausgewertet und die so erlangten Erkenntnisse dargestellt und systematisiert werden sollen.[349] In der einschlägigen Literatur zur qualitativen Sozialforschung wird in diesem Zusammenhang häufig auf ein Missverhältnis zwischen der hoch entwickelten Diskussion über qualitative Erhebungstechniken und der fehlenden Erarbeitung methodologisch gesicherter Auswertungsverfahren von qualitativem Datenmaterial hingewiesen.[350] Kritische Stimmen bezeichnen daher die Phase der Aus-

---

[344] *Lamnek* (Fn. 323), Bd. 2, S. 176; *Mayring* (Fn. 318), S. 11.
[345] *Lamnek* (Fn. 323), Bd. 2, S. 190.
[346] *Lamnek* (Fn. 323), Bd. 2, S. 197; *Spöhring* (Fn. 343), S. 190.
[347] *Marlene Bock*, „Das halbstrukturierte-leitfadenorientierte Tiefeninterview", in: Hoffmeyer-Zlotnik (Hrsg.), Analyse verbaler Daten: über den Umgang mit qualitativen Daten, 1992, S. 93; *Spöhring* (Fn. 343), S. 192.
[348] *Lamnek* (Fn. 323), Bd. 2, S. 202.
[349] *Göppinger* (Fn. 20), S. 58.
[350] *Atteslander* (Fn. 336), S. 221; *Göppinger* (Fn. 20), S. 58; *Lamnek* (Fn. 302), Bd. 1, S. 196 ff. mit entsprechenden Nachw.; *Spöhring* (Fn. 343), S. 159 m.w.Nachw. in Fn. 26d.

wertung als „eklatante Schwäche" qualitativer Interviews, da die Vielzahl von Einzelinformationen einen Vergleich und damit eine Analyse kaum ermöglichen würden.[351]

Auch wenn in jüngster Zeit einige Vorschläge erarbeitet worden sind, die in dieser Hinsicht allgemeinere und methodologisch-systematische Aussagen zu treffen versuchen[352], so befindet sich die Entwicklung einer einheitlichen Methodologie tatsächlich noch immer im Anfangsstadium. Es finden sich nur wenige Verfahren zur Datenauswertung wie beispielsweise die „grounded theory" von *Glaser/Strauss*[353], die Objektive Hermeneutik von *Oevermann* u.a.[354], sowie die Konversationsanalyse als ethnomethodologisch geprägtes Interpretationsverfahren[355], die als weitgehend regelgeleitete, allgemein anwendbare Auswertungsmethoden anerkannt sind.[356] Weitere, schon früh entwickelte Ansätze für ein inhaltsanalytisches Vorgehen bieten u.a. auch die Veröffentlichungen von *Kleining*[357] und *Mühlfeld* et al.[358] Andere inhaltsanalytische Verfahren sind zum großen Teil anhand konkreter Forschungsvorhaben entwickelt und gegebenenfalls im Nachhinein in einem Regelwerk abstrahiert worden.[359] In nicht wenigen Forschungsarbeiten wird mangels eines methodologisch abgesicherten Analyseverfahrens bislang das Problem der Aufbereitung qualitativ gewonnenen Datenmaterials „gelöst", indem typi-

---

[351] Statt aller *Atteslander/Kopp*, in: Roth (Hrsg.), Sozialwissenschaftliche Methoden, 4. Aufl., 1995, S. 159.
[352] Vgl. die Nachw. bei *Lamnek* (Fn. 302), Bd. 1, S. 164 ff.
[353] *Glaser/Strauss*, The Discovery of Grounded Theory. Strategies for qualitative research, 1967; *Strauss*, Grundlagen qualitativer Sozialforschung, 1991.
[354] Die Methodologie einer „objektiven Hermeneutik" und ihre allgemeine forschungslogische Bedeutung in den Sozialwissenschaften, in: Soeffner (Hrsg.), Interpretative Verfahren in den Sozial- und Textwissenschaften, Stuttgart 1979, S. 352 bis 434.
[355] *Bergmann* (Fn. 340), S. 214.
[356] Ausführlicher hierzu vgl. unten Teil 2, 1. Kapitel, A., S. 125 ff. Unerwähnt bleiben in diesem Zusammenhang die im Rahmen der Biographieforschung entwickelten Analyseverfahren, da sie für die vorliegende Untersuchung nicht in Betracht kommen.
[357] Fn. 313.
[358] Auswertungsprobleme offener Interviews, Soziale Welt, 1981, S. 332. Mühlfeld bezweifelt zudem, dass es *das* grundlegende, methodologisch gesicherte Verfahren für alle qualitativen Untersuchungen geben wird; er geht vielmehr davon aus, dass entsprechende Versuche lediglich „Anleitungen zum Entwurf der Erhebungsphase (...) und der Auswertung geben können, wobei für die Auswertung ein inhaltlich (weniger formal) je neues Konzept, das theorie- und textgebunden ist, entwickelt werden muß". So auch – auf „die Tradition des interpretativen Paradigmas" zurückführend – *Witzel*, Auswertung problemzentrierter Interviews: Grundlagen und Erfahrungen, in: Strobl/Böttger (Hrsg.), Wahre Geschichten? Zur Theorie und Praxis qualitativer Interviews, 1996, S. 49.
[359] So z.B. die Qualitative Inhaltsanalyse nach *Mayring* (Fn. 318) erstmals 1983, oder das inhaltsanalytische Auswertungsverfahren von Leitfadeninterviews nach *Hopf/Rieker/Sanden-Marcus/Schmidt*, dargestellt von *Schmidt*, „Am Material": Auswertungstechniken für Leitfadeninterviews, in: Friebertshäuser/Prengel (Hrsg.), Handbuch Qualitative Forschungsmethoden in der Erziehungswissenschaft, 1997, S. 544 bis 568.

sche Verhaltensweisen und Sachverhalte wiedergegeben werden und der Forscher daran die diesen zugrunde liegenden sozialen Regeln darstellt bzw. frei interpretiert.[360] Die Offenlegung des Interpretationsweges geschieht dabei mittels Zitaten aus repräsentativen Abschnitten der zuvor angefertigten Protokolle der Beobachtung oder Befragung.[361] Diese Möglichkeit der Datenauswertung erreicht zwar das Ziel qualitativer Sozialforschung, Sinnzusammenhänge der Handelnden zu verstehen, begnügt sich aber mit der Rekonstruktion und Beschreibung der beobachteten Sachverhalte.[362] Soweit darüber hinaus die Aufstellung einer Theorie gewagt wird, basiert diese oftmals auf den intuitiven und nicht nachvollziehbaren Interpretationsleistungen des Forschers.

Bestimmt man die qualitative Inhaltsanalyse von ihrem Standort als Methode der Datenauswertung innerhalb der interaktionistischen Sozialforschung, so lässt sich Folgendes festhalten: Das Ziel der qualitativen Inhaltsanalyse liegt zunächst in der Ordnung des Datenmaterials nach empirisch und theoretisch sinnvollen Kriterien unter Herausbildung von Klassifizierungen, die häufig in Form von Typologien ergehen.[363] Was das methodische Vorgehen betrifft, wird sie – wie auch die qualitativen Verfahren zur Datengewinnung – von den durch das interpretative Paradigma vorgegebenen Prinzipien der Offenheit und Kommunikation bestimmt. Dies hat vor allem zur Folge, dass die Auswertungskategorien nicht (oder zumindest nicht ausschließlich) vor der Erhebung der Daten aus theoretischen, am Stand der Forschung orientierten Annahmen entwickelt und aufgestellt werden. Das Prinzip der Offenheit, welches qualitative Forschung vor allem auszeichnet, verlangt, dass die Bildung von Kategorien in Auseinandersetzung mit dem Material, quasi aus diesem heraus entsteht. Die qualitative Inhaltsanalyse versucht, „den Inhalt selbst sprechen zu lassen und aus ihm heraus die Analyse zu entfalten".[364] Nur so wird gewährleistet, dass der aufgrund der Offenheit der Interviewsituation ermöglichte Einfluss von neuen, unvorhergesehenen und bei der theoretischen Vorbereitung des Themas unbeachtet gebliebenen Themen und Aspekten seitens der Befragten bei der Auswertung wahrgenommen und im Ergebnis verarbeitet wird.[365] Da die soziale Wirklichkeit kommunikativ-situativ hergestellt wird, gilt es, auch bei dem inhaltsanalytischen Vorgehen das Merkmal der Kommunikativität angemessen zu berück-

---

[360] *Mayring* (Fn. 318), S. 10.
[361] *Hendrik Schneider* (Fn. 304), S. 129.
[362] *Hendrik Schneider* (Fn. 304), S. 133.
[363] *Mayring* (Fn. 318), S. 22.
[364] *Lamnek* (Fn. 323), Bd. 2, S. 200.
[365] *Schmidt* (Fn. 359), S. 547 f.

sichtigen. Dies bedeutet, dass die Aussagen der Interviewpartner nicht in Merkmalsausprägungen zergliedert werden dürfen, sondern die in ihnen enthaltenen kommunikativen Inhalte deutend nachvollzogen und die sie begründenden Strukturen herausgearbeitet werden.[366] Auf der Grundlage des wissenschaftlich kontrollierten Nachvollzugs der Bedeutungszuweisungen können nachfolgend – im Wege der Interpretation – Typologien von Handlungsmustern und -strukturen sowie theoretisch-abstrakt formulierte Hypothesen erstellt werden.[367]

IV. Kritische Betrachtung des qualitativen Forschungsansatzes

1. Zum Vorwurf der mangelnden Repräsentativität

Es soll an dieser Stelle nur wenigen, aber dafür im Zentrum jeder Kritik stehenden Vorwürfen gegenüber qualitativer Forschung begegnet werden. Am Anfang der Kritik steht in der Regel der Vorwurf mangelnder Repräsentativität[368]: Da qualitative Forschungsvorhaben häufig geringe Erhebungszahlen aufweisen und daher eine sinnvolle Stichprobenrealisierung ausgeschlossen sei, können sie nur zu sehr beschränkt aussagekräftigen Ergebnissen kommen. Darüber hinaus werde die Schwäche qualitativ orientierter Forschung deutlich, wenn bestimmte, die empirische Forschung leitende Kriterien nicht erfüllt werden: Mangels quantitativ-standardisierter (kontrollierter) Datenerhebung und intersubjektiv nachzuvollziehender Auswertungsverfahren komme qualitative Forschung zu rein subjektiven, nicht verallgemeinerungsfähigen Ergebnissen. Der Einwand der interpretativen Beliebigkeit gipfelt letztlich im Vorwurf der Unwissenschaftlichkeit.

Was die geringe Anzahl von Fallanalysen betrifft, so ist qualitative Forschung nicht zwingend mit kleinen Fallzahlen verbunden. Sie ist vielmehr auch mit großen Probandenzahlen denkbar und möglich. Für die geringen Erhebungen sind meistens externe Gründe verantwortlich, insbesondere ein hoher Kosten- und Zeitaufwand sowohl bei der Datengewinnung als auch bei ihrer Auswertung.[369]

---

[366] *Lamnek* (Fn. 323), Bd. 2, S. 201.
[367] *Lamnek* (Fn. 323), Bd. 2, S. 202; *Mayring* (Fn. 318), S. 22.
[368] *Atteslander/Kopp* (Fn. 351), S. 159.
[369] *Lamnek* (Fn. 302), Bd. 1, S. 3; *Mühlfeld* et al. (Fn. 359), S. 328.

Entscheidend ist jedoch, dass die Kritiker aus der Sicht der quantitativen Forschung heraus argumentieren und daher nicht hinreichend auf den wissenschaftlichen Ansatz qualitativer Forschung und die daraus folgenden methodologischen Konsequenzen eingehen: Der Weg, den die qualitative Forschung einschlägt, ist ein anderer als der quantitativer Forschung: Er geht von der sozialen Realität zur Theorie und nicht von der Theorie über die Operationalisierung zur Empirie.[370] Die Hypothesengewinnung als Ziel qualitativer Forschung gestaltet sich in Form von Typologienbildung. Die Darstellung typischer Deutungs- und Handlungsmuster für die untersuchten sozialen Gruppierungen weist einen hohen Realitäts- und Aussagegehalt auf, welcher wegen der zugrunde liegenden tief gehenden Auseinandersetzung mit dem Forschungsgegenstand dem quantitativen Verfahren fehlt.[371] Das Ziel der Typenbildung ist – im Unterschied zum Repräsentativitätskonzept der quantitativen Forschung – das Auffinden allgemeiner Erscheinungen im besonderen Fall. Eine anschließende Generalisierung erfolgt aufgrund dieser typischen Fälle und nicht aufgrund vieler zufälliger Fälle.[372] Der quantitative Forschungsansatz hingegen ist interessiert an der Darstellung der (Häufigkeits-)Verteilung gewisser Meinungen oder Verhaltensweisen innerhalb des Forschungsfeldes, weshalb mittels standardisierter Methoden ein repräsentativer Ausschnitt dieses Feldes ermittelt werden muss. Daraus werden dann Verallgemeinerungen auf größere Grundgesamtheiten angestrebt.[373] Diesen methodologischen Gegensätzlichkeiten liegt letztlich die unterschiedliche Zielrichtung der Forschungsarten zugrunde: „Aufdecken der (unbekannten, Anm. der Verf.) Bezüge dort und Messen unterschiedlicher Ausprägungen schon bekannter Bezüge hier".[374]

Dementsprechend können die für die Methoden und Techniken quantitativer Forschung entwickelten Gütekriterien der Validität, Reliabilität, Generalisierbarkeit und Repräsentativität nicht ohne weiteres auf die der qualitativen Forschung übertragen werden. Eine differenzierte Betrachtung, die zwischen den Vorgängen der Datenerhebung und der Datenanalyse bzw. -interpretation unterscheidet, erscheint daher angebracht.

---

[370] *Lamnek* (Fn. 302), Bd. 1, S. 145.
[371] *V. Kardorff* (Fn. 317), S. 8.
[372] *Marlene Bock* (Fn. 347), S. 92; *Lamnek* (Fn. 302), Bd. 1, S. 191 ff. Deutlich wird hierbei auch, dass die Qualität eines Forschungsvorhabens nicht von der Anzahl der zu untersuchenden Fälle abhängt.
[373] *Spöhring* (Fn. 343), S. 102 f.
[374] *Kleining* (Fn. 313), S. 227.

2. Gütekriterien qualitativer Datenerhebung

Die Validität qualitativer Methoden ist gewährleistet, da die Daten nahe am sozialen Feld erhoben werden, die Informationen mangels Operationalisierung nicht theoretisch prädeterminiert sind, die Relevanzsysteme der Untersuchten berücksichtigt werden und die Methoden offener und daher flexibler sind.[375] Jede Befragungssituation, auch die qualitativ orientierte, verbreitet eine künstliche Atmosphäre, indem sie bewusst eine Frage-Antwort-Situation herbeiführt, die sich von Gesprächen in natürlichen Situationen durch bestimmte wissenschaftliche Kriterien unterscheidet.[376] Die Künstlichkeit ist jedoch umso größer, je standardisierter die Befragung bzw. das Interview durchgeführt wird. Qualitative Befragungsformen bemühen sich nun, ein möglichst hohes Maß an „Natürlichkeit" in der Interviewsituation beizubehalten, auch wenn durch sie nicht automatisch die Gefahr einer unbewussten, unkontrollierbaren Hypothesenverwendung durch den Forscher gebannt ist, welche die Durchführung der Befragung und ihre spätere Auswertung beeinflussen und die Forschungsergebnisse subjektiv verzerren kann.[377] Trifft man jedoch eine Entscheidung für eine konkrete Fragestellung – verbunden mit einer Reduktion, der eine Strukturierung der erhobenen Daten folgt, – kann dieser Gefahr begegnet werden. Die Festlegung der Fragestellung begrenzt das komplexe Forschungsfeld und bezeichnet die als relevant erachteten Ausschnitte[378], ohne zu einer „definitorisch herbeigeführten Einengung der Erkenntnismöglichkeit zu führen".[379]

Was die Reliabilität der Messmethode angeht, so kommt ihr bei qualitativen Forschungsverfahren aufgrund des unterschiedlichen Forschungsverständnisses eine andere Bedeutung zu. Würde Reliabilität im herkömmlichen – quantitativen – Sinne verstanden werden, d.h. würde die Zuverlässigkeit der Messung durch Standardisierung des Kontextes, Isolierung der zu untersuchenden Variablen und Konstanz der Messsituation herbeigeführt werden, wäre eine Künstlichkeit der Interaktionsbedingungen geschaffen, die der qualitativ orientierte Forscher gerade vermeiden möchte, indem er von innen heraus die soziale Wirklichkeit zu erfassen versucht. Allerdings muss auch qualitative Forschung die Zuverlässigkeit ihrer Methoden gewährleisten, um intersubjektive Er-

---

[375] *Lamnek* (Fn. 302), Bd. 1, S. 171.
[376] Zu den Kriterien der Wissenschaftlichkeit *Atteslander/Kopp* (Fn. 351), 147 ff.
[377] *Flick* (Fn. 333), S. 150 f.; *Spöhring* (Fn. 343), S. 106.
[378] *Flick* (Fn. 333), S. 152.
[379] *Göppinger* (Fn. 20), S. 61, hinsichtlich der Gefahr einer Operationalisierung von im vornherein aufgestellten Indikatoren.

gebnisse zu liefern. Die methodologische Entwicklung der Reliabilität im Rahmen qualitativer Forschung ist noch nicht abgeschlossen. Ein Ansatzpunkt für die Bestimmung von Reliabilität (und Objektivität) der Messsituation in der qualitativen Forschung könnte allerdings in der Transparenz des Forschungsprozesses, d.h. in der Offenlegung des gesamten Datenerhebungs- und -interpretationsvorgangs liegen, die es Dritten ermöglicht, das methodische Vorgehen zu kontrollieren und die als Ergebnis der Untersuchung vorgenommene Theoriengenerierung nachzuvollziehen.[380]

3. Gütekriterien qualitativer Datenauswertung

In Hinblick auf die qualitative Auswertung und Interpretation der Daten wurde schon auf das Fehlen einer allgemeinen Methodologie hingewiesen, welche die Intersubjektivität der Ergebnisse sowie der Theoriebildung gewährleisten soll. Selbstverständlich muss sich jedoch auch die qualitative Inhaltsanalyse als wissenschaftliche Methode an Gütekriterien überprüfen lassen. Zum Teil werden Vorschläge für eine Anpassung der bestehenden Gütekriterien an die Bedingungen qualitativer Forschung gemacht, zum Teil wird auch eine Ersetzung der traditionellen Kriterien durch neue, adäquate gefordert.[381] Beispielsweise weist die Frage nach der Gewährleistung der Vergleichbarkeit erlangter Daten, die sich insbesondere bei standardisierten Befragungen stellt, bei qualitativen Befragungsmethoden nicht den gleichen Stellenwert auf, da eine Standardisierung der Antworten im Sinne einer Kategorisierung erst im Nachhinein, aus dem Datenmaterial selbst erfolgt. Dies hat wiederum weitreichende Konsequenzen für die Kriterien der Indikatorisierung und Operationalisierung, die im herkömmlichen Sinne auf die Gegebenheiten qualitativer Forschung nicht übertragbar sind. Auf die Diskussion kann an dieser Stelle nicht näher eingegangen werden, da dies eine tief gehende, umfassende Auseinandersetzung mit den Grundlagen empirischer Forschung erfordern würde. Zieht man jedoch eine „Zwischenbilanz", zeigt sich, dass in der qualitativen Forschung sowohl bei der Datenerhebung als auch bei der Datenauswertung die Transparenz des Forschungsprozesses eine zentrale Stellung einnimmt.[382] Die Intersubjektivität qualitativer Forschung wird durch Offenlegung des Datenerhebungs- und auswertungsverfah-

---

[380] *Groeben/Rustemeyer*, Inhaltsanalyse, in: König/Zedler (Hrsg.), Bilanz qualitativer Forschung, Bd. II: Methoden, 1995, S. 541; *Spöhring* (Fn. 343), S. 105. Entsprechend spielt auch bei *Glaser/Strauss* die Veröffentlichung der Forschungsergebnisse eine wesentliche Rolle, siehe Strauss (Fn. 353), S. 333 ff.

[381] Vgl. die Vorschläge zur Bestimmung der Gütekriterien qualitativer Forschung, zusammengefasst bei *Lamnek* (Fn. 302), Bd. 1, S. 158 ff.

[382] *Lamnek* (Fn. 302), Bd. 1, S. 26; *Mühlfeld* et al. (Fn. 359), S. 329; *Spöhring* (Fn. 343), S. 161.

rens gewährleistet. Zur Sicherung der Reliabilität der Ergebnisse wird darüber hinaus die Einrichtung von Forschungsteams empfohlen, die besonders in der Auswertungs- und Interpretationsphase eine gegenseitige Kontrolle gewährleisten sollen.[383]

4. Zusammenfassung

Zusammenfassend kann festgehalten werden, dass qualitative Forschungsmethoden eine authentische Darstellung der sozialen Wirklichkeit ermöglichen, indem der Forscher den Forschungsgegenstand möglichst weitgehend in dessen eigenen Strukturen und Besonderheiten erfasst und versteht.[384] Qualitative Forschung wird intersubjektiv nachvollziehbar, indem der Forscher die Datenerhebungen, welche die Grundlage seiner Auswertung bilden, und die einzelnen Schritte seiner Interpretation offen legt.

V. Der qualitative Ansatz des Forschungsvorhabens

Die Verfasserin hat sich für einen methodisch qualitativen Zugang entschieden, da das Forschungsinteresse ein offenes Erhebungsverfahren erforderte, in welchem der bisherigen Unerforschtheit der Ambivalenz der Verrechtlichung im Strafvollzug quasi „von innen heraus" nachgegangen werden sollte. Die Forschungsfrage, wo und in welcher Art und Weise im Strafvollzug ambivalente Tendenzen der Verrechtlichung auftreten, ließen diesen induktiven Forschungsansatz geeignet erscheinen, indem die von der Verrechtlichung im Strafvollzug Betroffenen (Gefangene und Vollzugsbedienstete) in einem Rückblick Handlungssituationen des Vollzugsalltags beschreiben. Die diesen zugrunde liegenden Handlungsmuster und Bedeutungszuschreibungen wurden wiederum induktiv mittels inhaltsanalytischer Auswertung aus den Interviews herausgefiltert und auf ihre Zusammenhänge mit verrechtlichungsabhängigen und -unabhängigen Faktoren untersucht. Das durch das qualitative Vorgehen ermöglichte detaillierte Beschreibungsniveau, auf dem strukturelle Bedingungen und Interaktionsabläufe rekonstruiert werden können[385], soll somit zur Aufdeckung bisher unbekannter Zusammenhänge zwischen

---

[383] *Lamnek* (Fn. 323), Bd. 2, S. 204; *Mühlfeld* et al. (Fn. 359), S. 330; *Schmidt* (Fn. 359), S. 548 ff.; *Witzel* (Fn. 358), S. 67.
[384] *Flick* (Fn. 333), S. 149.
[385] Zu rekonstruktiven Verfahren qualitativer Forschung (im Gegensatz zu interpretativen Verfahren) *Flick* (Fn. 333), S. 156 f.

der Verrechtlichung bzw. ihrer ambivalenten Auswirkungen und dem Strafvollzugsalltag beitragen.

Die zentrale Forschungshypothese des Vorhabens, die von einer Ambivalenz der Verrechtlichung ausgeht, bestimmte die weiteren Forschungsschritte. Der Begriff „Forschungshypothese" wird hier verwendet im Sinne einer auch für die qualitative Forschung unerlässlichen theoretischen Vorstrukturierung und Eingrenzung der Fragestellung des Vorhabens. Sowohl die Bestimmung der Vergleichspaare als auch die damit zusammenhängende Auswahl der drei in die Untersuchung einbezogenen Anstalten sind Ergebnis der gedanklichen Konzeption des Forschungsvorhabens. Was die theoretische Erarbeitung der verrechtlichungsabhängigen und –unabhängigen Faktoren angeht, steht sie ebenfalls nicht im Widerspruch zum Prinzip der Offenheit, da diese Faktoren keine Hypothesen im Sinne der quantitativen Forschung darstellen, auf deren Verifizierung oder Falsifizierung die Konzeption der Datenerhebung- und auswertung abgestimmt wurde. Sofern allerdings mit der Generierung und Weiterentwicklung von Hypothesen auch eine Überprüfung der im Rahmen der Faktoren erläuterten möglichen ambivalenten Auswirkungen der Verrechtlichung im Strafvollzug einhergeht, lässt sich das Forschungsvorhaben vom methodologischen Ansatz her durchaus als theorieorientiert bezeichnen, ohne dadurch seinen qualitativen Ansatz zu verlieren.[386]

Für die Datenerhebung musste eine Methode gefunden werden, die es den Interviewpartnern erlaubt, eine eigenständige Darstellung und Interpretation der Wirklichkeit geben zu können, so wie sie sie sehen. Die Vorgabe eines Fragenkatalogs einschließlich standardisierter Antwortkategorien hätte interessante neue Aspekte, Besonderheiten, Widersprüche, Argumentationen etc. kaum zugelassen und somit die Chance auf wertvolle Informationen verfehlt. Insbesondere der Umstand, dass die Interviewpartner über den betreffenden Wirklichkeitsausschnitt weitaus informierter sind als die Verfasserin, kommt nur bei der Anwendung qualitativer Methoden zur vollen Geltung.

Für die Auswertung der erhobenen Daten wurde schließlich ein inhaltsanalytisches Verfahren gewählt, das die Nachvollziehung der Bedeutungszuweisungen der Befragten,

---

[386] Die Theoriegeleitetheit qualitativer Forschungsvorhaben in diesem Sinne akzeptierend *Marlene Bock* (Fn. 347), S. 91; *Schmidt* (Fn. 359), S. 545.

durch welche die soziale Realität konstruiert wird, und die Herausarbeitung typisierender Strukturen gewährleistet.[387]

B. Allgemeine Überlegungen zur Durchführung der Befragungen

Vor der konkreten Planung der empirischen Erhebungen wurde in einem ersten Schritt versucht, die Thematik der Verrechtlichung im Strafvollzug theoretisch zu erfassen. Die Einarbeitung in das Thema der Untersuchung durch Sekundärliteratur sollte die Verfasserin für die Schwierigkeiten im Strafvollzug sowohl seitens der Gefangenen als auch seitens der Vollzugsmitarbeiter sensibilisieren und für die sich später anschließenden Interviews Fragestellungen ermöglichen, die für die Interviewpartner interessant, aktuell und von zentraler Bedeutung sind. Nach dreimonatigem Literaturstudium wurde offenbar, dass diese Vorbereitung für einen tieferen Einblick in die verschiedenen Problemfelder des Strafvollzugs, insbesondere des Vollzugsalltags nicht ausreicht. Die allgemein gehaltenen und zum Teil wissenschaftlich-abstrakten Veröffentlichungen führten zu dem Schluss, eine andere Methode finden zu müssen, die einen Einblick in das Forschungsthema gewährt. Hinzu kam die Erkenntnis, dass jede Strafanstalt ihre für sie typischen Eigenheiten, Probleme, Schwierigkeiten oder auch Vorzüge hat, die in anderen Anstalten nicht oder nicht in der Art und Weise auftreten.

Von Vorteil wäre hierbei eine teilnehmende Beobachtung in den drei Anstalten gewesen, da diese Methode ermöglicht, sozialräumlich überschaubare Einheiten menschlichen Zusammenlebens ganzheitlich zu erfassen.[388] Nach einem einwöchigen Besuch in der JVA Mainz als „Voreinstieg" in die Materie, wurde offensichtlich, dass eine teilnehmende Beobachtung mindestens einen Monat, besser jedoch zwei bis drei Monate umfassen sollte, um verwertbare Beobachtungsergebnisse zu liefern. Bei einem nur kurzen Aufenthalt in einer Justizvollzugsanstalt werden dem interessierten Besucher zwar alle Einrichtungen der Anstalt gezeigt, aber schon aus zeitlichen Gründen findet ein tieferer Einblick in die sozialen Interaktionen nicht statt. Entsprechende teilnehmende Beobachtungen in allen drei Anstalten vor Beginn der eigentlichen Erhebung hätten

---

[387] Hierzu ausführlich in Teil 2, 1. Kapitel, B., S. 128 ff.
[388] Nach *Kleining* (Fn. 313), S. 227 f., stellt die Anwendung der drei qualitativen Erhebungsverfahren (Befragung, Beobachtung, Experiment) eine zwingende methodische Einheit dar.

allerdings zu einer unverhältnismäßigen Verzögerung des Forschungsvorhabens geführt, welche die Verfasserin aus beruflichen Gründen nicht eingehen konnte.

Als explorativer Einstieg in die Problematik wurde daher die Befragung von Experten gewählt.[389]

C. Die Befragungsmethoden

I. Eingrenzung der Befragungsformen

Eine schriftliche – standardisierte – Befragung mittels Fragebogen bzw. ein stark strukturiertes Interview schieden als Methoden quantitativer Forschung von vornherein aus.[390] Sie präsentieren den Befragten nur eine Auswahl der für den Interviewer relevanten Themen, auf die sie in vorgegebenen Antwortkategorien zu antworten haben. Eine Erforschung des Untersuchungsbereichs gleichsam „von innen", wie es das Ziel qualitativer Forschung darstellt, kann daher mit standardisierten Befragungsmethoden nicht erreicht werden. Erst aufgrund der Prinzipien der Offenheit und Flexibilität sowie der Zurückhaltung durch den Forscher, welche qualitative Befragungsformen u.a. ausmachen[391], ist der Befragte in der Lage, seine Vorstellungen über Zusammenhänge der sozialen Wirklichkeit darzustellen, zu erläutern und zu erklären.[392] Die Offenheit der Befragung bezieht sich sowohl auf den Kommunikationsstil als auch auf die Antwortmöglichkeiten des Befragten, der somit das Bezugssystem und den Detaillierungsgrad seiner Antworten selbst wählt. Aufgrund der offenen Frageformulierung und der freien Entscheidung über die Häufigkeit von Nachfragen wird individuell auf das Erzähl- und Antwortverhalten eingegangen.[393] Dem Befragten wird also Gelegenheit gegeben, die

---

[389] Siehe hierzu die Ausführungen im 4. Kapitel, S. 93 ff.
[390] Neben den methodischen Gesichtspunkten kam eine schriftliche Befragung schon deshalb nicht in Betracht, weil sie erklärende oder vervollständigende Nachfragen nicht zulässt. Sie ist ebensowenig geeignet bei der Befragung von ausdrucks- und schreibungewandter Personen, zu denen ein Großteil der Gefangenen zu zählen ist, nimmt man allein den Hauptschulabschluss als Kriterium. Sie ist außerdem untauglich, wenn die Motivation zu antworten – wie zunächst angenommen – als sehr gering einzuschätzen ist.
[391] Vgl. *Lamnek* (Fn. 323), Bd. 2, S. 60 ff.
[392] Vgl. die Ausführungen unter II., 2. c), S. 88 f.
[393] *Lamnek* (Fn. 323), Bd. 2, S. 112.

für ihn bedeutsam erscheinenden Themen anzusprechen und ihnen eine eigene Deutung zu geben bzw. sie zu bewerten. Dementsprechend bleibt auch Raum für spontane, situationsabhängige Äußerungen und freie Assoziation.

Für eine offene Befragung der Gefangenen wie auch der Vollzugsbediensteten in Form eines Interviews sprach neben den oben genannten Gründen gegen eine standardisierte Befragung die – pragmatische und letztlich zutreffende – Überlegung, dass Interviews eine willkommene Abwechslung im Vollzugsalltag darstellen und eventuell eine höhere Bereitschaft zur Teilnahme bei den Gefangenen wecken.

II. Qualitative Befragungsmethoden

Unter Berücksichtigung der genannten Aspekte kamen für dieses Forschungsvorhaben als Methoden der Befragung das wenig strukturierte, teilstrukturierte, narrative Interview sowie die Gruppendiskussion in Betracht.

1. Gruppendiskussion

Der Begriff der Gruppendiskussion wird nicht einheitlich verwendet. Möglicherweise steht dies mit der relativ knappen Berücksichtigung der Gruppendiskussion in der Literatur zu empirischen Forschungsmethoden in Zusammenhang. Dort wird sie im Allgemeinen als Sonderform der Befragung einer Mehrzahl von Personen ausgewiesen und in ihrer Brauchbarkeit eher zurückhaltend eingeschätzt.[394] Zentraler Gedanke bei dem Einsatz der Gruppendiskussion ist es, in der Dynamik einer Diskussion durch wechselseitige Stimulation das wesentlich Gemeinte zur Sprache zu bringen. Unterstützt wird dies durch die höhere Realitätsnähe der Situation und die Spontaneität der Äußerungen.[395] Gruppendiskussionen unterscheiden sich von Gruppenbefragungen u.a. dadurch, dass die Teilnehmer nicht nur Fragen des Forschers beantworten, sondern solche selber gegenseitig stellen. Dies führt zu einer von dem Forscher nur ausnahmsweise beeinflussten freien Interaktion der Gruppenmitglieder zu einem gestellten Thema.[396] Bei einem Gruppeninterview hingegen lässt der Interviewer nach einem offenen Konzept Fragen in

---

[394] *M. Dreher/E. Dreher* (Fn. 339), S. 186.
[395] *M. Dreher/E. Dreher* (Fn. 339), S. 186.
[396] *Atteslander* (Fn. 336), S. 152 f.

einer Gruppensituation beantworten. Ein Vorzug zeigt sich darin, dass im Laufe der Diskussion bewusst bestimmte Hemmschwellen abgebaut und Tabus gebrochen werden können. Entscheidend für den guten Verlauf einer Gruppendiskussion ist jedoch, dass die Gruppe sie zulässt. Der Forscher ist auf die Teilnahmebereitschaft und kooperatives Verhalten der Gruppenmitglieder angewiesen. Bestehen Vorbehalte oder sogar innere Ablehnung gegen diese Art der Befragung, kann eine Gruppendiskussion ergebnislos und damit enttäuschender verlaufen als die einzelne Befragung jedes Teilnehmers.

Für die Befragung der Vollzugsmitarbeiter schied eine Gruppendiskussion schon aus organisatorischen Gründen aus. Die Möglichkeit, sie während oder außerhalb ihrer Arbeitszeit mit den Fachdiensten zu einer Gruppendiskussion zu versammeln, bestand von vornherein nicht. Auch erschien die Gruppendiskussion für diese Zielgruppe nicht geeignet, da Vorbehalte gegenüber Vorgesetzten oder untereinander und Befürchtungen vor beruflichen Nachteilen möglicherweise die Vollzugsmitarbeiter an ehrlichen bzw. kritischen Aussagen gehindert hätten.

Was die Befragung der Gefangenen angeht, so kämen zwar einige der hier aufgezählten Vorteile bei der Entscheidung über die Befragungsform zum Tragen. Dennoch wurde von einer Gruppendiskussion abgesehen, weil für eine solche verhältnismäßig viele Fragen seitens der Verfasserin hätten gestellt werden müssen, um den Untersuchungsgegenstand einzugrenzen und sachdienliche Antworten zu erhalten. Weiterhin ging es weniger um den Abbau von Hemmschwellen und die Durchbrechung von Tabus, sondern um die (subjektive) Beurteilung der Vor- und Nachteile rechtlicher Regelungen.

2. Das Interview

Der Begriff des Interviews ist lediglich eine Sammelbezeichnung für verschiedene Arten der Befragung zwischen dem Interviewer und dem Befragten. Begriffe wie wenig, teil- und stark strukturiertes (standardisiertes) Interview, offenes Konzept, Leitfadengespräch, narratives und problemzentriertes Interview, Tiefen- und Intensivinterview u.v.a. beschreiben einzelne, teilweise übereinstimmende Vorgehensweisen.[397] Als gemeinsamen Nenner qualitativer Interviews lässt sich lediglich allgemein festhalten, dass

---

[397] Von einer Differenzierung der einzelnen Interviewformen wird abgesehen, da die für das Vorhaben ausgewählte Form des Interviews ohne Anspruch auf eine allgemeine Verwendung der Begrifflichkeit detailliert beschrieben wird.

sie ohne festen Fragebogen arbeiten, den Interviewpartnern einen großen Spielraum lassen und den Befragten zur freien, ausführlichen Darstellung seiner persönlichen Einstellung zum Forschungsthema auffordern.[398]

a) Das narrative Interview

Das narrative Interview ist ein sozialwissenschaftliches Erhebungsverfahren, das keinem Frage-und-Antwort-Schema folgt, sondern in welchem der Gesprächspartner aufgefordert wird, eine bestimmte Geschichte, die er selbst erlebt hat, in einer Stehgreiferzählung darzustellen.[399] Den Ablauf des narrativen Interviews bestimmen Techniken, die von *F. Schütze* (1977) entwickelt worden sind. Aufgabe des Interviewers ist es dabei, den Gesprächspartner dazu zu bewegen, die Geschichte aus der subjektiven Erlebnisperspektive als eine zusammenhängende Erzählung aller relevanten Ereignisse von Anfang bis Ende wiederzugeben.[400] Das Interview wird durch eine Initialfrage in Gang gesetzt, die erzählgenerierend auf relevante Aspekte in der Lebensführung des Erzählers gerichtet und nicht auf eine individualisierte Problematik konzentriert ist.[401] Übernimmt der Erzähler die ihm gestellte Aufgabe, beginnt die Phase der Haupterzählung, in welcher kommunikative Mechanismen – auch als „Zugzwänge"[402] bezeichnet – wirksam werden, die sicherstellen, dass der Erzähler im Rückblick die Perspektive des Betroffenen einnimmt und aufrechterhält.[403] Weil die Darstellung der Geschichte durch den Erzähler und die Bedeutung, die dieser ihr oder einzelnen Ereignissen zumisst, von größerem wissenschaftlichen Interesse sind als ihr Wahrheitsgehalt, kommt das narrative Interview bei der Biografie- und Lebenslaufforschung als Methode der Datenerhebung zur vollen Geltung.[404]

Gegen die ausschließliche Verwendung des narrativen Interviews sprach, dass es in dem vorliegenden Forschungsvorhaben nicht um die Erzählung einer (Lebens-)Geschichte ging, sondern um Fragen zu einem bestimmten Thema, und zwar der Verrechtlichung des Strafvollzugs. Der besondere Vorteil dieser Technik, das Erzählen unter Zugzwängen, wäre daher kaum oder gar nicht zum Tragen gekommen. Allerdings erwies es sich

---

[398] *Spöhring* (Fn. 343), S. 156.
[399] *Hermanns* (Fn. 338), S. 182/183.
[400] *Reitemeier* (Fn. 327), S. 522 f.
[401] *Reitemeier* (Fn. 327), S. 524.
[402] Gestaltungsschließungszwang, Kondensierungszwang und Detaillierungszwang.
[403] *Hermanns* (Fn. 338), S. 184; *Reitemeier* (Fn. 327), S. 523.
[404] *Lamnek* (Fn. 323), Bd. 2, S. 71.

als nützlich, in der Anfangsphase der Befragung den Gesprächspartner mit modifizierten Initialfragen zunächst einmal zum Erzählen zu bewegen, bevor mit gezielten Fragen versucht werden sollte, Aussagen zur Forschungsfrage zu erhalten.[405]

b) Das wenig strukturierte Interview

Bei dem wenig strukturierten Interview arbeitet der Interviewer ohne Fragebogen. Dem Befragten wird ein Rahmenthema angegeben, über das er sich mit dem Interviewer frei unterhält, wobei Letzterer ihm lediglich durch Zwischenfragen weiterhilft oder ihn zur Präzisierung auffordert.[406] Der Interviewer verfügt in Bezug auf die Anordnung oder Formulierung seiner Fragen über einen großen Spielraum. Die individuelle Anpassung seiner Befragung an den Gesprächspartner ist daher bei einem wenig strukturierten Interview sehr groß.[407] Er kann jederzeit die Gesprächsführung ändern, Probleme vertiefen oder Fragen verständlicher formulieren, wenn es ihm ratsam erscheint. Der Interviewer hat zwar bestimmte Ziele und Vorstellungen, die er mit dem Interview erreichen will, versucht aber in erster Linie den Erfahrungsbereich seines Gesprächspartners zu erkunden, wobei ihm hauptsächlich die Aufgabe des Zuhörens zukommt.[408] Ein wenig strukturiertes Interview bietet sich vornehmlich dann an, wenn durch freie Reaktionsmöglichkeiten des Befragten Sinnzusammenhänge erfasst werden sollen.

Nicht geeignet erschien diese Form der Befragung für die Interviews mit den Gefangenen und Vollzugsbediensteten. Denn die Bereitschaft dieser Zielgruppen, über ein vorgegebenes Thema ohne gezielt gestellte Fragen zu monologisieren, wurde eher gering eingeschätzt. Auch wenn vorausgesetzt wurde, dass sie ihre Erfahrungen und Erkenntnisse in einem Gespräch formulieren können, das gerade nicht den Charakter einer „Abfragung" hat, bestand Einsicht in die Notwendigkeit, das Gespräch durch einige richtungsweisende Fragen auf den Untersuchungsgegenstand zu konzentrieren.

Das wenig strukturierte Interview erwies sich hingegen für die Experteninterviews als die geeignete Gesprächsform. Es gewährleistete eine flexible Gesprächsführung, die lediglich durch kurze offene Fragen den Informationsfluss in Gang hielt. Zum Zwecke

---

[405] Vgl. hierzu unten III., S. 90 f.
[406] *Mayntz/Holm/Hübner*, Einführung in die Methoden der empirischen Soziologie, 4. Aufl., 1974, S. 104.
[407] *Atteslander/Kopp* (Fn. 351), S. 154.
[408] *Atteslander* (Fn. 336), S. 141.

einer groben Orientierung in Hinblick auf die Gesprächsführung und die spätere Auswertung der Interviews wurde ein aus Themenblöcken bestehender Leitfaden auf der Grundlage des Studiums einschlägiger Sekundärliteratur erarbeitet.

c) Das teilstrukturierte Interview

Das teilstrukturierte Interview kombiniert Aspekte der Befragungsarten des wenig und des stark strukturierten Interviews. Bei diesem Mittelweg handelt es sich um Gespräche, die aufgrund vorbereiteter offener Fragen stattfinden, wobei die Abfolge der Fragen variabel ist. Die teilstrukturierte Befragung bietet die Möglichkeit, unmittelbar Themen aufzugreifen und diese anhand der gegebenen Antworten weiterzuverfolgen.[409] In der Regel wird dafür ein Gesprächsleitfaden in Form von Themenschwerpunkten verwendet, um einerseits zu verhindern, dass von dem eigentlichen Thema des Vorhabens abgewichen wird[410], und um andererseits die Sicherheit des Interviewers in der Vorstrukturierung der Interviews und der Gesprächsführung zu erhöhen.[411] Weiterhin erlaubt die Verwendung eines Leitfadens, bestimmte Sachverhalte durch Nachfragen intensiver zu erfassen.[412] Bestandteile jedes Interviews sind daher die im Leitfaden zusammengefassten Themen, die – zumindest in wesentlichen Aussagen – eine Vergleichbarkeit der durchgeführten Interviews im Rahmen ihrer Auswertung ermöglichen.[413]

Der Leitfaden ist flexibel zu handhaben, um ihn effektiv als Instrument der Informationsgewinnung nutzen zu können. Ein striktes Festhalten würde ihn eher zu einem Mittel der Informationsblockade als zu einem der Informationsgewinnung werden lassen.[414] Aspekte, die nicht im Leitfaden vorgesehen sind, dürfen also nicht außer Acht gelassen werden, ebenso wenig darf dem Befragten die Struktur des Leitfadens aufgedrängt werden.[415] Andernfalls träfen die Bedenken gegen die Verwendung eines Leitfadens zu, welche auf die Zerstörung der Alltagsnähe der Interviewsituation hinweisen, wenn dem ansonsten frei geführten Gespräch ein fester Themenkanon aufgezwungen werde. Bei

---

[409] *Atteslander* (Fn. 336), S. 142.
[410] Es findet sich in der Literatur daher auch die Bezeichnung Leitfadengespräch, vgl. *Kromrey* (Fn. 306), S. 364.
[411] *Marlene Bock* (Fn. 347), S. 95; *Witzel* (Fn. 358), S. 57.
[412] *Kromrey* (Fn. 306), S. 364.
[413] *Friedrichs*, Methoden der empirischen Sozialforschung, 14. Aufl., 1990, S. 224; *Mühlfeld* et al. (Fn. 359), S. 326; *Witzel* (Fn. 358), S. 57.
[414] *Hopf*, Die Pseudo-Exploration – Überlegungen zur Technik qualitativer Interviews in der Sozialforschung, Zeitschrift für Soziologie 7 (1978), S. 102.
[415] *Marlene Bock* (Fn. 347), S. 95.

einem zu unflexiblen Umgang mit dem Leitfaden würde sich das qualitative Interview zu einer „Pseudo-Exploration" entwickeln, welche die charakteristischen Merkmale eines nicht-standardisierten Interviews vermissen ließe. Insbesondere die durch den Interviewten eingebrachten Themen und Probleme könnten durch die Durchsetzung der geplanten thematischen Strukturen des Leitfadens ausgeschlossen werden.[416] Ist sich der Interviewer auch dieser Gefahren bewusst, kann die Forderung nach Alltagsnähe nicht den Verzicht auf einen Leitfaden bedeuten. Da er ohnehin das Gespräch zu bestimmten Themenbereichen lenken will und im Regelfall im Sinne seiner theoretischen Vorannahmen bestimmte Themen im Kopf hat, ist es angemessen und zulässig, von vornherein die Themenstruktur des Interviews in Form eines Leitfadens in der Interviewsituation offen zu legen. Diese wird immer durch die Konstellation geprägt sein, dass der Interviewer etwas wissen will und der Interviewte die benötigten Informationen liefern soll. Daher wird er auch in der Regel mit der Einstellung in das Gespräch kommen: Was will mein Gegenüber von mir wissen?[417]

Die offene Frageform setzt eine gewisse intellektuelle und kommunikative Kompetenz des Befragten voraus, da dieser nicht nur – wie bei der geschlossenen Frageform erforderlich – aus vorgegebenen Antwortkategorien seine Antwort unter vielen wieder erkennen und auswählen, sondern sich erinnern und seine Meinung zudem sprachlich zum Ausdruck bringen soll.[418] Aufgrund dieser Flexibilität in der Gesprächsführung sind die Anforderungen an den Interviewer ebenfalls höher als in standardisierten Interviews. Ihm obliegt ständig die Aufgabe der geeigneten Frageauswahl, -reihenfolge und -formulierung. Dazu gehört beispielsweise, zentrale Fragen im geeigneten Moment zu stellen, aufmerksam und geduldig zuzuhören sowie den Gesprächsleitfaden souverän und flexibel zu handhaben.[419]

Die teilstrukturierte Befragungsform wurde daher sowohl bei den Gefangenen als auch bei den Vollzugsmitarbeitern für angemessen erachtet. Angesichts der Vielschichtigkeit der Problematik war es wichtig, eine Form der Befragung zu finden, die eine flexible

---

[416] *Hopf* (Fn. 414), S. 105.
[417] *Böttger*, Hervorlocken oder Aushandeln? Zu Methodologie und Methode des „rekonstruktiven Interviews" in der Sozialforschung, in: Strobl/Böttger (Hrsg.), Wahre Geschichten? Zur Theorie und Praxis qualitativer Interviews, 1996, S. 147.
[418] *Atteslander/Kopp* (Fn. 351), S. 156; *Lamnek* (Fn. 323), Bd. 2, S. 66; *Mühlfeld* et al. (Fn. 359), S. 348.
[419] *Spöhring* (Fn. 343), S. 156/157.

Gestaltung in Bezug auf Formulierung, Reihenfolge der Fragen und Nachfragen gewährleistet. Die Befragten sollten gemäß ihres Wissens und ihrer Fähigkeiten zur sprachlichen Ausdrucksweise antworten können. Insbesondere bei den Interviews mit den Gefangenen schienen diese Voraussetzungen von elementarer Bedeutung zu sein, da gewisse Kommunikationshindernisse nicht ausgeschlossen werden konnten. Ähnliche Überlegungen trafen auch auf die Befragung der Vollzugsbediensteten zu.

III. Die angewandte Interviewform

Die bei der Befragung letztlich verwendete Interviewform stellt sich als Ergebnis einer Abwägung der Vor- und Nachteile der dargestellten Befragungsmethoden dar. Grundsätzlich als teilstrukturierte Befragungsform ausgerichtet, enthält sie einige Elemente der oben dargestellten Methoden. Der dem narrativen Interview zugrunde liegende Gedanke, den Gesprächspartner zum Erzählen (seiner Lebensgeschichte) zu motivieren, wurde als Interview-Einstieg verwendet. Mit produktiven Erzählvorgaben bzw. erzählgenerierenden Fragen wurden erste – kommunikative – Kontakte zum Interviewpartner geknüpft, indem er zum Erzählen aufgefordert wurde, beispielsweise mit der Frage, ob er sich noch an den ersten Tag im Strafvollzug erinnern könne. Neben der beabsichtigten Annäherung bzw. dem langsamen Abbau bestehender Hemmschwellen (auch seitens der Interviewerin mangels Vorkenntnisse über die Person und Lebensgeschichte des Gesprächspartners) haben schon die ersten einleitenden Fragen Aufschluss über „Lieblingsthemen" und Anknüpfungspunkte für vertiefendes (Nach-)Fragen geliefert.

Der Gesprächsleitfaden[420] gewährleistete die Vereinheitlichung der Interviews hinsichtlich ihrer Strukturierung und späteren Vergleichbarkeit. Die Auswahl der Leitfadenthemen basierte auf der Auswertung der zur Verrechtlichung im Strafvollzug erschienenen Literatur, die in die Formulierung der verrechtlichungs(un)abhängigen Faktoren eingegangen ist, und auf der Auswertung der Experteninterviews. Die flexible Handhabung des Leitfadens bewirkte, dass die Themen nicht immer in derselben Reihenfolge und Vollständigkeit angesprochen werden konnten, da sie beispielsweise nicht in den Zusammenhang des Interviews passten oder aber auf Unerfahrenheit des Befragten stie-

---

[420] Es wurde jeweils ein Leitfaden für Gefangene, Bedienstete des AVD und Vertreter der Fachdienste entworfen. Der Leitfaden für die Gefangenen ist im Anhang veröffentlicht.

ßen. Die Reihenfolge der anzusprechenden Themen orientierte sich überwiegend an den vorherigen Äußerungen des Befragten, womit erreicht werden sollte, dass die Interviewsituation eher einem natürlichen, sich entwickelnden Gespräch glich. Darüber hinaus waren Fragen vorgesehen, die zukunftsorientiert formuliert waren oder dem Gesprächspartner eine Situation vorgaben, in die er sich hineindenken und aufgrund seiner Erfahrungen lösen sollte. Die Intention dieser Gesprächsvariante war es, neben der Auflockerung des Interviews den Gesprächspartner zu einem Vergleich zwischen der Wirklichkeit – wie er sie sieht – und seinen Vorstellungen, wie sie sein sollte, zu bewegen, um daraus Rückschlüsse auf verrechtlichungsbedingte Handlungsabläufe und Strukturen zu ziehen. In den weitaus häufigeren Fällen bedurfte es nicht dieser Vorgabe, da die Interviewpartner im Lauf ihrer Ausführungen von sich aus Situationen beschrieben, die entweder ihnen selbst oder anderen Gefangenen widerfahren waren. Es hatte sich bereits nach wenigen Interviews herausgestellt, dass es „Standard-Situationen" gibt, die sowohl von den Gefangenen als auch von den Vollzugsbediensteten oftmals als Beispiele genannt worden sind.

Mit der Kombination verschiedener Interviewelemente auf der Basis einer teilstrukturierten Befragung wurde so eine Form gefunden, die es ermöglichte, trotz inhaltlich begrenzter Fragestellung eine offene Befragungsmethode anzuwenden und auf die individuellen Eigenheiten der Probanden einzugehen.

D. Datenschutzrechtliche Vorgaben

Bei dem Forschungsvorhaben mussten datenschutzrechtliche Vorgaben berücksichtigt werden, die bei einer Untersuchung im Bereich des Strafvollzugs ihre besondere Rechtfertigung finden.

Nach Stellung eines offiziellen Antrags auf Genehmigung des Forschungsvorhabens war eine Beurteilung durch den Beauftragten für den Datenschutz Rheinland-Pfalz einzuholen. Grundsätzlich sind sowohl während der Untersuchung durch eine sog. nichtöffentliche Stelle[421] als auch bei der späteren Veröffentlichung Vorkehrungen zu tref-

---

[421] Nach den §§ 1 Abs. 2 Nr. 3 i.V.m. 2 Abs. 4 BDSG sind unter nicht-öffentlichen Stellen alle natürlichen und juristischen Personen, Gesellschaften und andere Personenvereinigungen des privaten

fen, die eine Identifizierung der Gesprächspartner, vor allem der Gefangenen, durch Dritte nicht zulassen. In diesem Sinne beschreibt § 1 des BDSG die Aufgabe des Datenschutzes dahingehend, eine Beeinträchtigung schutzwürdiger Belange der Bürger durch den Schutz personenbezogener Daten vor dem Missbrauch der Datenverarbeitung zu verhindern.

Eine Identifizierung ist vor allem durch die Kenntnis personenbezogener Daten[422] möglich, zu denen in erster Linie der Name, das Geburtsdatum und der Wohnort gehören. Diese sind daher so zu verändern, dass eine Identifizierung des Probanden nicht nur erschwert, sondern gänzlich unmöglich gemacht wird.

Bei dem vorliegenden Forschungsvorhaben waren die Namen und Wohnorte der Gesprächspartner ohne wissenschaftlichen Wert und wurden nicht im Wortprotokoll festgehalten. Die Einverständniserklärungen, in denen neben dem Geburtsdatum auch der Name der Interviewpartner eingetragen ist, werden von der Verfasserin verwahrt.

Anders verhielt es sich beim Alter der Probanden. Es war nicht von vornherein auszuschließen, dass die Altersstruktur Einfluss auf das Aussageverhalten hatte. Gerade die Verbindung von Alter und anderen persönlichen Daten eröffnet jedoch die Gefahr der Identifizierung der jeweiligen Person. Eine Verfälschung des Alters mittels willkürlichen Hinzu- oder Abzählen einiger Jahre war daher unumgänglich, wirkte sich aber nicht verzerrend auf die Auswertung aus. Ebenso wurde bei anderen persönlichen Daten wie Strafdauer, verbüßter Haftzeit oder „Gefängniskarriere" verfahren, die nach ihrer Anonymisierung verwendet werden konnten. Hinsichtlich der Art der begangenen Straftat wurde durch eine Einordnung in die Deliktsklassen (z.B. Eigentums-, Vermögensdelikte, Straftaten gegen das Leben) dem Datenschutz Rechnung getragen.

Fraglich war letztlich, in welchem Umfang die Gefangenen über das Vorhaben informiert werden mussten. Der Datenschutzbeauftragte wies darauf hin, dass eine Information der Interviewpartner mittels eines Sprechvermerks und eine Absicherung der Ver-

---

Rechts zu verstehen, soweit sie nicht in irgendeiner Art und Weise hoheitliche Aufgaben wahrnehmen.

[422] Zu personenbezogenen Daten gehören „Einzelangaben über persönliche oder sachliche Verhältnisse einer bestimmten oder bestimmbaren natürlichen Person (Betroffener)", § 3 Abs. 1 BDSG. § 3 BDSG enthält in seinen Abs. 2 bis 9 weitere Legaldefinitionen über das Erheben, Speichern, Anonymisieren etc. von Daten.

fasserin durch Einholung einer schriftlichen Einverständniserklärung der Interviewten geeignet sind, spätere Schwierigkeiten zu vermeiden. Die Einwilligung bezieht sich auf die Verarbeitung, insbesondere die Speicherung personenbezogener Daten und deren Veröffentlichung. Da nach der Aufnahme der Interviews auf Tonband von diesen Wortprotokolle mittels EDV erstellt wurden, musste für die sichere Verwahrung der Disketten vor dem Zugriff Dritter Sorge getragen werden. Daher wurden die Tonbänder nach der Niederschrift gelöscht und die Wortprotokolle auf Disketten gespeichert, die von der Verfasserin sicher aufbewahrt werden.

Die Einverständniserklärung einschließlich des Sprechvermerks enthalten nur sehr allgemein gehaltene Informationen über das Forschungsvorhaben. Die Gefahr einer Beeinflussung der Gesprächspartner durch umfassende Vorabinformationen war daher ausgeschlossen.

4. Kapitel: Die Experteninterviews

A. Vorstellung der Experten

Die Interviews mit den Experten dienten dem explorativen Einstieg in die Materie. Bei Experteninterviews wird mit Personen gesprochen, die im Umgang mit den Probanden bzw. dem Untersuchungsgegenstand Erfahrung haben und sich daher durch ein höheres Informationsniveau auszeichnen.[423] Als Einstieg in die Problematik des Forschungsvorhabens galt es vor allem, mit Experten zu sprechen, die sich durch Sachkenntnis und Erfahrung in der Vollzugspraxis ausgezeichnet haben.

Dementsprechend haben sich die Anstaltsleiterin der sozialtherapeutischen Anstalt Ludwigshafen, der Anstaltsleiter der Justizvollzugsanstalt Dietz und sein Dezernent sowie der Anstaltsleiter der Jugendstrafanstalt Schifferstadt zu einem Interview bereit erklärt. Mit ihrer Befragung ergab sich gleichzeitig die Möglichkeit, sowohl Aufbau und Struktur der Anstalten kennen zu lernen als auch die Anstaltsleitung über das Vorhaben zu informieren und mit dessen Problematik vertraut zu machen.

---

[423] *Atteslander* (Fn. 336), S. 152.

Als weitere Experten stellten sich der Sicherheitsreferent für den Strafvollzug im Ministerium der Justiz Rheinland-Pfalz und der langjährige Leiter der Jugendstrafanstalt Rockenberg, Richter am Oberlandesgericht Zweibrücken a.D. und Professor (emeritiert) für Strafrecht, Strafvollzugsrecht und Kriminologie an der Universität Mainz, Herr Dr. Böhm, zur Verfügung.

B. Durchführung und Auswertung der Interviews

Die wenig strukturierten Interviews waren gekennzeichnet durch ausführliche und informative Beiträge der Experten. Thematisch wurden bei jedem Interview folgende Gebiete angesprochen:

(1) Verhältnis von Sicherheit und Behandlung
(2) Ausbildung des AVD in Hinblick auf behandlungsorientierte Aufgaben
(3) Ziel- und Rollenkonflikt des AVD
(4) Verhältnis zwischen dem AVD und den Fachdiensten
(5) Anwendung des StVollzG in der Vollzugspraxis (u.a. bezogen auf die Entscheidungsspielräume im Rahmen des StVollzG)
(6) Beschwerde- und gerichtliches Antragsverfahren (Häufigkeit, Umgang mit Konflikten) sowie Verwaltungsaufwand
(7) weiterer Regelungsbedarf (u.a. bezogen auf die sozialtherapeutische Anstalt und den Jugendstrafvollzug)

Die Auswertung der Experteninterviews erfolgte durch tabellarische Gegenüberstellung der Aussagen zu den vorgenannten Themen, im Rahmen derer verkürzte Kernaussagen gebildet worden sind. Da die Experteninterviews lediglich dem explorativen Einstieg in das Forschungsthema dienten, konnte auf eine methodisch kontrollierte Inhaltsanalyse der Interviews verzichtet werden.

Nach Gegenüberstellung der Aussagen zeichneten sich die Punkte (1) bis (4) sowie (7) – bezogen auf den Jugendstrafvollzug – durch einen hohen Grad an Übereinstimmung aus. Die Punkte (5) und (6) wurden von den Experten unterschiedlich beurteilt. Sowohl die Übereinstimmungen als auch die Divergenzen wurden als Kernaussagen zusammengefasst und vorläufig bewertet.

C. Bewertung der Kernaussagen

I. Kernaussagen zu den Themengebieten

1. Kernaussagen zum Verhältnis von Sicherheit und Behandlung

In der Vollzugspraxis besteht zumindest eine Gleichrangigkeit zwischen den Vollzugszielen der Resozialisierung und der Sicherheit. In erster Linie muss allerdings die Sicherheit gewährleistet sein, um das Vollzugsziel der Resozialisierung erreichen zu können. Es besteht zwar ein Widerspruch zwischen der sicherheitsbezogenen Gleichbehandlung und der risikofreudigen Individualbehandlung, der allerdings nicht unlösbar ist, wenn Sicherheit und Resozialisierung in Grenzen abgestuft werden. Das bedeutet für den Regelvollzug, dass ein therapeutisches Vollzugsklima zu anspruchsvoll ist und daher ein entspanntes Klima als realistisches Ziel angestrebt wird.

2. Kernaussagen zur Ausbildung des AVD in Hinblick auf behandlungsorientierte Aufgaben

Die – theoretische – Ausbildung der Anwärter für den Vollzugsdienst erfolgt in der Justizvollzugsschule Wittlich und umfasst Lerninhalte zu den Aufgaben der Resozialisierung und Sicherheit. Die Anwärter für den Vollzugsdienst in einer JSA oder SthA werden nicht spezifisch auf ihre Tätigkeit vorbereitet, sondern auf das Lernen in der Praxis verwiesen. Aus Sicht der SthA werden Anwärter, die sich für den Vollzugsdienst in einer SthA entschieden haben, als „Exoten" eingestuft.

3. Kernaussagen zum Ziel- und Rollenkonflikt des AVD

Dem Ziel- und Rollenkonflikt zwischen den Vollzugszielen der Resozialisierung und der Sicherheit, in welchem sich die Beamten des AVD befinden, wird unterschiedlich begegnet. Zum Teil nehmen die Beamten je nach Charakter die Extrempositionen eines Law-and-Order-Typs oder eines Erziehungs- bzw. Behandlungstyps ein und gewichten danach für sich die ihnen obliegenden Aufgaben. Oder sie weichen z.T. dem Konflikt aus, indem sie sich nicht penibel an alle Sicherheitsvorschriften halten. Zweck dieses

Verhaltens ist im Regelvollzug dabei weniger die gezielte Behandlung der Gefangenen, sondern die Gewährleistung eines vernünftigen Tagesablaufs. Ein Dienst nach Vorschrift ist daher weder von der Anstaltsleitung erwünscht noch zweckmäßig, da er für einen reibungslosen Ablauf des Vollzugsalltags eher hinderlich wäre. Gleichzeitig hoffen sowohl die Anstaltsleitung als auch die Bediensteten des AVD darauf, dass nichts passiert.

4. Kernaussagen zum Verhältnis zwischen dem AVD und den Fachdiensten

Die Bediensteten der Fachdienste und des AVD stehen sich nicht – mehr – misstrauisch und ablehnend gegenüber. Insbesondere der AVD erkennt trotz unterschiedlicher beruflicher Sozialisation die Aufgabe der Fachdienste als sinnvoll und erforderlich an. Gelegentliche Diskrepanzen sind überwiegend strukturell bedingt. Sie resultieren z.B. aus der unterschiedlichen Einschätzung eines Gefangenen, der sich gegenüber dem Psychologen anders verhält als im täglichen Umgang mit den Bediensteten des AVD, um eine positive Begutachtung zu erreichen. Zu Spannungen können auch die an die Verwaltung angepassten Dienstzeiten der Fachdienste führen, da sie aus der Sicht des AVD zu einer Mehrbelastung der Vollzugsbediensteten nach Dienstschluss der Fachdienste führen.

Zur wesentlichen Entspannung des Verhältnisses zwischen den beiden Diensten hat u.a. die stärkere Einbeziehung des AVD in die vollzuglichen Entscheidungen beigetragen. Das wird weniger im Regelvollzug deutlich als in der SthA durch das System der Triade[424] oder in der JSA durch die Entscheidungen des Wohngruppenteams. Die Einbeziehung des AVD führte dazu, dass die Auseinandersetzungen inhaltlich schwieriger wurden, weil jeder Bedienstete unabhängig von seiner Berufszugehörigkeit versucht, die andere Seite argumentativ von seiner Ansicht zu überzeugen. Aufgrund des fehlenden „Feindbildes" des Fachdienstes reduzierte sich auch die Solidarität innerhalb des AVD.

---

[424] Jedem Gefangenen ist während seiner Haft in der SthA eine Triade bestehend aus einem Psychologen, einem Sozialarbeiter und einem Bediensteten des AVD zugeordnet, die u.a. für die Vollzugsplanung verantwortlich ist.

5. Kernaussagen zur Anwendung des StVollzG in der Vollzugspraxis

Im Regelvollzug wird die rechtliche Ausgestaltung des Vollzugs durch das StVollzG und die VVStVollzG im Großen und Ganzen als akzeptabel betrachtet. Aufgrund der ausreichenden Beurteilungs- und Entscheidungsspielräume, die das StVollzG der Anstalt einräumt und die gerichtlich nur bedingt überprüft werden können, hat die Verrechtlichung auf den Behandlungsbereich keinen großen Einfluss. Eine wesentliche Änderung erfuhr die Vollzugspraxis lediglich durch die explizite Normierung der Rechtsbehelfsmöglichkeiten im StVollzG.

Demgegenüber werden in einer SthA die den Vollzug bestimmenden rechtlichen Regelungen als zu detailliert und die Handlungsfähigkeit der Anstalt als zu einschränkend empfunden. Als Missverhältnis wird die sehr große Verantwortung des Anstaltsleiters gegenüber seiner Bindung an rechtliche Feinheiten kritisiert. Werden vernünftige, den Umständen angemessene Entscheidungen getroffen, können diese mitunter im Widerspruch zu geltendem Recht stehen. Vorhandene Entscheidungsspielräume werden positiv beurteilt. So müssen die Mitarbeiter beispielsweise auf der Wohngruppe tägliche viele spontane Entscheidungen treffen, insbesondere im Bereich der Konfliktarbeit, um einem Fehlverhalten schon im Ansatz entgegenzutreten. Es gilt als Bankrotterklärung der Anstalt, wenn über einen Gefangenen eine Meldung geschrieben und eine Disziplinarmaßnahme verhängt wird, da in diesem Fall die auf Verständnis und Einsicht des Gefangenen abzielenden Behandlungsmethoden versagt haben. Abgesehen davon sind die in § 103 Abs. 1 StVollzG abschließend genannten Arten von Disziplinarmaßnahmen unter pädagogischen Gesichtspunkten nicht sinnvoll und lediglich Ultima Ratio, da sie nicht Akzeptanz, sondern nur Widerstand beim Gefangenen auslösen, indem sie alle negative Nebenwirkungen aufzeigen. Hier müsste der Gesetzgeber andere Möglichkeiten an die Hand geben, um auf ein Fehlverhalten eines Gefangenen sinnvoll reagieren zu können. Es wird also weitgehend vermieden, einen bürokratischen Vorgang auszulösen, indem die Problematik in den konkreten Sachzusammenhängen verbleibt und mit den jeweiligen Bediensteten, z.B. mit dem Psychologen, geklärt wird.

Im Jugendstrafvollzug gilt die derzeitige rechtliche Situation bezogen auf die großen Gestaltungs- und Entscheidungsfreiräume, z.B. bei Entscheidungen über Vollzugslockerungen oder Disziplinarmaßnahmen als sehr gut. Sie ermöglichen Einzelfallentscheidungen und damit den Versuch zur individuellen Erziehung der jugendlichen Gefangenen. Als problematisch erweist sich in manchen Bereichen die Anlehnung an das StVollzG, das mangels gesetzlicher Regelung als Orientierungsmaßstab für den Jugendstrafvollzug herangezogen wird.

6. Kernaussagen zum Beschwerde- und gerichtlichem Antragsverfahren sowie zum Verwaltungsaufwand

Die in den §§ 109 ff. StVollzG normierte Verweisung auf den Rechtsweg vor die Strafvollstreckungskammern bzw. – im Falle einer Rechtsbeschwerde – vor den Strafsenat des gemäß § 117 StVollzG zuständigen Oberlandesgerichts sowie das in § 108 StVollzG geregelte Beschwerdeverfahren hat im Regelvollzug zu einer erhöhten Beschwerde- und Antragshäufigkeit geführt. Allerdings wird i.d.R. nur von einzelnen Gefangenen eine wahre Beschwerde- bzw. Antragsflut ausgelöst, die dann die Arbeitskraft der Vollzugsbediensteten zulasten der Erfüllung behandlungsorientierter Aufgaben bindet. Auch wenn die Bearbeitung der Beschwerden und Anträgen gemäß § 109 StVollzG in Form von Stellungnahmen, Berichten etc. verhältnismäßig viel Zeit in Anspruch nimmt, gilt eine Verkürzung des Rechtswegs, beispielsweise durch Einführung eines Bagatell- oder Querulantenparagrafen nicht als akzeptable Lösung. Zum einen ergeben sich neue Schwierigkeiten bei der Einschätzung eines Gefangenen als Querulant, zum anderen können rechtsstaatliche Probleme auftreten, da auch ein Querulant Recht haben kann. Zwecks Eindämmung des durch die Rechtsbehelfe verursachten hohen Verwaltungsaufwands wäre nur eine Abweisungsmöglichkeit als offensichtlich unbegründet nach einer Pauschalprüfung durch die Aufsichtsbehörde oder die 1. Instanz denkbar.

Effektiver erscheint ein Ansatz bei den eigentlichen Ursachen der Rechtsbehelfshäufigkeit. Ausgehend von einem allgemein gestiegenen Anspruchsdenken der Gesellschaft wird häufig ein Rechtsbehelf eingelegt, um einen Anspruch durchzusetzen; darüber hinaus dient er insbesondere problematischen Langzeitgefangenen als Aggressions- und Frustventil bzw. zum Zeitvertreib. Als dritte wesentliche Ursache eines erhöhten Beschwerde- bzw. Antragsaufkommens in einer Regelvollzugsanstalt kann auch eine wohl wollende Rechtsprechung der zuständigen Strafvollstreckungskammer in Betracht kommen.

Will man daher so genannte Querulanten von der Beschwerde-/Antragseinreichung abbringen, was allein durch Gespräche nicht erreicht werden kann, müsste u.a. die Haft für sie anregender gestaltet werden. Ihnen könnte beispielsweise durch die Einführung eines Wohngruppenvollzugs oder auch nur wohngruppenartiger Elemente, wie sie im Freigängerhaus vorhanden sind, und die Zuordnung eines festen Teams aus Vollzugsbediensteten zu einer Gruppe von Gefangenen wirksam begegnet werden. Im Vorfeld bestünde so die Möglichkeit, auf die eigentliche Sache, um die es dem Gefangenen geht, einzugehen und zu verhindern, dass er sie auf die Rechtsschiene verlagert. Aufgrund des häufigen Wechsels der Vollzugsbediensteten auf den großen Abteilungen ist diese Möglichkeit im geschlossenen Vollzug derzeit nicht vorhanden.

Als Folge des Wohngruppenvollzugs und der therapeutischen Ausrichtung besteht in der SthA eine unterdurchschnittliche Beschwerde- bzw. Antragshäufigkeit. Dennoch oder gerade deswegen wird es als störend und hinderlich begriffen, wenn die Gefangenen mit Beschreiten des Rechtswegs sich einer Auseinandersetzung vor Ort entziehen können, weil damit Einwirkungsmöglichkeiten und Auseinandersetzungsfähigkeiten verloren gehen. Wenn Monate später der Beschluss der Strafvollstreckungskammer ergeht, ist das eigentliche Problem i.d.R. nicht mehr existent. Die ständige Gefahr gerichtlicher Auseinandersetzung besteht allerdings nicht nur im Verhältnis zu den Gefangenen, sondern auch im Verhältnis zu den Vollzugsbediensteten im Bereich des Personalführung, die zu den Aufgaben der Anstaltsleitung zählt. Mit der Einführung eines Bagatell- oder Querulantenparagrafen könnte vielleicht der Problematik hinsichtlich der Gefangenen beizukommen sein. Als Folge der rechtlichen Vorschriften, die viel Nebensächliches regeln, hat sich der Verwaltungsaufwand in den letzten Jahren potenziert, u.a. im Bereich der Personalplanung- und -führung. Ein geringerer Anteil entfällt auf die Bearbeitung von Beschwerden und Anträgen gemäß § 109 StVollzG. Insgesamt wird versucht, Anliegen der Gefangenen anstaltsintern möglichst unbürokratisch zu handhaben. Dazu gehört, dass aufgrund des intensiven Kommunikationsklimas eine Antragstellung und daher eine Antragsbearbeitung in vielen Dingen nicht erforderlich ist. Die somit ersparte Arbeitszeit wird in Gespräche mit den Gefangenen investiert, die oftmals zeitaufwändiger und nervenaufreibender sind, als beispielsweise die Abfassung eines formularmäßigen Ablehnungsbescheids.

In der JSA kommt dem Rechtsbehelfsverhalten der jugendlichen Gefangenen keine große Bedeutung zu. Die Motivation, eine Beschwerde oder einen Antrag auf gerichtliche Entscheidung gemäß §§ 23, 25 EGGVG an den Strafsenat des Oberlandesgerichts schriftlich zu formulieren und den Instanzenweg – mit der Folge einer langen Entscheidungsfindung – zu beschreiben, ist äußerst gering. Soweit Beschwerden erhoben werden, geschieht dies meistens mündlich; i.d.R. wird das Anliegen sofort in der Wohngruppe besprochen. Soweit sie mitunter schriftlich formuliert werden, wird dem Anliegen zunächst anstaltsintern in Gesprächen mit dem jugendlichen Gefangenen und den betroffenen Vollzugsbediensteten nachgegangen. Meistens hat sich der Beschwerdeanlass damit erledigt, da der Jugendliche mit der Beschwerde nur mal „Luft rauslassen" wollte und zufrieden ist, wenn ein Vollzugsbediensteter ihn daraufhin anspricht und zuhört. Eine Änderung dieses Verhaltens ist durch die explizite Regelung des Beschwerde- und Rechtswegs in einem JugStVollzG nicht zu erwarten. Trotz der Möglichkeit, viele Kompetenzen und damit Verantwortung an die Wohngruppenleiter zu delegieren, empfindet die Anstaltsleitung den Verwaltungsaufwand als zu hoch.

7. Kernaussagen zu weiterem Regelungsbedarf

Was den Jugendstrafvollzug angeht, so wird von allen Experten[425] die Schaffung eines JugStVollzG gefordert, um den Besonderheiten des Jugendstrafvollzugs in Abgrenzung zum Erwachsenenvollzug Rechnung zu tragen, die Rechtsposition des jugendlichen Gefangenen zu sichern, einen einheitlichen Jugendstrafvollzug zu gewährleisten und um – aus politischer Sicht – Haushaltsmittel für den Jugendstrafvollzug, d.h. zur Erfüllung gesetzlicher Aufgaben, durchsetzen zu können. Durch ein Gesetz zum Jugendstrafvollzug dürften die derzeit bestehenden Freiräume im erzieherischen Bereich allerdings weder beseitigt noch eingeschränkt werden. Gleichzeitig wird die Möglichkeit zum Erlass weitergehender Regelungen (z.B. im Rahmen des Lockerungsrechts), als sie bisher in Anlehnung an das StVollzG für den Jugendstrafvollzug über die VVJug bestehen, als positiv beurteilt.

Hinsichtlich des Vollzugs in der SthA wird eine weiterer Regelungsbedarf verneint, insbesondere was die Form der Therapie angeht.

Regelungs- und Änderungsbedarf besteht beim Datenschutz und bei gewissen Einzelregelungen des StVollzG, die sich als unpraktikabel erwiesen haben. Eine gesetzliche Regelung zur Nachbetreuung von entlassenen Gefangenen durch die jeweilige Anstalt wird als sinnvoll, aber von Vollzugspraktikern unter den derzeitigen Bedingungen als kaum erfüllbar eingeschätzt.

---

[425] Nicht erfasst sind die Experten, die hierzu keine Äußerungen gemacht haben.

II. Bewertung der Kernaussagen

Werden die Kernaussagen in Hinblick auf die Forschungsfrage bewertet, können insbesondere bzgl. der Themen (5) und (6) Ausführungen festgestellt werden, die sich in die konzeptionellen Vorüberlegungen zur Ambivalenz der Verrechtlichung einfügen. Daneben finden sich zahlreiche Hinweise auf verrechtlichungsunabhängige Faktoren, die großen Einfluss auf das Behandlungsklima innerhalb einer Anstalt haben.

1. Regelvollzugsanstalt

Ambivalente Auswirkungen der Verrechtlichung werden in einer Regelvollzugsanstalt in begrenztem Maße sichtbar, allerdings nicht als besonders störend empfunden. Die Vergesetzlichung des Strafvollzugs wird zunächst kaum in Beziehung zu seinem Resozialisierungsauftrag gesetzt, da diesbezüglich auf ausreichende Beurteilungs- und Gestaltungsspielraum hingewiesen wird, die das StVollzG den Anstalten einräumt. Erst über die Feststellung, dass sich der Verwaltungsaufwand aufgrund der Bearbeitung von zahlreichen Beschwerden gemäß §§ 109 ff. StVollzG wesentlich erhöht hat, wird beklagt, dass dies zulasten der Behandlung der Gefangenen geht.

Diese Aussagen und der Hinweis auf das Ziel des entspannten Vollzugsklimas[426] lassen vermuten, dass aufgrund der Sicherheitsorientiertheit des Regelvollzugs rechtliche Vorgaben nicht nur als kaum hinderlich, sondern vielmehr als arbeitserleichternd empfunden werden, da sie dem jeweiligen Vollzugsbediensteten die Verantwortung für die Rechtfertigung des eigenen Handelns und die damit verbundene Belastung abnehmen (Aspekt der Absicherung). Die Folge ist eine erhöhte Anpassung des Vollzugspersonals an verrechtlichte Interaktionen und Handlungsstrukturen. Das bestätigt sich darin, dass, obwohl die durch die Bearbeitung von Beschwerden verursachte Verwaltungsarbeit als lästig empfunden wird, eine Verkürzung des Rechtswegs in Form eines Bagatell- oder Querulantenparagrafen wegen rechtsstaatlicher Bedenken abgelehnt wird. Die i.d.R. von wenigen querulatorisch veranlagten Gefangenen ausgelöste Beschwerdeflut wird, nachdem klärende Gespräche mit ihnen gescheitert sind, als gegeben und verständlich hingenommen, soweit es sich um lang inhaftierte Gefangene handelt, die mit dem Beschwerdeschreiben ihre Aggressionen kompensieren. Trotz der Erkenntnis, dass diese

---

[426] Vgl. oben I. 1., S. 95.

Gefangenen ihre persönliche Problematik auf die Rechtsschiene verlagern, kann im Regelvollzug aus strukturellen und personellen Gründen keine angemessene Behandlung folgen.

2. Sozialtherapeutische Anstalt

In der SthA werden die rechtlichen Vorgaben in ihrer Vielfalt oftmals als hinderliche und störende Einschränkung des therapeutischen Handlungs- und Gestaltungsspielraums der Anstalt empfunden. Dementsprechend wird ein weiterer Regelungsbedarf hinsichtlich des Begriffs der Sozialtherapie bzw. ihrer therapeutischen Methoden abgelehnt. Soweit die Beachtung aller Regelungen zu Entscheidungen führen würden, die mit dem gesunden Menschenverstand als unvernünftig beurteilt müssten, wird u.U. riskiert, sich zugunsten von vernünftigen Entscheidungen in Widerspruch zur Rechtsordnung zu setzen. Auch wenn die Abweichung von der Norm gut begründet werden kann, befindet sich die Anstalt letztlich im Unrecht.

Obwohl die Beschwerdehäufigkeit im Vergleich zum Regelvollzug sehr gering ausfällt, wird der nach §§ 109 ff. StVollzG eröffnete Rechtsweg zur gerichtlichen Durchsetzung rechtlicher Ansprüche als Gefährdung der therapeutischen Einwirkung auf den Gefangenen und als typische Möglichkeit der Konfliktenteignung beurteilt. Während die Einführung eines Bagatell-, Missbrauchs- bzw. Querulantenparagrafen vom Regelvollzug trotz erhöhtem Arbeitsaufwand aufgrund der Beschwerdehäufigkeit abgelehnt wird, erscheint diese aufseiten der SthA durchaus geeignet, das Beschwerdeverhalten der Gefangenen sinnvoll einzuschränken.

Bürokratische Vorgänge werden, soweit dies möglich ist, grundsätzlich vermieden. Stattdessen wird versucht, in kommunikativer Auseinandersetzung mit den Gefangenen Verhaltensweisen zu klären und auftretende Probleme im Vorfeld zu lösen. Angesichts der Schwierigkeit, den Erfolg und die Qualität eines solchen Vorgehens zu messen und nachzuweisen, tritt der mit dem bürokratischen Handeln verbundene Aspekt der Absicherung zugunsten eines individuellen Eingehens auf den Gefangenen in den Hintergrund.

Diese Unterschiede zum Regelvollzug basieren zum einen in der Realisierung eines behandlungsorientierten Klimas in der SthA, das auf eine individuelle Behandlung der

Gefangenen gerichtet ist. Zum anderen sind ihre personelle und konzeptionelle Struktur und die damit verbundenen Erwartungen einzubeziehen, um die unterschiedliche Einschätzung der Verrechtlichung im Strafvollzug bei gleicher rechtlicher Lage bewerten zu können. In sozialtherapeutischen Anstalten sollen Straffällige mittels spezieller Behandlungs- und Therapieangeboten in das gesellschaftliche Leben eingegliedert werden. Personell sind diese Anstalten – im Vergleich zu den Regelvollzugsanstalten – entsprechend gut mit Sozialarbeitern, Psychologen und Therapeuten besetzt; in geringerem Umfang werden Volljuristen eingestellt. Im Einklang mit ihrer Zielrichtung ist daher die Leitung der sozialtherapeutischen Anstalt Ludwigshafen einer Psychologin und weitere leitende Positionen „Nicht-Juristen" übertragen worden.[427] Nicht mit dem Rechts- und Gesetzessystem in dem Maße vertraut wie ein Jurist wird ein „Nicht-Jurist" den Umgang mit Normen eher als hinderlich und belastend empfinden.

Konzeptionell ist die SthA darauf ausgerichtet, jeden Gefangenen individuell zu behandeln. Daher kommt es einem Versagen der therapeutischen Konzeption gleich, wenn ein Gefangener ein (Unterlassungs-) Begehren gerichtlich durchzusetzen versucht. Der diesem Begehren immanente Vorwurf, dem Gefangenen die Entscheidung der Anstalt und den zu Grunde liegenden, auf seine Person abgestimmten Vollzugsplan nicht verständlich gemacht haben zu können, greift die Existenzberechtigung sozialtherapeutischer Anstalten an. Dieser Vorwurf gewinnt umso mehr an Gewicht, je weniger davon ausgegangen werden kann, dass in einem auf Zuwendung und Beschäftigung gerichteten therapeutischen Vollzug Beschwerden aus Langeweile oder aus einem Aggressions- und Frustverhalten heraus erhoben werden. Deshalb wird jede Anstalt bemüht sein, ihrer therapeutischen Zielrichtung gemäß Anträge, Beschwerden etc. in kommunikativer Auseinandersetzung mit dem Gefangenen – möglichst unbürokratisch und außergerichtlich – zu erledigen. Hierbei hilft u.a. die gute personelle Besetzung der Wohngruppen mit fachlich geschulten Vollzugsbediensteten. Als ein zentrales Vollzugselement muss der Wohngruppenvollzug gleichzeitig durch ein mit Sozialarbeitern und Psychologen ausgewogen besetztes Team begleitet werden, das die Wohngruppe umfassend betreut. Nur wenn dies gewährleistet ist, erfahren die Bewohner soziale Integrationsfähigkeit und lernen die Bereitschaft, sich bei dem Auftreten von Problemen miteinander kommunikativ – statt gewalttätig und auf sich allein gestellt – auseinanderzusetzen."[428]

---

[427] Vgl. die Beschreibung der SthA Ludwigshafen, 5. Kapitel, A. I., S. 107 f.
[428] *Michelitsch-Träger* (Fn. 17), S. 283.

Daraus resultiert vor allem die im Vergleich zum Regelvollzug unterdurchschnittliche Beschwerdehäufigkeit in sozialtherapeutischen Anstalten.

3. Jugendstrafanstalt

Was den Jugendstrafvollzug betrifft, wird seine derzeitige rechtliche Normierung angesichts der großen pädagogischen Gestaltungs- und Entscheidungsfreiräume als großzügig und insgesamt sehr positiv beurteilt. Mit dem Erlass eines JugStVollzG werden keine verrechtlichungsbedingten Probleme erwartet, soweit das Gesetz diese pädagogischen Freiräume erhält. Auch bei einer expliziten Regelung des Beschwerde- und Rechtswegs für jugendliche Gefangene wird eine Zunahme der bisher bestehenden unterdurchschnittlichen Beschwerdehäufigkeit in Jugendstrafanstalten nicht befürchtet. Das wird – neben den schon erwähnten Auswirkungen des Wohngruppenvollzugs – vor allem auf den Charakter von Jugendlichen zurückgeführt, die durch Unmutsäußerungen eine sofortige Änderung ihrer Situation herbeiführen wollen, ohne einen formalisierten und langwierigen Rechtsweg beschreiten zu müssen. Soweit dennoch der Erlass eines JugStVollzG für erforderlich gehalten wird, geschieht es – neben (haushalts-)politischen Überlegungen – aus einem Schutzbedürfnis heraus, den Jugendstrafvollzug als eigenständige Vollzugsform wieder aufzuwerten sowie seine pädagogischen Freiräume vor einer völligen Übernahme der Bestimmungen des ausschließlich für den Erwachsenenstrafvollzug konzipierten StVollzG im Wege der VVJug zu bewahren.

4. Bewertung der übereinstimmende Aussagen

Die Aussagen der Experten zu der Zusammenarbeit der Fachdienste und des AVD deuten zunächst daraufhin, dass die in diesem Zusammenhang vermuteten verrechtlichungsbedingten Konflikte nicht mehr bestehen. Auch wenn sich das Verhältnis im Vergleich zu den Anfangsjahren des StVollzG gebessert haben mag, geben die Aussagen zum noch immer bestehenden Ziel- und Rollenkonflikt der Vollzugsbediensteten des AVD Anlass, an der so beschriebenen konfliktfreien Zusammenarbeit zu zweifeln. Wenn sich die Beamten des AVD in einem Ziel- und Rollenkonflikt befinden, weil sie in dieser Hinsicht mangels klärender Vorgaben des Gesetzgebers allein gelassen werden, liegt es weiterhin nah zu vermuten, dass es im behandlungsorientierten Aufgabenbereich, der vornehmlich das Betätigungsfeld der Fachdienste darstellt, zu sozial- und berufsbedingten Auseinandersetzungen kommt.

In allen Interviews wurde deutlich, dass bei der Bewertung der Ambivalenz der Verrechtlichung im Strafvollzug verschiedene Faktoren und Ebenen Einfluss auf die Behandlung der Gefangenen haben, die eine kausale Betrachtungsweise der Ambivalenz der Verrechtlichung im Vergleich der drei Anstalten nicht zulassen. Beachtet werden müssen bei der Auswertung der Interviews insbesondere Faktoren wie z.b. Größe und Struktur der Anstalt (Wohngruppenvollzug), Beschäftigungsmöglichkeiten (Arbeits- und Freizeitangebote) und damit Ablenkungsmöglichkeiten, die als Ventil für aufgestaute Aggressionen und Frustrationen dienen, sowie Art und Ausmaß der Betreuung durch das Vollzugspersonal. Kommt in einer Anstalt – wie z.b. der JVA Diez – dem Sicherheitsgedanken eine besonders große Bedeutung zu, sind Ausnahmen von der Regel grundsätzlich nicht möglich oder – anders ausgedrückt – werden aus Gründen der „Sicherheit und Ordnung der Anstalt" alle Gefangenen gleich behandelt. Ein individuelles Eingehen auf die Bedürfnisse eines jeden Gefangenen ist kaum realisierbar. Gleichbehandlung fördert jedoch Verrechtlichungsmechanismen, indem sie Unmut und das Empfinden, nicht verstanden zu werden, verursacht. Als Aggressions- und Frustventile dienen dann die wenigen – erlaubten – Mittel, wie z.B. die Beschwerdeeinlegung, allein nur um das erleichternde Gefühl zu haben, „der Anstalt" oder einem bestimmten Vollzugsbeamten Widerstand entgegengesetzt zu haben.

Weiterhin wurden in den Experteninterviews verrechtlichungsbedingte Kreisläufe angedeutet, auf welche in den weiteren Forschungsschritten geachtet werden soll. Beispielsweise hat die – positiv zu bewertende – Normierung der Vollzugslockerungen (§§ 11 ff. StVollzG) zu einer Ausdehnung der Subkultur geführt, deren Beaufsichtigung und Eindämmung aus Sicherheitsaspekten mittels restriktiven Maßnahmen, z.B. Haftraumkontrollen, ein Ausmaß an Zeit und Aufmerksamkeit des Anstaltspersonals in Anspruch nimmt, das wiederum zulasten einer individuellen Behandlung der Gefangenen – im Regelvollzug – geht.

III. Zusammenfassung

Die Auswertung der Experteninterviews hat erste Hinweise auf ambivalente Auswirkungen der Verrechtlichung in der Strafvollzugspraxis ergeben, die in die konzeptionellen Überlegungen zur Ambivalenz der Verrechtlichung passen. In einem auf Individualbehandlung der Gefangenen ausgerichteten therapeutischen Vollzugsklima, wie es in der SthA realisiert wird, werden die auf Gleichbehandlung angelegten Mechanismen der Verrechtlichung daher besonders deutlich und als extrem hinderlich erfahren. Innerhalb des den Jugendstrafvollzug betreffenden rechtlichen Rahmens finden sich angesichts der großen Beurteilungs- und Gestaltungsfreiräume verhältnismäßig wenige Vorschriften, die sich auf die individuelle Erziehung der jugendlichen Gefangenen störend oder zuwiderlaufend auswirken. Weil die rechtlichen Vorgaben als ausreichend und praktikabel erachtet werden, darf ein den Jugendstrafvollzug regelndes Gesetz diese Freiräume nicht berühren, sondern soll sie vielmehr vor einer Einschränkung im Wege der Übernahme anderer strafvollzugsrechtlicher Bestimmungen schützen und gegebenenfalls erweitern.

Der Regelvollzug ist fast ausschließlich auf die Gewährleistung der Sicherheit und Ordnung gerichtet. Soweit das Vollzugsziel der Resozialisierung der Gefangenen umzusetzen versucht wird, erschöpft es sich weitgehend in den gesetzlich vorgesehenen Maßnahmen, z.B. in Arbeits-, Freizeitangeboten, Vollzugslockerungen oder in alltäglichen Interaktionen zwischen den Gefangenen und engagierten, behandlungsmotivierten Vollzugsbediensteten. Da eine individuelle Einwirkung auf den Gefangenen unter den Bedingungen des Regelvollzugs nicht leistbar ist, wirken sich Normen auch nicht hinderlich aus, sondern gewährleisten in positiver Hinsicht einen ordnungsgemäßen Tagesablauf und sichern das Handeln der Vollzugsbediensteten rechtlich ab.

5. Kapitel: Die Interviews mit den Gefangenen

A. Beschreibung der in die Untersuchung einbezogenen Justizvollzugsanstalten

I. Die sozialtherapeutische Anstalt Ludwigshafen

In einem Informationsblatt für Bewerber beschreibt die 1972 eröffnete SthA Ludwigshafen ihre Zielsetzung folgendermaßen: „Hier werden spezielle Behandlungsmethoden für diejenigen Gefangenen gemacht, die sich entschlossen haben, über die Ursachen ihrer Straffälligkeit nachzudenken und an sich zu arbeiten". Sie wendet sich an erwachsene Gefangene aus allen Anstalten in Rheinland-Pfalz, die nicht älter als 45 Jahre sind, eine noch bevorstehende Haftzeit von mindestens 18 Monaten und höchstens drei Jahren sowie keine offenen Verfahren haben und die – nicht wegen Drogenbesitzes oder Drogenhandels – rechtskräftig verurteilt sind. Liegt eine noch aktuelle Drogenabhängigkeit vor, wird eine Aufnahme in die Anstalt abgelehnt. Auch jugendliche Gefangene werden, soweit sie für den Jugendstrafvollzug ungeeignet sind, aufgenommen. Über die Erfüllung dieser objektiven Kriterien hinaus muss der Gefangene behandlungsbedürftig und -fähig sowie behandlungsmotiviert sein. Mit Behandlungsbedürftigkeit ist die finanzielle Lage des Gefangenen angesprochen; hat er ausreichend Privatvermögen, um sich eine Therapie leisten zu können, wird er nicht in der SthA Ludwigshafen aufgenommen. Die Behandlungsfähigkeit umfasst ein gewisses intellektuelles Mindestmaß, das Fehlen eines psychiatrischen Krankheitsbildes und die Bereitschaft, sich auf eine therapeutische Behandlung einzulassen, wobei an diese sicherlich keine überhöhten Anforderungen gestellt werden dürfen. Das letztgenannte Kriterium leitet bereits in den ausufernden Begriff der Behandlungsmotivation über, unter dem eine weite Spanne verschiedener Motivationslagen erfasst wird. Der Idealfall, bei dem ein Gefangener aufgrund seiner kriminellen Tat einen hohen Leidensdruck verspürt und sich daher eine Behandlung zur Änderung seines Lebens wünscht, kommt nur selten vor. Die Überlagerung durch andere, teils sehr pragmatische Motivationen ist die Regel und wird akzeptiert, solange der Gefangene noch ein gewisses Mindestinteresse an einem therapeutischen Vollzug zeigt. Hierzu sagt das Informationsblatt deutlich: „Wir möchten niemanden, der so bleiben will, wie er ist". In den Einzel- und Gruppengesprächen, in dem Zusammenleben in Wohngruppen und vielen Behandlungsangeboten zeigt sich die verhaltenstherapeutische Orientierung der Anstalt.

Mit vier, jeweils mit 12 Gefangenen besetzten Wohngruppen im geschlossenen Vollzug und der Freigängerabteilung stehen in der SthA Ludwigshafen insgesamt 67 Haftplätze zur Verfügung. Als berufliche Bildungsmaßnahme bietet die Anstalt eine berufliche Grundqualifizierungsmaßnahme in der Fachwerkstatt Metall an, die zwar nicht zu einem anerkannten Abschluss führt, aber auf eine spätere Umschulung angerechnet wird.

Das sozialtherapeutische Konzept der Anstalt bedingt die personelle Besetzung. Die Anstaltsleitung ist mit einer Psychologin besetzt. Weitere leitende Positionen sind bewusst nicht mit Volljuristen besetzt. Die Anstalt ist, sowohl was die Vertreter der Fachdienste als auch des AVD angeht, entsprechend ihrer therapeutischen Zielsetzung personell gut ausgestattet.

II. Die Jugendstrafanstalt Schifferstadt

In der 1991 in Dienst gestellten Jugendstrafanstalt Schifferstadt werden bei insgesamt 200 zur Verfügung stehenden Haftplätzen jugendliche Straftäter mit jeglicher Strafdauer und (ca. 1/3) Untersuchungsgefangene aufgenommen. Örtlich zuständig ist die Anstalt für Gefangene aus den Bezirken der Oberlandesgerichte Zweibrücken und Koblenz.

In jedem der 4 Vollzugshäuser, von denen drei für Strafhaftgefangene und eines für Untersuchungshaftgefangene zur Verfügung steht, sind 4 Wohngruppen à 12 bzw. 13 Haftplätzen untergebracht. Jedes Haus wird von einem Hausdienstleiter geleitet, der dem AVD angehört. Den Wohngruppen sind wiederum beständige Teams zugeordnet, die sich aus einem Sozialarbeiter, einem Psychologen und mehreren Vollzugsbeamten des AVD zusammensetzen. In seiner Funktion als Wohngruppenleiter ist der Sozialarbeiter für zwei Wohngruppen und der Psychologe für ein Haus zuständig. Der Anstaltsleiter kann Aufgaben und Verantwortung zum einen an seine zwei Dezernenten delegieren, die für jeweils zwei Häuser zuständig sind. Zum anderen wurden vollzugsrechtliche Entscheidungen über die einzelnen Gefangenen, wie z.B. die Disziplinarbefugnis, den acht Wohngruppenleitern bzw. den Wohngruppenteams übertragen.

Die Jugendstrafanstalt Schifferstadt bietet den jugendlichen Gefangenen ohne Hauptschulabschluss (ca. 50 bis 70 %) die Teilnahme an einem Berufsvorbereitungsjahr in den Berufsfeldern Bau, Holz und Metall an. In zwei Klassen können ca. 20 Gefangene unter Anleitung von Lehrern/-innen der Berufsschule Speyer ein Berufsschulabschlusszeugnis erwerben, das den Hauptschulabschluss einschließt. Durch zusätzlichen Stütz- und Förderungsunterricht schließen ca. 8 Schüler pro Klasse das Berufsvorbereitungsjahr erfolgreich ab. Als weitere schulische Bildungsmaßnahme wird jeweils ca. 30 Gefangenen mit Hauptschulabschluss oder einem gleichwertigen Bildungsstand die Gelegenheit gegeben, ein Berufsgrundschuljahr in den o.g. Berufsfeldern zu belegen. Es soll die Basis für eine weiterführende berufliche Bildung darstellen und kann dementsprechend auf eine Ausbildungszeit bis zu einem Jahr angerechnet werden. Die Erfolgsquote ist vergleichbar mit der des Berufsvorbereitungsjahres. Berufliche Bildungsmaßnahmen in Form von Berufsfindungsmaßnahmen werden in den Übungswerkstätten Metall, Holz und Bau angeboten. Die Übungswerkstatt führt nach Nr. 2.1.3 der rheinland-pfälzischen VV über berufliche und schulische Bildungsmaßnahmen für Gefangene in den Justizvollzugs- und Jugendstrafanstalten zur beruflichen Information, Orientierung und Grundqualifizierung. Ein berufsqualifizierendes Abschlusszeugnis wird somit nicht vergeben, auch wenn für die erfolgreiche Teilnahme an den Lehrgängen vom Berufsfortbildungswerk ein Zeugnis ausgestellt wird.

III. Die Justizvollzugsanstalt Diez

Die JVA Diez nimmt als Langstrafenanstalt des Landes Rheinland-Pfalz Gefangene auf, die zur einer Freiheitsstrafe von mindestens drei Jahren verurteilt worden sind.

Neben den 90 Haftplätzen im offenen Vollzug[429] verteilen sich die 486 Haftplätze im geschlossenen Vollzug auf vier Flügel des Anstaltsgebäudes (B-, C-, D- und E-Flügel). Im A-Flügel befinden sich die Leitung und Verwaltung der Anstalt. Der als Zuchthaus konzipierte und im Jahre 1913 errichtete Flügelbau wird durch die panoptische Bauweise von einer Zentrale her überall eingesehen. Arbeit bietet die Anstalt in den anstaltseigenen Betrieben der Küche, Wäscherei, Druckerei und Schlosserei sowie in privaten Unternehmerbetrieben, die in der Anstalt produzieren lassen. Eine 1998 einge-

---

[429] Stand vor dem Ausbau des Freigängerhauses.

weihte Sporthalle erweitert die bisherigen Sportmöglichkeiten, die in der Langstrafenanstalt als Freizeitangebote einen hohen Stellenwert einnehmen. Interessierte Gefangene haben Gelegenheit, eine Schulausbildung zu machen. Als Besonderheit der Anstalt kann der E-Flügel betrachtet werden, der als halb offener Vollzug mit Wohngruppencharakter bezeichnet wird. Er dient als Vorbereitung für den Übergang aus dem geschlossenen Vollzug in das Freigängerhaus und zeichnet sich durch das Offenbleiben der Türen über Tag sowie die Einrichtung zweier Küchen und – bis vor kurzem[430] – das Bereitstellen von zwei Waschmaschinen und Trocknern aus.

B. Planung der Auswahl

I. Auswahl der Gefangenen

Geplant war, durch eine Zufallsauswahl (in Form der Ziehung verdeckter Namenskarten) die Gefangenen als Interviewpartner zu ermitteln. Zuvor waren sie nach dem Kriterium der bereits verbüßten Strafdauer in drei Gruppen eingeteilt worden. Ausgehend von der Belegungsliste jeder Anstalt zu einem Stichtag, wurden nach dem Kriterium der zum Zeitpunkt der Befragung bereits verbüßten Haftzeit je drei Gruppen à 5 Gefangenen gebildet. Für die 1. Gruppe wurden Gefangene ausgewählt, die zum ersten Mal inhaftiert waren und sich in den ersten drei Monaten ihrer Haftzeit befanden. In den Gruppen 2 und 3 hingegen wurden (mindestens zum zweiten Mal inhaftierte) Gefangene erfasst, die bereits eine kürzere bzw. längere Haftzeit im Vollzug verbüßt haben.[431] Nachdem von Anstaltsseite aus diejenigen Gefangenen aus der Grundgesamtheit herausgenommen worden waren, die aus Sicherheitsgründen keine Gesprächserlaubnis erhalten hätten, deren Entlassung in den Befragungszeitraum fiel oder die aus besonderen Gründen[432] für ein Interview nicht in Frage kamen, wurden aus der verbleibenden Anzahl 5 Gefangene pro Gruppe durch Zufallsauswahl ermittelt. Hat ein ausgewählter Gefangener seine Einwilligung zum Interview verweigert, ging die Reihe an den ersten

---

[430] Zum Befragungszeitpunkt im Jahr 1998.
[431] Bei der Bestimmung der verbüßten Haftdauer wurden vergangene Haftzeiten aufgrund vorheriger Verurteilungen nicht berücksichtigt.
[432] Z.B. Totalverweigerung.

Gefangenen der Ersatzliste, die ebenfalls nach der beschriebenen Gruppeneinteilung erstellt worden war.

Aufgrund der Ergebnisse der Expertenbefragung kam der unterschiedlichen Haftdauer der Gefangenen ein besonderes Forschungsinteresse zu. Mit der Länge der verbüßten Strafhaft konnten unterschiedliche Auffassungen der Gefangenen zum Haftalltag, wie beispielsweise zum Rechtsmittelgebrauch, erwartet werden, was zu einer differenzierteren Betrachtungsweise der Verrechtlichungsthematik beitragen würde. Als objektives Kriterium war die verbüßte Haftzeit zudem geeignet, subjektive Verzerrungen bei der Auswahl der Gefangenen zu vermeiden, die nicht ausgeschlossen werden können, wenn z.b. auf Vorschlag der Anstalt oder eines Vermittlers Gefangene interviewt werden, um so eine „repräsentative" Auswahl von problematischen und unproblematischen, engagierten und teilnahmslosen Gefangenen zu erhalten.[433]

Die Befragung von Erstinhaftierten war aus den genannten Gründen besonders wichtig und sollte daher durch die Bildung einer eigenen Gruppe unbedingt gewährleistet sein[434], weil davon ausgegangen wurde, dass Erstinhaftierte in den ersten drei Monaten[435] eine gänzlich andere Einstellung zum Vollzug, dessen Strukturen und Vollzugsbediensteten zeigen als „alte Hasen", die sich mit der Zeit in das System eingefügt haben und bestrebt sind, ihr „Wissen" und ihre Erfahrung an Neulinge weiterzugeben.

II. Weitere Planungsschritte

Um ihre Unvoreingenommenheit und Neutralität während der Kontaktaufnahme und des Interviews zu bewahren, hat die Verfasserin auf vorherige Informationen – wie z.B.

---

[433] Die intersubjektive Transparenz wäre ebenfalls nicht gewährleistet, wenn aus jeder der oben genannten Gruppen je ein „normaler", sich wohlverhaltender und negativ auffälliger Gefangener (als „Extremfall") durch die Anstalt ausgesucht werden würde. Eine Zufallsauswahl tritt nicht nur den geäußerten Bedenken entgegen, sondern gewährleistet auch, dass ein Querschnitt aller Inhaftierten einschließlich der z.B. problematischen und unproblematischen Gefangenen interviewt wird. Sie garantiert ebenso den Ausgleich der Verzerrungen im Interview, die durch eine starke Gefühlsschwankung des Gefangenen zum Zeitpunkt der Befragung entstehen könnten.
[434] Zum Auswahlstichtag gab es beispielsweise in der Jugendstrafanstalt 6 Erstinhaftierte. Die Wahrscheinlichkeit, aus der Gesamtheit der 160 Haftinsassen 5 Gefangene mit diesem Kriterium zufällig zu ziehen, wäre sehr gering gewesen.
[435] Es wurde ein Zeitraum von drei Monaten gewählt, um noch genügend Zeit für die Durchführung der Interviews ab dem Auswahlstichtag zur Verfügung zu haben.

über die Persönlichkeit und Straftat oder das Verhalten der ausgewählten Gefangenen – durch die Anstalt verzichtet.

Zwecks eines gelungenen Einstiegs in die Interviewreihe wurde in der sozialtherapeutischen Anstalt Ludwigshafen mit der Auswahl und Durchführung der Interviews begonnen, da von den in Therapie befindlichen Gefangenen eine erhöhte Gesprächsbereitschaft erwartet wurde, was sich auch bewahrheitete. Die Befragung der Gefangenen wurde anschließend in der JSA Schifferstadt fortgesetzt und schließlich in der JVA Diez beendet.[436]

III. Die konkrete Gruppeneinteilung

Die unterschiedliche sachliche Zuständigkeit der Anstalten bedingte Modifikationen in der Gruppeneinteilung, so dass sich letztlich folgende Gruppeneinteilung ergab:

1. In der sozialtherapeutischen Anstalt Ludwigshafen

Die SthA Ludwigshafen ist sachlich zuständig für alle männlichen Gefangenen im Raum Rheinland-Pfalz, denen mindestens 18 Monate und höchstens drei Jahre Haftzeit verbleiben. Da in aller Regel die Gefangenen vor ihrer Verlegung in die SthA Ludwigshafen gemäß § 9 StVollzG bereits in einer anderen Anstalt mit unterschiedlicher schon verbüßter Haftzeit eingesessen haben, beträgt die (verbüßte) Durchschnittshaftzeit im sozialtherapeutischen Vollzug 5 bis 7 Monate. Weil es als Folge der in § 9 StVollzG verankerten Vollzugslösung in sozialtherapeutischen Anstalten keinen Strafantritt gibt, musste die 1. Gruppe (erstinhaftierte Gefangene in den ersten drei Monaten ihrer Haftzeit) dahingehend modifiziert werden, dass in ihr erstinhaftierte Gefangene erfasst werden sollten, die sich in den ersten drei Monaten ihrer Haftzeit in der sozialtherapeutischen Anstalt Ludwigshafen befinden. Das setzte somit eine bereits verbüßte Haftzeit in einer anderen Anstalt aufgrund derselben Verurteilung voraus.

Von diesen Vorgaben ausgehend ergab sich folgende Gruppenbildung: In der 1. Gruppe sollten erstinhaftierte Gefangene, die sich in den drei ersten Monaten ihrer Haftzeit in

---

[436] Über persönliche Eindrücke von den Interviewreihen mit Gefangenen vgl. den Exkurs: Interviews mit Gefangenen und Bediensteten einer JVA im Anhang.

der SthA Ludwigshafen befinden, erfasst werden, in der 2. Gruppe diejenigen mit 1 bis 12 Monaten und in der 3. Gruppe diejenigen mit 1 bis 3 Jahren verbüßter Haftzeit.[437]

2. In der Jugendstrafanstalt Schifferstadt

Die JSA Schifferstadt ist gemäß § 4 Abs. 1 Nr. 1 der Landesverordnung über den Vollstreckungsplan Rheinland-Pfalz i.V.m. § 18 Abs. 1 Satz 1 JGG sachlich zuständig für männliche Gefangene, die zu mindestens 6 Monaten Jugendstrafe verurteilt worden sind. Ausgehend von der Höchstgrenze der Freiheitsstrafe von 10 Jahren für nach Jugendstrafrecht verurteilten Personen gemäß § 18 Abs. 1 Satz 2 JGG war folgende Einteilung vorgesehen: Die 1. Gruppe umfasst erstinhaftierte Gefangene, die sich in den drei ersten Monaten ihrer Haftzeit befinden, die 2. Gruppe Gefangene mit 1 Monat bis 5 Jahren und die 3. Gruppe Gefangene mit 5 bis 10 Jahren verbüßter Haftzeit.

3. In der Justizvollzugsanstalt Diez

Die sachliche Zuständigkeit der JVA Diez bestimmt sich nach § 2 Nr. 1 der Landesverordnung über den Vollstreckungsplan Rheinland-Pfalz, wonach Gefangene mit Freiheitsstrafen von mehr als drei Jahren (aus allen Landgerichtsbezirken), mit lebenslanger Freiheitsstrafe und mit Freiheitsstrafen mit anschließender Sicherungsverwahrung ihre Haftzeit in der JVA Diez verbringen müssen.[438] In der 1. Gruppe sollten daher erstinhaftierte Gefangene, die sich in den drei ersten Monaten ihrer Haftzeit befinden, erfasst werden, in der 2. Gruppe Gefangene mit einer bereits verbüßten Haftzeit von 1 Monat bis 3 Jahren und in der 3. Gruppe Gefangene mit einer – bereits verbüßten – Haftzeit ab 3 Jahren.

---

[437] Gefangene der 2. Gruppe mit einer zum Zeitpunkt des Interviews verbüßten Haftzeit von bis zu drei Monaten hatten – in Abgrenzung zur 1. Gruppe – vorher jeweils schon mindestens einmal in Strafhaft gesessen. Dies gilt ebenso für die in den Anstalten Schifferstadt und Diez befragte 2. Gruppe.

[438] Gefangene mit Freiheitsstrafen von mehr als zwei Jahren können mit Zustimmung der JVA Diez aufgrund von Entscheidungen der JVA Frankenthal, Wittlich und Zweibrücken ebenfalls in der JVA Diez untergebracht werden.

C. Die Interviews in der sozialtherapeutischen Anstalt Ludwigshafen

I. Auswahl und Anwerbung der Interviewpartner

Die Auswahl und Anwerbung der Gefangenen in der sozialtherapeutischen Anstalt Ludwigshafen verlief letztlich anders als geplant. Dabei standen zwei Aspekte im Vordergrund: einerseits die Größe der Anstalt, andererseits ihre sozialtherapeutische Ausrichtung, die in allen vollzugsorganisatorischen Überlegungen und Entscheidungen zum Tragen kommt. In einer verhältnismäßig kleinen Anstalt wie der sozialtherapeutischen Anstalt Ludwigshafen mit insgesamt nur 48 Haftplätzen im geschlossenen Vollzug war es zum einen – auch nach Ansicht der Anstaltsleitung – sehr unwahrscheinlich, dass nach einer Zufallsauswahl aus den drei Gruppen noch jeweils 5 Gefangene übrig bleiben, die sich zudem noch mit der Durchführung des Interviews einverstanden erklären würden. Obwohl von einer erhöhten Gesprächsbereitschaft der Gefangenen in einer sozialtherapeutischen Anstalt ausgegangen werden konnte, stellte die geplante Anzahl von 15 Interviewpartnern von 48 Gefangenen einen überdurchschnittlichen und daher kaum erreichbaren Anteil dar, zumal ein auf Gesprächsnotstand begründetes Interesse im Rahmen einer Sozialtherapie kaum vorausgesetzt werden konnte. Zum anderen kam die Vorgabe der Anstaltsleitung hinzu, die Durchführung der Interviews mittels eines Aushangs auf den Wohngruppen öffentlich kund zu tun, um einen Geheimniseffekt im „Haus" zu vermeiden. Gefördert durch den Wohngruppenvollzug spricht sich jede außerplanmäßige Aktivität im Haus sofort herum. Die Folge dieser Umstände war, dass eine Zufallsauswahl nach dem oben beschriebenen Modus nicht erfolgte, sondern Interviews mit 10 Gefangenen durchgeführt wurden, die sich freiwillig auf den Aushang hin zu einem Interview gemeldet haben.[439] Hätte die Verfasserin mit diesen Freiwilligen kein Interview geführt, wäre eine „schlechte Presse im Haus" für sie nicht ausgeschlossen gewesen mit der Gefahr, auf mangelnde Gesprächsbereitschaft oder sogar völlige Ablehnung zu stoßen. Die freiwillige Bereitschaft der Gefangenen war demnach in der SthA Ludwigshafen zum hauptsächlich entscheidenden Kriterium für die Auswahl der Interviewpartner geworden, was durch die Zufallsauswahl gerade vermieden werden

---

[439] Es waren hingegen nicht genügend Freiwillige, um aus diesen wiederum eine Zufallsauswahl vorzunehmen.

sollte, um einen möglichst repräsentativen Querschnitt durch die Insassenschaft zu erhalten.[440]

Nach der Unterrichtung und Kenntnisnahme des Forschungsvorhabens durch die Fachkonferenzen begann somit die Anwerbungsphase mit einem Aushang in der Anstalt, in welchem die Verfasserin einige Angaben zu ihrer Person sowie zum Anlass und Inhalt der Interviews machte. Nach einwöchigem Aushang hatten 10 Gefangene auf Anhieb Interesse an einem Interview gezeigt, ohne dass sie durch die Anstaltsleitung oder die Vollzugsbediensteten konkret über das Vorhaben informiert worden waren. Förderlich für diesen mit 20 % überdurchschnittlich hohen Anteil freiwilliger Teilnehmer – ausgehend von 48 Gefangenen im geschlossenen Vollzug –, war die Anerkennung des Interviews von der Anstaltsleitung als pädagogische Maßnahme. Diese Einordnung ermöglichte die Fortzahlung der Arbeitsbezüge an die Gefangenen, soweit die Teilnahme an dem Interview in ihrer Arbeitszeit lag. Dieser Umstand dürfte die Bereitschaft zur Teilnahme – abgesehen von der Abwechslung, die das Interview im Vollzugsalltag darstellte – sicherlich noch erhöht haben.

Von den 10 Gefangenen gehörten zwei Gefangene der 1. Gruppe, 6 Gefangene der 2. Gruppe und zwei Gefangene der 3. Gruppe an.

II. Rahmenbedingungen der Interviews

Die Interviews wurden innerhalb eines Zeitraums von zwei Wochen durchgeführt. Da die Teilnahme an diesen von der Anstaltsleitung als pädagogische Maßnahme eingeordnet und damit für die Gefangenen nicht mit finanziellen Verlusten verbunden war, konnten sie auch während der Arbeitszeit stattfinden. Die Interviews fanden unbeaufsichtigt und ohne Zeitvorgabe vonseiten der Anstalt im Schulraum der Anstalt statt. Die freundliche Unterstützung des Vorhabens durch die Anstaltsleitung sowie die flexible und insgesamt komplikationslose Ermöglichung der Interviews mit den Gefangenen soll an dieser Stelle dankend erwähnt werden. Die Interviews dauerten zwischen 1 und 2 ½ Stunden.

---

[440] Selbstverständlich stand auch die Teilnahme der durch die Zufallsauswahl ermittelten Gefangenen an einem Interview unter dem Postulat der Freiwilligkeit.

III. Exkurs: Bewertung des Untersuchungsvorgangs

Das veränderte Vorgehen bei der Organisation der Interviews in der SthA Ludwigshafen an sich kann bereits als inhaltliche Aussage qualifiziert werden, der hinsichtlich der erzielten Forschungsergebnisse zusätzliche Bedeutung zukommt. Die dort hervorgetretenen Unterschiede in der Interviewreihe lassen sich auf die konzeptionelle Ausrichtung einer sozialtherapeutischen Anstalt zurückführen und erscheinen geradezu als „typisch" für diese. Bei der SthA Ludwigshafen handelt es sich um eine – für Strafvollzugsverhältnisse – kleine Anstalt, in der insgesamt lediglich 67 Gefangene inhaftiert sind. Innerhalb der Anstalt besteht daher sowohl unterhalb der Gefangenen als auch zwischen ihnen und den Vollzugsbediensteten ein hohes Maß an Kommunikation, das vielfältige, tägliche Begegnungen und persönliche Beziehungen voraussetzt. Als äußeres Zeichen für ständige Ansprechbarkeit dienen die „offenen Türen" sowohl innerhalb der Wohngruppen als auch im Verwaltungsteil der Anstalt.

Das Anliegen der Verfasserin wurde in einer der regelmäßig stattfindenden Konferenzen innerhalb der Anstalt vorgestellt und diskutiert. Weitere Rundschreiben benachrichtigten die anderen Vollzugsbediensteten, so dass – weitgehend – jeder Vollzugsbeamte in der Anstalt über die Anwesenheit und die Tätigkeit der Verfasserin informiert war. Dementsprechend konnte sie sich – gemessen an Strafvollzugsverhältnissen – relativ frei bewegen. Bewusst wurde von der Anstaltsleitung darauf geachtet, dass alle Gefangenen über das Vorhaben mittels eines Aushanges benachrichtigt wurden. Vermieden werden sollte nach Aussage der Anstaltsleiterin ein Geheimniseffekt. Der Eindruck einer Sonderbehandlung bestimmter, informierter Gefangenen sollte ausgeschlossen werden, da davon ausgegangen werden konnte, dass innerhalb der kleinen Anstalt die Interviewreihe ohnehin bekannt werden würden. Auch dieser organisatorische Vorgang ist in die konzeptionelle Ausrichtung sozialtherapeutischer Anstalten als therapeutische Gemeinschaft einzuordnen. Während vor allem in der JVA Diez, aber auch in der JSA Schifferstadt in erster Linie organisatorische und sicherheitsorientierte Überlegungen im Mittelpunkt der Entscheidung standen, wurden in der SthA Ludwigshafen gleichermaßen behandlungsorientierte Gesichtspunkte zur Durchführung der Interviews erwogen. Hierfür spricht auch die Einstufung der Interviews als pädagogische Maßnahme mit dem schon erwähnten Effekt, dass dem Gefangenen während der Gesprächszeit die Arbeitsbezüge, soweit er einer Arbeit nachging, weiterbezahlt worden sind. Weder in der JSA Schifferstadt noch in der JVA Diez war dies der Fall.

D. Die Interviews in der Jugendstrafanstalt Schifferstadt

I. Auswahl und Anwerbung der Interviewpartner

In der JSA Schifferstadt konnte die Verfasserin ihre Planung ohne Einwände der Anstaltsleitung grundsätzlich wie vorgesehen verwirklichen. Modifikationen bei der Gruppenbildung ergaben sich daher nicht aus konzeptionellen, sondern aus rein pragmatischen bzw. vollzugsspezifischen Erwägungen. Zunächst ergaben sich Änderungen in der 2. und 3. Gruppe bezüglich der Dauer der verbüßten Haftzeit. Zwar gab es zum damaligen Zeitpunkt in der JSA Schifferstadt einige Gefangene, die zur Höchstfreiheitsstrafe von 10 Jahren verurteilt worden waren, denen aber ein Großteil ihrer Haftzeit zum Zeitpunkt der Erhebung noch bevorstand. Die längste verbüßte Haftdauer eines jugendlichen Gefangenen betrug (im Sommer 1997) 3 ½ Jahre. Hiervon ausgehend wurden nunmehr in der 2. Gruppe Gefangene mit einer Haftzeit von 1 Monat bis zu 1 ½ Jahren, in der 3. Gruppe Gefangene mit 1 ½ bis 3 ½ Jahren verbüßter Haftzeit erfasst. Die 1. Gruppe konnte unverändert bestehen bleiben. Da sich die Mehrzahl der jugendlichen Insassen in der JSA Schifferstadt in einem Haftzeitraum von ½ bis 1 ½ Jahren bewegte, entfielen auf die 1. und 3. Gruppe jeweils nur 8 Gefangene.

Bevor mit der Zufallsziehung begonnen werden konnte, hat es sich die Anstaltsleitung in Absprache mit den Wohngruppenleitern der drei Häuser vorbehalten, diejenigen Gefangenen zu benennen, die aus ihrer Sicht für ein Interview grundsätzlich ungeeignet erschienen. Ausscheidungskriterien waren – in der Reihenfolge ihrer Bedeutung – Sicherheitsbedenken (Fluchtgefahr, Lockerungsmissbrauch), mangelnde Deutschkenntnisse und Verständigungsschwierigkeiten[441], mangelnde Auffassungsgabe bzw. Verweigerungshaltung und bevorstehende Entlassung (zum Teil wegen Beendigung des Berufsvorbereitungs- oder Berufsgrundschuljahres). Nach dieser Vorauswahl durch die

---

[441] Dieses Kriterium betraf hauptsächlich ausländische Gefangene.

Anstalt standen in der 2. Gruppe 30 Gefangene, in der 1. und 3. Gruppe jeweils 5 Gefangene zur Verfügung.

Alle Gefangenen der 1. und 3. Gruppe haben sich auf Nachfrage durch die Wohngruppenleiter bereit erklärt, an dem Interview teilzunehmen. Bei den in der 2. Gruppe verbliebenen 30 Gefangenen wurde eine Zufallsauswahl vorgenommen. Die ersten 5 Gefangenen, die gezogen worden sind, haben sich ebenfalls für die Teilnahme an dem Interview entschieden.

II. Rahmenbedingungen der Interviews

Die Teilnahme an einem Interview wurde in der JSA Schifferstadt nicht als pädagogische Maßnahme mit der Folge der Fortzahlung der Arbeitsbezüge eingeordnet. Zum einen war aus Sicht der Anstalt ein Erziehungserfolg bei den teilnehmenden Gefangenen in keiner Form ersichtlich. Angesichts mangelnder finanzieller Kapazitäten werden nur bestimmte Erziehungs- bzw. Behandlungsprogramme wie beispielsweise das Soziale Training als finanziell geförderte pädagogische Maßnahme eingestuft. Zum anderen sollte die Produktivität der Betriebe nicht durch das Fehlen der interviewten Gefangenen in der Arbeitszeit gefährdet werden. Was nun die konkrete Zeitplanung anging, musste neben der Arbeitszeit bei den Gefangenen mit Beschäftigung auch die Hofstunde berücksichtigt werden, die sich nach Arbeitsschluss von 16 bis 17.00 Uhr anschließt.

Innerhalb von ca. zwei Wochen wurden 15 Interviews durchgeführt. Die Interviews mit den Teilnehmern aus der ersten Gruppe fanden tagsüber statt, da diese noch ohne Beschäftigung waren. Ebenso verhielt es sich mit drei weiteren Gefangenen, die zum damaligen Zeitpunkt unbeschäftigt waren. Die anderen Interviews konnten nur in der Zeit zwischen 17.00 Uhr – nach Beendigung der Hofstunde – und 20.00 Uhr stattfinden, da ab dem letztgenannten Zeitpunkt der personell eingeschränkte Nachdienst begann und kein Personal zur Hin- und Abführung der Gefangenen zur Verfügung stand. Der Verfasserin stand ein Besucherraum an der Außenpforte zur Verfügung, in welchem sie völlig ungestört die Interviews durchführen konnte, die zwischen 1 und 1 ½ Stunden dauerten. Hinsichtlich der anstaltsinternen Organisation, d.h. der Benachrichtigung der

Wohngruppenleiter und der Gefangenen über das Forschungsvorhaben sowie der Information aller beteiligten Vollzugsbediensteten darüber, dass sie der Verfasserin die nötige Hilfe und Unterstützung zukommen lassen sollten, konnte diese dankenswerter Weise auf die freundliche und spontane Bereitschaft der Anstaltsleitung vertrauen.

E. Die Interviews in der Justizvollzugsanstalt Diez

I. Auswahl und Anwerbung der Interviewpartner

Die Durchführung in der JVA Diez konnte ohne die Interviewreihe beeinflussende Vorgaben der Anstalt wie geplant erfolgen. Die Gruppeneinteilung für die Interviews in der JVA Diez konnte unverändert bestehen bleiben. Eine Zufallsauswahl innerhalb der drei Gruppen gestaltete sich in der JVA Diez aufgrund der Größe der Anstalt problemlos. Von allen Gefangenen im geschlossenen Vollzug wurden von der Ziehung vorab durch die Anstalt 122 Gefangene ausgenommen aufgrund von Sicherheitsbedenken[442], fehlender oder gänzlich unzureichender Deutschkenntnisse[443], völlig unzureichender intellektueller Fähigkeiten[444], psychiatrischer Auffälligkeiten[445] sowie wegen bevorstehender Entlassung während des Befragungszeitraums.[446] Von den für die Zufallsauswahl verbliebenen Gefangenen konnten 15 Gefangene keiner der drei vorgegebenen Gruppen eindeutig zugeordnet werden, so dass die verbliebenen Gefangenen nach dem Kriterium der verbüßten Haftzeit auf die Gruppen wie folgt verteilt wurden:

Auf die 1. Gruppe entfielen 4 Gefangene, welche allen Kriterien entsprachen. Auf weitere 8 Gefangene passte die Beschreibung nur teilweise, da sie ihre Strafhaft bereits in einer anderen Anstalt bis zu 6 Monaten vor ihrer Verlegung in die JVA Diez angetreten hatten. Sie wurden dennoch in die Auswahl der 1. Gruppe miteinbezogen, da die Abweichung nicht von so wesentlicher Bedeutung eingeschätzt wurde, dass mit einer Verzerrung der Ergebnisse gerechnet werden musste. Die Verfasserin versuchte, zunächst die 4 Gefangenen für ein Interview zu gewinnen, welche die Kriterien voll und ganz

---
[442] 9 Gefangene.
[443] 72 Gefangene.
[444] 20 Gefangene.
[445] 15 Gefangene.
[446] 6 Gefangene.

erfüllten, und aus den 8 anderen Gefangenen einen weiteren 5. Gesprächspartner durch Zufallsauswahl zu ermitteln. Da aber ein Gefangener nicht zu einem Interview bereit war, wurden letztlich die drei Gefangenen befragt, welche erstinhaftiert in den ersten drei Monaten ihrer Haftzeit in der JVA Diez waren, und weitere zwei – durch Zufallsauswahl ermittelte – Gefangene, welche zwar erstinhaftiert waren, aber bereits wenige Monate vor ihrer Verlegung in die JVA Diez in einer anderen Anstalt ihre Strafhaft angetreten hatten.

In der 2. Gruppe befanden sich insgesamt 283 Gefangene, von denen 5 zufällig ermittelt wurden. Die 3. Gruppe setzte sich aus 123 Gefangenen zusammen, von denen 5 per Zufallsauswahl ermittelte Gefangene sich zu einem Interview bereit erklärt hatten.

Die Befragung der insgesamt 15 Gefangenen, von denen etwa die Hälfte einer Arbeit nachgingen, konnte ohne zeitliche Beschränkung tagsüber erfolgen. Der „finanzielle Verlust" in Höhe von ca. DM 2 bis 3.- durch einen ca. 1 bis 2-stündigen Arbeitsausfall wurde den arbeitenden Gefangenen von der Anstalt nicht ersetzt. Ein Gefangener, der sich dadurch von der Teilnahme an dem Interview abhalten ließ, wurde durch Nachziehung ersetzt.

II. Rahmenbedingungen der Interviews

Die Interviews – mit einer Dauer von 1 ½ bis zu 2 ½ Stunden – wurden in einem Zeitraum von zwei Wochen im A-Flügel der Anstalt – in unmittelbarer Nähe zur Zentrale – durchgeführt. Hinsichtlich der anstaltsinternen Organisation, die von der Bereitstellung der A-Bögen der Gefangenen für die Gruppenverteilung über die Benachrichtigung der Gefangenen hinsichtlich des Forschungsvorhabens bis zur Information der in der Zentrale beschäftigten Vollzugsbediensteten reichte, konnte sich die Verfasserin auf die spontane und freundliche Unterstützung der Anstaltsleitung verlassen. Dass gerade in einer großen, mit hohem Sicherheitsstandard ausgestatteten Anstalt wie der JVA Diez auf unbürokratische und flexible Art und Weise die Durchführung von Interviews mit den Gefangenen ermöglicht wurde, wird an dieser Stelle dankend hervorgehoben.

6. Kapitel: Die Interviews mit den Vollzugsbediensteten

A. Die Planung der Auswahl

Ausgehend von der Anzahl der befragten Gefangenen sollten entsprechend auch Bedienstete der drei Vollzugsanstalten interviewt werden. Um den Vergleich zwischen dem AVD und den Fachdiensten durchführen zu können, war die Befragung von 8 Beschäftigten des AVD und 7 Vertretern der Fachdienste geplant. Angesichts des zeitlichen Ausmaßes, welches das Vorhaben angenommen hätte, konnte diese Planung nicht realisiert werden. Eine Einschränkung auf eine Mindestanzahl erforderlicher Interviews führte daher zu folgender Änderung: Für jede Anstalt wurden sowohl zwei Beamte des AVD als auch zwei Vertreter der Fachdienste, und zwar ein Psychologe und ein Vertreter des Sozialdienstes befragt.

B. Die Interviews in der sozialtherapeutischen Anstalt Ludwigshafen

I. Auswahl und Anwerbung der Interviewpartner

In der sozialtherapeutischen Anstalt Ludwigshafen wurden – wie auch schon bei der Anwerbung der Gefangenen[447] – auf Wunsch der Anstaltsleitung in einem Schreiben grundlegende Informationen zur Person der Verfasserin, zu dem Forschungsvorhaben und dem aktuellen Anliegen zusammengefasst, um dieses als Aushang am schwarzen Brett anzubringen. Der Bitte an die Vollzugsbediensteten, sich zu einem Interview bereit zu erklären, kamen – wie erhofft – daraufhin ein Psychologe, ein Sozialarbeiter und zwei Beamte des AVD nach.

---

[447] Vgl. oben 5. Kapitel, C., I., S. 114 f., und die Bewertung des Auswahlvorgangs, 5. Kapitel, C., III., S. 116 f.

II. Rahmenbedingungen der Interviews

Die Interviews fanden innerhalb eines Tages in einem Dienstzimmer der Anstalt statt. Sie dauerten durchschnittlich 1 ½ Stunden.

C. Die Interviews in der Jugendstrafanstalt Schifferstadt

I. Auswahl und Anwerbung der Interviewpartner

Die Auswahl der Interviewpartner wurde der Anstaltsleitung überlassen, da diese aufgrund ihres Überblicks über die personelle Situation und die berufliche Belastung der Vertreter der Fachdienste und des AVD geeignete Interviewpartner ermitteln konnte, die entweder während ihrer Dienstzeit oder im Anschluss an diese befragt werden konnten. Als Vertreter der Fachdienste konnte ein Psychologe sowie ein Vertreter des Sozialdienstes gewonnen werden. Für den AVD stellten sich zwei Vollzugsbeamte zur Verfügung, ohne dass hier eine angestrebte Differenzierung nach dem Dienstalter vorgenommen werden konnte.

II. Rahmenbedingungen der Interviews

Jedes Interview dauerte ca. 1 ½ h und wurde in einem Konferenzraum des Schulgebäudes bzw. im Dienstzimmer des Psychologen durchgeführt. Die Interviews fanden an zwei Tagen statt.

D. Die Interviews in der Justizvollzugsanstalt Diez

I. Auswahl und Anwerbung der Interviewpartner

Die Auswahl der Interviewpartner wurde der Anstaltsleitung überlassen, da diese aufgrund ihres Überblicks über die personelle Situation und die berufliche Belastung der einzelnen Vertreter der Fachdienste und des AVD geeignete Interviewpartner ermitteln konnte, die während ihrer Dienstzeit befragt werden konnten. Für die Vertreter der Fachdienste konnte ein Psychologe sowie ein Vertreter des Sozialdienstes gewonnen werden. Für den AVD wurde auf Wunsch der Verfasserin ein jüngerer und ein älterer Beamter mit langjähriger Diensterfahrung im Vollzug ausgesucht. Das Auswahlkriterium des Alters sollte auf ausschließlich altersbedingte Aussagen, insbesondere auf Unterschiede in der Einschätzung des Vollzugsalltags aufmerksam machen.

II. Rahmenbedingungen der Interviews

Die Interviews dauerten im Durchschnitt 1 ½ h und fanden in einem Besucherraum der Anstalt bzw. im Dienstzimmer des Interviewpartners statt. Die Interviews fanden an zwei Tagen statt.

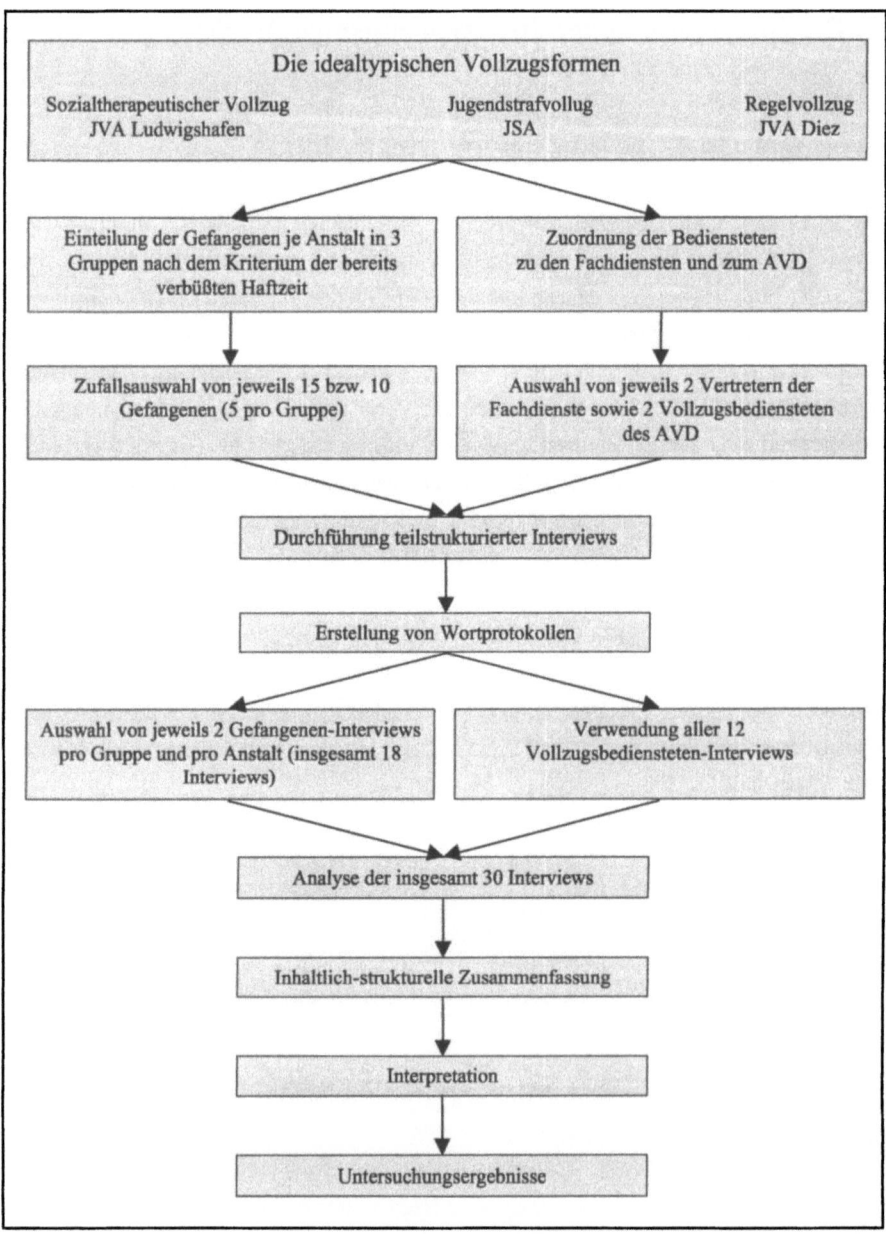

Abbildung 2: Empirisches Vorgehen

TEIL 2

1. Kapitel: Das analytische Vorgehen

A. Anerkannte Verfahren der Qualitativen Inhaltsanalyse

Für die Auswertung der vorliegenden Interviews eigneten sich die bereits anerkannten, regelgeleiteten Interpretationsverfahren nicht. So bezieht beispielsweise die Konversationsanalyse ihren Geltungsanspruch aus der Auswertung von real abgelaufenen „natürlichen" Interaktionen oder auch (biografischen) Erzählungen im Rahmen alltäglicher Handlungsroutine, welche zum Zwecke der Analyse in eine sprachliche Form „übersetzt" worden sind. Die Erfassung und Interpretation aller verbalen und non-verbalen Elemente der Vertextung alltagsweltlichen Handelns führen zu der Aufdeckung der diesen Interaktionen zugrunde liegenden Strukturen.[448] Die ethnomethodologische Herkunft der Konversationsanalyse bestimmt sowohl ihre Forschungsobjekte als auch ihr methodisches Vorgehen. Es werden alltägliche, selbstverständliche, gewöhnliche Vorgänge analysiert mit dem Ziel, die innere Logik und Dynamik sozialer Prozesse zu verstehen sowie die in ihnen verankerten Strukturen zu beschreiben.[449] Der Ablauf der Konversationsanalyse folgt dabei weniger allgemeinen differenzierten methodischen Regeln, sondern basiert auf ihrer soziologischen Forschungsrichtung, erst während der Analyse die Methoden zu bestimmen, die sich für den Untersuchungsgegenstand als angemessen darstellen. Grundsätzlich gilt nur, dass „kein in einem Transkript auftauchendes Textelement a priori als Zufallsprodukt und damit als mögliches Untersuchungsobjekt auszuschließen ist".[450] Da die in der vorliegenden Untersuchung durchgeführten Interviews nicht das Ergebnis von beobachteten und aufgezeichneten Alltagshandelns waren, sondern zu Forschungszwecken und zur Ermittlung eines bestimmten

---

[448] *Bergmann* (Fn. 340), S. 214.
[449] *Bergmann* (Fn. 340), S. 215.
[450] *Bergmann* (Fn. 340), S. 216.

Inhalts initiiert wurden, war ein konversationsanalytisches Vorgehen nicht zweckdienlich.[451]

Das – äußerst (zeit-)aufwändige – Verfahren der Objektiven Hermeneutik, bei welcher es sich um ein ganzheitliches Forschungsdesign handelt, weist eine biografische Perspektive auf.[452] Ziel dieses Analyseverfahrens ist die Entschlüsselung und Darstellung der objektiven latenten Sinnstrukturen von Interaktionen.[453] Voraussetzung für das Gelingen der extensiven Bedeutungsrekonstruktion ist dabei die Arbeit im Team, welches in kontroverser Diskussion möglichst lange verschiedene denkbare Interpretationen des Textes in Erwägung ziehen soll. Die so erreichte ständige Auseinandersetzung mit den Interaktionstexten gewährleistet eine hohe intersubjektive Kontrolle sowie eine größere Gültigkeit der Interpretationen.[454] Da es in der vorliegenden Untersuchung nicht um die Interpretation eines Interviews vor dem Hintergrund einer einzelnen Lebensgeschichte geht, sondern ausschließlich darum, die Problembereiche herauszuarbeiten, die den interessierenden Themen im Sinne der theoretischen Fragestellung des Vorhabens zugeordnet werden können, erscheint die Anwendung der objektiven Hermeneutik weder angemessen noch in ihrem Ausmaß erforderlich. Methodisch bedeutet dies vor allem, dass nicht – wie bei der Auswertung narrativer Interviews praktiziert – jede Sequenz des transkribierten Interviews einschließlich seiner non-verbalen Elemente analysiert werden muss, sondern auch ganze Textpassagen als Analyseeinheiten zugelassen sind.

Auch das auf *Glaser/Strauss* zurückgehende Verfahren der grounded theory konnte nicht verwendet werden. Der datenbasierten Theorienbildung liegt die Methode des konstanten Vergleichs zu Grunde, bei welcher die Sammlung der Daten, bezogen auf vielfältige Vergleichsgruppen, ihre Analyse, die Hypothesen- und Theorieentwicklung stets parallel verlaufen.[455] Die durch den ständigen Vergleich gewonnenen Unterschiede und Ähnlichkeiten zwischen den Vergleichsgruppen führen zu einem Punkt der „theoretischen Sättigung", bei welchem der Suchprozess abgebrochen wird, weil sich keine neuen Informationen gewinnen lassen. Auf der Grundlage der daraus gewonnenen ge-

---

[451] Soweit es um herbeigeführte („nicht-natürliche") Befragungssituationen geht, kommt ein Einsatz der Konversationsanalyse wohl nur bei narrativen oder fokussierten Interviews in Betracht, weil in ihnen biographische Ereignisse, Situationserlebnisse bzw. die ganze Lebensgeschichte aus der Erinnerung heraus geschildert werden.
[452] *Lamnek* (Fn. 323), Bd. 2, S. 218.
[453] *Spöhring* (Fn. 343), S. 232.
[454] *Spöhring* (Fn. 343), S. 235.
[455] *Hoffmann-Riem* (Fn. 327), S. 346; *Spöhring* (Fn. 343), S. 317 f.

genstandsbezogenen Theorien können im Anschluss formale Theorien konstruiert werden, die sich durch einen hohen Abstraktionsgrad und einen universellen Geltungsanspruch auszeichnen.[456]

Dem von *Mayring* entwickelten Verfahren der qualitativen Inhaltsanalyse konnten hingegen einige weiterführende Aspekte für die hier entwickelte Analyse entnommen werden. *Mayring*[457] hat ein allgemeines Ablaufmodell entworfen, an dessen Anfang die Festlegung des Materials, die Analyse seiner Entstehungssituation sowie seiner formalen Charakteristika stehen. Ist daraufhin die Richtung der Analyse festgelegt, erfolgt eine theoretische Differenzierung der Fragestellung und die darauf bezogene Bestimmung der konkreten Analysetechnik(en). *Mayring* gibt hierfür drei Grundformen der qualitativen Inhaltsanalyse vor: die zusammenfassende, die explizierende und die strukturierende Inhaltsanalyse, für die er ein regelgeleitetes Vorgehen entwickelt hat. Als Analyseinstrument dient den drei Techniken ein Kategoriensystem, nach welchem der Text, der vorab in Bearbeitungseinheiten zerlegt worden ist, geordnet und im Anschluss daran interpretiert wird. Einige Auswertungsschritte der zusammenfassenden und (inhaltlich) strukturierenden Inhaltsanalyse dienten dem hier entwickelten Verfahren der Analyse qualitativer Interviews als Vorbild.

Das hier verwendete Analyseverfahren stützt sich ebenfalls in einigen Aspekten auf die von *Mühlfeld* et al.[458] entwickelten Phasen zur Auswertung qualitativer Interviews. Die Technik besteht aus einem schrittweisen Exzerpieren und Zusammenfassen des Datenmaterials. Die Entwicklung eines Kategorienschemas für die in dem Leitfaden enthaltenen Themenbereiche geschieht durch die Sammlung der jeweiligen relevanten Aussagen aus einer gewissen Anzahl der durchgeführten Interviews. Anhand dieses Kategorienschemas, das für Modifikationen und Erweiterungen offen ist, werden die Textstellen der verbleibenden Interviews, nachdem sie den verschiedenen Themenbereichen zugeordnet worden sind, nach mehrmaligem, intensivem Durchlesen codiert, wobei die jeweils prägnanteste Passage der Codierung zu Grunde gelegt wird. Im Anschluss daran

---

[456] *Lamnek* (Fn. 302), Bd. 1, S. 127.
[457] In: Qualitative Inhaltsanalyse, in: Flick/v. Kardorff/Keupp/v. Rosenstiel/Wolff (Hrsg.), Handbuch Qualitative Sozialforschung, 2. Aufl., 1995, S. 210 ff.; eine ausführliche Beschreibung der Inhaltsanalyse und ihrer Einzeltechniken findet sich bei *Mayring* (Fn. 318); vgl. auch die kritische Darstellung bei *Lamnek* (Fn. 323), Bd. 2, S. 207 ff., der dem analytischen Vorgehen Mayrings eine Orientierung an der quantitativen Form der Inhaltsanalyse vorwirft (S. 216 f.); ähnlich auch *Groeben/ Rustemeyer* (Fn. 380), S. 536 f.
[458] Fn. 358.

wird die gedankliche Zuordnung der Passagen – innerhalb eines jeden Interviews – zueinander „durch den Prozess des Formulierens selbst noch weiter detailliert, differenziert und präzisiert"[459], womit die interpretative Auswertung abgeschlossen ist.

Andere, nicht methodologisch abgesicherte Verfahren der Inhaltsanalyse, die für ein spezifisches Untersuchungsvorhaben konzipiert bzw. modifiziert worden sind, dienten vielfach als anregende Beispiele, ohne dass sie gänzlich auf dieses Forschungsvorhaben übertragen werden konnten.[460] Letztlich wurde ein Analyseverfahren entworfen, das die methodischen Prinzipien qualitativer Forschung auf die Bedingungen des Untersuchungsgegenstandes anpasst.

B. Das angewandte Verfahren der Qualitativen Inhaltsanalyse

I. Transkription der Interviews

Die Auswertung setzte die Transkription der auf Tonband aufgenommenen Interviews voraus. Im Vordergrund der Auswertung standen die Aussagen der Interviewten als solche, so dass in der Regel Stimmlagen, Pausen oder sonstige non-verbale bzw. parasprachliche Elemente, die mit aufwändigen Notationssystemen bei der Auswertung narrativer Interviews und konversationsanalytischer Analysen festgehalten werden, nicht zum Gegenstand der Transkription gemacht worden sind.

Es ergaben sich daher folgende Transkriptionsvorgaben:

(1) Die Transkription erfolgt vollständig und wörtlich einschließlich Wiederholungen und Unvollständigkeiten.
(2) Der Begriff **Frage** steht für die Frage des Interviewers, **Antwort** für die Antwort des Gesprächspartners.

---

[459] *Mühlfeld* et al. (Fn. 353), S. 337.
[460] So u.a. die „Auswertungstechniken für Leitfadeninterviews" von *Schmidt* (Fn. 359) und die empirische Untersuchung von *Bukowski*, Benachteiligungen im Jugendstrafvollzug?, 1998, die sich ebenfalls an der Methode von *Mühlfeld* et al. orientiert.

(3) Ausdrücke wie „hm", „äh" u. Ä.. werden nicht transkribiert, Dialektfärbungen werden eingedeutscht und echte Dialektausdrücke nach Gehör transkribiert, da der Inhalt der Aussage im Vordergrund der Analyse steht. Der grammatikalische Aufbau der Aussagen bleibt erhalten.
(4) Hinter einen nicht eindeutig identifizierbaren Begriff werden zwei Fragezeichen (??) gesetzt.
(5) Nur längere Pausen werden mit dem Begriff (PAUSE) kenntlich gemacht.
(6) Non-verbale Auffälligkeiten (Lachen, Aufstehen etc.) werden, soweit erkenntlich und von einer gewissen Dauer, in Klammern angeben.
(7) Namen und personenbezogene Daten werden mittels „Durchixen" (XX) bzw. willkürlichem Verfälschen von Zahlen anonymisiert.

Nach diesen Transkriptionsanweisungen entstanden Wortprotokolle – je nach Dauer des Interviews – in einem Umfang von ca. 20 bis 30 Seiten.

II. Analyseschritte

Die Analyse unterteilt sich zunächst in drei große Abschnitte: Am Anfang steht die methodisch kontrollierbare, systematisierte Reduktion der Datenfülle und die Herausarbeitung der relevanten Leitgedanken bzw. Handlungsstrukturen (1). Auf dieser Basis erfolgt die Interpretation der Interviews in Hinblick auf die Fragestellung des Forschungsvorhabens (2). In einem letzten Schritt wird die Aufstellung genereller, richtungsweisender Aussagen unter Heranziehung der Vergleichspaare versucht (3).

1. Inhaltlich-strukturelle Zusammenfassung

a) Feststellung der verwertbaren Wortprotokolle

Zunächst wurde festgestellt, welche Wortprotokolle für eine Analyse zur Verfügung standen. Aufgrund von Tonbandschwierigkeiten (z.B. schlechte Aufnahmequalität, laute Hintergrundgeräusche, unverständlicher Ausdruck des Interviewpartners) konnten einige Interviews überhaupt nicht oder nur so bruchstückhaft protokolliert werden, dass sie für eine Analyse grundsätzlich ungeeignet waren.

Nach der Durchsicht ergab sich, dass von den 10 in der SthA Ludwigshafen durchgeführten Interviews mit den Gefangenen 9 Protokolle für eine Analyse grundsätzlich zur Verfügung standen. Für die Interviewreihe in der JSA Schifferstadt ergab sich eine Anzahl von 11 verwertbaren Wortprotokollen.[461] Die in der JVA Diez mit den Gefangenen durchgeführten Interviews konnten in ihrer Gesamtheit umfassend protokolliert werden.

Nach der Zuordnung der verwertbaren Wortprotokolle zu den jeweiligen Gruppen ergab sich hinsichtlich der Gefangenen folgende Einteilung:

Gruppe	SthA Ludwigshafen	JSA Schifferstadt	JVA Diez
1: Erstinhaftierte in den ersten drei Monaten ihrer Haftzeit	• 2 Gefangene	• 4 Gefangene	• 5 Gefangene
2: Gefangene mit mittlerer verbüßter Haftzeit	• 1 bis 12 Monate • 5 Gefangene	• 1 Monat bis 1 ½ Jahre • 4 Gefangene	• 1 Monat bis 3 Jahre • 5 Gefangene
3: Gefangene mit langer verbüßter Haftzeit	• 1 bis 3 Jahre • 2 Gefangene	• 1 ½ bis 3 ½ Jahre • 3 Gefangene	• ab 3 Jahre • 5 Gefangene

Die Wortprotokolle der Interviews mit den Bediensteten der drei Anstalten waren umfassend verwertbar. Für jede Vollzugsanstalt wurden daher die Aussagen eines Psychologen, eines Sozialarbeiters sowie von zwei Vollzugsbeamten des AVD in die Auswertung einbezogen.

b) Auswahl der zu analysierenden Interviews

Aus den Interviews mit den Gefangenen wurden je Anstalt für jede Gruppe zwei Protokolle für die Analyse ausgewählt. Die Auswahl erfolgte nach dem Kriterium ihrer Eignung, insbesondere ihrer Aussagefähigkeit für die Fragestellung des Forschungsvorha-

---

[461] Vgl. hierzu die Ausführungen im Exkurs: Interviews mit Gefangenen und Bediensteten einer JVA im Anhang.

bens. Dabei wurden beispielsweise die Länge und die Häufigkeit von Aussagen über forschungsrelevante Themen berücksichtigt.⁴⁶² Sofern sich mehrere Protokolle als geeignet erwiesen, wurde eine Zufallsauswahl vorgenommen. Insgesamt wurden 18 Interviews mit Gefangenen analysiert.

Unter den Interviews mit den Vollzugsbediensteten wurde keine weitere Auswahl vorgenommen. Es standen somit insgesamt 12 Interviews mit Vollzugsbediensteten für eine Inhaltsanalyse zur Verfügung.

c) Bildung der Kategorien

Die relevanten Kategorien wurden zum einen durch eine theoriegeleitete, zum anderen durch eine im qualitativen Sinne offene Vorgehensweise ermittelt.⁴⁶³ Die theorierelevanten Kategorien ergaben sich unter Rückgriff auf den Interview-Leitfaden, in welchem – wie beschrieben⁴⁶⁴ – die für die Forschungsfrage wesentlichen, aus theoretischen Vorannahmen entwickelten Themenbereiche aufgenommen waren. Diese Themenbereiche bildeten einen Anhaltspunkt für mögliche Kategorien, die weitgehend durch das empirische Material bestätigt wurden, da nach ihnen im Rahmen der Interviews auch direkt gefragt worden war.

Dem Prinzip der Offenheit entsprechend⁴⁶⁵ sollte das mittels der eben beschriebenen Vorgehensweise aufgestellte Kategorienschema allerdings flexibel gehandhabt werden, d.h. jederzeit um weitere Kategorien ergänzbar sein. Sofern ein Interview – im weiten Sinne forschungsrelevante⁴⁶⁶ – Aussagen enthielt, welche nicht unter eine bereits bestehende Kategorie codierbar waren, wurde „aus dem Datenmaterial heraus" eine Kategorie gebildet. Es war also bei jedem Lesen eines Interviews kritisch zu fragen, ob die

---

⁴⁶² Enthielt ein Interview z.B. längere Passagen über begangene Straftaten, den Prozess, die familiäre Situation etc. oder nur kurze, sich in „Ja" und „Nein" erschöpfende Antworten, wurde es nicht in die engere Auswahl der geeigneten Interviews miteinbezogen. Gleichwohl stehen auch diese Interviews für spätere Analysen zur Verfügung.
⁴⁶³ So auch *Schmidt* (Fn. 359), S. 550 f.; *Witzel* (Fn. 358), S. 57/59. Zu undifferenziert in dieser Hinsicht *Marlene Bock* (Fn. 347), S. 99, die den Leitfaden als „Auswertungsplan" übernimmt.
⁴⁶⁴ Teil 1, 3. Kapitel, C., II., 2., c), S. 80 f., und III., S. 90 f.
⁴⁶⁵ Vgl. hierzu die Ausführungen zur Datenauswertung in Teil 1, 3. Kapitel, A., III., S. 72 ff.
⁴⁶⁶ Aussagen, die sich erkennbar nicht auf die Fragestellung des Forschungsvorhabens bezogen, wie beispielsweise Äußerungen über Straftaten, gerichtliche Verurteilungen oder allgemeine, nicht haftbezogene Themen (Politik etc.), wurden demnach keiner Kategorie zugeordnet und nicht in die Inhaltsanalyse einbezogen.

Aussagen codierbar sind oder das Schema um eine weitere Kategorie erweitert werden muss.

Ergab sich im Laufe der Analyse eine neue Kategorie, mussten die bereits bearbeiteten Interviews noch einmal daraufhin durchgelesen werden, ob sie entsprechend codierbare Aussagen enthielten. Aufgrund dieser qualitativ-offenen Vorgehensweise war die Kategorienbildung erst zu dem Zeitpunkt abgeschlossen, als alle Interviews der Gefangenen bzw. der Bediensteten inhaltlich-strukturell zusammengefasst worden waren.[467]

d) Codierung der Interviews

Für die thematische Fragestellung des Forschungsvorhabens konnten als Cordiereinheiten inhaltlich zusammengehörende, auch über den Text verstreute Passagen verwendet werden. Ein sequenzielles Vorgehen, wie es sich bei biografisch ausgerichteten Inhaltsanalysen anbietet, war weder erforderlich noch praktikabel.

Nach einem ersten intensiven Durchlesen des Wortprotokolls wurden diejenigen Textpassagen gekennzeichnet, die sich erkennbar auf bereits vorhandene Kategorien bezogen, und mittels Nummerierung am Rande einer bestimmten Kategorie zugeordnet. Dieser Vorgang wurde mindestens noch einmal wiederholt. Jederzeit musste sich die Verfasserin kritisch fragen, ob eine Aussage codierbar ist oder das Kategorienschema um eine weitere ergänzt werden muss. Konnte eine Textpassage zwei oder mehreren Kategorien zugeordnet werden, wurde der Schwerpunkt der Aussage unter Beachtung des Kontext und der vom Interviewer vorgegebenen Fragerichtung expliziert und anschließend einer Kategorie zugeordnet.

Nach der Zuordnung der Textpassagen zu einer Kategorie wurden in einem gesonderten Schema alle Aussagen im Original zu jeder Kategorie zusammengestellt und aufgelistet. Um eine Gegenkontrolle zu ermöglichen, wurden in einem weiteren Schema zu jeder Kategorie die entsprechenden Seitenzahlen der ihr zugeordneten Aussagen festgehalten.

---

[467] Tatsächlich werden sich i.d.R. nur in den ersten vorliegenden Wortprotokollen neue Kategorien finden lassen. Die Kategorienschemata sind im Anhang veröffentlicht.

e) Kernaussagen der Einzelinterviews

Zu jeder Kategorie wurden in dem folgenden Schritt Kernaussagen aus den Originalaussagen des Interviewpartners formuliert. Sie wurden durch einen Vergleich der auf eine Kategorie bezogenen Aussagen ermittelt und stellen eine erste abstrakte, komprimierte Fassung der Äußerungen des Interviewpartners dar. Sie enthalten keine Wertungen der Verfasserin und orientieren sich weitgehend an der Wortwahl der Interviewpartner. Um die Gefahr einer voreiligen Interpretation weitgehend zu vermeiden, fand die Ermittlung und Formulierung der Kernaussagen unter Berücksichtigung formaler Kriterien, wie beispielsweise der Wortwahl und des quantitativen Anteils der Aussage, aber auch des Kontextes der Aussage statt. Widersprüchliche Aussagen blieben erhalten. Für Aussagen, die aus Sicht der Verfasserin einen besonderen Stellenwert einnehmen, wurden die entsprechende Passagen im Wortprotokoll als Ankerbeispiele beibehalten.

Zu diesem Zeitpunkt war erstmals eine methodisch kontrollierte, intersubjektiv nachvollziehbare Reduktion der Daten- und Informationsfülle erreicht. Im Anschluss daran musste ein weiteres Mal das Wortprotokoll durchgelesen und auf seine Übereinstimmung mit den Kernaussagen geprüft werden.

f) Kernaussagen der Gruppen

Die Bildung von Kernaussagen für jede der drei Gruppen der Gefangenen durch Zusammenfassung der jeweiligen Kernaussagen der beiden Einzelinterviews einer Gruppe erwies sich als notwendig, um die der Interpretation als Grundlage dienende Informationsfülle der Kernaussagen auf ein bewältigbares Maß zu reduzieren. Gleiches gilt für die Zusammenfassung der Kernaussagen der Beamten des AVD sowie für diejenigen der Fachdienste. Hierbei wurde die unter e) beschriebene Vorgehensweise beibehalten. Auf diese Art und Weise ergaben sich somit 9 Gruppen-Kernaussagen der Gefangenen und 6 der Bediensteten.

Aufgrund des Umfangs des Datenmaterials, das durch die soeben dargestellten Auswertungsschritte für jeder der 15 Gruppen entstanden ist, muss auf eine Darstellung dieser Zwischenergebnisse in der Arbeit verzichtet werden. Die Wortprotokolle sowie alle Auswertungsstufen sind auf Diskette gespeichert und bei der Verfasserin einzusehen.

2. Interpretation

Die in Teil 1 herausgearbeiteten, verrechtlichungsabhängigen und -unabhängigen Faktoren dienten bei der Auswertung der Kernaussagen als Interpretationsmaßstäbe. Ihnen wurden zunächst die für jede Gruppe erstellten Kernaussagen inhaltlich zugeordnet. Anschließend wurden sie im Rahmen des jeweiligen Faktors unter Berücksichtigung der in Teil 1 theoretisch erarbeiteten Ausführungen[468] zu den Faktoren ausgewertet. Die Auslegung orientierte sich in diesem Arbeitsstadium noch eng an den Kernaussagen und stellt eine erste Deutung von diesen dar (vgl. auch die Anmerkungen zu den Einzelauswertungen der Gruppen, einzusehen bei der Verf.). Die theoretischen Überlegungen zur Ambivalenz der Verrechtlichung des Strafvollzugs gaben dabei wichtige Anhaltspunkte für die Auswertung, ohne neuen Interpretationsmöglichkeiten den Weg zu versperren.

Die Einzelauswertungen der insgesamt 15 Gruppen, von denen 9 Gefangene und 6 Bedienstete betreffen, sind nicht veröffentlicht, können aber bei der Verf. eingesehen werden.

Aufgrund der in den Einzelauswertungen umrandet dargestellten Auswertungsabschnitte wurde eine einheitliche, auf die Faktoren bezogene Darstellung für jede Anstalt unter Einbeziehung von Gefangenen und Bediensteten erarbeitet. Diese auf die Strafvollzugsanstalten bezogenen Auswertungen sind Inhalt des folgenden Kapitel 2.

---

[468] Siehe Teil 1, 1. Kapitel, B., IV., 2., S. 37 ff.

2. Kapitel: Auf die Strafvollzugsanstalten bezogene Auswertung

A. Sozialtherapeutischer Vollzug

I. Normierung von Rechten und Pflichten im allgemeinen (Faktor 1)

1. Normierung und Gestaltungsfreiräume

Als auf die Anstaltsverhältnisse abgestimmte Konkretisierung der im StVollzG verankerten Rechte und Pflichten gewährt die anstaltsinterne Hausordnung – wie das Gesetz selbst – Rechtsstaatlichkeit und Rechtssicherheit im Haftalltag. Angesichts der hohen Regelungsdichte des Vollzugsverhältnisses wird den Gefangenen in der SthA unter weiter Auslegung derjenigen Normen, welche ihre sozialen Kontaktmöglichkeiten betreffen, ein gewisses Maß an Gestaltungsfreiraum und Eigenverantwortlichkeit eingeräumt. Als Beispiel hierfür kann die Übertragung der Telefonzeiten-Einteilung an die Gefangenen einer Wohngruppe gelten. Die Anleitung zu selbstständigem Handeln sowie zur Fähigkeit, sich in einer Gruppe kommunikativ auseinanderzusetzen, stehen hierbei im Vordergrund. Auch die selbstständige Verteilung von anderen anfallenden Arbeiten innerhalb der Wohngruppe durch die Gefangenen selbst trägt dazu bei, ihre Fähigkeit zur kommunikativen Auseinandersetzung und ihre Bereitschaft zu verantwortungsbewusster Eigeninitiative zu fördern. Diese Beispiele zeigen das Bemühen der Anstalt, die vom StVollzG überlassenen Ermessensspielräume nach behandlungsorientierten Gesichtspunkten in verantwortbaren Grenzen umzusetzen. Die Gefangenen ihrerseits schätzen dieses Vorgehen als Vertrauensbeweis der Anstalt.

Gleichzeitig versucht die Anstalt, Verwaltungserfordernisse, wie z.B. die Antragstellung und schriftliche Bescheidung, gering zu halten. Das gilt vor allem für das Besuchsrecht und die Telefonbenutzung. Die Mindestbesuchszeit von einer Stunde im Monat gemäß § 24 Abs. 1 StVollzG wird in der SthA um ein Vielfaches überschritten. § 32 StVollzG, nach dem die Telefonbenutzung gestattet werden kann, wird gleichfalls großzügig ausgelegt. Eine Antragstellung ist in beiden Fällen nicht erforderlich. Indem die Anstalt den Gefangenen so wenig wie möglich verwaltungstechnische Hürden auferlegt, erleichtert sie ihnen erheblich die Aufnahme und Förderung sozialer Kontakte zu Angehörigen und Freunden. Gleichzeitig bezieht sie diese nach Maßgabe des sozialtherapeutischen Konzepts möglichst in die Behandlung des Gefangenen mit ein.

Soweit die Förderung sozialen Verhaltens einerseits mit der Einräumung von Gestaltungsfreiräumen für die Gefangenen erzielt werden soll, wird sie andererseits auch mit der Durchsetzung von Verboten zu erreichen versucht. Beispielhaft hierfür steht das Verbot des Besitzes von Einzelfernsehern in den Hafträumen. Dieses Verbot wird größtenteils akzeptiert, da das Ziel, durch Gemeinschaftsfernsehen den Gemeinschaftssinn zu fördern, verbunden mit der Fähigkeit, sich mit anderen auseinanderzusetzen, von den Gefangenen als Bestandteil des sozialtherapeutischen Vollzugs begriffen wird. Die Reglementierung im Sinne von Einschränkung durch die Anstalt erfolgt somit weder aus organisatorischen Gründen noch aus Gründen der Sicherheit und Ordnung, wie es ansonsten überwiegend der Fall ist, sondern bewusst aus Gründen der Behandlung, was derart begründet auf das Verständnis der Gefangenen stößt.

2. Antrags- und Entscheidungsverfahren

Als Auswirkung des „sozialen Aufbaus" der SthA sehen die Gefangenen die weitgehend schnelle, flexible und einzelfallorientierte Bescheidungspraxis der Anstalt in mündlicher wie in schriftlicher Form.[469] Das gute Behandlungsklima und die hohe Kommunikationsdichte zwischen Bediensteten und Gefangenen führen dazu, dass nur wenige Anträge abgelehnt werden. Der Verwaltungsaufwand für die Bearbeitung von Anträgen – und Disziplinarentscheidungen – fällt entsprechend gering aus. Der zwischen Bediensteten und Gefangenen bestehende Informationsfluss lässt die Schlussfolgerung zu, dass Letztere ihre Situationen einzuschätzen lernen und eine Perspektive für den weiteren Vollzugsverlauf erhalten. Sofern dennoch nicht alle Anträge, auch die der GMV, in Kürze bearbeitet bzw. genehmigt werden, mag dies zum einen an überzogenen Forderungen, zum anderen aber auch an der Absicht der Anstalt liegen, die Ernsthaftigkeit der Forderung und ihre Bedeutung für den Gefangenen zu prüfen. Positiv formuliert

---

[469] Als positives Beispiel für Flexibilität und Spontaneität in Verwaltungsprozessen soll auch die Aufstellung der Speisepläne erwähnt werden, bei welcher der Küchenchef auch kurzfristig auf Wünsche der Gefangenen eingeht, sofern es ihm irgendwie möglich ist.

fordert die Anstalt bei „größeren Angelegenheiten" von den Gefangenen auch bei der Verfolgung eigener Interessen Engagement und Durchhaltevermögen. Soweit einige Gefangene die Bearbeitungszeit für Anträge im Vergleich zum Regelvollzug als länger einschätzen, empfinden sie das nicht als Nachteil, da sie sich davon (Einzelfall-)Prüfungen durch die Anstalt versprechen, bei denen das Für und Wider gewissenhaft abwogen wird. Nur so ist die von den Gefangenen geäußerte Akzeptanz von Ablehnungsbescheiden verständlich. Selbst wenn von ihnen das Bedürfnis nach einer ausführlicheren Erläuterung der sicherheitsrelevanten Aspekte im Rahmen von Ablehnungsbescheiden zwecks besseren Verständnisses geäußert wird, so ist anzunehmen, dass sie dem Grund „aus therapeutischen Gesichtspunkten" von vornherein ein größeres argumentatives Gewicht beimessen, weil er eine nur schwer überprüfbare psychologische Autorität verkörpert (vgl. auch die Hinweise auf die grundsätzliche Akzeptanz der therapeutischen Ausrichtung der Anstalt durch die Gefangenen bei anderen Faktoren). Möglicherweise ist hierin ein Indiz für die große Macht der psychologischen Deutung von Verhaltensweisen zu sehen.

Als Kernstück der organisatorischen Struktur der Anstalt ist das aufwändige und dichte Konferenzsystem zu betrachten. Die Fachdienste bezeichnen es als – notwendigen – Luxus, den sich die Anstalt erlaubt, um so ihrem Anspruch, ihrer personellen Ausstattung und der brisanteren Klientel gerecht werden zu können. Täglich um 14 Uhr treffen sich alle im Dienst befindlichen Fach- und Verwaltungsdienste, die Beamten des AVD sowie die Anstaltsleitung zu einer ca. halbstündigen Konferenz, in der allgemeine Themen des Hauses sowie Behandlungsfragen – teilweise im kleineren Kreis – besprochen werden. Die täglichen Konferenzen werden ergänzt durch das System der Triade, die sich aus einem Psychologen, einem Sozialarbeiter und einem Vollzugsbeamten des AVD zusammensetzt. Sie ist für die Vollzugsplanung jeweils eines Gefangenen verantwortlich. Die Triade schlägt der Anstaltsleitung konkrete Vollzugsmaßnahmen vor, die sie nach Anhörung möglichst vieler Bediensteter formuliert hat. Mit der Einbeziehung des AVD-Vertrauensbeamten wird gewährleistet, dass auch das tägliche Verhalten des Gefangenen, insbesondere in seinem Umgang mit den Gefangenen in seiner Wohngruppe, in die Vollzugsplanung miteinbezogen wird. Die Vollzugsentscheidungen beruhen so weniger auf der Aktenlage als auf persönlichen Eindrücken der beteiligten Bediensteten von einem Gefangenen. Schließlich bereiten diejenigen einen Entscheidungsvorschlag vor, die zu dem Gefangenen einen guten Kontakt haben und ihn über längere Zeit in verschiedenen Situationen erleben. Auch wenn durch das System der Triade der AVD gänzlich in den vollzuglichen Entscheidungsprozess einbezogen wird, kommt dem Votum des Psychologen ein größerer Einfluss als den Meinungen der anderen Beteiligten zu. Angesichts seiner Informationen und seines Hintergrundwissens über einen Gefangenen sowie seiner großen Verantwortung wird diese Gewichtung sowohl von den Fachdiensten als auch von den meisten AVD-Beamten als angemessen bewertet. Gleichzeitig soll die Hinzuziehung der an verschiedenen Stellen in der Anstalt geführten Wahrnehmungsbögen es erleichtern, Verhaltensentwicklungen und bestehende Defizite der Gefangenen zu erkennen. Zu erwähnen ist allerdings, dass diese Wahrnehmungsbögen nach Einschätzung der Fachdienste oftmals keine informativen Eintragungen enthalten. Die Vollzugsplanung ist für den Gefangenen sehr wichtig, da hierbei über den weiteren Verlauf seiner Haftzeit und über mögliche Vollzugslockerungen entschieden wird. Durch eine Vollzugsplanung in Drei-Monats-Abständen wird dem Gefangenen einerseits eine realistische, weil überschaubare Perspektive gegeben und andererseits ausreichend Zeit gelassen, den von Anstaltsseite aus geäußerten Vorschlägen oder Erwartungen nachzukommen.

Die Entscheidungsfindung selbst wird durch die Beachtung von Sicherheitsaspekten und den Druck der Politik und der (Medien-)Öffentlichkeit beeinflusst, die in bestimmten Zeiten risikobehaftete Entscheidungen kaum dulden. Zugunsten der Sicherheit werden nicht nur immer mehr Vorgaben erlassen, welche die zugunsten individueller Behandlungsentscheidungen bestehenden gesetzlichen Ermessensfreiräume (z.B. bzgl. Vollzugslockerungen) einschränken. Es werden auch vielfach Lockerungsanträge aus Sicherheitserwägungen abgelehnt, bei denen sich die SthA auf therapeutische Gesichtspunkte beruft. Angesichts des zunehmenden Absicherungsbedürfnisses der Anstalt werden Entscheidungen derart getroffen, dass sie einer nachträglichen Überprüfung umfassend standhalten. Bei einem solchen Vorgehen ist nicht auszuschließen, dass ein (zu) negatives Bild von einem Gefangenen für eine geraume Zeit „zementiert" wird. Dass die Gefangenen dabei die therapeutische Begründung mitunter für vorgeschoben halten, wenn sich dahinter lediglich ein „schlechtes Gefühl" der Entscheidungsträger verbirgt, ist nachvollziehbar.

Zusammenfassend ist festzuhalten, dass das umfassende Konferenzsystem die Kommunikation und den Informationsaustausch unter den Diensten gewährleistet und fördert, was auf den Einzelfall abgestimmte Entscheidungen ermöglicht. Die Beratung im Team ist geeignet, Fehleinschätzungen einzelner zu vermeiden. Verweigert beispielsweise ein Gefangener wahrnehmbar und dauerhaft seine Mitarbeit in der Therapie und täuscht ein Verhalten vor, schildert der betreffende Psychologe den Sachverhalt in der Fachkonferenz, die dann über die weitere Verfahrensweise berät.

3. Verwaltungsstrukturen und therapeutisches Bündnis

Auf Probleme, die mit einer therapeutischen Behandlung unter bürokratischen Bedingungen verbunden sind, soll an dieser Stelle gesondert eingegangen werden. Die hier getroffenen Feststellungen basieren ausschließlich auf den Aussagen des befragten Psychologen, da sich die anderen Interviewpartner zu dieser Fragestellung naturgemäß nicht äußern können.

Auf eine Organisationsregel gründet sich beispielsweise die Verpflichtung des als Therapeut tätig werdenden Psychologen zur regelmäßigen Abfassung von Therapieberichten, die den Gefangenenpersonalakten beigefügt werden und damit verschiedenen anderen Mitarbeitern zugänglich sind. Diese Therapieberichte enthalten zwar nicht die intimsten Details, lassen aber aus ihren Überschriften in Verbindung mit der Anamnese gewisse Rückschlüsse auf Problemstellungen und Verhaltensdefizite des Gefangenen zu. Darüber hinaus führt der Therapeut Therapieakten in Form von umfassenden, detaillierten Protokollen über jede Therapiesitzung, die bei ihm verbleiben und auf die er nur im Fall der eigenen Absicherung zurückgreift. Im Rahmen von Faktor 6 wird erörtert, wie sich der Psychologe bemüht, den therapeutischen Zugang zu einem Gefangenen zu finden und die sich widersprechenden Erfordernisse von Verwaltungsvorgang (gekennzeichnet durch transparente Protokollierung der Geschehnisse) und therapeutischen Verhältnis (geprägt durch eine intime, Vertrauen voraussetzende Beziehung zwischen Therapeut und Klient) gegeneinander abzuwägen.

Soweit der Psychologe als Gutachter arbeitet, sammelt er für sein Votum möglichst viele Informationen, sowohl in längeren, intensiveren Gesprächen mit dem betroffenen Gefangenen als auch in Gesprächen mit anderen Bediensteten. Da Therapie und Begutachtung von Gefangenen in rheinland-pfälzischen Strafvollzugsanstalten personell in verschiedenen Händen liegen, teilt der Therapeut dem begutachtenden Kollegen zwar einige Informationen mit, vermeidet aber, ihm detaillierte Kenntnisse und den persönlichen Eindruck von seinem Klienten zu vermitteln. Diese Maßnahme bewahrt einerseits weitgehend das persönliche Vertrauensverhältnis zwischen Therapeut und Gefangenem und ermöglicht andererseits dessen eingehende psychologische Begutachtung in Hinblick auf wesentliche Vollzugsentscheidungen.

4. GMV

Die Einrichtung einer GMV könnte grundsätzlich dazu beitragen, das Verantwortungsgefühl und die Bereitschaft zu Eigeninitiative der Gefangenen zu fördern. Obwohl § 160 StVollzG als „Sollregelung" mit unbestimmten Rechtsbegriffen formuliert ist, gilt als Ziel der GMV, „an der Verantwortung für Angelegenheiten von gemeinsamen Interesse teilzunehmen". Der in der SthA zugelassenen GMV wird dennoch keine große Beachtung zuteil, wofür verschiedene Gründe in Betracht kommen. Das mangelnde Durchsetzungsvermögen der GMV wird einerseits der Anstalt angelastet, wenn von ihr als einer „Pseudo-Einrichtung" oder von ihrer „Alibi-Funktion" die Rede ist, die nur geschaffen wurde, um die Gefangenen zu beschäftigen und dem verfassungsrechtlich verankerten Recht auf freie Meinungsäußerung der Gefangenen Genüge zu tun. Möglicherweise werden die erwähnten kleinen Erfolge von den befragten Gefangenen dabei unterschätzt bzw. der Einfluss der GMV auf das Vollzugsgeschehen grundsätzlich überschätzt. Angesichts der in den Aussagen aller befragten Gefangenen lobend hervorgehobenen Gesprächs- und Kompromissbereitschaft der Anstaltsleitung ist die Vermutung nicht auszuschließen, dass es sich bei der Mehrzahl der von der GMV geforderten Vorhaben um überzogene, im Strafvollzug nicht zu realisierende oder nicht zu finanzierende Anliegen handelt, die ihre Erfolglosigkeit erklären würden.

Andererseits zeigen viele Gefangenen keinerlei Interesse für die Belange der GMV, nicht etwa, weil sie dieser von vornherein keine Chancen einräumen, sondern weil ihnen das Bedürfnis nach aktiver Einflussnahme auf das Vollzugsgeschehen fehlt. Die Möglichkeit, viele – eigene – Anliegen jederzeit in direktem Kontakt mit der Anstaltsleitung und ihren Bediensteten zu besprechen und zu klären, lässt eine GMV, die sich für die Belange der Insassenschaft einsetzt, annähernd überflüssig erscheinen. Die Gefangenen erwähnen zudem, dass verhältnismäßig viele Anträge der Gefangenen bewilligt werden. Darüber hinaus wird in der SthA ein verringertes Bedürfnis nach Ablenkung und Beschäftigung durch die GMV bestehen, da der Vollzugsalltag des Gefangenen durch Einzeltherapie, Arbeit, vielfältige soziale Kontaktmöglichkeiten und schließlich durch die Ablenkungen, die ein Wohngruppenvollzug bietet, weitgehend ausgefüllt ist. Letztlich spricht einiges dafür, dass eine gewisse Grundzufriedenheit der Gefangenen besteht, die ein Bedürfnis nach streitbarer Auseinandersetzung mit der Anstalt kaum aufkommen lässt. Eine letzte Ursache für die geringe Bedeutung der GMV wird in der verhältnismäßig kurzen Verweildauer der Gefangenen in der SthA gesehen mit der Folge, dass größere Vorhaben über einen gewissen Zeitraum hinweg nicht von der gleichen Besetzung durchgesetzt werden können. Da die GMV-Vertretung allerdings mit mehreren Gefangenen besetzt ist, die nicht zur gleichen Zeit ausscheiden werden, dürfte diesem Faktor nur eine geringe Bedeutung zukommen.

5. Sicherheit und Ordnung

Die Aufrechterhaltung von Sicherheit und Ordnung wird innerhalb der SthA durch Befolgung entsprechender Vorgaben gewährleistet. Auch wenn Sozialtherapie betrieben wird, ist die SthA in erster Linie Strafvollzug, in dem Gefangene, die größtenteils wegen Kapitalverbrechen zu langen Haftstrafen verurteilt wurden, den Rest ihrer Haftzeit verbüßen. Die Sicherheit wird aber nicht nur durch restriktive Anwendung der sie betreffenden Vorschriften (z.B. formalisierte Kontrollen) gewährleistet, sondern gleichermaßen oder vielleicht sogar vermehrt durch die konzeptionell bedingte Nähe der Bediensteten und ihre Aufmerksamkeit. Dabei werden auch Verhaltensauffälligkeiten entdeckt und „offen gemacht", die nicht unmittelbar zu aktuellen sicherheitsrelevanten Situationen führen – und daher vielleicht in Anstalten des Regelvollzugs geduldet werden –, weil es eben in der SthA bei der Aufrechterhaltung von Sicherheit und Ordnung immer auch um die Person des Gefangenen geht, dessen therapeutische Behandlung gefährdet ist. Aus Sicht der Gefangenen duldet die Anstalt – in verantwortbaren Grenzen – Geschäfte und Schmuggel von Bedarfsartikeln bzw. bewilligt von vornherein verhältnismäßig viele Anträge dieser Art. Die Gefangenen werten dieses Verhalten als Vertrauen ihnen gegenüber und als Ausdruck von Toleranz, was sie mitunter durch entsprechendes Wohlverhalten bestätigen wollen. In dieses Bild fügt sich eine auf Sicherheits- und Organisationsregeln bezogene differenzierte Sichtweise der Vollzugsbeamten ein. Sie beschreiben Bereiche und Situationen, in denen ein Teil von ihnen gewisse Organisations- und Sicherheitsregeln zugunsten der Gefangenen angesichts des geringen Sicherheitsrisikos flexibel und mitunter großzügig handhaben (z.B. die Annahme von Geschenken der Besucher).

Sowohl den Gefangenen als auch den Vollzugsbeamten sind gleichzeitig diejenigen Bereiche bewusst, in denen die Anstaltsleitung eine konsequente Einhaltung der bestehenden Sicherheitsvorschriften fordert. So zeigt sie keine Kompromissbereitschaft, wenn es um die drei, in der Hausordnung als „Eckpfeiler" benannten Verbote geht: keine Drogen, kein Alkohol, keine Gewalt. Darüber hinaus werden Sicherheitsstandards (z.B. Fesselungsvorschriften) bei ersten Ausführungen von Gefangenen ausnahmslos streng beachtet. Die strenge Einhaltung gewisser Regeln dient nicht nur in sozialtherapeutischen Anstalten, sondern auch in privaten Hilfseinrichtungen der Schaffung und Aufrechterhaltung eines behandlungsorientierten Vollzugsklimas. Gleichzeitig mag sich bei mehrmaligen, schweren Verstößen ohnehin die mangelnde Therapiefähigkeit oder -bereitschaft des Gefangenen herausstellen mit der Konsequenz seiner Rückverlegung in den Regelvollzug. Sofern also im Regelvollzug auf Regelverstöße „nur" mit Disziplinarmaßnahmen reagiert werden kann, droht in der SthA als Ultima Ratio die Rückverlegung in den Regelvollzug. Wird eine Disziplinarmaßnahme nach Anhörung des Gefangenen und der betroffenen Bediensteten ausgesprochen, legen die Vollzugsbeamten großen Wert darauf, dass die Maßnahme konkret auf die Situation und individuell auf den Gefangenen abgestimmt ist, um bei diesem einen größtmöglichen Lernerfolg zu erreichen.

Sind gewisse Situationen nicht eindeutig, haben die Vollzugsbeamten einen gewissen Beurteilungsspielraum, so z.B. bei der Einschätzung so genannter „Spaßkämpfchen". Kommen sie aufgrund ihrer Vollzugserfahrung zu dem Schluss, dass es sich um gefährliche körperliche Gewaltanwendung handelt, erfolgt eine Meldung und die Einleitung eines Disziplinarverfahrens. Schätzen sie die Situation als (noch) nicht gefährlich ein, ermahnen sie die Gefangenen, das „Spaßkämpfchen" zu beenden, und drohen Maßnahmen an, die sie im Fall der Nichtbefolgung konsequent durchsetzen werden. Mit diesem Vorgehen wenden die Vollzugsbeamten einen Leitgedanken des sozialtherapeutischen Konzepts an, indem sie den Gefangenen vor einer bevorstehenden Disziplinierung die Chance geben, ihr Verhalten zu ändern.

Zusammenfassend soll auf die abgestufte Beurteilung und Anwendung der den Vollzug regelnden Sicherheitsvorgaben durch die Beamten des AVD hingewiesen werden. Abhängig vom jeweiligen Sicherheitsrisiko versuchen sie, die entsprechenden Vorgaben mit dem sozialtherapeutischen Behandlungskonzept der SthA in einen angemessenen und verantwortbaren Einklang zu bringen. Allein dieser Vorgang deutet auf einen behandlungsorientierten, d.h. durch zwischenmenschliche Beziehungen geprägten Vollzug innerhalb der SthA hin.

Vor dem Hintergrund eines durch Vertrauen, Verständnis sowie Anleitung zu Selbstkontrolle und Eigenverantwortlichkeit geprägten sozialtherapeutischen Vollzugs fallen Sicherheitsvorschriften aber auch störend auf. Es sind vor allem diejenigen, die den eben genannten Merkmalen entgegenlaufen, ohne dass sie für die Aufrechterhaltung von Sicherheit und Ordnung tatsächlich unverzichtbar wären. Alle Befragten weisen auf rechtliche Sicherheitsvorschriften hin, die nicht nur zulasten der Behandlung ausfallen, indem sie den diesbezüglichen Gestaltungsspielraum beschränken, sondern die geradezu in einem Widerspruch zu dem von der Sozialtherapie verfolgten Anspruch stehen (so z.B. die Reglementierung der Haftraumeinrichtung). Für den Bezug zur Verrechtlichung ist als bemerkenswert festzuhalten, dass die Gefangenen nicht die Sicherheitsmaßnahmen und die damit verbundenen Einschränkungen kritisieren. Sie setzen sie vielmehr ins Verhältnis zum sozialtherapeutischen Konzept, das in einzelnen Bereichen Verhaltensweisen von ihnen erwartet, die an den bestehenden Sicherheitsvorschriften und -maßnahmen scheitern. Darüber hinaus bemängeln die Beamten die Zunahme der Sicherheitsvorgaben auch, wenn sie sich in einem erhöhten, zeitaufwändigen Verwaltungsaufwand (Ausgangs- und Besuchsformalitäten, Zellenkontrolle) niederschlagen, der noch durch eine überholte Bearbeitungstechnik – per Hand – erhöht wird. Die Vertreter der Fachdienste werten die mitunter kleinliche und übervorsichtige Einhaltung von Sicherheits- und Ordnungsvorschriften als ein typisches Behörden-Merkmal.

6. Regelungserfordernisse

Sozialtherapie ist Justizvollzug mit besonderen zusätzlichen Möglichkeiten, welche die Gefangenen der SthA als Vergünstigungen ihrer Haft betrachten sollten. Unbestritten geht daher die von einigen Gefangenen letztlich gewünschte – weitgehende – Aufgabe der SthA in ihrer Funktion als Justizvollzug und alleinige Ausrichtung auf die Rolle als Sozialtherapie zu weit. Die Normen des StVollzG gewähren grundsätzlich einen ausreichenden Gestaltungs- und Entscheidungsfreiraum für einen sozialtherapeutischen Vollzug (zu den Ausnahmen vgl. unten). Soweit größere Handlungs- und Bewegungsfreiräume für die Gefangenen – angesichts eines kalkulierbaren Sicherheitsrisikos – vorstellbar sind (z.B. wetterabhängige Festlegung der Hofstunde; mehr Sport- und Freizeitangebote am Wochenende), bedarf es lediglich Änderungen in der anstaltsinternen Hausordnung.

Angesichts der sozialtherapeutischen Idee von der Transparenz im Vollzug, die sich derzeit z.b. in offenen Zellentüren und geöffneten Büroräumen äußert, wird vonseiten der Vollzugsbeamten die Vorstellung eines gänzlich „offenen" Vollzugs innerhalb der gesicherten Mauern der SthA als realisierbar in Betracht gezogen. Sie formulieren deutlich den Wunsch nach einer stärkeren Abgrenzung der Sozialtherapie vom Regelvollzug beispielsweise in Form von rechtlichen Sonderregelungen. Einer derartigen Differenzierung liegt ein Schutzgedanke zu Grunde. Eine spezielle Normierung der Sozialtherapie soll den (sozial-)therapeutischen Freiraum gewährleisten, indem sie ihn vor einer vom Regelvollzug ausgehenden und auf diesen bezogenen Zunahme von Sicherheitsvorschriften bewahrt. Diese Forderung dürfte in den überwiegenden Fällen Vorgaben auf Ebene der Bürokratisierung betreffen und die bestehende gesetzliche Normierung des Strafvollzugs unberührt lassen.

Soweit die Vertreter der Fachdienste den Wunsch nach mehr Möglichkeiten und Varianten äußern, Gefangene auf ihre Entlassung vorzubereiten, wird hierdurch die Regelung des Strafvollzugs auf Gesetzesebene tangiert. Als positives Beispiel nennen sie die Regelung des Sonderurlaubs für Gefangenen der SthA (§ 124 StVollzG), bei der Gefangene zwar faktisch im Status eines Freigängers entlassen werden, aber rechtlich der Aufsicht durch die Anstalt unterliegen. So eröffnet dieser die Möglichkeit, auf den Gefangenen weiterhin behandlungsorientiert einzuwirken, ihn zu unterstützen bzw. notfalls zu sanktionieren.

Vor dem Hintergrund des intensiven Behandlungsklimas ist auch der Wunsch der Fachvertreter nach Erweiterung des gesetzlichen Disziplinarmaßnahmenkatalogs zu verstehen. Da der gesamte Vollzug in der SthA vom Grundgedanken her auf Vermittlung und Verständnis angelegt ist – sei es in der Einzeltherapie, in den Gruppenstunden oder im Rahmen des Wohngruppenvollzugs – erweisen sich die in § 103 Abs. 1 StVollzG abschließend aufgezählten Sanktionsmittel hierfür als wenig geeignet. Zwar sollen Disziplinarmaßnahmen immer auch einen Strafcharakter für den Gefangenen haben, aber ihre Wirkung darf sich darin nicht erschöpfen. Die Bediensteten wünschen sich daher eine größere Auswahl an disziplinarischen Möglichkeiten und schlagen beispielsweise die Verhängung von Sozialstunden, die in der Anstalt abgeleistet werden können, oder einen Täter-Opfer-Ausgleich vor. Angesichts der geringen Zahl von Disziplinarverfahren und – maßnahmen in der SthA ist dieser Forderung allerdings kein dringlicher Charakter beizumessen. Aufgrund der Nähe zwischen Gefangenen und Bediensteten, des guten Kommunikationsklimas und der therapeutischen Betreuung werden Ansätze von etwaigem disziplinarisch relevanten Verhalten frühzeitig entdeckt und im Gespräch mit dem Gefangenen geklärt.

II. Normierung des Rechtswegs (Faktor 2)

1. Konfliktenteignung

Sowohl die Forderung nach einem Rechts-Ratgeber für den Strafvollzug und die Inanspruchnahme von Rechtskommentaren, die Bedienstete zur Verfügung stellen, als auch die ablehnende Haltung gegenüber rechtlichen Auseinandersetzungen aus Angst vor Nachteilen im Vollzug stellen übliche Einstellungen von Gefangenen dar. Sie sind ebenfalls im Regelvollzug anzutreffen, wo allerdings eine weitaus höhere Beschwerde- und Klagehäufigkeit als in der SthA besteht (vgl. die Einzelinterpretationen der Gefangenen und Bediensteten aus der JVA Diez, einzusehen bei der Verf.). Daher ist für die Tatsache, dass die Gefangenen der SthA nur selten den formellen Beschwerde- und Rechtsweg beschreiten, ihre Aussage von zentraler Bedeutung, dass die Anstalt für Kritik offen ist und es daher kaum einen Anlass zur Beschwerde gibt.

Die Gefangenen erachten es für sinnvoller und im Ergebnis für erfolgreicher, ihre Beschwerden direkt gegenüber der Anstalt vorzubringen, als den Rechtsweg einzuschlagen. Gespräche zwischen Gefangenen und Anstaltsleitung bzw. ihren Bediensteten werden zwar nicht immer als konfliktfrei, dafür jedoch als konstruktiv beschrieben, was die Vollzugsbeamten bestätigen. Hierzu trägt das intensive Behandlungsklima bei, das auf einer hohen Kommunikationsdichte basiert, die sich in erster Linie in einer flexiblen und engagierten Gesprächsbereitschaft aller Bediensteten äußert. Sie umfasst neben Konflikt- und Kritikfähigkeit die Bereitschaft, zusammen mit dem Gefangenen eine möglichst einvernehmliche Lösung seines Problems herbeizuführen. Dazu gehört gleichermaßen, dass mit ihm die einer Entscheidung zugrunde liegenden Aspekte erörtert werden, soweit seine Forderungen auf Ablehnung gestoßen sind. Dieses Vorgehen trägt zu einem Großteil dazu bei, dass Frust und Aggression nur in geringem Maße aufkommen.

Entsprechend ihres sozialtherapeutischen Anspruchs versucht die Anstalt somit, formellen Beschwerden und Rechtsstreitigkeiten zuvor zu kommen, indem sie die persönlichen Probleme eines Gefangenen mit diesem analysiert und aufarbeitet. Eine hundertprozentige Gewährleistung für die Vermeidung von Rechtsstreitigkeiten kann dadurch sicherlich nicht geschaffen werden („Ausnahmen bestätigen die Regel"). Das gemeinsame Suchen nach einer Lösung verhindert jedoch weitgehend eine Konflikteignung, bei welcher der Gefangene seine persönlichen Probleme auf die Rechtsebene verlagert. Im Vorfeld stattfindende, klärende Gespräche vermeiden darüber hinaus weitgehend den Anfall bestimmter Verwaltungsarbeiten in Form von Stellungnahmen, Berichten, Vorlagen etc. Zugleich entfällt ein dem Gefangenen zum Nachteil gereichendes Absicherungsbedürfnis der Anstalt, das bei einer gerichtlichen Auseinandersetzung eintreten und zu einem übertrieben negativen (Akten-)Bild des Gefangenen führen kann. Die Zeit, die für eine rechtlich abgesicherte Begründung vor Gericht aufgebracht werden müsste, wird im Idealfall einem klärenden „Behandlungsgespräch" mit dem Gefangenen zugute kommen. Da den Gefangenen diese Haltung der Anstalt bewusst ist, werden sie im Zweifelsfall den Rechtsweg nicht beschreiten bzw. nicht damit drohen. Indem sie mit der grundsätzlichen Gesprächs- und Kompromissbereitschaft der Anstalt rechnen können, die eine Befürwortung ihres Anliegens nicht ausschließt, werden auch sie sich gesprächs- und kompromissbereiter zeigen und selbst bei der Ablehnung ihres Anliegens auf eine gerichtliche Auseinandersetzung verzichten, gerade weil sie auch die der Ablehnung zugrunde liegenden Gesichtspunkte kennen und bestenfalls einsehen. Das Bewusstsein, nicht als Bittsteller, sondern als Träger von Rechten und Pflichten aufzutreten und wahrgenommen zu werden, könnte zur Folge haben, (Kompromiss-)Vorschlägen gegenüber offener und entgegenkommender zu begegnen und auf eine gerichtliche Auseinandersetzung zu verzichten.

2. Absicherungsbedürfnis der Anstalt

Ein anderer Gesichtspunkt, der indirekt Einfluss auf das Klageverhalten der Gefangenen ausübt, ist die grundsätzliche Akzeptanz der Gerichte einer auf therapeutische Gesichtspunkte gestützten Argumentation der SthA. So räumen die Vertreter der Fachdienste Anträgen der Gefangenen auf gerichtliche Entscheidung gemäß § 109 StVollzG gegen die Versagung von Lockerungen oder vorzeitiger Haftentlassung keine Erfolgschance ein, sofern diese auf therapeutischen Gründen beruht. Ihre diesbezügliche Argumentation veranschaulicht das Machtpotenzial, das grundsätzlich mit einer psychologischen Deutung von Verhaltensweisen verbunden ist.[470] Eine Kontrolle kann nur anstaltsintern, z.B. durch die Anstaltsleitung erfolgen. Aber auch sie nimmt das „ungute Gefühl" des psychologischen Gutachters wahr. Und wer möchte gegen einmal geäußerte Zweifel eines Psychologen, der sich eingehend mit einem Gefangenen beschäftigt hat, diese überaus große Verantwortung übernehmen? Auch die Strafvollstreckungskammer beschränkt sich auf die Prüfung formaler Fehler, ohne in den Bereich des psychologischen Ermessens einzugreifen, den Fachkräften der SthA zu widersprechen und letztlich noch die Verantwortung selbst zu übernehmen. Eine Überprüfung der psychologischen Stellungnahme im gerichtlichen Verfahren ist, soweit es um reines psychologisches Fachwissen geht, nur durch Einholung eines zweiten Gutachtens möglich.

Ohne die Ernsthaftigkeit der therapeutischen Beurteilung in Frage zu ziehen, wird der SthA aufgrund ihrer sozialtherapeutischen Konzeption und der fachlichen Ausbildung ihrer Psychologen somit ein sehr weiter Beurteilungsfreiraum vor Gericht eingeräumt, der es einem Gefangenen wesentlich erschwert, z.B. einen Antrag auf Gewährung von Vollzugslockerungen überzeugend, d.h. ebenfalls aus therapeutischer Sicht einsichtig, durchzusetzen. Es ist zu vermuten, dass sich die meisten Gefangenen dieser rechtlichen Verfahrensweise bewusst sind, was auch eine Ursache für das geringe Klageaufkommen in der SthA darstellt.

III. Erlaß der VVStVollzG (Faktor 3)

Im Rahmen des Faktors 3 soll auf die Rolle des Justizministeriums eingegangen werden, das als Aufsichtsbehörde mittels Verfügungen, Erlassen oder richtungsweisenden „Ratschlägen" unmittelbaren Einfluss auf die Anstalten ausübt. Insgesamt lassen die Schilderungen der Vollzugsbeamten und Fachdienstvertreter einen übereinstimmenden Eindruck von dem Verhältnis zwischen Anstalt und Ministerium zu. Dessen Einfluss-

---

[470] Um Missverständnissen vorzubeugen, wird ausdrücklich darauf hingewiesen, dass weder den Entscheidungsträgern noch den begutachtenden Psychologen der Anstalt in dieser Hinsicht ein missbräuchliches Verhalten unterstellt wird. Aufgrund der Aussagen wird lediglich deutlich, dass eine Missbrauchsgefahr theoretisch nicht ausgeschlossen werden kann.

nahme – als Ausfluss der Verrechtlichung in Form der Bürokratisierung – führt zu konkreten Auswirkungen auf die Behandlungssituation in der SthA (sowie in anderen Anstalten). Beispielhaft hierfür ist das Vorgehen nach einem Sicherheitsvorfall in einer anderen Anstalt des Landes. Zwar erfolgen in dieser Hinsicht vonseiten des Ministeriums keine klaren Anweisungen, aber der Tenor lässt sich „zwischen den Zeilen" unmissverständlich herauslesen, wenn es heißt: „Prüfen Sie noch genauer, es darf nichts passieren, das wäre eine Katastrophe". Dabei ist die Gefahr nicht auszuschließen, dass aufgrund des (Ab-)Sicherungsbedürfnisses von Aufsichtsbehörde und Anstalt anstehende Behandlungsmaßnahmen unbeteiligter Gefangener, die sich lediglich durch die Zugehörigkeit zu einer bestimmten Tätergruppe auszeichnen, aufgeschoben oder sogar abgelehnt werden.

Darüber hinaus erzeugt ein solchermaßen restriktives Vorgehen bei den betroffenen Gefangenen Ärger und Wut, da sie sich ungerecht behandelt fühlen, was aus ihrer Sicht zunächst verständlich sein dürfte. Möglicherweise wächst in ihnen die Vorstellung, dass Mitarbeit in der Therapie und Engagement im Vollzugsgeschehen ohnehin zwecklos sind, wenn sie keine Anerkennung durch die Gewährung von Vollzugslockerungen finden. Schlimmstenfalls könnten solche Erfahrungen zu einer Verweigerungshaltung führen, die in einen Rechtsstreit mündet. Andererseits kann das Beschreiten des Rechtswegs und die Einklagbarkeit von Behandlungsmaßnahmen, wie z.B. von Vollzugslockerungen, auch bewirken, dass einem übertriebenen (Ab-)Sicherungsbedürfnis von Aufsichtsbehörde und Anstalt, das zulasten der individuellen Behandlung unbeteiligter Gefangener geht, durch richterliche Gewalt Grenzen gesetzt werden. Hieran zeigt sich anschaulich die rechtsstaatliche und rechtssichernde Funktion der gesetzlich verankerten Rechtsschutzmöglichkeiten des Gefangenen, die in Verbindung mit der Ausgestaltung von Behandlungsmaßnahmen als subjektive Rechte einen effektiven Rechtsschutz gewährleisten.

Derartige Anweisungen der Aufsichtsbehörde bringen letztlich die Fachdienste, vor allem den Therapeuten, in Erklärungsnotstand, da sie zwischen Verständnis für den betroffenen Gefangenen und Loyalitätsbewusstsein gegenüber ihrem obersten Dienstherren einen vertretbaren Weg finden müssen. (vgl. zum Rollenkonflikt des Vollzugspsychologen in seinen Funktionen als Therapeut und Justizangestellter die Ausführungen zu Faktor 6, 1. b), S. 162 ff.).

IV. Normierung des Behandlungsvollzugs im allgemeinen (Faktor 4)

1. Behandlungsvollzug

Dem Anspruch sozialtherapeutischer Anstalten, gemäß § 9 Abs. 2 StVollzG mit besonderen therapeutischen Mitteln und sozialen Hilfen die Resozialisierung der Gefangenen anzustreben, kommt die SthA durch das Angebot von Einzeltherapie und Therapie in Gruppenform nach. Unter therapeutischer Anleitung arbeiten dort die Gefangenen gezielt an ihren persönlichen Verhaltensdefiziten. Allein die Bereitschaft des Therapeuten – und anderer Bediensteter – zum Zuhören stellt nach Aussage der Gefangenen einen nicht unwesentlichen Behandlungsbeitrag dar.

a) Therapeutische Behandlung

Ein Großteil der Gefangenen nimmt mit einer so genannten Sekundärmotivation an einer Therapie teil, die in erster Linie auf Verbesserungen in Hinblick auf ihren Vollzugsverlauf zielt (zur Therapiemotivation im Zusammenhang mit der Bewerbung auf Verlegung in die SthA vgl. die Ausführungen zu Faktor 9, 2., S. 171 f.). Nur wenige Gefangene bringen eine sehr hohe Therapiemotivation mit, die sich z.B. darin äußert, dass sie für die Teilnahme an einer Therapie in der SthA bewusst Nachteile in Kauf nehmen, wie z.B. eine weitere Entfernung von ihrer Familie oder Vollzugslockerungen erst zu einem späteren Zeitpunkt als im Regelvollzug. Aus Sicht des psychologischen Dienstes ist eine Therapie im Vollzug keinesfalls von vornherein zum Scheitern verurteilt, wenn der Therapeut um das Zweckverhalten des Gefangenen weiß und es in die Therapie einbezieht. Bei nicht wenigen ändert sich zudem die Motivation im Laufe ihrer Haftzeit. Andere hingegen täuschen bis zuletzt ein erwartetes Verhalten vor. Wird dieses als solches erkannt, wird der Gefangene aufgefordert, sein Verhalten zu ändern. Folgt er dieser Aufforderung nicht, droht letztlich die Rückverlegung in den Regelvollzug. Durchschaut der Psychologe das Spiel nicht, gelingt es Gefangenen, durch geschicktes Taktieren in der SthA zu bleiben, ohne dass ein Therapieerfolg eingetreten ist.

Von der Therapiemotivation hängt in aller Regel auch der Erfolg der Therapie ab. Hierbei stellt sich die Frage nach der Definition von Behandlungs- bzw. Therapieerfolg im Strafvollzug. Der Gesetzgeber formuliert das Vollzugsziel, das durch eine entsprechende Behandlung des Gefangenen während seiner Haftzeit erreicht werden soll, in § 2 Satz 1 StVollzG: Der Gefangene soll künftig – in sozialer Verantwortung – ein Leben ohne Straften führen. Stellt das Erreichen dieses Ziels, das selbstverständlich bei jedem Gefangenen angestrebt werden soll, den Idealfall dar, so darf die Behandlung nicht als gänzlich gescheitert angesehen werden, wenn er nicht eintritt. Angesichts der Bandbreite der Sozialisationsdefizite und persönlichen Problematiken, die bei Gefangenen festzustellen sind, erscheint eine Differenzierung bei der Beurteilung, ob und welches Ergebnis die Behandlung gebracht hat, angebracht. So kann schon dann von einem Erfolg gesprochen werden, wenn die Behandlung zu – positiven – Veränderungen im Verhalten und Denken des Gefangenen und damit zu einer Nachreifung geführt hat, die sich zwar nicht in völliger Straffreiheit, aber z.B. in einer Verringerung der Aggressions- und Gewaltbereitschaft zeigt.

b) Behandlung und Wohngruppenvollzug

Neben den therapeutischen Interventionsansätzen ist auch der übrige Vollzug in der SthA darauf ausgerichtet, die Gefangenen behandlungsorientiert bis zu ihrem Entlassungszeitpunkt zu begleiten. Sowohl die Gefangenen als auch die Bediensteten werden von der Anstaltsleitung dazu angehalten, ihren Mitmenschen offen und gesprächsbereit gegenüber zu treten. Gerade am Anfang der Haftzeit in der SthA wird jedem neuen Gefangenen die Chance gegeben, sich in das für ihn ungewohnte Gruppenleben einzugewöhnen und eine Bereitschaft zur Mitarbeit an seiner Therapie zu entwickeln. „Eine Chance geben" kann ohnehin als ein Leitmotiv begriffen werden, das die Anstalt selbst nicht nur im Umgang mit den Gefangenen verfolgt, sondern auch von diesen selbst im Umgang untereinander verlangt. Die ungewohnte Besorgnis der Bediensteten um seine Person empfinden dabei manche Gefangenen – vor allem in der Anfangszeit – als anstrengend.

Im Übrigen gehört zur Behandlung/Therapie auch der Umgang mit Rückschlägen und Niederlagen. Therapie- und Behandlungserfolge zeigen sich erst nach einer gewissen Zeit z.B. darin, Toleranz im Umgang mit anderen Menschen zu entwickeln, Akzeptanz gegenüber anderen Meinungen zu zeigen und eigene Gefühle, Bedürfnisse sowie Probleme zu erkennen und als solche zu formulieren. Eine derartige Wandlung des Gefangenen während seiner Haftzeit wird mit Vollzugslockerungen „belohnt", die vielfältige (Handlungs-)Möglichkeiten eröffnen. Das ausnahmslose Verbot – körperlicher – Gewalt zur „Lösung" von Meinungsverschiedenheiten und die kommunikative Auseinandersetzung mit jemanden über dessen Fehlverhalten in der Hoffnung, dass er aus eigener Einsicht heraus in Zukunft anders handelt, stehen im Vordergrund des Zusammenlebens. Eine Kehrseite des behandlungsorientierten und gewaltfreien Klimas sehen allerdings einige Gefangene darin, dass vormals unterdrückte Gefangene aufzutrumpfen versuchen, indem sie andere unter dem Schutz der Bediensteten provozieren.

Als ein wesentlicher Bestandteil des sozialtherapeutischen Behandlungskonzepts erweist sich der Wohngruppenvollzug. Er fördert das Aushandeln und die Einigung der Gefangenen auf gruppeninterne Organisations- und Kommunikationsstrukturen. Die dichte personelle Begleitung und Betreuung der Wohngruppen durch Bedienstete des AVD und der Fachdienste gewährleisten gleichzeitig, dass die gruppeninternen Vorgänge in die richtige Richtung gelenkt und subkulturelle Strukturen verhindert werden. Letztere sind nie auszuschließen, da die Gefangenen mit dem im Regelvollzug erlernten Knastdenken in die SthA kommen. Das Näheverhältnis und die hohe Kommunikationsdichte ermöglichen, dass störendes Verhalten wie z.B. Provokationen oder Unterdrückungstendenzen von den Bediensteten wahrgenommen, in den Gruppenstunden aufgegriffen und zur Diskussion gestellt werden. Soweit einer der befragten Gefangenen über ein schlechtes Verhältnis zu seinen Mitgefangenen und über einen extremen Gruppendruck klagt, kann das auf die Eingewöhnungsphase als erstinhaftierter Gefangener in den ersten drei Monaten der Haftzeit in der SthA zurückgeführt werden, was Aussagen bereits länger inhaftierter Gefangener bestätigen. Der Wohngruppenvollzug ermöglicht letztlich eine gewisse – in § 3 StVollzG als wesentlicher Behandlungsgrundsatz geforderte – Angleichung der Strafvollzugs an die Lebensbedingungen draußen, die jedoch nach Ansicht der Beamten noch weiter gehen könnte, ohne die Sicherheit der Allgemeinheit zu gefährden. Die Gelegenheiten, die den Gefangenen Raum für eigenverantwortliches und selbstständiges Handeln bieten, stehen dabei unter der Aufsicht der Wohngruppenbediensteten, selbst wenn diese sich im Hintergrund halten. Denkbar ist jedoch, dass diese Form der Aufsicht von den Gefangenen gleichermaßen als Kontrolle und Hilfestellung begriffen wird. Der Eindruck des Wohngruppenleiters, die Gefangenen brauchen ab und an jemanden, der ordnend und klärend eingreift, lässt jedenfalls einen solchen Schluss zu.

Das Bild von einem behandlungsorientierten Wohngruppenvollzug wird durch die Befragung des als Wohngruppenleiter in der SthA eingesetzten Sozialdienstes unterstützt und ergänzt. Die Aufgabe des Wohngruppenleiters besteht demnach u.a. in der aufmerksamen Beobachtung der Gefangenen (im positiven Sinne) sowie in der gezielten Intervention in die Wohngruppen-Geschehnisse, wenn die Behandlung oder Weiterentwicklung eines Gefangenen durch andere eingeschränkt oder verhindert wird. Darüber hinaus versucht er, die Gefangenen innerhalb der von einer Justizvollzugsanstalt gestellten Grenzen zu mehr Eigenverantwortlichkeit und Selbstständigkeit zu erziehen bzw. entsprechendes Verhalten zu fördern (z.b. Organisation von Frühstück, Arbeitsanfang und Kleiderwäsche; eigenständige Verteilung der Mahlzeiten; Organisation von Freizeitverhalten in der Wohngruppe).

Konflikte unter Gefangenen sollen auf für beide Seiten verträgliche Art und Weise geregelt werden. In das behandlungsintensive, sich durch eine hohe Kommunikationsdichte auszeichnende Vollzugskonzept passt sich das von dem Sozialdienst beschriebene „Prinzip der zweigleisigen Klärung von Fehlverhalten" ein. Neben dem Verlauf eines förmlichen Disziplinarverfahrens bemüht sich dabei der Wohngruppenleiter um eine interne Schadenswiedergutmachung, sofern es der jeweilige Fall zulässt. Unklar muss hierbei bleiben, ob es als eine Art Konzept innerhalb der Anstalt praktiziert wird oder ob es die persönliche Linie des befragten Sozialarbeiters darstellt. Jedenfalls liegt die Vermutung nahe, dass in der „inoffiziellen" Bearbeitung des Fehlverhaltens die eigentliche „erzieherische" Arbeit geleistet wird, indem dem betroffenen Gefangenen z.B. in einem vermittelnden Gespräch die Folgen seines Handelns vor Augen geführt und mögliche Arten der Konfliktbewältigung erläutert werden. Bei der offiziellen Sanktionierung des Fehlverhaltens mittels Verhängung einer Disziplinarmaßnahme wird hingegen für den Gefangenen der Bestrafungsaspekt im Vordergrund stehen.

Soweit die Anstalt auf Fehlverhalten mit Aufarbeitung und helfendem Verständnis reagiert, existieren auch klare Grenzen, deren Überschreitung nicht nur ein Disziplinarverfahren, sondern schlimmstenfalls die Rückverlegung in den Regelvollzug zur Folge hat, so z.B. bei erheblicher körperlicher Gewaltanwendung und Drogenkonsum (vgl. die Ausführungen zu Faktor 1, 5., S. 141 f.). Die Aussagen der Interviewpartner bestätigen aber auch, dass in einem therapeutischen Vollzugsklima sehr früh und differenziert auf vollzugsstörende Verhaltensweisen unter therapeutischen Vorzeichen reagiert wird. Die daraus abgeleitete Gefahr, dass in manchen Fällen zwischen Disziplinierung und therapeutischer Maßnahme mit ihren unterschiedlichen Rechtsschutzmöglichkeiten kaum mehr unterschieden werden kann, wird nach hier vertretener Ansicht nicht bestätigt. Zu bemerken ist allerdings, dass weder das eine noch das andere empirisch nachzuweisen sein dürfte, gerade weil sich alles im Vorfeld disziplinarischen Verhaltens abspielt. Die Aussagen enthalten jedenfalls keinerlei Anhaltspunkte für therapeutische Maßnahmen, die auch nur annähernd einen sanktionierenden, rechtsbeschränkenden Charakter aufweisen. Soweit im Vorfeld von disziplinarisch relevantem Verhalten auf einen Gefangenen einzuwirken versucht wird, geschieht das z.B. in einem (Gruppen-)Gespräch. Liegt jedoch disziplinarisch relevantes Verhalten vor, wird diesem auch in der SthA in einem förmlichen Disziplinarverfahren nachgegangen.

Die personelle Struktur der Anstalt und die durch den Wohngruppenvollzug entstehende Nähe zwischen Gefangenen und Bediensteten haben auch Auswirkungen auf die Sicherheitslage innerhalb der SthA. Die Nähe und Aufmerksamkeit der Bediensteten können zu einem auf gegenseitigem Vertrauen basierenden Verhältnis zwischen Beamten und Gefangenen führen und in gewissem Maße äußere Sicherheitsmaßnahmen und -kontrollen ersetzen. Eine – aus Sicht der Beamten – differenzierte Betrachtung dieses Vertrauensverhältnisses offenbart gleichzeitig einen konkreten Zwiespalt, den die Umsetzung des vom Gesetzgeber im StVollzG umschriebenen Behandlungskonzepts hervorruft. Letztlich äußert sich in diesem wiederum der ursprüngliche Zwiespalt zwischen Therapie/Behandlung und Sicherheit im Strafvollzug. Ohne definieren zu können, was unter Vertrauen im Vollzug zu verstehen ist und wie weit ein solches gehen darf, ist festzustellen, dass die Vollzugsbeamten in der SthA diesen Zwiespalt klar erkennen, ohne sich jedoch ein für alle Mal für die „sichere Seite" der Sicherheit zu entscheiden. Es entsteht vielmehr der Eindruck, dass sie diese Frage bei jedem einzelnen Gefangenen neu stellen und entscheiden. Vertrauen im Strafvollzug findet jedoch nach ihrer Ansicht unabhängig von der Person des Gefangenen ihre Grenze in der schleichenden Betriebsblindheit, die dazu führt zu vergessen, dass die Gefangenen zwangsweise inhaftierte Straftäter sind, deren kurzfristiges Ziel die Wiedererlangung der Freiheit ist.

Das, was vonseiten der Gefangenen und der Bediensteten in Bezug auf die SthA oftmals als „das Lockere" bezeichnet wird, bietet somit gleichzeitig Chance und Risiko. Letzteres wurde im vorgenannten beschrieben. Die Chance besteht in einer tatsächlichen Veränderung der Gefangenen zum Positiven, indem Hemmnisse gegenüber den Vollzugsbediensteten abgebaut werden. Abgesehen davon, dass sich die Vollzugsbeamten für die

Probleme der Gefangenen zugänglich zeigen, trägt u.a. auch der Verzicht auf die Uniform mit dazu bei, dass die Gefangenen die Vollzugsbeamten eher als Betreuer denn als Bewacher wahrnehmen, getreu dem Motto: „Wenn ich grün sehe, sehe ich rot."

c) Sozialtherapeutischer Vollzug aus Sicht der Gefangenen

Behandlung bzw. Sozialtherapie erschöpft sich für die Gefangenen nicht nur in einer intensiven Auseinandersetzung mit ihren persönlichen (Verhaltens-)Defiziten, sondern bedeutet vor allem oder zumindest gleichermaßen die Schaffung materiell günstiger Voraussetzungen, insbesondere durch eine gute berufliche Aus- und Weiterbildung und eine damit verbundene finanzielle Absicherung. Während die befragten Gefangenen die ihrer Meinung nach verfehlten Freizeitangebote der SthA und die den gesamten Strafvollzug betreffende unzureichende Entlohnung der Gefangenen als mangelnde Umsetzung des sozialtherapeutischen Konzepts und Anspruchs der SthA kritisieren[471], betrachten sie die Ausbildungs- und Arbeitssituation in der SthA allerdings durchaus differenziert. Die Gefangenen bedienen sich hierbei des „therapeutischen Argumentationsmusters", aus dem sie gleichermaßen ein Für und Wider ableiten. Zum einen weisen sie darauf hin, dass gerade in sozialtherapeutischen Anstalten die Haftzeit sinnvoll gestaltet werden soll. Zum anderen sehen sie darin eine Gefahr, dass bei einem anspruchsvollen Ausbildungs- und Arbeitsangebot die Beschäftigung und Auseinandersetzung des Gefangenen mit seinen persönlichen Problemen in den Hintergrund rücken könnte. Letztlich ist ihnen auch bekannt, dass die SthA – wie alle anderen Justizvollzugsanstalten – mit Vorgaben von Politik und Wirtschaft zu kämpfen hat, auf die sie kaum Einfluss nehmen kann. Immerhin gelingt es auch oder gerade anhand einer einfachen, keine berufsqualifizierenden Kenntnisse voraussetzenden (Fließband-)Arbeit, viele Gefangene an allgemein erwartete berufliche Leistungsstandards heran zu führen.

Möglicherweise typisch für die erstinhaftierten Gefangenen (der Gruppe 1) ist die Einschätzung ihrer eigenen Situation, nach der sie weniger therapeutischer als vielmehr beruflicher Unterstützung und materieller Hilfe bedürfen, um nach ihrer Entlassung alle Voraussetzungen für einen guten Start in ein straffreies Leben haben. Diese Ansicht lässt auf eine bislang mangelnde intensive Auseinandersetzung mit der eigenen Proble-

---

[471] Es ist dabei von dem Wissen der Gefangenen auszugehen, dass die einzelnen Anstalten keinen Einfluss auf die finanzielle Entlohnung der Gefangenen im Vollzug haben. Hier wäre der Gesetzgeber aufgefordert, eine Besserung herbeizuführen. Insofern stellt diese Feststellung keine Kritik an der SthA dar.

matik schließen. Vor diesem Hintergrund mag ihre Forderung nach gesetzlichen Maßnahmen zu verstehen sein, welche für eine angemessene Umsetzung des sozialen Anspruchs im Ausbildungs- und Arbeitsbereich der SthA sorgen sollen. Eine gegenteilige Haltung ist bei den Gefangenen mit bereits längerer verbüßter Haftzeit (der Gruppe 3) anzutreffen. Überspitzt formuliert drängt sich mitunter der Eindruck auf, dass diese sich in manchen Punkten eine therapeutische Argumentation zu Eigen machen, die möglicherweise diejenige der Anstalt noch übertrifft. Dabei wird allerdings nicht deutlich, ob sie tatsächlich die entsprechende Handlungsweise der Anstalt und die dahinter vermutete therapeutische Absicht für richtig halten oder ob sie ein entsprechendes Verständnis nur vorspielen, um zu zeigen, dass sie als länger inhaftierte Gefangene „geläutert" bzw. erfolgreich therapiert sind. Für letztere Vermutung sprechen – neben dem Streit um das Einzelfernsehen – die Äußerungen der Gefangenen zu den Vollzugslockerungen. Während entsprechende Ablehnungsentscheide der Anstalt von Gefangenen oftmals als Angriff auf ihre Persönlichkeit und als Strafe beschrieben werden, erkennen die Gefangenen der 3. Gruppe im Rückblick auf eine erfolgreiche Therapie nunmehr deren Richtigkeit und Notwendigkeit.

Die Gefangenen bedienen sich weiterhin eines „therapeutischen Argumentationsmusters", wenn sie der Anstalt vorwerfen, auf Probleme mit Gefangenen mit dem im Regelvollzug üblichen Druck anstatt mit angemessenen therapeutischen Maßnahmen zu reagieren. Möglicherweise verhindern die §§ 102 ff. StVollzG über die Verhängung von Disziplinarmaßnahmen hier eine sozialtherapeutisch angemessene Reaktion, was in dieser Hinsicht für eine eigenständige Regelung für die Sozialtherapie sprechen könnte (vgl. hierzu auch die Ausführungen zu Faktor 1, 6., S. 143 ff.).

Zusammenfassend soll darauf hingewiesen werden, dass die Gefangenen in vielen Aussagen erkennen lassen, dass sie sich nicht nur mit wesentlichen Inhalten des sozialtherapeutischen Konzepts der Anstalt beschäftigen, sondern auch gelernt haben, die von der Anstalt verwendeten therapeutischen Argumente zu verwenden und gegebenenfalls für eigene Zwecke ins Feld zu führen (Beispiele: Einzelfernsehen; Disziplinierung). Das lässt darauf schließen, dass es der Anstalt und ihren Bediensteten gelingt, den Gefangenen wichtige Inhalte des sozialtherapeutischen Konzepts erfolgreich zu vermitteln, auch wenn sie dazu mitunter eine differenzierte Haltung einnehmen. Das Verständnis der therapeutischen Zielsetzung der Anstalt lässt zudem auf eine grundsätzliche Akzeptanz der Gefangenen für therapeutisch bedingte Einschränkungen schließen. Wenn sie darauf hinweisen, dass die Anstalt aufgrund ihres sozialtherapeutischen Anspruchs „ungewöhnliche Wege gehen können sollte", spricht das darüber hinaus tendenziell für eine eigene gesetzliche Umschreibung für den Vollzug in sozialtherapeutischen Anstalten zur Betonung und Bewahrung ihrer Eigenständigkeit gegenüber dem Regelvollzug. Insgesamt möchten sie die sozialtherapeutische Anstalt weniger als Gefängnis begreifen, sondern vielmehr als eine unabhängige, eigenständige Vollzugsart, deren Schwerpunkt deutlich auf dem sozialtherapeutischen Konzept und weniger auf dem sicherheitsbewährten Vollzug von Freiheitsstrafen liegt. Dementsprechend fordern sie von der Anstalt, gegenüber dem Ministerium stärker auf den Untertitel „sozialtherapeutische Anstalt" hinzuweisen, insbesondere wenn es um Anordnungen geht, die auch die Anstalt nicht für zweckmäßig hält.

2. Behandlungsbeitrag des AVD

Die von den Beamten gegebene Beschreibung ihrer Anwärter-Ausbildung bezieht sich auf die Anfangszeit des Behandlungsvollzugs in den 80er-Jahren. Sie gibt das damals im AVD noch weit verbreitete traditionelle Rollenverständnis wieder, nach dem die Beamten ausschließlich für die Aufrechterhaltung von Sicherheit und Ordnung in der Anstalt zuständig waren. Immerhin wurden die Anwärter in ihrer Ausbildung zu Beginn der 80er-Jahre darauf hingewiesen, dass zum einen der Verwahrvollzug durch den Behandlungsvollzug abgelöst wurde und zum anderen auch sie einen Behandlungsbeitrag zu leisten haben. Das neue Vollzugskonzept war allerdings zu dieser Zeit noch unausgereift und stieß z.T. auf großen Widerstand im AVD, vor allem in Bezug auf seine Beteiligung an der Behandlung der Gefangenen. Letzteres erklärte auch ihre ablehnende Haltung zu den sozialtherapeutischen Anstalten, die damals als erste Anstalten einen konkreten und zielgerichteten Behandlungsvollzug umgesetzt haben dürften. Es kann davon ausgegangen werden, dass sich damals nur diejenigen Anwärter auf eine Stelle in der SthA beworben haben, die aus ihrer persönlichen Einstellung heraus in der Behandlung der Gefangenen einen wirksameren Weg zur Erreichung des Vollzugsziels sahen als in deren Verwahrung. Ihre Entscheidung für eine Tätigkeit in der SthA und für die dortige Vollzugsgestaltung, einschließlich des Wohngruppenkonzeptes und der „offenen Türen", spricht für eine bewusste Haltung, die sich durch Offenheit für neue Wege und Methoden und eine Ablehnung des alten traditionellen Rollenverständnisses auszeichnet.

Bezogen auf die aktuelle Situation zeichnet sich ein Bild vom AVD ab, das weder von einem traditionellen Rollenverständnis noch – in seinem Selbstverständnis – von einem Rollenkonflikt beherrscht wird. Die Tatsache, dass die Beamten einen Widerspruch zwischen Sicherheit und Behandlung im Rahmen des sozialtherapeutischen Vollzugs erkennen, bedeutet für sie – sowie aus Sicht der Fachdienste – keinen erkennbaren Ziel- bzw. Rollenkonflikt. Es scheint, dass ihnen eine ausgewogene Handhabung der beiden ihnen übertragenen Aufgaben gelingt, gerade auch weil sie diese nicht als „Entweder- oder" begreifen (vgl. zu den Sicherheitsvorschriften auch die Ausführungen zu Faktor 1, 5., S. 141 ff.). In diesem Sinne ist beispielsweise die Bewertung von Vertrauen zwischen Bediensteten und Gefangenen zu verstehen. Vertrauen ja, aber nur, soweit es verantwortbar ist. Wie weit diese Verantwortbarkeit geht, muss jeder Beamte für sich bei jedem Gefangenen neu entscheiden. Daher wird diese Grenze der Vertrauensbeziehung auch nicht als Einschränkung einer effektiven Behandlung begriffen.

Trotz Erfüllung vieler Sicherheitsaufgaben verbleibt den Vollzugsbeamten Zeit und Raum, sich behandlungsorientiert einzubringen. Es ist zu vermuten, dass viele bei Berufsantritt in der SthA von sich aus konkrete Vorstellungen über die Art und Weise mitbringen, wie sie ihren Beitrag zur Behandlung der Gefangenen realisieren können. Unterstützt werden sie von der Anstaltsleitung, wenn diese deutlich äußert, was sie von ihnen diesbezüglich erwartet. In erster Linie gehören zu den Aufgaben des Vollzugsbeamten das Führen von Gesprächen, Zuhören bei Problemen, Hilfestellung durch Erteilung praktischer Tipps oder Weiterleitung an den zuständigen Fachdienst und die Vermittlung von Werten mit dem Ziel, bei dem Gefangenen Verständnis und Einsicht zu wecken. Die Kollegen der Freigängerabteilung helfen aufgrund ihrer Kontakte zu Firmen u.a. bei der Vermittlung von Arbeitsstellen und beim Abschluss von Arbeitsverträgen.

Die Vollzugsbeamten sind sich auch der Schwierigkeit ihrer Aufgabe bewusst, erwachsenen Menschen genau die Hilfestellungen zu geben, die ihnen in ihrem Leben bislang versagt wurden. Auch wenn die Anstalt gewisse Erwartungen äußert, belässt sie den Beamten eine gewisse (Entscheidungs-)Freiheit, die ihnen eigenverantwortliches Handeln ermöglicht. Vor diesem Hintergrund kann es als normale Erscheinung gelten, dass es auch in der SthA Vollzugsbeamte gibt, die Dienst nach Vorschrift machen bzw. das nötige Einfühlungsvermögen vermissen lassen. Soweit jüngere Beamte ein strenges und autoritäres Verhalten an den Tag legen, kann das in aller Regel als Ausdruck von Unerfahrenheit gewertet werden, die mit der Zeit verschwindet. Offensichtlich gibt es auch innerhalb des AVD eine Art Eigendynamik, durch welche sich die Beamten gegenseitig im positiven Sinne „mitziehen". Soweit dieses „Mitziehen" in Hinblick auf einen engagierten, behandlungsorientierten Arbeitseinsatz in der o.g. Weise geschieht, kann vorausgesetzt werden, dass sich ein solcher Einsatz in irgendeiner Art und Weise „auszahlt" und Anerkennung, z.B. bei Kollegen, den Fachdiensten, den Vorgesetzten, der Anstaltsleitung etc., findet. Anderenfalls wäre er kaum als Anreiz für andere Kollegen geeignet.

Einige Aussagen der Gefangenen legen nahe, dass teilweise ein Rollen- und Aufgabenkonflikt an Vollzugsbeamte herangetragen wird, so wenn ein Gefangener[472] äußert, der Beamte sei „grundsätzlich erstmal ein Feind, der schließt mich weg und fertig aus, ob der mich leiden kann oder nicht, auf alle Fälle schließt er mich ein". Gefangene mit dieser Einstellung werden den Vollzugsbeamten zunächst einmal in der Rolle des Schließers und Wächters sehen und sich entsprechend verschlossen ihm gegenüber verhalten. Entweder kommt hier wieder das alte, vom Regelvollzug geprägte Knastdenken zum Vorschein, bei dem sich einige Gefangenen nach eigenem Bekunden immer wieder ertappen, und/oder es ist ein Ausdruck für den unfreiwilligen Haftaufenthalt in der staatlichen Institution Strafvollzug, die auch in ihren sozialtherapeutischen Anstalten zunächst den störungsfreien Vollzug der Freiheitsstrafe gewährleisten muss. Der Gefangene nimmt dabei den Vollzugsbeamten noch immer als denjenigen wahr, der ihn einsperrt und wegschließt, weniger hingegen als Menschen, der ihm im Rahmen des Resozialisierungsauftrags Hilfe anbietet, sein Leben künftig ohne Straftaten zu führen.

Von der persönlichen Sichtweise dürfte die Einschätzung der älteren bzw. jüngeren Vollzugsbeamten abhängen. Gemein ist ihnen lediglich, dass sie keine Verwahrmentalität aufweisen. Die bessere Bewertung der jüngeren Vollzugsbeamten, die sich u.a. durch größere Menschlichkeit, Engagement, Toleranz und gleichzeitige Lockerheit im Umgang mit den Gefangenen auszeichnen, spricht eventuell für eine bessere, behandlungsorientiertere Ausbildung, in deren Verlauf sie eine genauere Vorstellung von ihren Behandlungsaufgaben bekommen, die es ihnen ermöglicht, entsprechend auf die Gefangenen zuzugehen. Die von den Gefangenen beschriebenen Ausnahmen, wonach Beamte z.B. Dienst nach Vorschrift machen, sind in dieser Hinsicht als normale Erscheinungen

---

[472] Von den 10 befragten Gefangenen.

einzuordnen, die an der grundsätzlichen Einschätzung nichts ändern. Diese Beamten haben in aller Regel ein problematisches, konfliktbeladenes Verhältnis zu den Gefangenen, während sich die Mehrheit der Bediensteten durch ihre Gesprächs- und Hilfsbereitschaft sowie ihren toleranten Umgang in das sozialtherapeutische Konzept der Anstalt einfügt.

Zusammenfassend zeichnet sich ein Vollzugskonzept ab, das nicht nur die von Psychologen durchgeführte Einzel- und Gruppentherapie beinhaltet, sondern darüber hinaus einen Behandlungsvollzug umfasst, der von allen Bediensteten der Anstalt getragen wird. Sein Fundament ist der Wohngruppenvollzug, der nach Ansicht der Beamten erst die Herstellung eines sozialen bzw. zwischenmenschlichen Kontaktes zu den Gefangenen ermöglicht und es ihnen somit erleichtert, der gesetzlichen Aufforderung zur Mitarbeit an der Behandlung der Gefangenen nachzukommen. Es bieten sich ihnen weit mehr Möglichkeiten, mit den Gefangenen zusammen zu sein, ihnen bei Problemen und Schwierigkeiten mithilfe und Ratschlägen zur Verfügung zu stehen, als es bei ihren Kollegen im Regelvollzug der Fall ist. Wenn die Gefangenen letztlich das Verhältnis zu den Bediensteten als „normalen Umgang miteinander" bezeichnen bzw. als „zwischenmenschliche Beziehungen" werten und besonders die Anerkennung ihrer Anliegen und Probleme durch die Sozialdienste bzw. die Gesprächsbereitschaft aller Vollzugsbediensteten hervorheben, nennen sie wesentliche Merkmale eines engagierten umgesetzten Behandlungsvollzugs.

V. Normierung von Behandlungsmaßnahmen als subjektive Rechte (Faktor 5)

1. Scheinanpassung

Die Gefahr einer Scheinanpassung der Gefangenen, die sich im Vortäuschen erwarteter Verhaltensweisen und im Verschweigen von Problemen aus Angst vor Vollzugsnachteilen – gerade bei der Gewährung von Vollzugslockerungen – äußert, lässt sich grundsätzlich feststellen. Die Gefangenen der SthA bezwecken damit nicht nur eine frühzeitige Gewährung von Vollzugslockerungen, sondern auch den sicheren Verbleib in der Sozialtherapie, die von ihnen als „lockerer Knast" dem Regelvollzug vorgezogen wird.

Die Bedeutung des psychologischen Votums im Rahmen der Vollzugsplanung, die den Gefangenen bekannt ist, kann sie darüber hinaus dazu verleiten, gerade in der Einzeltherapie ein Verhalten an den Tag zu legen, das den Erwartungen des Therapeuten entspricht. Das von den Gefangenen selbst als alte Knastmentalität bezeichnete Misstrauen gegenüber der Anstalt und ihren Bediensteten kann das Zustandekommen eines offenen und ehrlichen Vertrauensverhältnisses zwischen dem Gefangenen und seinem Therapeuten und so den Eintritt eines Behandlungs- bzw. Therapieerfolg verhindern oder zumindest verzögern.

Einige Gefangene beschreiben sehr anschaulich den inneren Zwiespalt, der sie zwischen der Entscheidung für Scheinanpassung und für Aufrichtigkeit in der Therapie hin und her wechseln lässt. So sind sie sich der Gefahr bewusst, die mit Offenheit und Aufrichtigkeit im therapeutischen Prozess einher geht: Je mehr persönliche Probleme einerseits zum Vorschein kommen, desto vorsichtiger wird der Therapeut, wenn es um die Frage der Vollzugslockerungen geht. Andererseits erkennen sie, dass eine Scheinanpassung in der Sozialtherapie im Vergleich zum Regelvollzug eine geringere Erfolgschance hat, da sie innerhalb des intensiven Therapiebündnisses vom Psychologen in aller Regel erkannt wird. Eine Täuschung ist daher zwar zunächst möglich, erweist sich aber im Falle ihrer wahrscheinlichen Entdeckung als äußerst nachteilig, da sie den Therapeuten wieder misstrauischer und vorsichtiger werden lässt. Das gestörte Vertrauen muss erneut erarbeitet werden.

Mitunter werfen sogar Gefangene ihren Mitgefangenen, die früher als üblich in den Genuss von Lockerungen kommen, vor, den Therapeuten erfolgreich getäuscht zu haben. Sie argumentieren, dass, wer alle seine Probleme und Zweifel offen legt, grundsätzlich nicht so früh in den Genuss von Lockerungen kommen kann, da der Therapeut in Kenntnis des „Innenlebens" des Gefangenen zwangsläufig vorsichtig werden muss. Diesem Vorwurf liegt vermutlich eine Rechtfertigungsstrategie der schon länger inhaftierten und noch nicht gelockerten Gefangenen zu Grunde, um so nicht den Grund für die Versagung von Lockerungen in ihrer Person und dem eigenen Verhalten suchen zu müssen.

Besonders das intensive Behandlungsklima, in das die Vollzugsbeamten gänzlich eingebunden sind, und die hohe Kommunikationsdichte erschweren allerdings einem Gefangenen der SthA auf Dauer eine Scheinanpassung. Zu ihrer Aufdeckung trägt vor allem die durch gegenseitigen Informationsaustausch geprägte Zusammenarbeit zwischen den Fachdiensten und dem AVD bei. Aber selbst wenn der Therapeut irgendwann das Verhalten des Gefangenen durchschaut, ist dennoch nicht immer auszuschließen, dass sich der betreffende Gefangene weiterhin „durchmogelt". Während der sozialtherapeutische Vollzug wegen der konsequent durchgesetzten Gewaltfreiheit und der intensiven therapeutischen Betreuung einerseits ein „Schonklima" für diejenigen Gefangenen darstellt, die aufgrund ihrer persönlichen Probleme im Regelvollzug mit Repressalien zu rechnen hätten, erleichtert er möglicherweise gerade einigen von ihnen, erstmalig unter dem Schutz der Bediensteten ein „Spiel zu spielen": Gegenüber der Anstalt, dem Therapeuten und den Bediensteten schlüpfen sie in die Rolle der schutzwürdigen Verfolgten, gegenüber den Mitgefangenen versuchen sie, auf ihre Weise zum ersten Mal Macht zu zeigen.

2. Absicherungsbedürfnis der Anstalt

Trotz des Anspruchs auf individuelle Behandlung jedes Gefangenen wird in der Sozialtherapie mitunter dem Druck der Öffentlichkeit durch überhöhte Absicherung nachgegeben, indem sie sich im Zweifel für die Sicherheit entscheidet. Soweit sich die Anstalt dabei auf therapeutische Gründe beruft, wird das von den Gefangenen als vorgeschoben kritisiert. Schließlich sind diese Gründe, vor allem vor Gericht, fast unangreifbar (vgl. die Ausführungen zu Faktor 2, 2., S. 146 f.). Offensichtlich wird das Absicherungsbedürfnis in den Fällen, in denen Lockerungsentscheidungen aufgrund eines Vorfalls in einer anderen Anstalt noch ein weiteres Mal geprüft oder sogar zurück genommen werden, (nur) weil der Betroffene zu derselben Tätergruppe gehört. Neben dem Unverständnis der Gefangenen für ein solches Vorgehen kommt die in der Sozialtherapie verstärkt auftretende psychologische Deutungsweise erschwerend hinzu. Denn für die Gefangenen der SthA gilt die Gewährung von Lockerungen nach eigener Aussage als eine Art offizieller Bestätigung, dass sie – wieder – „normal" und nicht mehr „krank" sind. Umgekehrt kann also die Versagung von Lockerungen, die sich auf therapeutische Gründe stützt, mit einer Selbstabwertung des Gefangenen verbunden sein, die noch größer werden könnte, wenn er für etwas „bestraft" wird, was ein anderer getan hat. Es ist nicht von der Hand zu weisen, dass das zu Rückschlägen im therapeutischen Prozess führen kann.

VI. Einbeziehung der Fachdienste in den Vollzug (Faktor 6)

1. Aufgaben der Fachdienste und ihre Stellung im Vollzug

a) Sozialdienst

Der Sozialdienst nimmt eine Fülle von Aufgabenstellungen wahr, die sich neben seiner Position als Justizangestellter auch und vor allem aus seiner Funktion als Wohngruppenleiter ergeben. Letztere wird im Geschäftsverteilungsplan der SthA festgelegt sein. Die rechtlichen Vorgaben, welche die berufliche Stellung des Sozialdienstes im Strafvollzug bestimmen, lassen sich den Grundzügen der Sozialarbeit in den Justizvollzugs- und Jugendstrafanstalten Rheinland-Pfalz (Rundschreiben des Ministeriums der Justiz) in Verbindung mit dem jeweiligen Geschäftsverteilungsplan entnehmen, der die Zuweisung der Aufgaben enthält.

Dem Sozialdienst obliegt es, eine Sozialanamnese des Gefangenen zu erstellen und ihn zu betreuen, wie z.B. durch Hilfestellung bei Behördengängen oder bei einer Kontaktaufnahme zur Familie. Über jeden der 12 Gefangenen, für die der Sozialarbeiter als Wohngruppenleiter zuständig ist, muss er im Laufe der Haftzeit mehrere, inhaltlich umfassende Berichte anfertigen. (Zu seinen Aufgaben im Zusammenhang mit der Funktion als Wohngruppenleiter vgl. die Ausführungen über behandlungsorientierte Arbeitsweise im Rahmen von Faktor 4, 1. b), S. 150 ff.). Außerdem ist der Sozialdienst mit der Planung und Durchführung von Freizeitangeboten sowie mit der Leitung von Konferenzen und ihrer protokollarischen Mitschrift betraut. Darüber hinaus bemüht sich der befragte Sozialarbeiter um Kontakte zu den anderen in der SthA tätigen Diensten sowie um Vermittlung untereinander. Innerhalb seines konkret festgelegten Arbeitsfelds verbleibt ihm ein gewisser Handlungs- und Entscheidungsfreiraum, den er positiv bewertet, weil er eigenständiges Arbeiten ermöglicht.

b) Psychologischer Dienst

Während die Schilderung des Sozialarbeiters von seinem Aufgabenfeld keine Anhaltspunkte für Rollenkonflikte enthält, zeichnet der Psychologe ein in dieser Hinsicht etwas anderes Bild, das auf einen Rollenkonflikt schließen lässt, der auf der Doppelfunktion des Anstaltspsychologen als Therapeut und Justizangestellter beruht. Weil diese Doppelstellung den Gefangenen bewusst ist, ruft es bei allen zunächst anfängliches Misstrauen hervor. Während für einige die Rolle ihres Therapeuten als Justizangestellter im Laufe der Therapie in den Hintergrund tritt, bleibt sie für andere stets so präsent, dass sie das oben beschriebene, auf Vertrauen begründete Arbeitsbündnis mit ihrem Therapeuten nicht bzw. nicht vorbehaltlos eingehen. Im Extremfall bleibt ein Therapieerfolg aus. Da sich der Psychologe der Problematik seiner Doppelrolle bewusst ist, begegnet er dieser mit einer gewissen Offenheit und Transparenz seiner Arbeit gegenüber dem Gefangenen. Durch die gemeinsame Besprechung der von ihm erstellten Therapieberichte weiß der Gefangene zum einen, wie sein Therapeut den Verlauf der Therapie beurteilt, was er über ihn denkt und in Zukunft erwartet. Zum anderen kann er einschätzen, wie viele und welche Informationen von seinem Therapeuten über seine Person an die Öffentlichkeit in Gestalt der Anstalt und ihrer Bediensteten weitergegeben werden. Das Wissen darum ist geeignet, fälschliche Mutmaßungen und Spekulationen aufseiten des Gefangenen und damit die aus einer Unsicherheit hervorgehende Abwehr- und Distanzhaltung zu vermeiden oder zumindest zu verringern. Wenn der Therapeut in einigen Fällen diese transparente Vorgehensweise unterlässt, so nicht deshalb, weil er seine Aufgabe als Justizangestellter über die des Therapeuten stellt, sondern um aus Sicht des Therapeuten die Therapie nicht zu gefährden. Es geht also dabei nicht darum, dem Gefangenen Informationen zu verschweigen, sondern ihn vor diesen zu schützen.

Soweit sich der Rollenkonflikt des als Therapeut arbeitenden Psychologen bis hierhin als vollzugsimmanent und die sich von dem befragten Psychologen angewandte Vorgehensweise als eine Methode der Konfliktbegegnung darstellt, zeichnet sich eine gewisse Machtlosigkeit bei der Beschwerde eines Gefangenen darüber ab, dass ihm wegen eines aktuellen Vorfalls in einer anderen Anstalt seine bereits in Aussicht gestellten Vollzugslockerungen zunächst nicht gewährt werden. Während der Psychologe in seiner Rolle als Therapeut Verständnis für den Ärger und Zorn des Gefangenen äußert und die Situation als ungerechnet kennzeichnet, hat er als Justizangestellter eine gewisse Form zu wahren, die ihm seine Loyalität gegenüber seinem Dienstherren auferlegt. Dem fast unlösbaren Rollenkonflikt, bei dem sich der Psychologe einer Doppelrolle als Therapeut und Gutachter ausgesetzt sieht, wurde vonseiten der Landesjustizverwaltung durch die personelle Trennung von Therapie und Begutachtung eines Gefangenen begegnet.

Die rechtlichen Vorgaben, welche die berufliche Stellung des psychologischen Dienstes im Strafvollzug bestimmen, lassen sich den Grundsätzen des psychologischen Dienstes in den Justizvollzugs- und Jugendstrafanstalten Rheinland-Pfalz (Rundschreiben des Ministeriums der Justiz) in Verbindung mit dem jeweiligen Geschäftsverteilungsplan entnehmen, der die namentliche Zuweisung der Aufgaben erhält.

2. Verhältnis zwischen AVD und Fachdiensten

Sowohl die Vollzugsbeamten als auch die Vertreter der Fachdienste beschreiben eine grundsätzlich gute und kooperative, von Rollenklischees befreite Zusammenarbeit zwischen beiden Diensten. Diese basiert u.a. auf einem regelmäßigen, von beiden Seiten initiierten Informationsaustausch. Wenn dieser als „noch nicht optimal" bezeichnet wird, so bestätigt diese Einschätzung nur das vermutete gute Arbeitsverhältnis. Da offensichtlich keine schwerwiegenderen Probleme bestehen, kann überhaupt erst auffallen, dass etwas nicht „optimal" verläuft. Die befragten Vollzugsbeamten betonen, dass ihre Meinung vor allem bei den von der Triade getroffenen Vollzugsentscheidungen und in Vollzugskonferenzen gefragt ist und sich entscheidungsbildend auswirkt. Von den anderen Entscheidungsträgern – insbesondere den Fachdiensten – wird zu Recht erkannt, dass sie im täglichen Umgang mit den Gefangenen viele entscheidungsrelevante Informationen sammeln. Zum Teil sieht es der AVD fast als seine Pflicht an, seine Auffassung derjenigen der Fachdienste gegenüberzustellen, da ihm diese manchmal zu realitätsfern erscheinen. Wenn vermutet wird, dass die Ursache hierfür im theoretisch erworbenen Wissen der Fachdienste liegen könnte, dem einige Vollzugsbeamte ihre langjährige, stets am gesunden Menschenverstand orientierte Vollzugserfahrung entgegenzusetzen haben, deutet das auf Unterschiede in der sozialen Herkunft und der beruflichen Ausbildung beider Dienste hin, die hier zum Tragen kommen. Soweit ein Vollzugsbeamter den Begriff „blauäugig" in Bezug auf die Fachdienste verwendet, lässt dies auch auf eine im AVD verbreitete, sicherheitsorientierte Haltung schließen, die der Haltung der Fachdienste gegenübersteht. Trotz dieser Beurteilung der Fachdienste durch den AVD sprechen die Aussagen der befragten Beamten insgesamt für eine effektive, durch das System der Triaden geförderte Teamarbeit, die es ermöglicht, Auffälligkeiten im Verhalten des Gefangenen zu erkennen und entsprechend individuell darauf zu reagieren.

Auch in einigen Aussagen der Fachdienstvertreter lassen sich Anhaltspunkte erkennen, die auf den unterschiedlichen beruflichen Hintergrund beider Dienste und auf eine gewisse, durch die rechtliche Aufgabenumschreibung bestimmte Rollenverteilung hinweisen. Sie ist jedoch nicht im Sinne einer traditionellen – ausschließlichen – Rollenverteilung zu verstehen, auf die Konflikte zwischen den Diensten zurückgeführt werden könnten. Hierfür zeichnen sich wiederum das Konferenzsystem, die Beteiligung des AVD an Vollzugsentscheidungen, das ausgeprägte Interesse der Mehrheit der Vollzugsbeamten an der Leistung eines Behandlungsbeitrags und die bestehenden Kommunikations-Gelegenheiten im Wohngruppenvollzug sowie das Bemühen der Fachdienste um Verständnis und Vermittlung von bestimmten Sichtweisen verantwortlich. In ihrer Gesamtheit tragen die aufgezählten Aspekte zu einer Teamarbeit aller Bediensteten zugunsten eines effektiven Behandlungsvollzugs bei. Möglicherweise sind in diesem Kontext die unterschiedlichen beruflichen Ausbildungen und sozialen Hintergründe der Bediensteten eher belebend und nützlich, weil sie sich nicht ausschließend, sondern ergänzend gegenüberstehen.

Soweit die befragten Beamten darauf hinweisen, dass Einzelne im AVD kein gutes Verhältnis zu den Fachdiensten haben, ist bemerkenswert, dass sie ihren eigenen Kollegen die Verantwortung hierfür anlasten. Der Vorwurf mangelnden Selbstbewusstseins gegenüber den Fachdiensten mag darauf schließen lassen, dass diese Kollegen eine sachliche Auseinandersetzung scheuen und der Einfachheit halber die Schuld den ihnen vermeintlich überlegenen Fachdiensten zu schieben. Eine Erklärung für ein solches Verhalten findet sich wahrscheinlich in den schon erwähnten Unterschieden in der sozialen Herkunft und der beruflichen Ausbildung der Dienste.

Konkrete Aussagen über das Verhältnis zwischen den Vertretern der Fachdienste und den Beamten des AVD machen die Gefangenen nicht. Anhaltspunkte, die seitens der Gefangenen auf gegensätzliche Einstellungen zwischen den Diensten schließen lassen, sind ebenso nicht erkennbar. Aus der Tatsache, dass sie in ihrer Einschätzung der Bediensteten zwischen AVD und Fachdiensten nicht wertend unterscheiden, ist jedoch – mit gewisser Vorsicht – auf eine gute, einvernehmliche Zusammenarbeit beider Dienste zu schließen.

VII. Sachzwänge einer JVA (Faktor 7)

Die Anstalt bietet den Gefangenen verschiedene Möglichkeiten, ihre Freizeit in der Haft unter den gegebenen Bedingungen auszufüllen, indem Sport- und Bastelkurse sowie Gelegenheiten zu musikalischen Aktivitäten angeboten werden. Als wichtiger Bestandteil der Freizeitgestaltung erweisen sich auch die sozialen Kontaktmöglichkeiten mit Angehörigen und Freunden, die in der SthA umfassend gegeben sind (vgl. die Ausführungen zu Faktor 1, 1., S. 135 f.). Sofern dieses Angebot als nicht ausreichend erachtet und der Wunsch nach sinnvolleren Freizeitbeschäftigungen, die nach der Entlassung weitergeführt werden können, von den Gefangenen geäußert wird, sind der Anstalt letztlich finanzielle Grenzen gesetzt. Darüber hinaus unterliegen die Gefangenen im geschlossenen Vollzug zwangsläufig – ihren Bewegungsfreiraum einschränkenden – Grenzen, die viele – vielleicht erwünschte – Freizeitaktivitäten ausschließen. Denkbar ist auch, dass bewusst Freizeitaktivitäten von der Anstalt angeboten werden, die keinen oder nur geringen finanziellen Aufwand bedürfen. Die Gefangenen sollen dazu angehalten werden, auch nach ihrer Entlassung ihre Freizeit sinnvoll zu gestalten, ohne Einsatz von Geld, das ohnehin knapp ist. Darüber hinaus lässt die von einigen Gefangenen geäußerte Selbstkritik, dass sie viel fordern, aber nur wenige Angebote nutzen, die zögerliche Haltung der Anstalt bei der Einführung neuer Freizeitaktivitäten verständlich erscheinen.

Während sich den Gefangenen in ihrer Freizeit verhältnismäßig viele Beschäftigungs- und – bedingt durch den Wohngruppenvollzug – Ablenkungsmöglichkeiten bieten, die ihnen einen Ausgleich zur eintönigen Haftsituation bieten, ermöglichen ihnen die beruflichen Tätigkeitsfelder in der SthA kaum Gelegenheiten zur beruflichen Entwicklung. Das betrifft vor allem diejenigen, die vor ihrer Verurteilung einer regelmäßigen Arbeit nachgegangen sind und sogar eine abgeschlossene Berufsausbildung aufweisen können. Für die Mehrzahl der Gefangenen ohne berufliche Ausbildung und Berufserfahrung kann eine einfache, anspruchslose Arbeit hingegen von Vorteil sein, weil sie so erstmals an einen geregelten Arbeitsablauf gewöhnt werden. Im Übrigen sind der Anstalt arbeitsmarktpolitische Grenzen bei der Suche nach Unternehmerbetrieben gesetzt. Nicht zuletzt hat die aktuelle Arbeitslage Einfluss darauf, was in Vollzugsanstalten produziert wird. Auch wenn sich Unternehmerbetriebe geringere Fertigungskosten erhoffen, stehen sie vor den mit unqualifizierten Arbeitern und stetigem Wechsel verbundenen Problemen. Eine berufliche Ausbildung wird darüber hinaus in der SthA, abgesehen von ihrer dafür ungeeigneten baulichen und personellen Struktur, wegen ihrer – zeit- und personalaufwendigen – therapeutischen Schwerpunktsetzung nicht angeboten. Hierfür stehen die so genannten Ausbildungsanstalten des Landes Rheinland-Pfalz zur Verfügung, so z.b. die JVA Zweibrücken mit einigen Außenstellen in anderen Anstalten.

Sofern der Wunsch nach Computerkursen von Gefangenen und Bediensteten gleichermaßen geäußert wird, steht dessen Erfüllung weniger Sicherheitsaspekte als vielmehr der Kostenfaktor entgegen. Aus- und Weiterbildungskurse – vor allem im Computer-Bereich – würden sich für die spätere berufliche Zukunft der Gefangenen aus Sicht der Befragten als sehr sinnvoll erweisen. Eine Störung der Therapie sehen sie ebenfalls nicht, wenn z.b. PC-Kurse nur wenige Stunden in der Woche beanspruchen würden.

Gleichermaßen effektiv ist der Einsatz von EDV auf Seiten der Bediensteten, da er zu einer Entlastung bei Verwaltungsvorgängen führt. Die hierbei „gesparte" Zeit könnte zugunsten anderer, behandlungsorientierter Maßnahmen verwendet werden.

Der Personalschlüssel in der SthA ist im Verhältnis zur Situation in den Regelvollzugsanstalten als gut zu bezeichnen. Jede Wohngruppe wird durch ein Bediensteten-Team umfassend begleitet und betreut.

VIII. Vollzugsklima (Faktor 8)

Die – auch von den Gefangenen als tolerant bezeichnete – Anstaltsleitung bemüht sich ernsthaft und erfolgreich um eine offene, kooperative, gesprächs- und kompromissbereite Haltung sowohl gegenüber den Gefangenen als auch gegenüber den Bediensteten. Zum einen wird die von der Anstaltsleitung verfolgte Linie, gegenüber den Gefangenen eine spontane Gesprächs- und Kompromissbereitschaft zu zeigen, von den meisten Bediensteten der SthA als Vorbild übernommen. Zum anderen scheint ein flexibler, kooperativer und verständnisvoller Umgang der Anstaltsleitung mit ihren Bediensteten zu bewirken, bei diesen eine entsprechende Arbeitseinstellung hervorzurufen bzw. zu fördern. Letztlich beeinflusst das nicht nur positiv das Betriebsklima unter den Bediensteten, sondern auch ihre berufliche Motivation und ihr persönliches Engagement bei der täglichen Arbeit mit den Gefangenen. Nicht nur die psychologische Ausrichtung der Anstaltsleitung, sondern auch die Vermittlung von persönlichem Engagement an ihre

Bediensteten stellen somit wesentliche Voraussetzungen für das behandlungsorientierte Vollzugsklima in der SthA dar, das zum Gelingen des Resozialisierungsauftrags beiträgt.

Das Klima ist nach Aussage aller befragten Interviewpartner grundsätzlich von einem Miteinander geprägt. Das Bemühen, auf Seiten der Gefangenen ein entsprechendes Verhalten herbeizuführen, ist als Teil der Therapie zu sehen, die Rückschläge miteinbezieht. Das konsequent kontrollierte Gewaltverbot innerhalb der Anstalt gewährleistet zudem ein gewaltfreies Vollzugsklima, das vielen Gefangenen erstmals die Chance zur persönlichen Entwicklung und Veränderung bietet. Neben dem Gewaltverbot wirkt sich auch das oben dargestellte (Vorbild-)Verhalten der Anstaltsleitung und der Bediensteten positiv auf das Verhalten der Gefangenen untereinander aus. Soweit das gute Vollzugsklima innerhalb der SthA mitunter durch Machtkämpfe zwischen Gefangenen und Bediensteten gestört wird, kommen zwei Gesichtspunkte zum Tragen: zum einen das im Regelvollzug erlernte Knastverhalten und zum anderen die stark reglementierte Haftsituation, in der die Gefangenen schon geringfügige Einschränkungen als erhebliche Rechtsbeeinträchtigungen wahrnehmen.

IX. Zwangssituation der Haft (Faktor 9)

1. Zwangssituation der Haft

Die Bezeichnung des Vollzugsbeamten als „Feind", der den Gefangenen seiner Freiheit beraubt und ihn wegschließt, zeigt die grundsätzliche Problematik einer Behandlung in Unfreiheit auf, die auch in einer therapeutisch ausgerichteten SthA auftritt. Es spricht aber einiges dafür, dass sich die Zwangssituation der Haft in einer sozialtherapeutischen Anstalt erheblich weniger störend auf den therapeutisch ausgerichteten Behandlungsvollzug auswirkt als im Regelvollzug, weil sich die Gefangenen freiwillig und in der Regel aus eigenem Antrieb für diese Vollzugsart entscheiden. Abgesehen von der einer Bewerbung zugrunde liegenden Freiwilligkeit prüft die sozialtherapeutische Anstalt die Therapiefähigkeit und -motivation des Bewerbers. Auch wenn der Begriff der Therapiemotivation weit gefasst wird, muss der Gefangene doch ein Mindestmaß an Bereitschaft mitbringen, um in den therapeutischen Vollzug einer SthA aufgenommen zu werden (vgl. die Ausführungen unter 2., S. 171 f.). Dass dementsprechend eine erfolgreiche Therapie unter den Zwangsbedingungen der Haft nicht von vornherein ausgeschlossen ist, wird bekräftigt durch die Tatsache, dass einige Gefangene zugunsten einer Therapie darauf verzichten, nach 2/3 der verbüßten Haftzeit ihre vorzeitige Entlassung zu beantragen. Diejenigen hingegen, die auf Dauer keine Ernsthaftigkeit an der Therapie zeigen, beantragen entweder selbst ihre Rückverlegung in den Regelvollzug oder werden – bei anhaltender Verweigerungshaltung – von der Anstalt zurückverlegt.

Erst in letzter Zeit verschlechtern sich die Bedingungen, unter denen die SthA geeignete Gefangene auswählen bzw. ungeeignete zurückverlegen konnte. So gerät der oben aufgestellte Grundsatz bei denjenigen Gefangenen ins Wanken, die in die Sozialtherapie kommen bzw. dort verbleiben, auch wenn sie keinerlei Therapiemotivation zeigen bzw. sich als nicht therapiefähig erweisen. Das betrifft zum einen Sexualstraftäter, die gemäß § 9 Abs. 1 StVollzG (geändert aufgrund des Gesetzes zur Bekämpfung von Sexualdelikten und anderen gefährlichen Straftaten vom 26. Januar 1998) vermehrt aufgenommen werden müssen, und zum anderen Gefangene, die aufgrund der Überbelegung der Regelvollzugsanstalten nicht oder zumindest nicht zügig zurückverlegt werden können. Nicht nur bei ihnen wird ein Therapieerfolg ausbleiben. Erweisen sich therapieungeeignete Gefangene darüber hinaus auch als wohngruppenungeeignet, kann sich ihr Verhalten störend auf positive, gruppendynamische Prozesse innerhalb der Wohngruppe und damit auf den Behandlungserfolg ihrer Mitgefangenen auswirken.

Andere, an einer Behandlung unter den Bedingungen der Unfreiheit geäußerten Bedenken treffen allerdings auch auf den sozialtherapeutischen Vollzug zu, da auch er – neben der therapeutischen Behandlung der Gefangenen – den Vollzug der Freiheitsstrafe gewährleisten soll und dementsprechend Sicherheitsvorgaben unterliegt. So sind beispielsweise die Gelegenheiten für Gefangene, in konkreten Situationen eigenverantwortliches und selbständiges Handeln zu erlernen, auch in der SthA sehr begrenzt. Diese ist jedoch bemüht, zumindest mit dem Wohngruppenkonzept das Leben in einer Wohngruppe dem einer Wohngemeinschaft anzugleichen (eigene Waschgelegenheiten, Wohnküche, Gruppenkasse etc.; vgl. die Ausführungen zu Faktor 4, 1. b), S. 150 ff.).

Letztlich weist die durch die Zwangssituation der Haft begründete Einschränkung eines behandlungsorientierten Vollzugs in der SthA noch eine andere Komponente auf: der durch den Wohngruppenvollzug begründete Anpassungszwang an gruppeninterne Regeln der Gefangenen. Dieser kann die Behandlungsbereitschaft jedes einzelnen Gefangenen – zumindest am Anfang seiner Haftzeit – erheblich einschränken. Die Gefangenen machen zwar deutliche Unterschiede zwischen der Haftsituation im Regelvollzug und der in der SthA, in der versucht wird, durch großzügige Besuchs- und Telefonregeln die als stressig empfundenen Einschränkungen der Haft abzumildern. Sicherlich trägt dazu auch der Wohngruppenvollzug und das Näheverhältnis zu den Bediensteten bei, was zusammengenommen einen totalen Rückzug eines Gefangenen auf allen Ebenen mit Folgeerscheinungen wie Vereinsamung und Verlernung zwischenmenschlicher Verhaltensweisen verhindert. Aber gerade die für einige Gefangene schwierige und langwierige Integrationsphase in den Wohngruppenvollzug und dessen gruppeninterne Regeln kann am Anfang der Haftzeit ein Therapiehindernis anderer Art darstellen, an dem manche scheitern. Das geforderte hohe Maß an Anpassungs- und Kompromissbereitschaft innerhalb einer SthA ist für sie ungewohnt, da sie im Regelvollzug in ihrer Zelle weitgehend in Ruhe gelassen werden.

Einen wichtigen Aspekt, der in der Diskussion um die „Behandlung in Unfreiheit" beachtet werden sollte, wirft die Frage nach der Definition von Behandlungs- bzw. Therapieerfolg im Strafvollzug auf. Der Gesetzgeber formuliert das Vollzugsziel, das durch eine entsprechende Behandlung des Gefangenen während seiner Haftzeit erreicht werden soll, in § 2 Satz 1 StVollzG: Der Gefangene soll künftig – in sozialer Verantwortung – ein Leben ohne Straften führen. Stellt das Erreichen dieses Ziels den Idealfall dar, der selbstverständlich bei jedem Gefangenen angestrebt werden soll, so darf die Behandlung nicht als gänzlich gescheitert angesehen werden, wenn er nicht eintritt. Angesichts der Bandbreite der Sozialisationsdefizite und persönlichen Problematiken, die bei Gefangenen festzustellen sind, erscheint eine Differenzierung bei der Beurteilung, ob und welches Ergebnis die Behandlung gebracht hat, angebracht. Eine „Behandlung in Unfreiheit" stößt zwar an Grenzen, kann aber zu – positiven – Veränderungen im Verhalten und Denken des Gefangenen führen, also zu einer Nachreifung. Derartige Veränderungen bedeuten zwar nicht eine zukünftige, völlige Straffreiheit, aber z.B. eine verringerte Aggressions- und Gewaltbereitschaft. So verstanden ist Behandlung im Strafvollzug nicht nur möglich, sondern auch effektiv.

2. Therapiemotivation

An der Effektivität von Behandlung bzw. Therapie im Vollzug werden insofern Zweifel geäußert, als sich diese zunächst als mit Zwang durchgesetzte staatliche Fürsorge darstellt, die bei den Gefangenen aufgrund ihres Zwangscharakters auf Ablehnung stößt. Sicherlich wird kein Gefangener zur Therapie gezwungen. Eine solchermaßen verstandene Zwangstherapie stößt auf fast einhellige Ablehnung, da ein Therapieerfolg ein Mindestmaß an Therapiebereitschaft und -fähigkeit voraussetzt. Der Erfolg einer Therapie könnte jedoch auch dann zweifelhaft sein, wenn ein Gefangener nur deshalb an einer Therapie teilnimmt, weil er sich bessere Chancen für Vollzugslockerungen und seine Entlassung ausrechnet und weiß, dass die Strafvollstreckungskammer seine Teilnahme positiv bewertet. Überspitzt formuliert ist in diesem Fall der Wille, der Zwangssituation der Haft zu entkommen und die Freiheit wieder zu erlangen, ausschlaggebend dafür, dass ein Gefangener sogar bereit ist, dafür eine Therapie „über sich ergehen zu lassen", ohne jedoch ernsthaft an der Aufarbeitung persönlicher Probleme interessiert zu sein.

Was die Therapiemotivation der Gefangenen der 1. Gruppe betrifft, ist angesichts ihres Wunsches, in die JVA Zweibrücken zu wechseln, um dort eine berufliche Ausbildung zu absolvieren, nur schwer eine positive Motivation festzustellen. Wenn überhaupt, so handelt es sich um eine Sekundärmotivation, die zwar eine Therapie nicht ablehnt, sie aber in erster Linie als Mittel zum Zweck betrachtet, um dem Regelvollzug zu entkommen und dem Ziel einer Verlegung in die JVA Zweibrücken näher zu kommen. Es mag dabei typisch für die Gefangenen der 1. Gruppe sein, dass sie als Erstinhaftierte die Notwendigkeit einer Therapie zwar für andere, aber weniger für sich selbst erkennen.

Die Gefangenen der 2. Gruppe geben für ihre Entscheidung, die Verlegung in die SthA zu beantragen, den Wunsch nach therapeutischer Hilfe bei der Erkennung und Lösung persönlicher Probleme aus Angst vor erneuter Straffälligkeit an. Dabei wird eine Therapiemotivation erkennbar, die sich durchaus auf einen inneren Leidensdruck gründet. Vermutlich auf die Mehrzahl der Gefangenen zutreffend formulieren die Gefangenen der 3. Gruppe ihre Therapiemotivation zu Beginn der Haftzeit in der SthA: Sie sehen die Teilnahme an einer Therapie als Verpflichtung des mit der SthA bei ihrer Verlegung eingegangenen Vertrages an, um in den als „locker" geltenden Vollzug zu kommen. Diese

Sichtweise liegt eine Sekundärmotivation zugrunde, die eine ernsthafte Mitarbeit an der Therapie und der weiteren Behandlung jedoch durchaus nicht ausschließt.

Vielfach wird der Wunsch nach Verlegung mitunter von der Erwartung begleitet, im Rahmen der Einzeltherapie in kürzester Zeit alle Probleme erkannt, aufgearbeitet und „gelöst" zu haben. Zu Spannungen mit dem Therapeuten, aber auch mit anderen Bediensteten und Mitgefangenen kann es kommen, wenn der Behandlungserfolg nicht so schnell eintritt wie erhofft, sondern sich als längerer, anstrengender Verlauf herausstellt. Die Gefahr, dass Gefangene daher entmutigt oder aber wegen sich erweisender mangelnder Therapiemotivation die Rückverlegung in den als leicht empfundenen Regelvollzug beantragen, ist gerade in der Anfangszeit gegeben. Bemerkenswert ist, dass sich das anfängliche Zögern einiger Gefangener, die vom Therapeuten und anderen Bediensteten angebotenen Hilfestellungen anzunehmen, nicht auf ein Misstrauen ihnen gegenüber gründet, sondern auf Angst vor Repressalien durch ihre Mitgefangenen. Entsprechende Erfahrungen von Druck und Ausgrenzung sind auf die Zeit im Regelvollzug zurückzuführen.

Aus Sicht des psychologischen Dienstes ist eine Therapie im Vollzug keinesfalls von vornherein zum Scheitern verurteilt, wenn der Therapeut um das Zweckverhalten des Gefangenen weiß und es in die Therapie einbezieht. Bei nicht wenigen ändert sich zudem die Motivation im Laufe ihrer Haftzeit. Andere hingegen täuschen bis zuletzt ein erwartetes Verhalten vor (vgl. die Ausführungen zu Faktor 4, 1. a), S. 149 f.).

X. Die JVA als staatliche Institution (Faktor 10)

In ihrer Ausrichtung als sozialtherapeutische Anstalt strebt die SthA gemäß § 9 Abs. 2 StVollzG die Resozialisierung der Gefangenen mit besonderen therapeutischen Mitteln und sozialen Hilfen an. Als Justizvollzugsanstalt unterliegt sie ebenfalls dem Regelwerk, das auch in Regelvollzugsanstalten die Sicherheit und Ordnung und damit den störungsfreien Vollzug der Freiheitsstrafe gewährleisten soll. An Beispielen wie der Ausstattung des Haftraums wird deutlich, wie sich die in die Form eines institutionellen Justizvollzugs gefasste Sozialtherapie an dessen strukturellen Bedingungen reibt und so an ihre Grenzen stößt (vgl. die Ausführungen zu Faktor 1, 5., S. 143).

Darüber hinaus unterliegt die SthA als in Aufbau und System des Staates eingegliederte Behörde der Aufsicht des jeweiligen Landesjustizministeriums als Aufsichtsbehörde. Sie hat sich den Vorgaben und Anweisungen der vorgesetzte Behörde – unabhängig von ihrer eigenen, auf therapeutischen Gesichtspunkten beruhenden Einschätzung – zu fügen. Während die Bediensteten die Hierarchie innerhalb der Anstalt als flach bezeichnen, beschreiben sie das Verhältnis zur Aufsichtsbehörde als hierarchisch. So verursachen Anordnungen „von oben" beim psychologischen Dienst mitunter „Irritationen", weil sich ihre konkrete Durchsetzung in der SthA als problematisch erweist. Im Zusammenhang mit der Stellung einer Strafvollzugsanstalt im staatlichen Organisationsgefüge sind darüber hinaus einige typische Bedingungen zu nennen, denen die Anstalt als Behörde unterliegt und die letztlich nicht ohne Auswirkungen auf das Behandlungskonzept bleiben. Lange politische Entscheidungswege und Organisationsstrukturen, die einen Rückzug auf die eigene Zuständigkeit und damit eine gegenseitige Zu- und Abweisung von Verantwortlichkeit ermöglichen, sowie Anordnungen der Aufsichtsbehörde, deren praktische Umsetzung auf Probleme stößt, und die mitunter kleinliche Einhaltung von Sicherheits- und Organisationsvorgaben erschweren einen flexiblen, auf die jeweiligen Umstände reagierenden und sich ihnen anpassenden Behandlungsvollzug.

Auf einen anderen Aspekt machen die Vertreter der Fachdienste aufmerksam, wenn sie das starre, weitgehend laufbahnrechtlich vorbestimmte Vergütungs- und Beförderungssystem des öffentlichen Dienstes kritisieren. Der Gesetzgeber müsste zum einen finanzielle Anreize schaffen, um für eine Arbeit im Strafvollzug – vermehrt und auch in Zukunft – engagierte Leute zu gewinnen. Zum anderen ist an leistungsbezogene Vergütung und Beförderung der Vollzugsbeamten zu denken, um durchgängig gute Arbeitsleistungen zu gewährleisten, die mit beruflichen Entwicklungsmöglichkeiten einhergehen. Sprechen zwar die zukunftssichere Verbeamtung und der lebenslang wohnortnahe Arbeitseinsatz für eine Tätigkeit im Vollzug, wird man aber damit nicht der Bedeutung und den Chancen gerecht, die in dem Behandlungsbeitrag der Vollzugsbeamten des AVD stecken.

Unbestritten geht die von Gefangenen letztlich gewünschte Aufgabe der SthA in ihrer Funktion als Justizvollzug in der alleinigen Ausrichtung auf die Rolle als Sozialtherapie zu weit. Die Sichtweise, welche die Sozialtherapie nicht als Strafvollzug begreift, missversteht die Stellung und Aufgabe sozialtherapeutischer Anstalten. Hingegen erscheint die Forderung nach einer getrennten rechtlichen – und politischen – Behandlung von

Regelvollzug und Sozialtherapie als realitätsbezogener (vgl. die Ausführungen zu Faktor 1, 6., S. 143 ff.). Der Hinweis auf die Politik bezieht sich dabei auf deren vermutete Erwartungshaltung, eine sozialtherapeutische Anstalt müsse, schon allein wegen des Kostenfaktors, erfolgreicher arbeiten als andere Regelvollzugsanstalten.

Von einer größeren Erwartungshaltung der Aufsichtsbehörde gegenüber der SthA gehen die befragten Bediensteten zwar aus, wenn sie annehmen, dass beispielsweise ein Sicherheitsvorfall für diese härtere Konsequenzen zur Folge hätte als eine vergleichbare Situation für eine Regelvollzugsanstalt. Diese Erwartungshaltung verbinden jedoch nicht alle Bediensteten mit einem größeren Erfolgsdruck auf die SthA. Einen entsprechenden Druck mögen sie vor allem solange nicht empfinden, als dem folgenden Wunsch Rechnung getragen wird: „Ich wünsche dem Minister, dass er das Durchhaltevermögen hat, die Realität nach außen zu vertreten. Die Realität ist eben nicht, dass absolut nichts passiert. Es gibt eben nicht den absoluten Vollkasko versicherten Vollzug, schon gar nicht Behandlungsvollzug."

B. Jugendstrafvollzug

I. Normierung von Rechten und Pflichten im allgemeinen (Faktor 1)

1. Normierung und Gestaltungsfreiräume

Die Inbetriebnahme der JSA Schifferstadt im Jahr 1991 als damalige „Vorzeigeanstalt" des Landes Rheinland-Pfalz war durch eine „Gründerstimmung" geprägt, in der die Organisation des Vollzugsablaufs und die Strukturierung vieler Bereiche den Bediensteten der einzelnen Vollzugshäuser oblag. Aufgrund des vorhandenen Regelungswerks ist diese damalige Gestaltungsfreiheit verständlicherweise heute nicht mehr gegeben.

VVJug, ministerielle Vorgaben, anstaltsinterne Hausordnung und Verwaltungsbeschlüsse der Anstalt geben den Rahmen und z.T. konkrete Regeln für den Vollzug der Jugendstrafe in der JSA Schifferstadt vor. Aussagen der Bediensteten lassen diesbezüglich auf eine weitgehende Zufriedenheit mit der rechtlichen Regelung des Jugendstrafvollzugs schließen. Trotz Ausgestaltung des durch das StVollzG vorgegebenen gesetzlichen Rahmens durch die VVJug und der zum Großteil konkreten Vorgaben unterhalb der Gesetzesebene verbleiben nicht wenige Gestaltungs- und Entscheidungsspielräume, deren inhaltliche Konkretisierung der Anstalt und ihren Bediensteten überlassen ist. Eine Folge davon ist, dass es zwischen den Vollzugshäusern zu Abweichungen hinsichtlich hausinterner Regeln kommen kann. So gibt es beispielsweise weder haus- noch anstaltsintern schriftlich fixierte Vorgaben, die Art und Umfang von Disziplinarmaßnahmen regeln (siehe hierzu die Ausführungen unter 5., S. 178 ff.).

Nur wenige Bediensteten beklagen, dass aus rechtlichen Gesichtspunkten der Weg für erzieherisch wertvolle Maßnahmen verstellt ist. Gemeint sind Fälle, in denen aus Sicherheitsgründen auf Erziehungs- bzw. Behandlungsmaßnahmen verzichtet wird (z.B. Freizeitaktivitäten außerhalb der Anstalt mit Gefangenen ohne Vollzugslockerungen) oder in denen pädagogisch sinnvolle Anordnungen (z.B. zur Beseitigung von Müll im Wald) an (Grund-)Rechten der Gefangenen scheitern. Davon abgesehen erfolgt eine Beschränkung der Erziehungs- und Behandlungsangebote im Wesentlichen durch die hohe Arbeitsbelastung der Bediensteten, besonders in Zeiten der Überbelegung der Anstalt.

Die jugendlichen Gefangenen zählten auf Nachfrage verschiedene Organisations – und Sicherheitsregeln sowie die bei Regelverstößen drohenden Disziplinarmaßnahmen auf, ohne sie jedoch kritisch zu bewerten. Auffallend ist lediglich der mehrfach geäußerte Wunsch nach Verlängerung der monatlichen Besuchszeit, die derzeit 4 Stunden beträgt. Neben der Kenntnis der anstaltsinternen Regeln, die sie einerseits der Hausordnung entnehmen, größtenteils jedoch im Laufe ihrer Haftzeit von Mitgefangenen und Beamten erfahren, ist ihnen das Wissen um die unter den Gefangenen informell herrschenden „Regeln" gleichermaßen wichtig, die z.B. den Tausch von Kleidungsstücken oder anderen Sachen sowie das Verhalten gegenüber Vollzugsbeamten betreffen.

2. Antrags- und Entscheidungsverfahren

In wöchentlich stattfindenden Konferenzen bespricht jedes Team eines Vollzugshauses, das sich aus Vertretern der Fachdienste und Beamten des AVD zusammensetzt, aktuelle Probleme und trifft eigenständig Entscheidungen, u.a. über Disziplinarmaßnahmen, Verlegungen und die Fortschreibung der Vollzugspläne. Die Entscheidung über Vollzugslockerungen wird in der Erziehungsplankonferenz im Beisein des Sozialdienstes, des Psychologen und des Abteilungsleiters getroffen. Sie folgt i.d.R. dem einheitlichen Vorschlag des Wohngruppenteams, zu dessen Beratungen gegebenenfalls auch Werkbeamte oder Lehrer hinzugezogen werden. Wird kein Konsens im Team erzielt, steht dem Wohngruppenleiter formal das Recht zu, selbständig zu entscheiden. Das für jede Wohngruppe geltende Konferenzsystem in Gestalt von Teamsitzungen und -entscheidungen gewährleistet Meinungsvielfalt, Informationsaustausch und letztlich eine Entscheidungsfindung, die zumindest von der Mehrheit der Bediensteten getragen wird. Zugunsten der Erörterung und Entscheidung im Team verzichten daher die meisten Wohngruppenleiter auf die alleinige Ausübung der ihnen übertragenen Disziplinarbefugnis.

Für die Vollzugsbeamten des AVD ist es wichtig und motivierend, an Entscheidungen über einzelne Gefangene oder über ihre Wohngruppe selbst maßgeblich beteiligt zu sein, zumal sie diese später i.d.R. auszuführen haben. Das Gefühl, zum „ausführenden Organ" degradiert zu werden, stellt sich bei ihnen daher nicht ein. Durch das Konferenzsystem wird nicht nur den Vollzugsbeamten des AVD ein größtmögliches Mitspracherecht eingeräumt, sondern es führt diejenigen als Entscheidungsträger zusammen, welche die Gefangenen über einen längeren Zeitraum in verschiedenen Situationen erleben und sich aufgrund dieser Erfahrungen einen umfassenden Eindruck von jedem Einzelnen gemacht haben.

Gleichzeitig wird Wert darauf gelegt, mit dem jugendlichen Gefangenen die im Rahmen seiner, alle drei Monate stattfindenden Vollzugsplanung zu treffenden Entscheidungen ausführlich zu erörtern. Dies versetzt ihn in die Lage zu erkennen, wie ihn die Anstalt einschätzt und was sie noch von ihm erwartet. Ihm wird auf diese Weise eine Perspektive aufgezeigt und vor Augen gehalten, dass der weitere Vollzugsablauf bzw. Lockerungen oder vorzeitige Entlassung im Wesentlichen von seiner Person bzw. seinem Verhalten abhängen. Gleichzeitig können die Gefangenen in diesen Fällen die Chancen ihrer Anträge selbst einschätzen. Ablehnungen empfinden sie daher i.d.R. nicht als Verletzung ihrer persönlichen Rechte, gegen die auf dem Rechtsweg gekämpft werden müsste.

Nicht so sehr die Vollzugsbeamten in den Wohngruppen, als vielmehr die Fachdienstvertreter und Hausdienstleiter sind mit Verwaltungsaufgaben betraut, deren Bearbeitung mangels EDV erhebliche Zeit in Anspruch nimmt. Die Bediensteten weisen selbst darauf hin, dass die z.T. doppelte Aktenführung dem Nachweis und der Absicherung der eigenen Arbeitsleistung gegenüber den Vorgesetzten, der Anstaltsleitung und dem Ministerium dient. Das Absicherungsbedürfnis der Bediensteten muss hoch eingeschätzt werden, wenn von unangenehmen Folgen berichtet wird, weil in einer Personalakte bestimmte Vordrucke fehlen. Angesichts der durch das Absicherungsbedürfnis stetig steigenden Verwaltungsarbeit beklagen die betroffenen Bediensteten selbst die fehlende Zeit für erziehungs- und behandlungsorientierte Aktivitäten, wie z.B. Gespräche mit den jugendlichen Gefangenen. Und selbst wenn die Zeit für tiefergehende Gespräche vorhanden wäre, würde ein Nachweis für die Arbeitsleistung fehlen, da deren Qualität weder messbar noch nachweisbar ist. In diesem Sinne behindert die wachsende Bürokratisierung pädagogische Möglichkeiten und besetzt – rechtlich bestehende – Handlungsspielräume.

Auch wenn aus Sicht der Gefangenen für jeden Wunsch ein Antrag erforderlich ist, fällt die Verwaltungsarbeit, die durch deren Bearbeitung entsteht, im Vergleich zum Regelvollzug insofern geringer aus, als die Begründungs- und Absicherungsanforderungen niedriger einzustufen sind. Die Anstalt muss so gut wie keine formellen Beschwerden der Gefangenen gegen Ablehnungsentscheidungen fürchten. Das bestätigen sowohl die Unkenntnis der befragten Gefangenen über Beschwerdemöglichkeiten bzgl. abgelehnter Anträge als auch die allgemein bekannte, geringe formelle Beschwerde- und Klagehäufigkeit in Jugendstrafanstalten (vgl. die Ausführungen zu Faktor 2, S. 181 f.). Von Vorteil erweist sich in dieser Hinsicht auch die mündliche Eröffnung von Bescheiden durch einen Wohngruppenbeamten, die neben dem Wortlaut der Entscheidungsgründe i.d.R. noch erklärende Worte umfasst.

3. Verwaltungsstrukturen und therapeutisches Bündnis

Keine Aussage.

4. GMV

Soweit den befragten Gefangenen der 1. Gruppe die Existenz und Aufgabenstellung einer GMV in der Anstalt überhaupt bekannt ist, verbinden sie mit ihr großen Einfluss und die Chance, „mehr Rechte rausschlagen" zu können. Obwohl diese Äußerung für eine Stärkung des Rechtsbewusstseins der Gefangenen durch die GMV spricht, ist nicht zu verkennen, dass sie sich noch in der Orientierungsphase befinden und keinerlei Erfahrungen im Vollzugsablauf und in anstaltsinternen Vorgängen haben.

Die meisten Gefangenen der beiden anderen Gruppen räumen einem von der GMV gestellten Antrag größere Erfolgschancen ein als einer Vielzahl von Einzelanträgen. Grundsätzlich wird die GMV daher als sinnvolle Hafteinrichtung betrachtet. Dass sie dennoch nur so genannte Kleinigkeiten durchsetzt, liegt nach Ansicht der Gefangenen nicht ausschließlich an einer restriktiven Genehmigungspraxis der Anstalt, sondern auch an den GMV-Vertretern selbst, wenn diese überzogene oder unmögliche Forderungen stellen. Die von den Gefangenen ansatzweise vorgebrachte Wiederholung der Begründung für die Ablehnung des Einzelfernsehens zeigt das Bemühen der Anstalt, die Ablehnungsgründe den Gefangenen verständlich zu vermitteln. Insgesamt entsteht der Eindruck, dass eine GMV grundsätzlich dazu beiträgt, das Verantwortungsgefühl und die Bereitschaft jugendlicher Gefangener zu fördern, „an der Verantwortung für Angelegenheiten von gemeinsamen Interesse teilzunehmen" (§ 160 StVollzG).

5. Sicherheit und Ordnung

Ein größtmögliches Maß an Entscheidungsfreiheit verbleibt den Bediensteten-Teams der einzelnen Vollzugshäuser bei der Verhängung von Disziplinarmaßnahmen, da weder haus- noch anstaltsintern ein schriftlich fixierter Maßnahmenkatalog existiert. Sie sind somit in der Lage, eine Maßnahme unter maßgeblicher Berücksichtigung individueller Umstände und pädagogischer Gesichtspunkte zu verhängen. Angesichts der Bedeutung der Disziplinarmaßnahme als eines der wichtigsten Erziehungsinstrumente im Jugendstrafvollzug und des geringen Bedürfnisses jugendlicher Gefangener, auf dem

Rechtsweg gegen Vollzugsmaßnahmen vorzugehen (vgl. die Ausführungen zu Faktor 2, S. 181 f.), erscheint die vorgenannte Entscheidungsfreiheit angesichts einer fehlenden gesetzlichen Grundlage unter rechtsstaatlichen Gesichtspunkten zwar bedenklich. Allerdings findet sich in dem von der Anstalt praktizierten Konferenzsystem eine Kontrollinstanz, die willkürliche oder unangemessene Entscheidungen tatsächlich verhindert. Abgesehen von der disziplinarischen Sofortmaßnahme (bis zu drei Tage Einschluss), die jeder Bedienstete ohne Absprache mit dem Team sofort aussprechen kann, wird jede Disziplinarentscheidung nach Anhörung der Beteiligten im Team besprochen und getroffen. Überzogene oder persönlich motivierte Auffassungen einzelner Bediensteter werden durch die Entscheidungsfindung im Team relativiert. Schließlich kann die Chance, durch den Austausch unterschiedlicher Meinungen und Informationen über einen Gefangenen eine individuell angemessene und pädagogisch sinnvolle Entscheidung zu treffen, als sehr hoch eingeschätzt werden.

Die Gefangenen bestätigen bei der Aufzählung der Disziplinar- bzw. Erziehungsmaßnahmen die relativ große Auswahl an Maßnahmen, die der Anstalt zur Verfügung stehen. In einigen Fällen wissen sie genau, welche Strafe sie bei einem Fehlverhalten erwartet. Da ihnen kein schriftlicher Maßnahmenkatalog vorliegen kann, gründet sich ihr Wissen auf Erfahrungswerte. Dieser Umstand lässt auf ein mündlich überliefertes Regelwerk schließen und spricht im Übrigen gegen willkürlich-überzogene Disziplinarentscheidungen. Ein unspezifischer Regelverstoß wird in aller Regel mit Einschluss bestraft. Teilweise kennen die Gefangenen auch schon die erzieherisch ausgerichtete Argumentation der Bediensteten bei Verhängung einer Disziplinarmaßnahme. So wird beispielsweise erwähnt, dass Einschluss oftmals als Gruppenmaßnahme für die gesamte Wohngruppe ausgesprochen wird, wenn sie nicht ordentlich geputzt hat, „weil die Gruppe soll zusammenhalten und es soll auch in der Gruppe funktionieren."

Ein Gefangener erweckt den Eindruck, in seinen Ansichten über das geforderte Maß an erzieherischer Wirkung hinauszugehen, wenn er es als konsequent bezeichnet, dass alle an einer Schlägerei beteiligten Gefangenen ohne weitere Klärung mit Einschluss bestraft werden. Er beruft sich dabei auf die Aufforderung der Bediensteten an die Gefangenen, Provokationen zu ignorieren. Eine gleichgültige und abgeklärte Haltung gegenüber Sicherheitsvorschriften und Disziplinarmaßnahmen ist hingegen bei anderen Gefangenen erkennbar, wenn die mitunter gewaltsame Durchsetzung von Tausch- und Erpressungsgeschäften als normale Vollzugserscheinung hingenommen wird. Disziplinarmaßnahmen werden ihrer Einschätzung nach meistens zu Recht verhängt, wobei der Einschluss keine abschreckende Wirkung mehr zeigt, sondern lediglich als Frage der Gewöhnung bezeichnet wird. Als weitaus unerträglicher wird der Sicherheitseinschlusses bewertet. Das gilt umso mehr, wenn es sich dabei um eine Gruppenmaßnahme handelt, bei der es – unabhängig von der Verantwortlichkeit des einzelnen – um ein gravierendes Fehlverhalten der Wohngruppe geht.

Das selbst auferlegte Gebot einiger Bediensteter, jedem Gefangenen die gegen ihn verhängte Disziplinarmaßnahme nicht nur formal zu eröffnen, sondern darüber hinaus so zu erklären, dass dieser Verständnis und Einsehen zeigt, stellt im Rahmen des Disziplinarverfahrens den erzieherischen Schwerpunkt dar. Hierbei erweist sich als Vorteil, dass hinter der Entscheidung ein Team steht, auch wenn einige Bedienstete gegenüber dem Gefangenen mitunter „gegen die Abmachung" zu erkennen geben, dass sie anderer Meinung sind. Bei einer Entscheidung, die alle Teammitglieder zu verantworten haben, fällt es dem Gefangenen schwerer, diese zu personalisieren und sich damit gleichzeitig von ihr zu distanzieren.

Die Bediensteten bejahen, dass Sicherheitsvorgaben grundsätzlich ihren Handlungsspielraum einengen, räumen diesem Umstand jedoch keine größere Bedeutung ein.

6. Regelungserfordernisse

Zusammenfassend betrachtet steht einer Fülle anstaltsinterner Verhaltens- und Organisationsregeln für die Gefangenen ein hohes Maß an Entscheidungs- und Reaktionsfreiheit auf Seiten der Bediensteten gegenüber. Die Konzeption eines JugStVollzG erachten die Bediensteten daher nur dann für erstrebenswert, wenn es die bestehenden Freiräume bewahrt, um auf die Verschiedenartigkeit der jugendlichen Gefangenen und ihrer Schwierigkeiten weiterhin differenziert eingehen zu können, und darüber hinaus das Sicherheitsbedürfnis zugunsten pädagogischer Möglichkeiten zurückdrängt. Von einem neuen Gesetz wird letztlich erwartet, dass es (noch mehr) experimentelle Freiräume bei gleichzeitiger „Rückendeckung" für entsprechend risikobehaftete Entscheidungen schafft. Für sinnvoll wird zwar auch die Normierung gewisser erzieherischer Maßstäbe erachtet. Z.B. sollten alle Bediensteten dem jugendlichen Gefangenen Disziplinarentscheidungen derart verständlich machen, dass er Einsehen zeigt. Die Bediensteten stellen allerdings – zu Recht – in Frage, ob es dem Gesetzgeber gelingen kann, über die Ge-

bzw. Verbotsformulierung hinaus auch die Art ihrer Umsetzung präzise in Worte zu fassen, und zwar nach pädagogischen Gesichtspunkten. Letztlich hängt die Relevanz eines Gesetzes für das Gelingen eines guten Jugendstrafvollzugs auch immer vom Engagement der Bediensteten und den tatsächlichen Gegebenheiten (z.b. Belegungszustand) ab.

II. Normierung des Rechtswegs (Faktor 2)

Die annähernd absolute Unkenntnis der Gefangenen über ihre Rechte und Pflichten sowie über den Beschwerde- und Rechtsweg, die bei den Gefangenen der 1. Gruppe noch auf ihre Haftunerfahrenheit zurückgeführt werden kann, ist allen anderen Gefangenen gemeinsam. In einigen Aussagen wird die jugendliche Naivität gegenüber diesen Themenkreisen offensichtlich. Selbst wenn sie sich für rechtliche Fragestellungen, wie z.B. die Entlassungsvoraussetzungen, interessieren und sich das entsprechende Gesetz durchlesen, hilft ihnen das nicht weiter, weil sie das Gesetz kaum verstehen. Diese Erfahrung wird sie davon abhalten, sich ein weiteres Mal mit Gesetzen zu beschäftigen. Sie wählen den schnelleren und einfacheren Weg, indem sie Mitgefangene befragen. Es überwiegt bei den Gefangenen die Einsicht, dass Beschwerden keinerlei Aussicht auf Erfolg haben.

Die Bediensteten bestätigen die obige Einschätzung, indem sie die geringe Bedeutung des Beschwerde- und Rechtswegs im Jugendstrafvollzug vor allem auf den jugendlichen Charakter der Gefangenen sowie auf ihr mangelndes Ausdrucks- und Formulierungsvermögen zurückführen.

Es kann kaum mehr bezweifelt werden, dass, wenn schon das anstaltsinterne Beschwerdeverfahren kaum verstanden und benutzt wird, dem Rechtsweg zu den Gerichten erst recht keine praktische Bedeutung zukommt. Dabei ist interessant, dass ein Gefangener dies damit begründet, dass Recht „Auslegungssache" bzw. „Recht nicht gleich Recht" sei. Möglicherweise spielt er dabei – vermutlich unbewusst – auf die zahlreichen Ermessensspielräume an, die der Anstalt bei der Beurteilung vollzuglicher Fragen eingeräumt sind.

Soweit weder in den Aussagen der Bediensteten noch in denen der Gefangenen Anhaltspunkte für die mit der Normierung des Rechtswegs verbundenen ambivalenten Auswirkungen der Verrechtlichung zu finden sind, ist dieser Umstand allerdings nicht im Fehlen einer spezifischen Regelung für den Jugendstrafvollzug, sondern im mangelnden Rechts- und Gesetzbewusstsein bzw. -interesse der jugendlichen Gefangenen begründet. Bestätigt wird diese Bewertung dadurch, dass selbst das anstaltsinterne Beschwerdeverfahren im Jugendstrafvollzug, das dem Verfahren im Regelvollzug gemäß Nr. 92 der VVJug unter Verweis auf § 108 StVollzG angeglichen ist und keine größeren formellen Anforderungen aufstellt, nur selten in Anspruch genommen wird.

Für diese Einschätzung sprechen weiterhin das sprachliche Unvermögen vieler jugendlicher Gefangener und das fehlende Interesse, ein Anliegen schriftlich zu formulieren. Jugendliche sind im Allgemeinen an einer schnelleren Antwort interessiert, als diese ihnen ein Gericht geben kann. Schließlich dürfte den meisten von ihnen die finanziellen Mittel für die Inanspruchnahme anwaltlicher Hilfe fehlen. Die gesetzliche Fixierung eines spezifischen Rechtswegs für jugendliche Gefangene wird daher kaum die ambivalenten Auswirkungen zeigen, wie sie im Erwachsenenvollzug auftreten.

III. Erlaß der VVStVollzG (Faktor 3)

Am Beispiel der Telefonregelung kann der Einfluss rechtlicher Vorgaben auf der Ebene der Bürokratisierung auf die Vollzugspraxis veranschaulicht werden. Nach einer Vorgabe des Ministeriums[473] wurde aufgrund eines Vorfalls in einer anderen Anstalt die Telefonbenutzung für die Gefangenen auf einen Tag in der Woche reduziert. Ein Bediensteter muss dabei die Telefonnummer wählen und während des Gesprächs im Raum bleiben. Die anderen Gefangenen sind unterdessen im Einschluss. Nach Beendigung des Telefonats wird das Telefon abgeschlossen. Diese Regelung wird von Vollzugsbeamten kritisiert, weil das Telefonieren – neben den Besuchsmöglichkeiten – eine einfache und gleichzeitig effektive Chance für die Gefangenen darstellt, mit der Familie und anderen Angehörigen Kontakt zu halten, aufzubauen bzw. zu vertiefen. Die Aufrechterhaltung der sozialen und besonders der familiären Beziehungen spielt – zumindest bei der Mehrheit der jugendlichen Gefangenen – gerade für die Zeit nach der Entlassung eine

---

[473] Zum Befragungszeitpunkt im Sommer 1999.

große Rolle. Es handelt sich bei der Telefonregelung somit um eine Einschränkung, die vor allem aus Gründen der Sicherheit[474] zulasten behandlungsrelevanter Bereiche erfolgt.

Während die Vollzugsbeamten einerseits manche Einschränkungen durch das Ministerium kritisieren, fordern sie auf der anderen Seite dessen Einschreiten. Es wird der Vorwurf laut, das Ministerium interessiere sich nicht wirklich für die Lösung anstehender Probleme. Offensichtlich sind die Vollzugsbeamten der Ansicht, dass ministerielle Vorgaben nicht immer an den richtigen Stellen ansetzen. So fordern sie beispielsweise das Verbot von Privatkleidung, um die in großen Ausmaß durchgeführten Erpressungen unter Gefangenen zu verhindern, die sie hauptsächlich auf die Existenz von Privatkleidung in der Anstalt zurückführen.

IV. Normierung des Behandlungsvollzugs im allgemeinen (Faktor 4)

1. Behandlungsvollzug

Nach Ansicht einiger Bediensteter werden trotz des Wohngruppenvollzugs in der JSA Schifferstadt Formen eines Verwahrvollzugs sichtbar. Den Hauptgrund hierfür sehen sie in der Überbelegung der Anstalt, die zu vermehrten Stress- und Konfliktsituationen und zu sicherheitsrelevanten Vorfällen unter den Gefangenen führt. Diese erfordern wiederum ein erhöhtes Maß an Disziplinarverfahren bzw. -maßnahmen, welche in Teamsitzungen besprochen und durch Abfassen von Berichten und Stellungnahmen bearbeitet werden müssen. Intensive Gespräche, wie sie nach Aussage der Bediensteten in früheren Zeiten stattfanden, sind heute aus zeitlichen Gründen kaum mehr möglich. Auch andere pädagogische Möglichkeiten werden durch die Überbelegung zunichte gemacht. Gruppenveranstaltungen und -freizeiten, in denen die Jugendlichen an ihre Grenzen geführt werden, wie z.B. beim gemeinsamen Klettern, finden aus diesen Gründen nicht mehr statt. Es wird damit die Chance vertan, den Jugendlichen ein Stück Gemeinschaftsgefühl in einer anderen Umgebung zu vermitteln, z.B. beim Zelten am Lager-

---

[474] Nicht auszuschließen ist, dass auch aus organisatorischen Gründen (Überbelegung) eine einschränkende Regelung getroffen wurde.

feuer. Stattdessen beschränken sich die Reaktionsmöglichkeiten der Bediensteten auf die Disziplinierung der Gefangenen.

Die – ausschließlich negativen – Auswirkungen der Überbelegung[475] auf den erzieherisch ausgerichteten Behandlungsvollzug in der JSA Schifferstadt sind erheblich. Sie sind jedoch nicht dem Vorgang einer Verrechtlichung zuzuordnen und werden daher wiederholt unter den verrechtlichungsunabhängigen Faktoren 7 bis 10 erörtert. Die soeben dargestellten Auswirkungen dienen der Abrundung des Eindrucks vom Behandlungsvollzug in der Anstalt und der Vorstellung, was in Zeiten mit normalem Belegungszustand möglich ist.

a) Therapeutische Behandlung

Was die im Jugendstrafvollzug angebotene therapeutische Hilfe angeht, reicht die Bandbreite bei den Jugendlichen von völliger Ablehnung jeglicher Hilfe bis zu ernsthaften Bemühungen, im Rahmen einer Therapie an ihren Störungen zu arbeiten. Der Großteil erhofft sich durch die Teilnahme an einer Therapie vor allem die frühzeitige Erreichung von Vollzugslockerungen, zumindest aber Vollzugsverbesserungen. Aus Sicht des psychologischen Dienstes ist eine Therapie im Vollzug keinesfalls von vornherein zum Scheitern verurteilt, wenn der Therapeut um dieses Zweckverhalten des Gefangenen weiß und es in die Therapie miteinbezieht. So bedingt beispielsweise auch in privaten Therapieeinrichtungen häufig ein äußerer Anstoß die Aufnahme einer Therapie, so dass „die Freiwilligkeit (im Vollzug; Anm. der Verf.) – wie aber draußen auch – durchaus eine scheinbare ist."

Einige der befragten Gefangenen lehnen eine Hilfestellung durch den psychologischen Dienst nicht grundsätzlich ab und nehmen die Aufforderungen wahr, sich an die Psychologen des Vollzugshauses zu wenden. Sie bemängeln allerdings die mehrere Tage dauernde Zeitspanne, die zwischen der Beantragung eines Gesprächs mit einem Psychologen und dem tatsächlichen Termin liegt. Bis dahin hat sich die Angelegenheit entweder von selbst erledigt oder der Gefangene hat sein Problem in sich „hineingefressen". Die daraus folgende Enttäuschung erscheint unter dem Gesichtspunkt nachvollziehbar, dass Jugendliche – noch mehr als Erwachsene – eine schnelle Lösung ihrer Pro-

---

[475] Und des hier nicht erörterten hohen Ausländeranteils.

bleme erwarten. Hinzu kommt ein Gefühl des Nicht-Verstanden-Werdens durch die Psychologen, wenn diese aus Sicht der Gefangenen nicht sofort neue, hilfreiche Ratschläge für die Änderung ihrer Situation erteilen können. Es besteht die Gefahr, dass sich die jugendlichen Gefangenen aufgrund der eben dargestellten Enttäuschungen zurückziehen oder sogar eine Anti-Haltung gegenüber dem psychologischen Dienst entwickeln.

Inwieweit in den Gruppenstunden, die vierzehntägig unter der Leitung des Wohngruppenleiters im Beisein eines Psychologen und Wohngruppenbeamten stattfinden, einzelne Gefangene unter dem Druck ihrer Mitgefangenen Probleme ansprechen, ist angesichts der Äußerungen zum Umgang untereinander (vgl. die folgenden Ausführungen unter c) zweifelhaft. So verneint ein Gefangener generell Schwierigkeiten bzw. Auseinandersetzungen innerhalb der Wohngruppe, erwähnt aber gleichzeitig, dass es mitunter zu körperlichen Auseinandersetzungen bei Tausch- oder Erpressungsgeschäften kommt. Ob er aus Angst oder einem gewissen Ehrenkodex heraus die allgemein bekannten, mitunter auch gewalttätigen Auseinandersetzungen innerhalb der Wohngruppe nicht zugeben will, bleibt offen.

b) Behandlung und Erziehungsinhalte

Die Vertreter der Fachdienste äußern wissenschaftlich fundierte Ansichten über Erziehungsinhalte und -methoden, die sie bei der Erfüllung ihrer Aufgaben (dargestellt unter Faktor 6, 1., a) und b), S. 195 f.) umsetzen. Im Zentrum steht eine konsequenzenorientierte Erziehung, durch die den jugendlichen Gefangenen eine konsequenzengesteuerte Verhaltensweise hauptsächlich in mündlicher Auseinandersetzung vermittelt werden soll. Daneben stellt die Disziplinierung eine häufig verwendete Methode der Vermittlung dar. Sie wird in diesem Zusammenhang als „Haupterziehergeschäft" bezeichnet. Soweit sich die befragten Bediensteten über diese Grundsätze verständigen, gehen die Meinungen in anderen Fragen auseinander. So äußert ein Sozialarbeiter Zweifel an dem Konzept der Anstalt, die Jugendlichen ausschließlich auf der Gesprächsebene erreichen zu wollen. Viele derartige Herangehensweisen an die Jugendlichen scheitern seiner Ansicht nach z.B. an der unterschiedlichen Schichtzugehörigkeit, auch wenn das niemand zugeben würde. Seine Zweifel beruhen auf vielfältigen Erfahrungen mit den Jugendlichen sowie auf Gefühlen der Hilflosigkeit und Frustration, die nur von jemanden empfunden werden können, der ernsthaft bemüht ist, ihnen zu helfen. Wenn er laut darüber nachdenkt, dass man „mit den Jungs härter umgehen können (müsste), teilweise knallhart reden können und auch manchmal einen am Schlafittchen packen und sagen können: Junge, so geht es nicht weiter", dann ist das nach dem persönlichen Eindruck der Verfasserin nicht die Aussage eines reaktionär-konservativen Hardliners, sondern die eines engagierten Menschen, der seine Erziehungsaufgabe als ernst zu nehmende Verantwortung begreift, was im Übrigen auch in vielen weiteren Aussagen zum Ausdruck kommt. Seine Zweifel werden vertieft durch ausbleibende, sichtbare Erfolge, welche die Effizienz seiner Arbeit bestätigen könnten. Rückmeldungen von ehemaligen Gefangenen, die sich sozial integriert haben und ein straffreies Leben führen, weil ihre persönliche Entwicklung während der Haftzeit durch Bedienstete unterstützt und gefördert wurde, sind äußerst selten.[476] Darüber hinaus wird auf das grundsätzliche Problem der Erziehung bereits volljähriger Gefangener hingewiesen, die ihre Strafe noch im Jugendstrafvollzug verbüßen.

Abgesehen von den oben erwähnten pädagogischen Grundsätzen, die nicht in Schriftform niedergelegt wurden, ist die konkrete inhaltliche Ausgestaltung des Erziehungsgedankens im Jugendstrafvollzug weitgehend den Mitarbeiter-Teams der Vollzugshäuser überlassen. Dementsprechend ist eine Vielfalt von Erziehungsansätzen und -methoden vertreten. Die Bandbreite reicht von streng-autoritär bis hin zu liberal-tolerant; sie geht von einem „Dienst nach Vorschrift" über die ordnungsgemäße Erledigung der auferlegten Aufgaben bis zu einem höchst motivierten und engagierten Arbeitseinsatz, der mitunter auch außerhalb der Arbeitszeit stattfindet. Jeder scheint sich – auch oder vor allem von den eigenen persönlichen Wertvorstellungen geleitet – seine eigene Auffassung über den Erziehungsbeitrag im Jugendstrafvollzug zu bilden. Die Vielfalt der Erziehungsansätze und -methoden ist zum einen positiv zu sehen, weil sie die Möglichkeit eröffnet, zu jedem Jugendlichen einen „passenden Zugang" zu finden. Die Freiheit im erzieherischen Vorgehen eröffnet aber andererseits die Möglichkeit, dass sich Bedienstete auf die Erledigung der zwingend vorgeschriebenen Aufgaben beschränken.[477]

---

[476] Eine auf derartige Zweifel gründende Unzufriedenheit mit der beruflichen Situation kann sich langfristig negativ auf das Behandlungsklima im Allgemeinen und auf das berufliche Engagement jedes einzelnen auswirken.
[477] Die letztgenannte Erscheinung erweist sich allerdings nicht als vollzugstypische, sondern als eine allgemein gesellschaftliche. Immer dort, wo gestalterische Freiräume bei der Erledigung von Aufgaben gelassen werden, wird es Menschen geben, die nur das gerade notwendige Mindestmaß erfüllen.

Die dargestellten Unterschiede, die auch zu Konflikten unter den Bediensteten führen, werfen daher die Frage auf, ob es einer inhaltlichen Umschreibung des Erziehungsgedankens im Jugendstrafvollzug im Sinne einer „Erziehungskultur" bedarf, wie es der befragte Psychologe bezeichnet hat (vgl. die Ausführungen zu Faktor 6, 2., S. 196 ff.). Eine derartige Umschreibung müsste zwar weiterhin Raum für verschiedene Erziehungsstile lassen, aber gleichzeitig einen Rahmen vorgeben, in dem gewisse Grundsätze der Erziehungsarbeit formuliert werden, um erhebliche Differenzen weitgehend einzuschränken. Abgesehen davon könnte eine derartige „Regelung" i.w.S. zu einer grundsätzlichen Aufwertung des Erziehungs- bzw. Behandlungsbeitrags – vor allem des AVD – beitragen, u.a. weil dem pädagogisch unangemessenen Verhalten eines Bediensteten eine andere Qualität zukäme, wenn es sich als „Regelverstoß" darstellen würde.

c) Behandlungsvollzug aus Sicht der Gefangenen

Der Anfang der Haftzeit ist insgesamt geprägt durch die Eingewöhnung und Anpassung der Gefangenen an den anstaltsinternen Vollzugsablauf, an die Regeln der Wohngruppe und an den Umgang der Gefangenen untereinander. Ihr Ziel ist es, möglichst schnell und komplikationslos ihre Haftzeit abzusitzen. Dazu gehört vor allem, sich in keine Schwierigkeiten mit anderen Gefangenen hineinziehen zu lassen. Da sie sich aber nicht immer den Forderungen anderer Gefangener entziehen können, so z.B. bei verbotenen Tauschgeschäften, rechnen sie zwangsläufig auch mit körperlichen Auseinandersetzungen. Entscheidend dabei ist, dass die Gefangenen es vorziehen, für die Beteiligung an einer körperlichen Auseinandersetzung ebenfalls bestraft zu werden, als sich der Hilfe und Unterstützung der Vollzugsbeamten zu versichern. Zwar entsteht bei einigen der Eindruck, dass sie in bedrohlichen Situationen gerne den Kontakt zu Beamten suchen würden, es sich aber angesichts der von Mitgefangenenseite aus drohenden unangenehmen Folgen nicht trauen. Entsprechend halten sie sich an den „Knastkodex", sich nicht wegen Unterstützung an Beamte zu wenden, andere Gefangene nicht zu verraten und Auseinandersetzungen ausschließlich untereinander und, wenn es sein muss, gewaltsam zu regeln.

Was das Verhältnis zu den Vollzugsbediensteten angeht, zielen die meisten Gefangenen auf ein weitgehend störungsfreies Auskommen ab. Ihre Aussagen geben weniger ein Feindbild von den Bediensteten wieder, sondern liefern Hinweise darauf, dass sich aufgrund der dauerhaften Nähe von Gefangenen und Beamten über eine gewisse Zeit hinweg zwischenmenschliche, sogar freundschaftliche Beziehungen entwickeln können. Dabei ist es durchaus menschlich, dass nicht jeder Gefangene jeden Beamten sympathisch findet und umgekehrt. Jeder Gefangene hat die Chance, unter den Beamten einige zu treffen, zu denen er insoweit ein gutes Verhältnis aufbauen kann, als dass auch Gespräche über private Themen und eigene Probleme zwischen beiden zustande kommen können. Derartige Beziehungen bezeichnen die Gefangenen jedoch nicht als Vertrauensverhältnis. Schließlich lassen sich auch vermeintlich abgeklärte Gefangene nicht zu einem Verhalten hinreißen, das ihre vorzeitige Entlassung gefährden könnte. Trotz aller an den Tag gelegten Gleichgültigkeit gegenüber der eigenen Haft- und Lebenssituation wird so ein gewisses Maß an (Schein-)Anpassung erfüllt.

Auch wenn die Gefangenen viele Haftbedingungen und -gegebenheiten im Laufe ihrer Haftzeit als normal und gegeben hinnehmen, sie ihnen teilweise sogar völlig gleichgültig sind, fällt auf, dass die berufliche Situation und entsprechende Angebote der Anstalt eine große Bedeutung einnehmen. Das Berufsvorbereitungs- und Berufsgrundschuljahr stellen für diejenigen Gefangenen aussichtsreiche, weiterführende (Schul-)Angebote seitens der Anstalt dar, die über keinen Schulabschluss verfügen. Und dennoch nehmen einige Gefangene dieses Angebot nur dann wahr, wenn ihre Teilnahme eine vorzeitige Entlassung fördert oder sie zumindest nicht behindert. In Hinsicht auf die Ausbildung in den Übungswerkstätten Holz, Metall und Bau bemängeln die Gefangenen hingegen, dass sie keinen anerkannt berufsqualifizierenden Abschluss für Gefangene mit Schulabschluss ermöglicht. Geht die daraus resultierende Perspektivlosigkeit mit Faulheit bzw. Gleichgültigkeit eines Gefangenen einher, fallen dessen Zukunftsaussichten denkbar schlecht aus. Einer der befragten Gefangene sieht daher schon seiner nächsten Inhaftierung entgegen. Ihre finanzielle Situation einschließlich der Entlohnung erachten die jugendlichen Gefangenen für angemessen.

Als belastend wird der fehlende Kontakt zu Familie und Freunden empfunden. Ein Gefühl der Verlassenheit macht sich vor allem dann bemerkbar, wenn der erwartete Besuch ausbleibt. Daran wird deutlich, wie wichtig die sozialen Kontaktmöglichkeiten, wie z.B. Telefon- und Besuchsmöglichkeiten, für die Gefangenen sind.

Neben dieser Grundposition sind bei Gefangenen auch Extremhaltungen festzustellen, die sich durch alle Bereiche ziehen. Eine – extreme – Position soll an dieser Stelle zusammenfassend geschildert werden: Ein Gefangener betrachtet seine Haftzeit als lehrreiche Erkenntnis, pflegt gute Beziehungen zu den Bediensteten, findet Spaß an seiner Arbeit innerhalb der Anstalt und sieht beruflich sowie finanziell zuversichtlich in die Zukunft. Er betrachtet die Beamten nicht als Gegner, sondern als Bezugspersonen, die während der Haftzeit seine Eltern ersetzen. Mit einigen Bediensteten hat er ein Vertrauensverhältnis aufgebaut, das sich z.B. in Gesprächen über private Themen und der Weitergabe von Ratschlägen äußert. Das Vertrauen geht nicht nur von ihm aus, sondern wird seiner Ansicht nach von den Beamten erwiedert, indem sie ihm beispielsweise gewisse (Kontroll-)Aufgaben übertragen.

Da er angesichts dieser Einstellung Anerkennung und Unterstützung durch die Anstalt und ihre Bediensteten erfährt, steigt sein Selbstbewusstsein. Seine Bestätigung durch die Anstalt äußert sich auch in einer absoluten Identifikation mit ihren erzieherischen Bemühungen und Zielsetzungen. So unterstützt er z.B. den Hinweis der Bediensteten an die Gefangenen, Provokationen durch Ignorieren aus dem Weg gehen. Er bestärkt die weitere Aufforderung, sich in die Wohngruppe zu integrieren, um einen gewaltfreien, zwischenmenschlichen Umgang zu erlernen. Die jugendlichen Gefangenen sollen mit Stresssituationen umzugehen wissen und ihre Grenzen erfahren. Die geringe Entlohnung begreift der befragte Gefangene als Teil seiner Strafe und rät seinen Mitgefangenen, noch in der Haftzeit den Hauptschul- bzw. einen Ausbildungsabschluss zu erlangen, auch wenn sie dafür über den Zeitpunkt einer möglichen vorzeitigen Entlassung in der Anstalt verbleiben. Er fordert von den Bediensteten sogar ein strengeres Vorgehen gegenüber denjenigen, die ihre Mitgefangenen bedrohen und erpressen. Obwohl der Einschluss keine abschreckende Wirkung zeigt, empfinden er und andere Gefangene ihn durchaus als Bestrafung, weil ihnen dadurch die Teilnahme an Freizeitangeboten versagt ist.

In den Aussagen spiegelt sich das Bild eines „Vorzeige-Gefangenen" wieder, der sicherlich den Idealfall eines erzieherisch ausgerichteten Jugendstrafvollzugs darstellt. Als Gegenbeispiel kann ein anderer Gefangener gelten, der gegenüber allen erzieherischen Bemühungen und Disziplinarmaßnahmen sowie gegenüber seiner beruflichen Zukunft eine gleichgültige Haltung einnimmt. Er schätzt immerhin die Hälfte der Beamten in ihrem Auftreten als korrekt ein, die andere Hälfte jedoch vollzieht ihren Dienst schlecht und mitunter in bösartiger Absicht. Hilfe und Unterstützung nimmt er nur dann an, wenn sie einer positiven Beurteilung dienlich sind, wie z.B. für eine vorzeitige Entlassung. Ansonsten vertritt er die Ansicht, dass Konflikte i.d.R. von Beamten ausgehen.

Die anfangs konsequente Ablehnung bzw. allenfalls Duldung der Vollzugsbeamten ist jedoch im Laufe der Haftzeit immerhin durch eine Wohngruppenbeamtin durchbrochen worden, die nach Aussage des Gefangenen einen guten Zugang zu ihm gefunden hat.

Die dargestellten unterschiedlichen Einstellungen werden auch bei der Beurteilung der Haftzeit und der Zukunftsperspektive deutlich. Während der eine die Haftzeit nicht als Abschreckung begreift, sondern den Aufenthalt in der JSA mit Urlaub vergleicht, entwickelt der andere konkrete berufliche und familiäre Vorstellungen von der Zukunft, in der ein weiterer Gefängnisaufenthalt völlig ausgeschlossen ist.

2. Behandlungsbeitrag des AVD

Nach einer zweijährigen Ausbildung nahmen die befragten Beamten ihre Arbeit zwar mit großen Erwartungen auf, ohne jedoch vorher spezifisch auf den Umgang mit jugendlichen Gefangenen vorbereitet worden zu sein. Eine jugendspezifische Ausrichtung bzw. eine grundsätzlich getrennte Ausbildung je nach Vollzugsform hätten sich die Vollzugsbeamten gewünscht. Inzwischen verbringen die Anwärter für den Jugendstrafvollzug ihre praktische Ausbildungszeit in der JSA Schifferstadt und werden dort entsprechend ausgebildet. Die Aussagen der Beamten legen den Schluss nahe, dass sie teilweise mit einer unklaren bzw. fehlerhaften Vorstellung von ihren Aufgaben den Dienst in der Anstalt antraten. So haben sie nach eigenen Angaben ihren Erziehungs- und Behandlungsbeitrag überschätzt und sind offensichtlich durch negative Erfahrungen zu einer „professionelleren" Arbeitseinstellung übergegangen. Es ist zu vermuten, dass mit dieser Einstellung eine auf Sicherheit bedachte Haltung einhergeht. In der Justizvollzugsschule Wittlich können die Vollzugsbeamten an Fortbildungen teilnehmen bzw. Zusatzausbildungen erwerben, wie z.B. als Moderator für das Soziale Training.

Im Mittelpunkt der detaillierten Beschreibung des Vollzugsalltags aus Sicht der Vollzugsbeamten stehen vielfältige organisatorische und sicherheitsrelevante Aufgaben, die von ihnen an erster Stelle zu erledigen sind. Es entsteht der Eindruck, dass sie gerne mehr Zeit zur Verfügung hätten, um mit den Gefangenen ihrer Wohngruppe behandlungsorientierte Kontakte aufzubauen, da sie darin ebenfalls eine ihrer Hauptaufgaben sehen. Die knappe Zeit, die sie gerade im Spätdienst hierfür nutzen könnten, fällt jedoch der Überbelegung fast gänzlich zum Opfer.

Die Aussagen der Beamten lassen zum einen eine große Motivation und Einsatzbereitschaft einiger Beamter im Bereich der Erziehung/Behandlung erkennen, machen gleichzeitig aber auch deutlich, dass dieses Engagement nicht die Regel darstellt. Nach ihren Schilderungen sehen nicht alle Kollegen des AVD einen Aufgabenschwerpunkt im Erziehungs- und Behandlungsbereich. Der Bericht eines Vollzugsbeamten über seine Rolle als Kursleiter des Sozialen Trainings bestätigt diesen Eindruck. So wird scheinbar organisatorischen Belangen der Vorzug zulasten einer sinnvollen und effektiven Behandlungsmaßnahme eingeräumt, für die sich ein Vollzugsbeamter aus persönlichem Engagement und Interesse heraus – zusätzlich und weitgehend in seiner Freizeit – hat ausbilden lassen. Anstatt diesen, von der Anstaltsleitung stets gewünschten, persönlichen Einsatz zu fördern, indem man ihm bei der Einteilung der Dienstschichten und -aufgaben entgegenkommt, stößt er bei seinen Kollegen auf Widerstand, weil diese eine Benachteiligung befürchten bzw. ihm Karrierestreben vorwerfen. Um einen offenen Konflikt zu vermeiden, hatte der Beamte sein Kursangebot in die U-Haft verlegt. Gerade für Strafhaftgefangene erweisen sich Kurse des Sozialen Trainings aber als gewinnbringend, da sie gezielt auf die bevorstehende Entlassung vorbereiten. Sie würden darüber hinaus nicht den in der U-Haft gegebenen Beeinträchtigungen unterliegen (ständiger Wechsel der Kursteilnehmer). Die Gefahr, dass derartige Geschehnisse irgendwann in Frust und Desinteresse bei vormals motivierten Kollegen umschlagen und andere Kollegen von ähnlichem Engagement abhalten, ist nicht von der Hand zu weisen.

Die befragten Vollzugsbeamten machen insgesamt deutlich, dass sie in vielen Situationen erzieherisch und behandelnd gefordert sind und aufgrund ihrer langjährigen Vollzugserfahrung zudem genaue Vorstellungen davon haben, wie sie dieser Aufforderung nachzukommen denken. Sie haben ihre Erwartungen und Vorstellungen den Bedingungen der Realität angepasst und ihr eigenes pädagogisches Leitkonzept entwickelt. Sie bedauern, dass in letzter Zeit die Sicherheitsaufgaben zunehmend zulasten der Erziehungs- und Behandlungsaufgaben in den Vordergrund rücken, was maßgeblich von Umständen abhängt, auf die sie keinen Einfluss haben. Es fällt auf, dass sie die Zunahme der organisatorischen und sicherheitsrelevanten Aufgaben kaum auf den Zuwachs rechtlicher Vorgaben zurückführen, sondern hauptsächlich auf die Überbelegung und auf eine veränderte Struktur der Insassenschaft. Auch wenn sie darauf hinweisen, dass auch und gerade durch Disziplinierung der jugendlichen Gefangenen Erziehungsarbeit geleistet wird, darf dabei nicht verkannt werden, dass Disziplinierung immer auch der Aufrechterhaltung von Sicherheit und Ordnung innerhalb der Anstalt dient. Der erzieherische Gehalt der Disziplinierung wird dann sichtbar, wenn die Beamten mit den Jugendlichen über ihre Verfehlung reden und ihnen den Grund für die Disziplinarmaßnahme verständlich machen. Soweit sich jedoch nicht alle Kollegen auf diese Art und Weise bemühen, wird die Disziplinarmaßnahme lediglich auf ihren repressiven Gehalt reduziert und der pädagogische Nutzen geht verloren.

Angesichts der erziehungs- und behandlungsorientierten Arbeitseinstellung der als motiviert einzuschätzenden Vollzugsbeamten ist zusammenfassend festzuhalten, dass innerhalb des AVD insgesamt nennenswerte Unterschiede bei der Bewertung seiner Aufgaben und seines Erziehungs- bzw. Behandlungsbeitrags existieren. So ergibt sich aus den Aussagen der befragten Beamten kein eindeutiges Bild von der Rolle der Vollzugsbeamten bzw. von ihrem Selbstverständnis im Vollzug. Jeder scheint sich – auch oder vor allem von den eigenen persönlichen Wertvorstellungen geleitet – seine eigene Auffassung über den Erziehungs- bzw. Behandlungsbeitrag eines Vollzugsbeamten im Jugendstrafvollzug gebildet zu haben. Die Bandbreite umfasst daher den „Dienst nach Vorschrift" und geht über die ordnungsgemäße Erledigung der Sicherheitsaufgaben bis zu einem höchst motivierten und engagierten Einsatz als Moderator für Soziales Training. Die Vor- und Nachbereitung der Kursstunden für das Soziale Training erledigt der Beamte immerhin in seiner Freizeit, da ihm im Dienst dafür keine Zeit bleibt.

Angesichts dieser Differenzen, die in Konflikten unter den Beamten des AVD offen hervorkommen, ist zu fragen, ob es einer inhaltlichen Umschreibung des Erziehungs- bzw. Behandlungsbeitrags des AVD bedarf. Eine derartige Umschreibung müsste zwar weiterhin Raum für verschiedene Erziehungsstile zulassen, aber gleichzeitig einen Rahmen vorgeben, um erhebliche Differenzen zu vermeiden, indem sie gewisse Grundsätze der Erziehungsarbeit formuliert. Abgesehen davon würde eine „Regelung" i.w.S. einer grundsätzlichen Aufwertung des Erziehungs- bzw. Behandlungsbeitrags dienen. Vielleicht ließen sich auf diese Art und Weise folgende, von den Beamten geschilderten Vorkommnisse vermeiden: Sie kritisieren, wenn Kollegen die jugendlichen Gefangenen spüren lassen, sie für den Abschaum der Gesellschaft zu halten. Auf Ablehnung stößt ein Verhalten, bei dem Bedienstete ein anderes – strengeres – Maß bei den Gefangenen als bei sich selbst anlegen. Wenn z.B. im Treppenhaus allgemeines Rauchverbot herrscht, kann man als Bediensteter nicht Zigarette rauchen und gleichzeitig den Gefangenen, wenn man sie erwischt, sofort Einschluss geben. „Das verstehen manche wirk-

lich nicht, wo auch die Fachdienste sagen zu den Leuten: ‚Das könnt ihr nicht bringen.'
Aber das geht denen da rein und da wieder raus." Würde dieses Verhalten einen Regelverstoß darstellen, hätte es vielleicht für den Betroffenen eine andere Qualität als entsprechende Ermahnungen von Seiten der Kollegen.

V. Normierung von Behandlungsmaßnahmen als subjektive Rechte (Faktor 5)

1. Scheinanpassung

Die Möglichkeit einer Scheinanpassung lässt sich zumindest zeitweise einigen Beamten gegenüber nicht ganz ausschließen. So bescheinigen die Bediensteten einigen Jugendlichen ein Verhalten, das auf eine Scheinanpassung hinausläuft, um einerseits möglichst unauffällig und von den Bediensteten unbehelligt ihren Vollzugsalltag gestalten zu können, und um andererseits frühzeitig in den Genuss von Vollzugslockerungen zu kommen. Hilfe und Ratschläge werden beispielsweise nur dann angenommen, wenn sich dieses Verhalten in einer Beurteilung durch die Bediensteten im Falle von Lockerungen oder der vorzeitigen Entlassung positiv niederschlägt.

Von einer langfristigen, berechnend-gezielten Scheinanpassung kann jedoch nicht ausgegangen werden. Vor allem der Wohngruppenvollzug erschwert eine durchgängiges täuschendes Verhalten der Gefangenen. In nicht wenigen Fällen wird das Bediensteten-Team der Wohngemeinschaft das Wohlverhalten eines Gefangenen als Scheinanpassung erkennen. In den Aussagen der Gefangenen deutet zudem nichts darauf hin, dass sich eine Scheinanpassung über längere Zeit hinweg aufrechterhalten lässt. Eine Differenzierung der Bediensteten nach Art und Ausmaß ihrer Entscheidungsgewalt nehmen sie gleichfalls nicht vor.

Eine gegenüber der Anstalt wohl durchdachte Scheinanpassung unter Vermeidung der Offenlegung persönlicher Probleme zum Zwecke der frühzeitigen Genehmigung von Vollzugslockerungen bzw. einer vorzeitigen Entlassung ist bei den jugendlichen Gefangenen daher nicht zu festzustellen.

2. Absicherungsbedürfnis der Anstalt

Für ein – übermäßiges – Absicherungsbedürfnis der Anstalt bei der Formulierung abschlägiger Entscheidungen gibt es keine Hinweise. Gegen eine „Zementierung eines negativen Bildes" des Gefangenen auf längere Zeit spricht vor allem das geringe Beschwerde- bzw. Klageaufkommen innerhalb der JSA. So lassen sich in den Aussagen der Gefangenen keine Anhaltspunkte dafür finden, dass sie Vollzugslockerungen als subjektive Rechte begreifen, die gerichtlich einklagbar sind. Deren Genehmigung erscheint für sie mitunter eher zufällig, wobei sie den Vollzugsbeamten vorwerfen, nur negative Stellungnahmen zu schreiben. Eine Ablehnungsentscheidung ist für sie nachvollziehbar, wenn sie sich auf ein Fehlverhalten oder Regelverstöße begründet. Auch wenn die Wut im ersten Moment groß ist, bewegt sie die Gefangenen nicht automatisch zu rechtlichen Schritten, wie z.B. zur Einlegung einer formellen Beschwerde. Gleiches gilt für die Frage des Entlassungszeitpunktes. Es besteht somit kein Bedürfnis auf Seiten der Anstalt, ihre abschlägigen Entscheidungen in einem Maße abzusichern, das den tatsächlichen Umständen nicht mehr entspricht, weil eben von den jugendlichen Gefangenen kein Rechtsstreit zu erwarten ist.

Die mit der Inanspruchnahme von Behandlungsmaßnahmen als gerichtlich durchsetzbare Rechte verbundenen, verrechtlichungsabhängigen-ambivalenten Auswirkungen bleiben daher aus. Dabei liegt – wie bei Faktor 2 – nahe, dass dieses Ergebnis nicht im Fehlen einer gesetzlichen Regelung begründet ist, sondern generell im fehlenden Rechtsbewusstsein bzw. -interesse und speziell im fehlenden Verständnis und Interesse jugendlicher Gefangener für Verfahrensvorgänge.

VI. Einbeziehung der Fachdienste in den Vollzug (Faktor 6)

1. Aufgaben der Fachdienste und ihre Stellung im Vollzug

Die rechtliche Ausgestaltung ihres Aufgabengebiets erachten die Fachdienste als ausreichend und verneinen diesbezüglich einen weiteren Regelungsbedarf. Die rechtliche Handlungsbasis für die Arbeit im Vollzug stellt die VVJug dar. Die Vollzugspsychologen finden darüber hinaus inhaltliche Vorgaben für ihre Arbeit in den Grundzügen für die Arbeit des psychologischen Dienstes in den Justizvollzugs- und Jugendstrafanstalten, nach denen zu ihren Aufgaben die Arbeit mit Gefangenen und Bediensteten, Fortbildungen, Personalauswahl, Mitarbeit in der Forschung und Beteiligung bei Stellungnahmen zu vollzuglichen Belangen, z.B. vorzeitiger Entlassung, zählen. Viele konkrete Tätigkeitsfelder werden dem jeweiligen Geschäftsverteilungsplan der Anstalt entnommen.

a) Sozialdienst

In seiner Funktion als Wohngruppenleiter ist der Sozialarbeiter zuständig für Zugangsgespräche und für die Feststellung von Handlungsbedarf, wie z.B. bei Suizidalität eines Gefangenen. Neben dem Aktenstudium bereitet er die Vollzugsplanung vor, indem er Gespräche mit den in seinem Vollzugshaus wohnenden Jugendlichen über den bisherigen Lebenslauf, Straftaten, deren Hintergründe etc. führt. Seine Erkenntnisse bringt er in die Vollzugsplanungskonferenz ein, die den Vollzugsplan für den jugendlichen Gefangenen aufstellt. Seine Arbeit ist weiterhin geprägt durch viele „Büroarbeiten". Sie umfasst u.a. den (telefonischen) Informationsaustausch mit Gerichten, der Jugendgerichtshilfe und dem Jugendamt, das Verfassen von Berichten für die vorgenannten Einrichtungen, Stellungnahmen z.B. zur Lockerungseignung oder vorzeitigen Entlassung, Aktenführung über Abmahnungen und Disziplinarmaßnahmen sowie die Erfassung der Entscheidungen des Hausteams. Als Wohngruppenleiter obliegt dem Sozialarbeiter die Leitung der Gruppenstunden, die im Beisein des Psychologen und der Wohngruppenbeamten stattfinden. In ihnen werden z.B. Gruppenprobleme und neue Beschlüsse der Anstalt besprochen. Schließlich kann noch die Leitung von Freizeitaktivitäten, z.B. Sportgruppen, hinzukommen.

b) Psychologischer Dienst

Der Psychologe ist innerhalb seines Vollzugshauses für die Erstellung von Erziehungsplänen und die psychologische Einstellungsuntersuchung im Rahmen der Personalauswahl zuständig. Er führt Gespräche mit Bediensteten über das Verhalten der Jugendlichen und gibt Hinweise und Ratschläge zum Umgang mit ihnen. Eine Einschränkung seines Tätigkeitsbereichs und der ihm zustehenden Handlungsfreiräume erfolgt weniger durch Verwaltungsarbeiten, die sich auf größere Stellungnahmen hinsichtlich der Erziehungsplanung beschränken, sondern vor allem durch eine erhöhte Arbeitsbelastung, deren Hauptursache sich zum Befragungszeitpunkt in der Überbelegung der Anstalt findet. Neben seinem Anspruch, im Wohngruppenleben seines Hauses integriert und für ca. 65 Gefangene Ansprechpartner zu sein, stellen die anfallenden Arbeiten die absolut notwendigsten dar. Die Gefangenen können ihn jederzeit ansprechen. Da sie ihm i.d.R. die Dringlichkeit des gewünschten Gesprächs signalisieren, kann er darauf angemessen schnell reagieren.

Insgesamt fällt auf, dass die Aussagen der befragten Fachdienstvertreter keine Hinweise auf einen Rollenkonflikt enthalten, der sich durch ihre Aufgabe als Therapeut bzw. Behandelnder auf der einen Seite und durch die Stellung als Justizangestellter auf der anderen Seite ergeben könnte. Anders ausgedrückt, wird ein entsprechender Rollenkonflikt nicht von den jugendlichen Gefangenen an die Fachdienste herangetragen. Möglicherweise ist ihnen die Bedeutung der Fachdienste, vor allem des Psychologen, im vollzuglichen Entscheidungsprozess (noch) nicht im ganzen Ausmaß bewusst. Schließlich machen die jugendlichen Gefangenen bei der Beurteilung der Bediensteten keine Unterschiede zwischen den Fachdiensten und den Beamten des AVD. Die Aussagen hinterlassen in ihrer Gesamtheit vielmehr den Eindruck, dass sie sich hauptsächlich mit den Vollzugsbeamten ihres Hauses bzw. ihrer Wohngruppen auseinandersetzen und diese daher im Mittelpunkt ihrer Betrachtungen stehen. Dabei spielt sicherlich die ständige Nähe der Wohngruppenbeamten zu den Gefangenen eine große Rolle.

2. Verhältnis zwischen AVD und Fachdiensten

Die Gestaltung der Zusammenarbeit zwischen den Fachdiensten und dem AVD in Form von Teamsitzungen bzw. -entscheidungen eröffnet eine regelmäßige Gelegenheit zum Informations- und Meinungsaustausch. Das Mitspracherecht des AVD ist – zumindest formal – gewährleistet. Es kann dabei nicht ausgeschlossen werden, dass nicht immer alle Kollegen ihre – gegensätzlichen – Meinungen in der Sitzung einbringen und Bereitschaft zeigen, sich sachlich auseinanderzusetzen. Alte Rollenvorstellungen und verschiedene berufliche Qualifikationen könnten einem solchen Verhalten zugrundeliegen. Allerdings kann es sich hierbei auch um eine normales, vollzugsunabhängiges Gruppenphänomen handeln, das sich zudem als völlig unabhängig von der Mitwirkung der Fachdienste erweist. Von den befragten Beamten wird jedenfalls als positiv und motivierend eingeschätzt, dass sie nicht nur die Chance haben, ihre Meinung einzubringen, sondern dass diese darüber hinaus auch gefragt ist. Es ist für sie wichtig, an den Entscheidungen selbst beteiligt zu sein, da sie diese später zum großen Teil selbst auszuführen haben. Das Gefühl, zum „ausführenden Organ" degradiert zu werden, stellt sich bei ihnen daher nicht ein.

Soweit der jeweilige Wohngruppenleiter auf die alleinige Ausübung seiner Disziplinarbefugnis zugunsten einer zeitintensiven Teamentscheidung verzichtet, wird gewährleistet, dass entsprechende Entscheidungen auch von allen Teammitgliedern getragen und gegenüber dem Gefangenen vertreten werden. Um so erstaunlicher ist in diesem Zusammenhang die Aufforderung von vorgesetzter Seite an den Sozialarbeiter, „mehr den Wohngruppenleiter zu zeigen". Möglicherweise treten hierbei noch hierarchische Denkweisen zu Tage, wie sie für den öffentlichen Dienst typisch sind. Denkbar ist aber auch, dass mit der Aufforderung der Hinweis verbunden ist, ein für die dienstliche Beurteilung sichtbares Durchsetzungsvermögen zu zeigen. Beide Auslegungen stellen allerdings nur Vermutungen dar. Schließlich kann auch ein persönliches Motiv nicht ausgeschlossen werden.

Auf eine traditionelle Rollenverteilung zwischen den Diensten lassen nur wenige Aussagen schließen, so z.B. wenn es heißt, dass „der Fachdienst eigentlich immer bedacht (war), das freundlicher angehen zu lassen" bzw. ältere Beamte eine „Verwahrmentalität" zeigen oder „Der Vollzugsdienst wird in aller Regel eher in Richtung Sicherheit und Ordnung sein". Konflikte zwischen den Diensten sind darüber hinaus vorstellbar, wenn die Vollzugserfahrung des AVD auf den „Wissenshintergrund" bzw. „Wissensvorsprung" der Fachdienste trifft.

Insgesamt aber sprechen die Aussagen der befragten Bediensteten in ihrer Gesamtheit gegen eine – ablehnende – Distanz zwischen beiden Diensten und für eine ständige Verbesserung ihres Verhältnisses sowie für eine gegenseitig wachsende Akzeptanz. Dazu trägt möglicherweise das größere Verständnis junger Beamter für Erziehungs- und Behandlungsaufgaben bei. Einen Hauptanteil an der Verständigung trägt auch das Teamkonzept der Anstalt, das von den Bediensteten verlangt, sich in den Sitzungen zu treffen, miteinander zu diskutieren und gemeinsame Entscheidungen herbeizuführen. Hierdurch wird beispielsweise erschwert, dass sich Bedienstete während ihres Dienstes gänzlich aus dem Weg gehen können. Sicherlich ist die Art der Entscheidungsfindung zeitaufwendiger als eine Entscheidung durch eine Einzelperson, aber die bereits aufgezählten Vorteile überwiegen den Zeitfaktor (siehe die Ausführungen zu Faktor 1, 2.,

S. 175 ff.). Die Bemühungen der Fachdienste, beim Vollzugsdienst für eine einheitliche „Erziehungskultur" in der Anstalt bzw. in jedem Vollzugshaus zu werben, indem sie u.a. ihr Fachwissen in Gesprächen oder Fortbildungsmaßnahmen diesem vermitteln, fördern zudem das Verständnis der Dienste füreinander und tragen zu einer effektiven Teamarbeit bei. Zudem soll dadurch eine Ausspielerei der Gefangenen durch die Einteilung in gute und schlechte Beamte weitgehend verhindert werden.

Schließlich beeinflussen unterschiedliche Biographien und fachliche Ausrichtungen sowie private Erziehungshintergründe der Bediensteten zwangsläufig ihre grundsätzliche Einstellung zu Erziehungsfragen und ihr konkretes Verhalten im Vollzug. Soweit es Bedienstete gibt, die sich eher strenger bzw. eher liberal verhalten, dürfte dies eine Streuung darstellen, die es in jedem Arbeitsumfeld gibt und daher nicht als vollzugstypisch betrachtet werden kann.

Die Gefangenen machen in der Beurteilung der Bediensteten keine Unterschiede zwischen den Vertretern der Fachdienste und den Beamten des AVD. Der Psychologe spielt in ihren Betrachtungen keine Rolle. Lediglich ein Gefangener von allen befragten Gefangenen unterscheidet bei der Bewertung der Bediensteten zwischen Fachdiensten und AVD. Die in seinem Haus Dienst habenden Vollzugsbeamten beschreibt er als Gegner, gegen welche die Gefangenen zusammenhalten müssen. Er interpretiert jedes einschränkende Verhalten der Wohngruppenbeamten als Machtdemonstration, der sich auch der Vertreter des Sozialdienstes unterzuordnen hat, obwohl oder gerade weil er generell den Gefangenen helfen möchte. Vor dem Hintergrund, dass die Sozialarbeiter als Wohngruppenleiter die Disziplinarbefugnis innehaben, erscheint diese Schilderung allerdings in einem anderen Licht. Verständlicher erscheint die Einschätzung, dass es die Bediensteten vermeiden, vor den Gefangenen uneinheitlich bzw. mit verschiedenen Ansichten aufzutreten, um ihnen keinerlei Anhaltspunkte zu liefern, sie gegeneinander auszuspielen.

VII. Sachzwänge einer JVA (Faktor 7)

Die von einigen Gefangenen als positiv eingeschätzten, äußeren Haftbedingungen (u.a. das weitläufige Anstaltsgelände, vielfältige Freizeitangebote, Ausbildungsangebote) lassen hoffen, dass hierdurch in ihnen eine innere Bereitschaft zur Mitarbeit und zur

Annahme von Hilfestellungen und Ratschlägen der Bediensteten geweckt wird. Die Freizeitangebote in der Anstalt umfassen u.a. verschiedene Sport-AGs, Kraftsport im hauseigenen Kraftsportraum, Konzentration- /Meditationskurse sowie Töpfer- und Malkurse, Kurse für Soziales Training und einen Bibelgesprächskreis. Bei den jugendlichen Gefangenen sind darüber hinaus Gesellschaftsspiele, wie z.b. Schach und Backgammon, beliebt.

Die Anstalt bietet den Gefangenen daneben verschiedene Bildungs- bzw. Arbeitsmöglichkeiten. Neben dem schulmäßig aufgebauten, mit dem Hauptschulabschluss abzuschließenden Berufsgrundschul- und Berufsvorbereitungsjahr, das von Lehrern der Berufsbildenden Schule Speyer durchgeführt wird, bestehen Übungswerkstätten für Holz, Metall und Bau, sowie Arbeitsstellen in Eigenbetrieben (z.B. Putz- und Grünkommando) und Unternehmerbetrieben.

Das durch die Überbelegung rein zahlenmäßig bedingte schlechtere Verhältnis zwischen Gefangenen und Bediensteten wirkt sich jedoch in verschiedenen Bereichen negativ auf die pädagogische Arbeit mit den Jugendlichen aus. Sport- und Therapieangebote werden teilweise reduziert. Die Erziehung der jugendlichen Gefangenen (i.w.S.) durch Arbeits- oder attraktive Freizeitangebote, die neben der reinen Beschäftigung dem Erlernen sozial adäquaten Verhaltens dienen, kann nicht mehr bei allen gewährleistet werden, da die Arbeits- und Freizeitangebote wegen der Überbelegung für die steigende Anzahl der jugendlichen Gefangenen nicht mehr ausreichen. Die Folge ist Langeweile bei den unbeschäftigten Gefangenen, die in „dumme Gedanken", also z.B. in körperliche Auseinandersetzungen, Erpressungen, Abrippen o. Ä.. ausarten kann. Gleichzeitig tritt für die Vollzugsbeamten die Erfüllung ihrer Sicherheitsaufgaben in den Vordergrund und es verkürzen sich die Zeiten, in denen sie Gelegenheit haben, mit den Gefangenen einfach zusammen zu sein, mit ihnen Gespräche zu führen, Gesellschaftsspiele zu spielen, fernzusehen etc.

Die eindringliche Forderung der Bediensteten nach mehr Personal, um pädagogisch sinnvoll arbeiten zu können, ist verständlich, würde aber nur zum Teil die bestehenden Probleme lösen. Die aus pädagogischen bzw. Behandlungsgesichtspunkten vorgenommene Begrenzung der Wohngruppen auf 12 bzw. 13 Gefangene und die entsprechende bauliche Ausgestaltung der Vollzugshäuser setzen von sich aus einer Überbelegung

Grenzen, deren Überschreitung den mit einem Wohngruppenvollzug erwünschten Erziehungs- bzw. Behandlungserfolg zunichte machen würde.

VIII. Vollzugsklima (Faktor 8)

Soweit die jeweilige Stimmung innerhalb eines Vollzugshauses im Einzelnen recht unterschiedlich ausfallen kann, verursacht die aus der Überbelegung resultierende Doppelbelegung von Einzelhaftplätzen grundsätzlich vermehrt Stress- und Konfliktsituationen unter den Gefangenen. Viele Gefangene bleiben unbeschäftigt und verbringen den Tag im Einschluss, weil die Anstalt nicht genügend Arbeitsplätze anbieten kann. Mangelnde Beschäftigung und beengtes Zusammenwohnen verursachen mehr „Dummheiten" seitens der Gefangenen, auf welche die Bediensteten verstärkt disziplinarisch reagieren müssen. Aufgrund der Überbelegung und des hohen Ausländeranteils scheint das Klima in der Anstalt daher aggressiver und gewaltbereiter geworden zu sein.

Dieser Umstand bleibt nicht ohne Auswirkung auf das Betriebsklima unter den Bediensteten, das sich vor allem durch wachsende Unzufriedenheit hinsichtlich der Arbeitsbedingungen innerhalb der Anstalt auszeichnet. Die vor allem durch die Überbelegung herbeigeführte angespannte, von Konflikten und zunehmender Aggressivität gekennzeichnete Vollzugssituation führt dazu, dass sich Bedienstete auf die Erfüllung notwendiger Sicherheits- und organisatorischer Erfordernisse beschränken. Angesichts des Vollzugskonzepts der JSA Schifferstadt, unter dem die Mehrheit motiviert und engagiert ihren Dienst angetreten ist, kommt es aufgrund des oben beschriebenen Zustands zu Enttäuschung und Frustgefühlen, die sich zulasten eines behandlungsorientierten Engagement auswirken.

Motivation und Bereitschaft der Bediensteten, sich persönlich und intensiv sowohl in ihrer Arbeit und als auch außerhalb der Dienstzeit für die Gemeinschaft einzubringen, wird darüber hinaus weder geweckt noch gefördert, wenn sie dabei keine Unterstützung durch Vorgesetzte erfahren und auf Ablehnung ihrer Kollegen stoßen. Auch aus diesem Grund wird das Betriebsklima unter den Kollegen nicht uneingeschränkt für gut befunden. So beklagt sich ein Vollzugsbeamter, der sich als Kursleiter für Soziales Training engagiert, dass die Akzeptanz diesbezüglich unter seinen Kollegen gering ist. Persönliches Engagement stößt bei Kollegen mitunter auf Unverständnis und unverhohlene Ablehnung, indem es hinter dem Rücken als Karrierestreben ausgelegt wird. Letzteres bewerten die Vollzugsbeamten allerdings nicht als vollzugstypisches Phänomen, da schließlich in jedem Arbeitsverhältnis derjenige, der sich engagiert und gute Ideen einbringt, auf Bewunderung und Neid der Kollegen trifft.

Einige Gefangene beklagen, dass sich die Insassen vor allem selbst das Leben in der Haft erschweren, und zwar durch überflüssige Provokationen und tätliche Auseinandersetzungen. Möglicherweise ist diese Einschätzung typisch für erstinhaftierte, haftunerfahrene Gefangene, die zum ersten Mal von ihrem gewohnten Umfeld, von Familie und Freunden für längere Zeit getrennt sind und sich erst an die Haftsituation gewöhnen müssen. Vermutlich sind sie es, die – neben den „schwachen" Gefangenen – unter den beschriebenen Verhaltensweisen der anderen Gefangenen zu leiden haben und sich ein größeres Entgegenkommen oder zumindest ein „In-Ruhe-Gelassen-Werden" wünschen. Für diejenigen, die sich aufgrund ihrer Schwäche oder ihres Alters – schlimmstenfalls andauernd – gegenüber stärkeren Mitgefangenen zur Wehr setzen und behaupten müssen, werden die Auseinandersetzungen mit den Mitgefangenen im Vordergrund des Tagesablaufs stehen. Hinzu kommt die unter Faktor 9 geschilderte Anpassung an gruppeninterne Regeln, die ihnen verbietet, sich um Hilfe an Bedienstete zu wenden. Erzieherische Bemühungen bzw. entsprechende Angebote von Bediensteten werden in solchen Fällen entweder gar nicht oder womöglich als letzte Chance wahr- und angenommen.

IX. Zwangssituation der Haft (Faktor 9)

1. Zwangssituation der Haft

Aus den Aussagen der Gefangenen wird deutlich, dass unter der Zwangssituation der Haft nicht nur die mit staatlichem Zwang durchgesetzte Inhaftierung mit ihren negativen Auswirkungen auf einen Behandlungs- bzw. Erziehungserfolg zu verstehen ist, sondern auch die in einer Haftanstalt bestehende Zwangsgemeinschaft höchst unterschiedlicher Jugendlicher. Sie wird – neben den anstaltsinternen und anderen rechtlichen Vorgaben – von eigenen, gruppeninternen, quasi subkulturellen Regeln und Verhaltensvorgaben beherrscht, deren Missachtung zu wesentlichen Einschränkungen und

Repressionen seitens der Gefangenen führt. Der in der JSA praktizierte Wohngruppenvollzug mag neben seinen Vorteilen aufgrund der ständigen Nähe der Gefangenen und des teilweise unbeobachteten Umgangs miteinander diese Art des „Gruppendrucks" noch verstärken. Die Anpassung der jugendlichen Gefangenen an die informellen Regeln der Gruppe ist daher für sie mindestens genauso wichtig wie die Einhaltung der offiziellen Vorschriften. Verweigert sich ein Gefangener den gruppeninternen Vorgängen, droht ihm zum einen eine Erschwerung des Haftalltags durch Unterdrückung, Erpressung seitens seiner Mitgefangenen, und zum anderen steht er von Anstaltsseite aus unter einer genaueren Beobachtung, wenn gewisse Vorfälle um seine Person entsprechende Aufmerksamkeit verursacht haben.

Diese beiden Arten von Zwang innerhalb der im (Jugend-)Strafvollzug bestehenden Zwangsgemeinschaft sind geeignet, die Bereitschaft des Gefangenen zur Annahme von Ratschlägen, Hilfen, Erziehungsvorgaben etc. herabzusetzen bzw. ihre Förderung von vornherein zu erschweren. Die Anpassung an die gruppeninternen Regeln verlangen sogar ein den Erziehungszielen der Anstalt gegenläufiges Verhalten, wie z.B. die Ausübung von Druck mit Drohung und Gewalt und die strenge Einhaltung des „Verbots", sich um Hilfe und Unterstützung an Bedienstete zu wenden. Einleuchtend ist, dass der jugendliche Gefangene zunächst bestrebt ist, sich den „Gepflogenheiten" der bereits länger inhaftierten Gefangenen anzupassen, da er anderenfalls sehr viel schneller und direkter mit negativen Reaktionen zu rechnen hat, als – umgekehrt – mit positiven Reaktionen der Anstalt, wenn er ihren Erwartungen zu entsprechen versucht.

2. Therapiemotivation

Zur thematischen Einordnung der Therapiemotivation unter Faktor 9 wird auf die entsprechenden Ausführungen im Rahmen der auf die SthA bezogenen Auswertung zu Faktor 9, 2., S. 171, verwiesen.

Die Therapiemotivation der Mehrheit der Gefangenen, ihrer Zwangslage durch Teilnahme an einer Therapie so schnell wie möglich zu entkommen, schätzt der befragte Psychologe jedoch nicht zwingend als negativ bzw. therapiefeindlich ein, sofern sie als solche erkannt und aufgearbeitet wird. Letztlich verweist er darauf, dass sich auch Klienten außerhalb des Strafvollzugs häufig aufgrund eines äußeren Anstoßes für eine Therapie entscheiden. In beiden Situationen stellt sich die Entscheidung für eine Therapie nur als scheinbar freiwillige dar, weil der Klient im Falle seiner Verweigerung mit nachteiligen Konsequenzen zu rechnen hat. Die Haftsituation als solche beeinträchtigt daher nur in geringem Ausmaß eine Therapie.

X. Die JVA als staatliche Institution (Faktor 10)

Unter diesem Faktor soll die in der JSA Schifferstadt zu einem Hauptproblem gewordene Überbelegung erörtert werden.[478] Die Anstalt ist als staatliche Institution verpflichtet, die ihr unter Beachtung gesetzlicher Zuständigkeitsregelungen zugewiesenen jugendlichen Untersuchungs- und Strafhaftgefangenen aufzunehmen.

In vielen Aussagen der Bediensteten kommen äußere Umstände wie Überbelegung und ein hoher Anteil an ausländischen Gefangenen, die z.T. auf ihre Abschiebung warten, zur Sprache. In diesem Zusammenhang wird immer wieder auf ihren erheblich negativen Einfluss auf den vormals engagiert umgesetzten Erziehungs- und Behandlungsvollzug in der JSA Schifferstadt als „Vorzeigeanstalt" hingewiesen. Die Forderung einiger Bediensteter, – ähnlich wie in den sozialtherapeutischen Anstalten – nur ausgewählte Gefangene in der JSA Schifferstadt aufzunehmen, um die vielen Möglichkeiten und Chancen zu nutzen, die u.a. der Wohngruppenvollzug in der Anstalt bietet, ist daher nachvollziehbar, aber wohl kaum realisierbar.

Auf systemimmanente Einschränkungen des Justizvollzugs, welchen die Behandlung von Gefangenen unterliegt, weist letztlich die folgende Aussage eines Bediensteten hin: „Für mich ist es so, das hat was mit dem Seelenleben zu tun, an die Seele drankommen, das geht halt meistens nicht in dem ganzen Ablauf, das System ist hier halt einengend".

---

[478] Zum Befragungszeitpunkt im Sommer 1999.

C. Regelvollzug

I. Normierung von Rechten und Pflichten im allgemeinen (Faktor 1)

1. Normierung und Gestaltungsfreiräume

Für die Bediensteten stellt das StVollzG einen „Leitfaden" für die konkrete Arbeit im Vollzug dar. Die Unbestimmtheit des StVollzG räumt den Anstalten und ihren Bediensteten genügend Gestaltungsspielraum ein, hat allerdings zu einer Fülle von konkretisierenden Vorschriften geführt, deren Quellen vor allem vielfache Erlasse und Verfügungen der Länder sind, welche die Arbeitsbedingungen im Vollzug unmittelbar betreffen. Teilweise dienen die Konkretisierungsvorschriften in Verbindung mit einigen Gesetzvorgaben der Absicherung der Entscheidungsträger, teilweise enthalten sie Sicherheits- und Ordnungsvorgaben, deren Umsetzung insbesondere den Vollzugsbeamten obliegt. Letztlich schränken sie in ihrer Gesamtheit den gesetzlichen Handlungsspielraum nicht unerheblich zulasten der Behandlung ein und schaffen darüber hinaus mitunter Diskrepanzen und widersprüchliche Zustände.

So sehen sich manche Vollzugsbeamte in einem Zwiespalt, wenn einerseits die Anstaltsleitung von ihnen die strikte Einhaltung dieser Regeln verlangt und andererseits ein solcher „Dienst nach Vorschrift" zu Spannungen, Streit und insgesamt zu einem aggressionsbehafteten Verhältnis zu den Gefangenen führt. Es ist anzunehmen, dass sich auch die Anstaltsleitung dieser Lage bewusst ist, die regelmäßigen Ermahnungen aber dem Nachweis der Erfüllung ihrer eigenen Aufsichtspflicht und möglicherweise dem Entgegenwirken einer zu lockeren Arbeitsweise dienen.

Die Gestaltungs- und Entscheidungsfreiräume, die der Gesetzgeber den Justizvollzugsanstalten bei der Umsetzung seiner Vorgaben belassen hat, sind wichtig, um den Anstalten die erforderliche, an Art und Größe sowie Insassenschaft angepasste Ausgestaltung des Vollzugs zu überlassen. Weit gefasste und eine Entscheidung im Einzelfall ermöglichende Gesetzvorgaben können jedoch bürokratische (und gerichtliche) Vorgänge auslösen, die durch das Abfassen schriftlicher Stellungnahmen und Ablehnungsbegründungen viel Zeit in Anspruch nehmen (z.B. Entscheidungen bzgl. der Übersichtlichkeit des Haftraums gemäß § 19 Abs. 2 StVollzG). Die hierfür benötigte Zeit geht zulasten von Behandlung i.w.S., weil die Vollzugsbediensteten, die mit diesen Vorgängen befasst und mit den beteiligten Gefangenen konfrontiert sind, durch Stellungnahmen ihre Entscheidungen zu rechtfertigen haben. Darüber kann es wiederum zu Spannungen zwischen den Gefangenen und den Bediensteten kommen, die sich auf den täglichen Umgang und das Klima innerhalb der Anstalt niederschlagen können.

Die Einstellung der Gefangenen zu den anstaltsinternen Regeln, die sie der bei Haftantritt ausgehändigten Hausordnung entnehmen können, fällt je nach Gruppenzugehörigkeit unterschiedlich aus. Die Gefangenen der 1. Gruppe akzeptieren – noch – alle Anstaltsregeln widerspruchslos. Sie zeigen sogar Verständnis für den „Gesetzgeber" bei Erlass der „Regeln" und geben zu bedenken, dass anderenfalls der Vollzug immer lockerer werden würde. Eine derart verständnisvolle Haltung könnte ihre Ursache u.a. in der Haftunerfahrenheit der erstinhaftierten Gefangenen haben, die innerhalb der ersten drei Monate ihrer Haftzeit befragt wurden. In erster Linie werden diese bemüht sein, sich an das gesamte Vollzugssystem zu gewöhnen bzw. sich anzupassen, um nach dem Strafverfahren und der U-Haft zunächst ihre innere Ruhe wiederzuerlangen. Sie verspüren (noch) nicht das Bedürfnis, z.B. aus Langeweile oder Hass gegen das sie einsperrende System Kritik und Widerstand gegenüber der Anstalt und ihren Bediensteten zu zeigen. Die Gefangenen der 2. Gruppe hingegen lehnen sich nicht nur gegen gewisse Anstaltsvorschriften, sondern gegen das ganze Anstaltssystem einschließlich seiner Bediensteten auf. Ihre Auflehnung gipfelt in einer Abwehr- und Verweigerungshaltung, die in vielfachen Rechtsstreitigkeiten zum Ausdruck kommt (vgl. die Ausführungen zu Faktor 2). Für die Empörung eines Gefangenen über die für ihn katastrophale Regelung des Einkaufs liefert er noch eine weitere Begründung: Die wenigen Situationen im Vollzug, die an das Leben in Freiheit erinnern und dem Gefangenen ein wenig Genuss bzw. Entspannung versprechen, werden unverhältnismäßig wichtig. Umso mehr wird auch die geringste Reglementierung als unzumutbare Einschränkung von Rechten empfunden und führt zu Aufregung und Empörung.

Bei einem zu lebenslanger Haft verurteilten Gefangenen drängt sich hingegen der Eindruck auf, dass er im Laufe seiner 18-jährigen Haftzeit eine abgeklärte, teilweise gleichgültige Haltung gegenüber anstaltsinternen Regelungen und Vorgängen eingenommen hat und sich ausschließlich auf seine Entlassung konzentriert. Die Besuchszeiten, die angesichts ihrer langen Freiheitsstrafen mit drei Stunden im Monat verhältnismäßig gering ausfallen, genügen ihm beispielsweise. Diese Akzeptanz dürfte allerdings auch mit der von ihm als unangenehm empfundenen Situation im Besuchsraum zusammenhängen (vgl. die Aussagen zu Faktor 7, S. 241 f.). Im Übrigen werden ihm mitunter Sonderbesuche genehmigt.

Die äußeren Bedingungen der Haft werden von den Gefangenen unterschiedlich bewertet. Die Ausstattung des Haftraums mit Fernseher, Kühlschrank, Tauchsieder, Kocher sowie Radio und CD-Player wird überwiegend als gut eingeschätzt. So ist tatsächlich wohl kaum noch etwas denkbar, was sich für sie als nützlich erweisen würde und in vertretbarer Weise im Haftraum Platz finden könnte. Die anstaltsinternen Regelungen zum Besuchsumfang und zur Telefonbenutzung lassen dem einzelnen Gefangenen hingegen keinen Handlungs- oder Entscheidungsspielraum. Gerade die eingeschränkten Besuchs- und Telefonzeiten[479] erschweren es den Gefangenen, die während der Haftzeit – und nach der Entlassung – wichtigen sozialen Kontakte zu Familienangehörigen und Freunden zu fördern bzw. wiederaufzubauen (vgl. zur Bedeutung sozialer Kontakte im Vollzug die Ausführungen zu Faktor 4, 1. c), S. 222 ff.).

Während somit die gesetzlichen Vorgaben des StVollzG durch die Verwendung unbestimmter Rechtsbegriffe und die Einräumung von Ermessensentscheidungen vielfache Gestaltungs- und Entscheidungsfreiräume gewährleisten, regeln vielfältige Vorgaben unterhalb der Gesetzesebene den Vollzugsalltag und schränken Handlungs- und Entscheidungsspielräume von Bediensteten und Gefangenen erheblich ein. In der Mehrzahl der Fälle sind hierfür Sicherheitsgründe ausschlaggebend, auch wenn dadurch die tatsächliche Sicherheitssituation in der Anstalt nach Einschätzung der Gefangenen kaum beeinflusst wird. Demzufolge dürfte dem Bedürfnis nach Absicherung auf der Anstaltsseite eine große Bedeutung zukommen.

2. Antrags- und Entscheidungsverfahren

Was die Antragstellung und anstaltsinterne Bescheidungspraxis angeht, sind Unterschiede zwischen dem geschlossen Vollzug und der halb offenen Abteilung der Anstalt festzustellen. In den geschlossenen Abteilungen müssen Gesprächstermine schriftlich beantragt werden und sollten innerhalb einer Woche stattfinden, was sich oftmals nicht

---

[479] Die Gefangenen dürfen monatlich maximal drei Stunden Besuch empfangen. Darüber hinaus kann die Anstalt Sonderbesuche genehmigen.

einhalten lässt. Der Hinweis darauf, dass die Fachdienste jedoch in Krisensituationen sofort zur Verfügung stehen, stützt die Vermutung, dass sich ihr Einsatz mitunter in Kriseninterventionen zu erschöpfen droht.

Die Bediensteten sind sich bewusst, dass den Gefangenen die Entscheidungswege innerhalb der JVA Diez oftmals zu lange dauern. Das ist insbesondere dann der Fall, wenn es im Rahmen der Vollzugsplanung um schwierige und weitreichende Entscheidungen geht, die für die Gefangenen wichtig sind und gerade deswegen einer längeren Entscheidungsphase bedürfen. Der Vertreter des Sozialdienstes weist darauf hin, dass er in seiner Funktion als Vollzugsabteilungsleiter bewusst versucht, in einer Konferenz genügend Zeit für jeden einzelnen Gefangenen einzuplanen, um sich mit jedem gleichermaßen intensiv auseinandersetzen zu können. Offensichtlich spricht er mit diesem Hinweis den Zeitdruck an, unter dem oftmals – zur Unzufriedenheit der Vollzugsbeamten und der Gefangenen (vgl. unten) – Entscheidungen in (Vollzugs-)Konferenzen zustande kommen.

Andere Aussagen von Bediensteten und Gefangenen liefern weitere Anhaltspunkte, die auf ein hohes Absicherungsbedürfnis der Anstalt und ihrer Entscheidungsträger schließen lassen. Eine Entscheidung kann schon dann zugunsten der Sicherheit und des Schutzes der Allgemeinheit ausfallen, wenn nur von einer Seite Bedenken geäußert werden. Aus Angst vor „Fehlentscheidungen" ergeht im Zweifel eine Entscheidung für die Sicherheit, mitunter auch gegen das Votum des begutachtenden Psychologen, das mit ca. 70 %[480] bei der Entscheidungsfindung berücksichtigt wird. Trotz der überragenden Rolle der Fachdienste bzw. des Psychologen im Entscheidungsprozess ist hierbei festzuhalten, dass im Konfliktfall die therapeutischen Ziele hinter den Aufgaben der Sicherheit und Ordnung zurücktreten. Selbst wenn die Konferenzteilnehmer geschlossen ein positives Votum abgeben, ist nicht ausgeschlossen, dass die Anstaltsleitung als formale Entscheidungsinstanz diesem letztlich nicht folgt. Durch ihren unmittelbaren Kontakt zur Aufsichtsbehörde unterliegt sie schließlich einer größeren Rechtfertigung als die Bediensteten. Andererseits ist es aber auch denkbar, dass die Anstaltsleitung eine Zurückweisung ihrer Entscheidung z.B. durch eine Zustimmungsverweigerung der Aufsichtsbehörde scheut. Das erscheint zumindest in Zeiten verstärkter politischer Ausein-

---

[480] Schätzung der Vollzugsbeamten.

andersetzung wie z.B. vor Wahlen oder nach spektakulären Vorfällen vorstellbar, wo jede Landesregierung entsprechendes Aufsehen im eigenen Land zu vermeiden sucht.

In das Bild eines typischen Verwaltungsvorgangs fügen sich Darstellungen ein, die auf häufige Entscheidungen nach Aktenlage schließen lassen, wenn von den Gesprächen abgesehen wird, die der Psychologe mit den Gefangenen zur Erstellung seines Gutachtens geführt hat.[481] Die Stationsbeamten wünschen sich daher, regelmäßig an den Vollzugsplanungskonferenzen teilzunehmen, damit ihre z.T. langjährigen Erfahrungen im Umgang mit einem Gefangenen noch stärker einbezogen werden können.

Die Angst der Gefangenen vor einem negativen psychologischen Votum und einhergehenden Ablehnungsentscheidungen deutet darauf hin, dass sie offensichtlich nicht einschätzen können, welches Bild sich der Psychologe und die weiteren Entscheidungsträger von ihrer Person machen. Auch diese mangelnde Einschätzungsfähigkeit spricht eher dafür, dass wenig direkter Kontakt zwischen den Gefangenen und den so genannten Entscheidungsträgern besteht. Der Zeitdruck, unter dem die für den Gefangenen bedeutsamen Vollzugsentscheidungen getroffen werden, erschwert angesichts ihres grundsätzlichen Misstrauens gegenüber dem Psychologen und den anderen Entscheidungsträgern noch zusätzlich die Schaffung eines vertrauensvollen, zwischenmenschlichen Klimas. Die Äußerung der Stationsbeamten, in manchen Situationen hilflos zwischen beiden Seiten zu stehen, ist daher angesichts ihres beschränkten Einflusses nachvollziehbar. Dieses Gefühl der Hilflosigkeit wird besonders dann aktuell, wenn die Beamten einem Gefangenen eine – abschlägige – Entscheidung eröffnen müssen, die sie persönlich aufgrund ihrer Erfahrungen mit diesem nicht nachvollziehen können. In dieser Situation beschränken sie sich daher auf das Vorlesen des Wortlauts, ohne erklärende Bemerkungen hinzuzufügen.

Mit der Führung von Wahrnehmungsbögen als Ausdruck von Bürokratisierung im Vollzug wird grundsätzlich ein positiv zu bewertendes Ziel verfolgt. Zum einen sollen die Vollzugsbeamten angesichts ihres langen und intensiven Umgangs mit den Gefangenen in deren Beobachtung und Begutachtung miteinbezogen werden. Zum anderen

---

[481] Hierbei ist zu berücksichtigen, dass im Falle der erstinhaftierten Gefangenen in den ersten drei Monaten ihrer Haftzeit noch keine – ausreichenden – Vollzugserfahrungen von Anstaltsseite aus vorliegen, auf denen eine Entscheidungsfindung beruhen könnte. Insofern wird ein Rückgriff auf die vorliegenden (Straf-)Akten des Gefangenen erforderlich.

ermöglichen die Wahrnehmungsbögen eine – lückenlose – Dokumentation des Verhaltens eines Gefangenen während seiner Haftzeit, einschließlich seiner Entwicklung zum Positiven wie zum Negativen. Die Berücksichtigung der Wahrnehmungsbögen in den Vollzugskonferenzen kann den Entscheidungsträgern helfen, sich ein umfassendes Bild von dem Gefangenen und dessen Entwicklung im Vollzug zu machen. Das erscheint umso wichtiger, als diese nur wenig persönlichen Kontakt zu den Gefangenen in deren Haftzeit haben. Es ist zu vermuten, dass eine Kontaktaufnahme mitunter erst kurz vor anstehenden Entscheidungen erfolgt. Auch wenn mit der Führung von Wahrnehmungsbögen für die Stationsbeamten weitere Verwaltungsarbeit entsteht, erscheint der Mehraufwand im Verhältnis zum angestrebten Nutzen zunächst gerechtfertigt. Eine Gefahr, die damit verbunden ist, formulieren die Vollzugsbeamten bemerkenswerter Weise selbst. Wie bei allen Akten, die als Entscheidungsgrundlage herangezogen werden, besteht die Gefahr, dass sie den Lesern einen einseitigen Eindruck vermitteln. Es werden z.B. nur Ergebnisse festgehalten, hingegen nicht Motivationen, Gefühle, weil seitens der Beamten in dieser Hinsicht nicht nachgefragt wurde. Sie selektieren aus persönlicher Sicht, was erwähnenswert ist, weil nicht zuletzt ihre Formulierungsfähigkeit begrenzt ist. Diese Gefahr wirkt sich natürlich nur dann zum Nachteil des Beobachteten aus, wenn von ihm ein negatives Bild entworfen wird. Bedenken ergeben sich auch angesichts des Anlasses, zu dem Eintragungen in die Wahrnehmungsbögen erfolgen. Dieser ist nach Aussage der Beamten i.d.R. eine Haftraumkontrolle. Da sie in gewissem Abstand vorgenommen werden, können beispielsweise zwischenzeitliche positive Ansätze schriftlich unbeachtet bleiben. Hingegen ist sicher, dass sicherheitsrelevante Vorfälle und Fehlverhalten stets aktenkundig werden, weil die Beamten zur Meldung schon allein verpflichtet sind.

Fraglich ist also letztlich, ob es aus Behandlungsgesichtspunkten angemessener wäre, den Stationsbeamten durch die Enthebung der Führung von Wahrnehmungsbögen, also durch die Reduzierung der Verwaltungsarbeit mehr Zeit z.B. für Gespräche mit Gefangenen einzuräumen und sie dafür regelmäßig an den Vollzugskonferenzen und an den darin getroffenen Entscheidungen aktiv teilnehmen zu lassen.

Hierfür spricht auch der Kreislaufeffekt, der in den Aussagen der Gefangenen erkennbar wird, wenn sie darauf hinweisen, dass sie sich auf keine Diskussionen einlassen, sondern im Fall einer abschlägigen Entscheidung „ganz stumpf" erneut einen Antrag stellen. Möglicherweise wird angesichts der Fülle der gestellten Anträge von den Vollzugsbediensteten auf zeitintensive, befriedigende Begründungen verzichtet. Von einigen Gefangenen wird in dieser Hinsicht der Vorwurf einer schablonenmäßigen, sich nach Aktenlage richtenden Entscheidungsfindung erhoben, der auf ein bürokratisches, sich absicherndes System der Bearbeitung von Gefangenen-Belangen hindeutet. In den Aussagen der Gefangenen finden sich keine Hinweise auf (er-)klärende Gespräche seitens der Vollzugsbediensteten, in denen die Haltung der Anstalt bei ablehnenden Entscheidungen den Gefangenen verständlich gemacht wird. Andererseits führen gerade fehlende Begründungen und fehlende Erklärungen zu erneuten Antragstellungen. Es spricht somit viel dafür, dass der mit der Verwaltungsarbeit verbundene Zeitaufwand zulasten behandlungsorientierter Arbeit mit den Gefangenen geht und wirkliche Probleme der Gefangenen weder erkannt noch behandlungsorientiert angegangen werden können, weil hierfür den Bediensteten u.a. nicht die notwendige Zeit zur Verfügung steht.

Die von den Gefangenen angeführten Beispiele weisen letztlich auf bürokratische Formen hin, welche der Leistungsverwaltung auch im Vollzug anhaften. Ein gutes Beispiel hierfür ist die Notwendigkeit, die Teilnahme an Sportveranstaltungen schriftlich zu beantragen. Spontane Entscheidungen, beispielsweise aus Lust oder aus einem Bewegungsdrang heraus, sich an einem Tag sportlich zu betätigen, für den man sich vorher nicht angemeldet hat, sind dadurch grundsätzlich ausgeschlossen. Seltenere Antragsbegehren, wie z.B. die Ausstellung eines Passes, stoßen vielleicht u.a. deswegen zunächst auf Ablehnung, weil ihre zügige, gewohnheitsmäßige Bearbeitung nicht möglich ist und sie daher größeren Arbeitsaufwand für die Bediensteten bedeuten.

3. Verwaltungsstrukturen und therapeutisches Bündnis

Keine Aussage.

4. GMV

§ 160 StVollzG ist als „Sollregelung" mit unbestimmten Rechtsbegriffen formuliert und sieht das Ziel einer GMV darin, „an der Verantwortung für Angelegenheiten von gemeinsamen Interesse teilzunehmen". Die Einrichtung einer GMV könnte bei den Gefangenen grundsätzlich dazu beitragen, ihr Verantwortungsgefühl und ihre Bereitschaft zu mehr Eigeninitiative zu fördern. Obwohl sie eine der wenigen Gelegenheiten für die Gefangenen im Vollzug darstellt, eigene Belange in einem eigenem Forum zu organisieren und zu diskutieren, stößt sie bei den meisten Gefangenen jedoch auf Ablehnung und Desinteresse. Sie zeigen weder Engagement, noch wollen sie Verantwortung übernehmen. Während die Gefangenen das mangelnde Durchsetzungsvermögen und die geringe Erfolgsquote der GMV der Anstaltsleitung anlasten und die GMV als ein ministeriell vorgegebenes „Zugeständnis an die Öffentlichkeit" bezeichnen, sehen die Vollzugsbeamten die alleinige Ursache hierfür im Desinteresse vieler Gefangener. Die meisten Anliegen der GMV werden entweder aus Sicherheitsgründen abgelehnt oder – aus Sicht der Gefangenen – solange verzögert, bis sie sich selbst erledigt haben. Wenn einige der befragten Gefangenen sich dennoch in der GMV engagieren wollen, dann zum einen, um ein wenig Einfluss zu nehmen, und zum anderen, um ein bisschen Ablenkung zu haben.

5. Sicherheit und Ordnung

Die Äußerungen der befragten Beamten erwecken den Eindruck, dass sie und die Mehrheit ihrer Kollegen keinen „Dienst nach Vorschrift" machen, sondern versuchen, den Gefangenen in einem gewissen Maße entgegenzukommen. So weist beispielsweise ihre abgestufte Reaktion auf Fehlverhalten oder andere störende Vorfälle auf eine Entscheidung im Einzelfall und grundsätzliche Kompromissbereitschaft hin. Die meisten Beamten geben dem Gefangenen eine Chance, sein Verhalten ohne weitere Konsequenzen abzustellen. Dieses, als „interne Erledigung" bezeichnete Vorgehen dürfte zudem erheblich zu einem guten Vollzugsklima zwischen Gefangenen und Bediensteten und insgesamt zu einem reibungslosen Vollzugsablauf beitragen. Daher haben diejenigen Kollegen des AVD, die sofort vorschriftsmäßig durchgreifen und keine Nachsicht zeigen, auf Dauer kein gutes Verhältnis zu den Gefangenen. Eine Meldung durch die befragten Vollzugsbeamten erfolgt i.d.R. erst dann, wenn die Gefangenen ihren entsprechenden Aufforderungen nicht folgen oder es sich um ein schwerwiegendes Fehlverhalten handelt, wie z.B. bei tätlichen Angriffen gegen Bedienstete. Bei der Verhängung von Disziplinarmaßnahmen eröffnet der Katalog des Gesetzgebers in § 103 StVollzG ausreichende Möglichkeiten, die Tätigkeiten zu sanktionieren, die der Gefangene gerne macht, um ihn so empfindlich zu bestrafen.

Dass das Disziplinarverfahren vorgegebenen Vorschriften folgt (vgl. die §§ 102 bis 107 StVollzG), ist unter rechtsstaatlichen Gesichtspunkten und zwecks Vermeidung von Willkür notwendig. Sowohl die Abstufung unter den Verstößen als auch die Anhörung sind Bestandteile des Rechtsstaatsprinzips. Bei den von den Gefangenen geschilderten Beispielen (Haschischkonsum, Manipulation am Fernseher) nennen sie die Sicherheit und Ordnung in der Anstalt als Begründung für das Verbot bzw. die verhängte Disziplinarmaßnahme, was in den genannten Fällen sicherlich berechtigt ist. Aus dem Blickwinkel der Behandlung ist jedoch bedeutsam, dass ein Gefangener im Rahmen seiner Anhörung von vornherein darauf verzichtet, die Begleitumstände und Gründe seines Haschisch-Konsums zu erläutern und sich darauf beschränkt, den Verstoß zuzugeben. Seinem Verhalten liegt die Vorstellung zugrunde, dass der Vollzugsabteilungsleiter (wie auch alle anderen Anstaltsbediensteten einschließlich der Anstaltsleitung) keinerlei Verständnis für seine Sichtweise aufbringen. Eine Erläuterung der persönlichen Einstellung zu Haschisch würde seine Lage in Hinblick auf die weitere Vollzugsplanung nur noch verschlechtern, weil bei ihm eine Drogenproblematik diagnostiziert worden wäre. Eine solche Feststellung trifft die Anstalt unbeeinflusst von der gesellschaftlichen und medizinischen Diskussion über die (Un-)Gefährlichkeit von Haschisch (vgl. die Ausführungen zu Faktor 5, S. 229). Schon allein die Größe der Anstalt, ihr Charakter als Langstrafenanstalt mit größter Sicherheitsstufe und die vielfältigen Problematiken ihrer Insassen lassen für eine solche, auf individuelle Belange eingehende Diskussion keinen Raum.

6. Regelungserfordernisse

Keine Aussage.

II. Normierung des Rechtswegs (Faktor 2)

1. Konfliktenteignung

Die Gefangenen der 1. Gruppe befinden sich noch in einer Orientierungsphase, in der es gilt, sich sowohl an die anstaltsinternen Hausregeln als auch an die internen Regeln unter den Gefangenen anzupassen. Auch wenn sie Rechts- und Gesetzkenntnisse im Vollzugsalltag für wichtig halten, mag es für sie als erstinhaftierte Gefangene daher typisch sein, dass sie (noch) kein Interesse zeigen, ihre gesetzlichen Rechte bei deren Nichtbeachtung auf dem Beschwerdeweg einzufordern. Aus Angst vor negativen Beurteilungen oder anderen vollzuglichen Nachteilen, wie sie es bereits bei anderen Gefangenen miterlebt haben, besteht eine große Zurückhaltung gegenüber einem formellen Protestverhalten. Zudem werden sich für sie als erstinhaftierte Gefangene in den ersten drei Monaten ihrer Haftzeit noch keine – beschwerdefähigen Anlässe ergeben haben. Ihre Unkenntnis über das Beschwerde- und Antragsverfahren und ihre ablehnende Haltung demgegenüber mag zudem auch auf die Beschäftigung mit Straftat und -verfahren zurückzuführen sein, die zum Zeitpunkt des Haftantritts zunächst eine große Distanz und ein Desinteresse zum Vollzugsalltag bewirkt.

Ein gegensätzliches Bild bieten die Gefangenen der 2. Gruppe, wenn sie in zahlreichen Beispielen ihre gerichtlichen Auseinandersetzungen mit der Anstalt schildern. Dabei entsteht der Eindruck einer idealtypischen Konfliktenteignung, bei der sie ihre persönlichen und zwischenmenschlichen Probleme umfassend auf die Ebene der rechtlichen Kommunikation verlagern. Ein Gefangener bezeichnet sich selbst als Querulanten, wobei er die Schuld dafür der Anstalt zuschiebt. Es spricht für die typische Einstellung eines Querulanten, wenn er im Zuge seiner Ich-Bezogenheit alle Maßnahmen und Entscheidungen der Anstalt mit seiner Person in Verbindung bringt. Die Gefangenen empfinden viele Veränderungen im Vollzug als Beeinträchtigung, auf die sie nur mit Beschwerde bzw. gerichtlicher Hilfe reagieren, da sie jegliche – formlose – Auseinandersetzung mit der Anstalt von vornherein als aussichtslos einstufen. Die Gefangenen nehmen diese Situation zwar als unbefriedigend für sich selbst und für die Anstalt wahr, sehen aber hierfür Letztere als den alleinigen Urheber an. Ihr wird letztlich vorgeworfen, dass sie die Beschwerden der Gefangenen geradezu provoziert. Die in der Mehrzahl der Fälle ergangenen ablehnenden Entscheidungen der Gerichte können die Gefangenen offensichtlich nicht ganz nachvollziehen. Möglicherweise erschließt sich ihnen die verklausulierte Rechtssprache bzw. der Umfang der durch das Gericht zulässigen Kontrolle bei Beurteilungs- und Ermessensspielräumen nicht, so dass sie an sich kein Vertrauen in die gerichtliche Kontrolle haben dürften. Und dennoch sind sie stets bereit, Prozesse gegen die Anstalt zu führen. Einerseits haben sie den Eindruck, dass sich scheinbar alles gegen sie verschwört bzw. Gesetz und Fairness im Strafvollzug nicht gelten. Andererseits sind sie bemüht, sich rechtlich so weiterzubilden, dass sie mit juristischer Finesse und in Kenntnis der Verfahrentricks letztlich doch erfolgreich sind. Der Gedanke, dass ihre Beschwerde bzw. ihr Antrag vor Gericht aus sachlichen Gründen nie Erfolg haben wird, kommt in dem ich-bezogenen, unreflektierten Denken dieser Gefangenen nicht vor. Als Rechtfertigungs- und Erklärungsversuch für erfolglose Gerichtsverfahren ist zu werten, wenn sie Zweifel an der richterlichen Unabhängigkeit der „Strafvollstreckungskammer des Landgerichts Koblenz, Außenstelle Diez" aufgrund ihrer räumlichen Nähe zu der JVA Diez äußern.

Dieser Strategie der Konfliktenteignung begegnen die Vollzugsbeamten mit Distanz, was die erhöhte Inanspruchnahme von Rechtsbehelfen einiger Gefangener nicht verringern wird. Die Stationsbeamten erkennen zwar das Problem, sehen aber für sich keinen Weg bzw. betrachten es nicht als ihre Aufgabe, auf solche Gefangene derart einzuwirken, dass sie sich auf eine andere, gesellschaftlich akzeptable Form des Umgangs besinnen. Sie nehmen ihre Beschwerdeschreiberei hin und versuchen, sich so weit wie möglich ihrem Wirkungskreis zu entziehen, um keinerlei Anlässe für weitere Beschwerden zu liefern. Mit unterschiedlichem Erfolg versuchen die Vertreter der Fachdienste den Gefangenen verständlich zu machen, dass sie damit zwar ihre Wut und Unzufriedenheit über die Haftbedingungen i.w.S. zum Ausdruck bringen können, letztlich aber nichts erreichen werden. Im Extremfall wird sich der Kontakt zwischen dem Gefangenen und den Bediensteten auf den Austausch von juristischen Kommentaren beschränken. Es hat in diesem Fall eine komplette Verlagerung des zwischenmenschlichen Umgangs auf die Ebene der rechtlichen Kommunikation stattgefunden. Der durch diese Beschwerdeschreiber verursachte Mehraufwand an Verwaltungsarbeit wird zwar noch beklagt, aber eigentlich schon fast als selbstverständlich hingenommen.

Auch Gefangene beklagen ihrerseits den durch (Bagatell-)Beschwerden und Anträge nach § 109 StVollzG auf Seiten der Bediensteten verursachten Verwaltungsaufwand. Sie erkennen nämlich zu Recht, dass dadurch die Bearbeitung von wichtigen Angelegenheiten anderer Gefangener verzögert wird. Das Beispiel eines zu lebenslanger Haft verurteilten Gefangenen zeigt, dass es durchaus „normale" bzw. sozial adäquate Einstellungen bei Gefangenen (mit langen Freiheitsstrafen) gibt. Dazu gehört z.B., Probleme im Gespräch mit den zuständigen Personen anzugehen und zu lösen. Als verständlich kann allerdings auch gelten, dass ein Gefangener mit einer langen Freiheitsstrafe nach längerer Zeit eine Beschwerde bzw. einen Antrag nach § 109 StVollzG schreibt, um „wieder auf sich aufmerksam zu machen". Ebenso selbstverständlich sind natürlich Fälle, in denen Gefangene das ihnen tatsächlich zustehende Recht erfolgreich einklagen. Allerdings sehen einige von ihnen aufgrund der „Kann-Formulierungen" des

StVollzG kaum Chancen, ihre Rechte auch erfolgreich einzuklagen bzw. richterliche Entscheidungen in den Anstalten durchzusetzen.

2. Absicherungsbedürfnis der Anstalt

Als beispielhaft für die ambivalenten Auswirkungen von Begründungszwängen zur Erfüllung gesetzlicher Anforderungen kann eine Auflage der oberlandesgerichtlichen Rechtsprechung Rheinland-Pfalz gewertet werden. Einerseits wird dadurch verlangt, dass die Anstalt bei Ablehnungsbegründungen exakter und gründlicher darlegen muss, auf welche Persönlichkeitsmerkmale etc. sie ihre Entscheidung stützt. Hierdurch sollen, positiv formuliert, pauschale Begründungen bei der Darlegung einer Missbrauchsgefahr vermieden werden. Wie die Vertreter der Fachdienste bestätigen, verleitet andererseits diese Auflage dazu, dass die Ablehnungsentscheidungen wegen des bestehenden Absicherungsbedürfnisses so „wasserdicht" verfasst werden, dass zu einem späteren Zeitpunkt eine Argumentation *für* z.b. die Gewährung von Lockerungen sehr schwer fällt. Abgesehen vom erhöhten Zeitaufwand, der für eine detaillierte Begründung zu veranschlagen ist, kann nicht ausgeschlossen werden, dass im weiteren Vollzugsverlauf für die Behandlung des Gefangenen nachteilige Entscheidungen ergehen, weil sie sich an der „wasserdicht" formulierten Ablehnungsentscheidung orientieren müssen. Als Extremfall wäre schließlich ein Kreislauf denkbar, in dem der Gefangene mit immer mehr Beschwerden und Anträgen auf gerichtliche Entscheidung gegen die stets zunehmende Ablehnungshaltung der Anstalt ihm gegenüber vorgehen wird.

III. Erlaß der VVStVollzG (Faktor 3)

Die Vielzahl der vom Gesetzgeber verwendeten unbestimmten Rechtsbegriffe und den Anstalten eingeräumten Entscheidungsfreiräume ermöglichen nicht nur in zahlreichen Vollzugsfragen Einzelfallentscheidungen, sondern rufen auch ein Bedürfnis nach Ausfüllung und Konkretisierung auf Seiten der politisch und anstaltsintern Verantwortlichen hervor. Das hat z.B. zum Erlass der bundeseinheitlichen VVStVollzG geführt, und ist auch heute noch Anlass für den Erlass zahlreicher Verfügungen, Erlasse etc. Je mehr konkrete und detaillierte Anordnungen es allerdings zu befolgen gilt, desto eher werden Gestaltungs- und Entscheidungsfreiräume zulasten einer individuellen Behandlung der

Gefangenen eingeschränkt (vgl. § 10 StVollzG, Verlegung in den offenen Vollzug, und § 11 StVollzG, Vollzugslockerungen).

Teilweise dienen konkretisierende Vorgaben auf Ebene der Bürokratisierung in Verbindung mit einigen Gesetzvorgaben der Absicherung der Entscheidungsträger, größtenteils enthalten sie aber Sicherheits- und Ordnungsangaben, die vor allem die Vollzugsbeamten betreffen. Diese sehen sich in einem Zwiespalt, wenn einerseits die Anstaltsleitung von ihnen die strikte Einhaltung dieser Regeln verlangt, andererseits jedoch ein solcher „Dienst nach Vorschrift" zu Spannungen, Streit und insgesamt zu einem aggressionsbehafteten Verhältnis zu den Gefangenen führt. Es ist anzunehmen, dass sich auch die Anstaltsleitung dieser Lage bewusst ist und die regelmäßigen Ermahnungen dem Nachweis der Erfüllung ihrer Aufsichtspflicht und gegebenenfalls dem Entgegenwirken einer zu lockeren Arbeitsweise dienen. In ihrer Gesamtheit schränken die Vorschriften den gesetzlichen Handlungsspielraum zulasten der Behandlung nicht unerheblich ein und schaffen mitunter sogar Diskrepanzen bzw. widersprüchliche Zustände.

Die – von den Vollzugsbeamten als zwei „Säulen" des Strafvollzugs bezeichneten – Aufgaben des Strafvollzugs, die Resozialisierung der Gefangenen und die Gewährleistung von Sicherheit und Ordnung, stehen sich oftmals widersprechend bzw. einschränkend gegenüber. Dies wird insbesondere dann deutlich, wenn die Aufsichtsbehörde im Wege von Erlassen bzw. Verfügungen auf einen aktuellen Vorfall in einer Justizvollzugsanstalt des Landes reagiert und für eine Zeit lang erhöhte Anforderungen an die Begutachtung bzw. Entscheidungspraxis besonderer Tätergruppen für alle Anstalten des Landes aufstellt, häufig z.B. für die Gruppe der Sexualstraftäter. Unabhängig von der Person des Gefangenen wird hierbei der Sicherheit der Vorrang eingeräumt, um – auch sichtbar für die (Medien-)Öffentlichkeit – für eine geraume Zeit einen störungsfreien Freiheitsentzug zu gewährleisten. Darauf folgende aggressive, wütende Reaktionen der betroffenen Gefangenen sind verständlich. Auch ist nachvollziehbar, wenn solche Einschränkungen als Schikane und Repression empfunden werden und die Bereitschaft des Gefangenen zur Mitarbeit an seiner Behandlung – zunächst einmal – erheblich sinken lassen.

Dieser Zwiespalt erschwert auch die Arbeit der Vollzugsbeamten, da letztlich sie die meiste Zeit mit den Gefangenen verbringen und mit deren Gefühlslage bzw. entsprechenden Reaktionen direkt konfrontiert werden. In diesem Sinne kann ihre Forderung nach Festlegung eines „gesunden Mittelwegs" verstanden werden.

Einige Gefangene fordern von der Anstalt größere Flexibilität bei ihren Entscheidungen. Sofern sie die Ansicht vertreten, dass gerade bei den zu lebenslanger Haft Verurteilten niemand Verantwortung übernehmen und eine positive Entscheidung treffen will und daher letztlich alles vom Ministerium entschieden wird, könnten die Zustimmungsvorbehalte angesprochen sein, die in den VVStVollzG zugunsten der Aufsichtsbehörde bei Vollzugsentscheidungen bzgl. lebenslänglich Inhaftierter normiert sind. Aus Sicht der Gefangenen bietet sich für die Haftanstalt dadurch die Möglichkeit, mit Risiko behaftete Entscheidungen und die damit verbundene Verantwortung auf das Ministerium abzuwälzen. Anders ausgedrückt ergibt sich aus der Sichtweise der Gefangenen die Tendenz, dass in Fällen aufsichtsbehördlicher Genehmigungspraxis Vollzugsentscheidungen vor allem aus justizpolitischen Gesichtspunkten heraus getroffen werden, die in erster Linie die Sicherheit der Allgemeinheit berücksichtigen.

IV. Normierung des Behandlungsvollzugs im allgemeinen (Faktor 4)

1. Behandlungsvollzug

Als Behandlungsangebote an die Gefangenen der JVA Diez stehen u.a. die Gruppe der Anonymen Alkoholiker, die externe Drogenberatung und die AIDS-Beratung zur Verfügung. Einen praxisbezogenen Beitrag zur Behandlung des Gefangenen stellt das Soziale Training dar, das über die reine Wissensvermittlung hinaus Tipps und Hilfe zur Selbsthilfe für die zukünftige Lebensführung umfasst. Die Effektivität des Kurses basiert zum einen auf den zu vermittelnden Inhalten und zum anderen auf Engagement und Überzeugungskraft des Trainers. Als weitere spezifische Behandlungsmethoden in der JVA Diez erweisen sich die von den Anstaltspsychologen durchgeführten Einzel- und Gruppentherapien. Die Psychologen werden zudem auf Anfrage eines Gefangenen in bestimmten Situationen beratend tätig. Mittelbar fördern sie den Behandlungsvollzug, indem sie entsprechende Fortbildungsmaßnahmen für Vollzugsbeamte veranstalten.

Die Vertreter der Fachdienste sehen ihren Behandlungsbeitrag darin, den Gefangenen unter Einsatz von Fachwissen zu veranlassen, sich mit seiner Straftat auseinanderzusetzen und zu lernen, seine Probleme zu erkennen und selbst zu lösen, um in Zukunft ein straffreies Leben zu führen. Die in diesem Zusammenhang oft erhobene Forderung nach Gleichbehandlung bedeutet allerdings nicht, dass jedem Gefangenen die gleiche Behandlung bzw. alle Behandlungsmaßnahmen zukommen. Heutzutage wird das Postulat der gleichen Behandlung vielmehr in dem Sinne verstanden, dass die individuellen Defizite eines jeden Gefangenen gleichermaßen erkannt und entsprechende Hilfestellungen geleistet werden.

Die Vollzugsbeamten bekräftigen ebenfalls, dass auch in einer Langstrafenanstalt wie der JVA Diez Möglichkeiten bestehen, einen Gefangenen so zu behandeln, dass er nach seiner Entlassung ein weitgehend straffreies, gesellschaftlich integriertes Leben führt (zum Behandlungsbeitrag des AVD siehe unten 2., S. 225 ff.). Sie bekennen sich zu ihrer Verpflichtung, den Gefangenen bei der Erreichung des Vollzugsziels zu helfen, weisen allerdings die Verantwortung für deren Handeln von sich. So hängt der Behandlungserfolg vor allem von der Voraussetzung ab, dass der Gefangene an seiner Behandlung mitarbeitet. In dieser Hinsicht bilden Gespräche, Arbeitsstellen, Freizeitangebote, Vollzugslockerungen, die Verlegung in den halb offenen und in den offenen Vollzug Anreize für die Gefangenen. Behandlungsvollzug bedeutet, dass mit Menschen gearbeitet und auf jeden individuell, je nach Charakter, Nationalität, Straftat, eingegangen wird. Als problematisch erweist sich in dieser Hinsicht eine Kontaktaufnahme und Vermittlung bei ausländischen Gefangenen, die keine oder nur sehr begrenzte deutsche Sprachkenntnisse besitzen.

Zur Frage, inwieweit zur Behandlung von Gefangenen auch Vertrauen gehört, beziehen die befragten Beamten eindeutig Stellung. Sie warnen grundsätzlich vor einem Vertrauensverhältnis zwischen (Vertrauens-)Beamten und Gefangenen und erkennen die Gefahren eines mit zwischenmenschlichen Kontakten verbundenen Näheverhältnisses, wie sie es zu einzelnen Gefangenen teilweise über Jahre hinweg haben. So darf allenfalls bestimmten Gefangenen in begrenzten Situationen Vertrauen entgegengebracht werden, z.B. den Hausarbeitern oder den Ausspeisern. Offensichtlich wird Vertrauen als ein Sicherheitsrisiko eingeschätzt, weil es vielleicht als falsch verstandene Vertraulichkeit und einer damit verbundenen Nachlässigkeit auf Seiten des Beamten definiert wird. Als korrektes Auftreten bezeichnen die Vollzugsbeamten auch, gegenüber den Gefangenen als geschlossene Einheit aufzutreten, um ihnen keine Angriffsfläche zu bieten. Dazu gehört auch, sich stets loyal zu den Kollegen und den Dienstvorgesetzten zu verhalten und den Eindruck zu vermitteln, hinter ihren Entscheidungen zu stehen. Gegensätzliche Auffassungen und Auseinandersetzungen müssen daher ausschließlich intern, d.h. innerhalb des Teams bzw. der Abteilung geregelt werden. Als Ansprechpartner für persönliche Probleme stehen auch eine vertrauenswürdige Person des Personalrats, die Anstaltsleitung oder ein Psychologe zur Verfügung. Eine Supervision gibt es nicht. Soweit dieses geschlossene Auftreten als „Front" unter dem Aspekt der Ausspielerei verständlich ist, dürfte es jedoch mit zu der Einstellung einiger Gefangenen beitragen, die Vollzugsbeamten als Gegner zu sehen, die nicht nur füreinander einstehen, sondern auch geneigt sind, Dinge füreinander zu „vertuschen".

Einige Gefangenen nehmen ihrerseits gegenüber den Bediensteten der Fachdienste und des AVD eine grundsätzlich ablehnende, von Misstrauen geprägte Haltung ein. Sie nennen zwei Verhaltensregeln, die für eine günstige Sozialprognose und die damit verbundene Gewährung von Lockerungen bzw. der vorzeitigen Entlassung ausschlaggebend sind. Zum einen muss der Gefangene zu seiner Tat stehen. Geschieht dies nicht, wird die Anstalt bzw. der Psychologe feststellen, dass er nicht an seiner Behandlung mitarbeitet, und daher eine ungünstige Prognose erstellen. Zum anderen bedarf es eines gewissen Maßes an Scheinanpassung, da Aufrichtigkeit ihrer Erfahrung nach nur selten zu positiven Entscheidungen führt. Insgesamt lassen ihre Aussagen eine ablehnend-negative Einstellung gegenüber der Anstalt erkennen, in der grundsätzlich positive Ansätze sowie wohl wollend gemeintes Verhalten der Bediensteten verkannt und behandlungsorientierte Vollzugsmaßnahmen nicht als solche wahrgenommen werden bzw. hinter diesen stets eine böse Absicht der Anstalt vermutet wird.

a) Therapeutische Behandlung

Die Gefangenen der 1. Gruppe[482] sind von der Angst beherrscht, etwas falsch machen zu können mit der Folge, ihre vorzeitige Entlassung nach 2/3 der Haftzeit zu gefährden. Sie sind der Überzeugung, nur durch ruhiges und unauffälliges Verhalten schnell und problemlos dieses Ziel zu erreichen. Dazu gehört, Schwierigkeiten irgendwelcher Art

---

[482] Aussagen von Gefangenen der anderen Gruppen zu diesem Thema sind nicht vorhanden.

sowohl mit anderen Gefangenen als auch mit den Vollzugsbediensteten zu vermeiden, indem sie sich den offiziellen und inoffiziellen Knastregeln anpassen. Auseinandersetzungen mit anderen Gefangenen werden ohne Hilfesuche bei den Vollzugsbeamten „gelöst", um keine Schwäche zu zeigen, was offensichtlich im Knastdenken einer Aufgabe und Unterwerfung gleich käme.

Da sich die Gefangenen der 1. Gruppe selbst als sozial-gesellschaftlich integriert einstufen und persönliche Probleme verneinen, die zur Straftat geführt haben könnten, wollen sie bei ihrer Entlassung nur materielle Hilfe und Unterstützung der Anstalt in Anspruch nehmen. Die Teilnahme an einer Therapie weisen sie daher von sich. Das Angebot therapeutischer Hilfe gilt als gut und notwendig, betrifft aber nur andere, nicht sie selbst. Insofern distanzieren sie sich von ihren Mitgefangenen und sehen sich selbst wohl nicht als typische Gefangene. Soweit sie ihr dennoch zustimmen sollten, liegen dieser Entscheidung ausschließlich vollzugstaktische Erwägungen zugrunde. Sie befürchten bei einer Weigerung den Vorwurf der Anstalt, nicht am Behandlungsziel mitzuarbeiten mit der Folge, dass eine vorzeitige Entlassung nicht befürwortet wird. Die Gefangenen können sich (noch) nicht vorstellen, in einer Therapie Hilfe für die Lösung eigener Probleme zu erfahren.

Die oben geschilderte Sekundärmotivation, bei der sich der Gefangene bessere Chancen für seine Vollzugsplanung ausrechnet, wenn er die Teilnahme an einer 1 ½ bis 3 Jahre dauernden Therapie nachweisen kann, ist bei der Mehrheit der Gefangenen gegeben. Nur wenige Gefangene bewerben sich aus einem inneren Leidensdruck heraus. Soweit Gefangene, die zu einer bestimmten Tätergruppe gehören, nachdrücklich aufgefordert werden, an einer Therapie teilzunehmen, stellt sich ihre Bewerbung nach Ansicht des Psychologen durchaus als „halb-freiwillig" dar. Aus Sicht des psychologischen Dienstes ist allerdings eine Therapie im Vollzug keinesfalls von vornherein zum Scheitern verurteilt, wenn der Therapeut um das Zweckverhalten des Gefangenen weiß und es in die Therapie miteinbezieht. Schließlich wird darauf verwiesen, dass auch in privaten Therapieeinrichtungen die Zweckmotivation keine Ausnahme darstellt, da auch hier oftmals ein äußerer Anstoß den Gang zum Therapeuten auslöst.

b) Behandlung und Wohngruppenvollzug

Der Wohngruppenvollzug wird als effektives Element des Behandlungsvollzugs bewertet. Die Vertreter der Fachdienste wünschen sich deshalb eine Erweiterung der halb offenen, wohngruppenartig ausgestalteten Abteilung im E-Flügel, um allen wohngruppengeeigneten und lockerungsberechtigten Gefangenen die Inanspruchnahme der Vorteile eines derartigen Vollzugskonzepts umgehend zu ermöglichen. Sicher ist aber, dass sie gerade in einer Langstrafenanstalt eine Konzipierung des gesamten Regelvollzugs als Wohngruppenvollzug bzw. als Vollzug mit wohngruppenartigen Elementen ablehnen, weil sich nicht alle Gefangenen als wohngruppenfähig erweisen bzw. nicht jeder Gefangene einer intensiven Betreuung bedarf, wie sie für den Wohngruppenvollzug typisch ist.

Die Einrichtung einer halb offenen Abteilung als Zwischenstufe auf dem Weg vom geschlossenen in den offenen Vollzug hat sich nach Einschätzung der befragten Fachdienste bewährt. Die Verlegung in den E-Flügel gilt anstaltsintern als Vollzugslockerung und zeichnet sich durch eine wohngruppenähnliche Vollzugsgestaltung aus. In Hinsicht auf das Behandlungskonzept des Strafvollzugs ergeben sich positive Anzeichen. Die offenen Crafträume ermöglichen sehr viel mehr Berührungspunkte zwischen Bediensteten und Gefangenen als im geschlossenen Vollzug. Diese haben die Möglichkeit, ohne vorherige Anmeldung mit ihrem Anliegen zu einem Bediensteten zu gehen und mit ihm zu sprechen. Gleichzeitig stellen die befragten Bediensteten fest, dass sich viele Kollegen des AVD bemühen, vermehrt behandlungsorientiert auf die Gefangenen einzugehen (vgl. auch die Ausführungen zu Faktor 6, 2., S. 226 f.). In Gesprächen oder auch bei Ausführungen, mit denen in der halb offenen Abteilung erstmals begonnen wird, sammeln die Bediensteten wertvolle Informationen über den Gefangenen und sein soziales Umfeld, denen sie angemessene behandlungsorientierte Reaktionen folgen lassen können. Die offenen Hafttüren und einige Gemeinschaftseinrichtungen (mit Koch- und Waschgelegenheiten) eröffnen den Gefangenen zudem gewisse Gestaltungsfreiräume.

Als ersten Resozialisierungsansatz seitens der Anstalt bezeichnen die Gefangenen die halb offene Abteilung des E-Flügels. „Richtige" Resozialisierung findet ihrer Meinung nach erst im Freigängerhaus statt. In dem dort praktizierten Wohngruppenvollzug lernen sie erstmalig oder erneut, sich in eine Gruppe zu integrieren. Dieser Vollzugsstil wird von den Gefangenen auch deswegen als gut beurteilt, weil sie tagsüber einer normal entlohnten Arbeit außerhalb der Anstalt nachgehen können und nur im Freigängerhaus übernachten müssen.

Soweit einige der Gefangenen dem halb offenen E-Flügel eine Alibifunktion für angebliche Resozialisierungsbemühungen der Anstalt zuweisen, lassen sich anhand dieses Vorwurfs beispielhaft ambivalente Auswirkungen der Verrechtlichung im Strafvollzug aufzeigen. Sie bemängeln, dass sich der E-Flügel durch seinen Wohngruppencharakter auszeichnen soll, ohne dass die Voraussetzungen für einen Wohngruppenvollzug tatsächlich gegeben sind. Denn hierfür sei schon der Handlungs- und Bewegungsfreiraum der Gefangenen zu gering bemessen. Auf der einen Seite wirkt sich also die gesetzliche Unbestimmtheit des im StVollzG verankerten Behandlungskonzept positiv aus. So hat die JVA Diez als große Langstrafenanstalt des Landes Rheinland-Pfalz einen Weg gefunden, wie sie mit Rücksicht auf Größe sowie baulichen Gegebenheiten der Anstalt, Personalschlüssel und letztlich auf ihre Insassenschaft ein konkretes behandlungsorientiertes Vollzugselement anbieten kann. Auf der anderen Seite kann dieser gute Ansatz mangels gesetzlicher Vorgaben über Ausmaß, Ausgestaltung oder personelle Betreuung durch entsprechende Fachkräfte hinter den Chancen, die ein Wohngruppenvollzug bietet, zurückbleiben.

c) Behandlungsvollzug aus Sicht der Gefangenen

Im Zentrum ihrer Kritik steht das begrenzte, teilweise veraltete Schul- und Ausbildungsangebot sowie die Arbeitssituation einschließlich der mangelhaften finanziellen Entlohnung der Gefangenen. Die Kritik setzt sich fort, wenn einige Gefangene der JVA Diez vorwerfen, nicht mehr als nötig bzw. als von Gesetzes wegen erforderlich für die Resozialisierung zu tun, sei es bei Freizeitveranstaltungen oder bei therapeutischen Angeboten. Sie bemängeln, dass es im geschlossenen Vollzug keinerlei Gelegenheiten zu eigenverantwortlichem Handeln gibt. Durch die im Vollzug vorherrschende Versorgungsmentalität und den gleichzeitigen Mangel an Entscheidungs- und Handlungsfreiräumen besteht die Gefahr, seine „Lebensfähigkeit" zu verlieren. Bei einigen Gefangenen mit langen Haftstrafen führt es dazu, dass sie ihr Leben nach der Entlassung nicht mehr in den Griff bekommen.

An der detaillierten Darstellung der Lohnstufen sowie der finanziellen Lage der Gefangenen wird erkennbar, welchen Stellenwert die Entlohnung der Arbeit im Strafvollzug einnimmt. Nach ihren Aussagen stellt die geringe Entlohnung keinen Anreiz dar, täglich einer Arbeit im Vollzug nachzugehen, da weder etwas für die Zukunft angespart noch Schulden davon beglichen werden können. In der Formulierung „Weil es hier so Sitte ist, dass man sich aus Anstand um Arbeit bewirbt, habe ich das dann gemacht" wird nicht nur die Arbeits-Motivation der befragten Gefangenen, sondern auch ihr Anpassungsstreben an das gesamte Vollzugssystem deutlich. Die Gefahr der Rückfälligkeit führen sie daher in erster Linie auf die schwierige Arbeits- und Finanzlage nach der Entlassung zurück, in der die Anstalt trotz ihres Resozialisierungsauftrags keine Unterstützung und Hilfe anbietet.

Damit verbunden kommt dem Thema Arbeit eine zentrale Rolle in ihren Vorstellungen von einem Behandlungsvollzug zu. Eine berufliche Ausbildung stellt für die Gefangenen nicht nur die Basis für einen Neuanfang nach der Entlassung aus der Haft dar. Sie ist auch innerhalb der Haftzeit in aller Regel eine Voraussetzung dafür, möglichst schnell und durchgehend Arbeit zu haben. Eine Beschäftigung in der Haftzeit auszuüben, ist für viele wiederum u.a. Voraussetzung dafür, die Haftzeit ohne wesentliche Haftschäden durchzustehen. Viele Gefangene haben keinen Beruf erlernt, im Vollzug nie gearbeitet oder können wegen ihrer Vorstrafe(n) in ihrem alten Beruf nicht mehr arbeiten. Sie werden mit dem Überbrückungsgeld i.H.v. ca. DM 1200 bis 1400.- entlassen, haben keinen Rentenanspruch, keine Wohnung und keine Angehörigen mehr, die sie finanziell unterstützen könnten. Sie werden ein Fall für die Sozialhilfe. Der erneute Schritt in die Kriminalität ist nach Ansicht der befragten Gefangenen vorprogrammiert.

Im Freigang können sich Gefangene nach einer Erprobungszeit in anstaltseigenen Betrieben zwar eine Arbeit in einem freien Beschäftigungsverhältnis suchen. Obwohl nur auf diesem Weg eine Vorbereitung auf die Entlassung und den anstehenden „Kampf" auf dem freien Arbeitsmarkt stattfinden kann, gehen nach Einschätzung eines Gefangenen nur ca. 50 % der Gefangenen einer Arbeit außerhalb der Anstalt nach. Die verbleibenden 50 % arbeiten in anstaltseigenen Betrieben wie z.B. der Gärtnerei oder sind ohne Arbeit. Die anstaltseigenen Betriebe können jedoch auf den Berufsstart nicht vorbereiten. Ob ein Gefangener nach seiner Entlassung wieder ein sozial angemessenes Leben führen kann, hängt daher entscheidend davon ab, ob er seine sozialen Kontakte aufrecht erhalten sowie eine Berufsausbildung bzw. Berufserfahrung bereits aufweisen kann, um frühzeitig wieder eine Anstellung zu erhalten. Finanzielle Rücklagen können aufgrund der geringen Bezahlung für die Arbeit im Gefängnis ebenfalls nicht gebildet werden. Die vorgenannten Faktoren müssen also bereits vor der Inhaftierung gegeben sein; während der Haftzeit können sie nicht geschaffen werden.

Letztlich ist das Thema Arbeit für die Gefangenen in zweierlei Hinsicht ein wesentlicher Bestandteil ihrer Resozialisierung: zum einen als Vorbereitung auf eine gesicherte Zukunft, zum anderen als sinnvolle Beschäftigung während der Haftzeit. Auf beides wird ihrer Ansicht nach in der JVA Diez zu wenig bzw. auf eine falsche Art und Weise hingewirkt. Zur Behandlung gehört nach Ansicht der Gefangenen z.B. auch, dass die Vollzugsbediensteten versuchen, die Gefangenen für eine Beschäftigung zu motivieren.

Neben dem beruflichen Aspekt heben die Gefangenen als weiteren wesentlichen Bestandteil der Behandlung die Aufrechterhaltung und Förderung ihrer sozialen Kontakte hervor. Angesichts der geringen Besuchszeit, die den Gefangenen im Monat zusteht, dürfte es allerdings schwer fallen, die ohnehin durch die Inhaftierung belasteten sozialen Beziehungen aufrecht zu erhalten bzw. wiederherzustellen. Gerade sie sind aber oftmals der Grund für Gefangene, nicht in Resignation zu verfallen, sondern an ihrer Behandlung mitzuwirken und auf eine vorzeitige Entlassung hinzuarbeiten. Zugleich bedeutet der ständige Kontakt zu Angehörigen und Freunden den meist einzigen Bezug des Gefangenen zur Außenwelt mit deren Geschehnissen. Die Aktualisierung dieses Wissens verhindert seine Abschottung und Resignation und motiviert ihn dazu, an seiner Behandlung mitzuwirken. Wer resigniert und jegliches Interesse an seiner Umwelt verloren hat, wird auch keinen Anlass sehen, sein Verhalten zu ändern. Dieses Problem tritt besonders deutlich bei lebenslänglich Inhaftierten zu Tage, bei denen nach Aussage eines betroffenen Gefangenen erst nach 10 Jahren Behandlungsmaßnahmen einsetzen, wie z.B. psychologische Gespräche und die Teilnahme an der Gruppe der Anonymen Alkoholiker.

d) Zusammenfassung

Obwohl der Gesetzgeber – bewusst – die nähere Umschreibung seines Behandlungskonzepts unterlassen hat, und daher die Spanne der Interpretationen von zwischenmenschlichen Umgangsformen bis zu wissenschaftlich durchgeführten Therapien reicht, entsteht zusammenfassend der Eindruck, dass die JVA Diez als große Regelvollzugsanstalt sich bemüht, dem Behandlungsanspruch in vielfältiger Weise nachzukommen. Unabhängig davon, dass das Angebot nicht zuletzt wegen personeller Engpässe vielfach als zu gering für die große Anzahl der Gefangenen eingestuft wird, ist festzustellen, dass sie unter Behandlung eben nicht nur zwischenmenschliche Umgangsformen versteht, sondern hierzu ebenso spezifische therapeutische Angebote durch geschulte Fachkräfte zählt.

Aussagen der Gefangenen darüber, was sie hauptsächlich als schlimm und belastend im Rahmen ihrer Haftsituation empfinden, können schließlich als Ansatzpunkte dafür gewertet werden, wie konkretes, behandlungsorientiertes Verhalten bzw. entsprechende Maßnahmen seitens der Bediensteten aussehen kann. Zum einen beklagen sie das Fehlen der sozialen Kontakte, die zudem nur durch äußerst eingeschränkte Möglichkeiten des Besuchsempfang und der Telefonbenutzung aufrecht erhalten werden können. Zum anderen die Entwöhnung vom selbständigen Handeln im Vollzug aufgrund der fehlenden Handlungs- und Entscheidungsfreiräume und die mangelnde, unvollständige, unkonkrete oder auch manchmal fehlerhafte Information durch die Vollzugsbediensteten.

2. Behandlungsbeitrag des AVD

Die Ausbildung der Vollzugsbeamten umfasst eine ausgeglichene Kombination aus Theorie und Praxis. Unter Berücksichtigung der Ratschläge vollzugserfahrener Kollegen finden die jungen Beamten auf diese Weise für sich „einen gesunden Mittelweg". Im Vergleich zur Beschreibung älterer Beamter kann das bedeuten, dass sie ein ausgeglicheneres Verhalten den Gefangenen gegenüber zeigen. Die jüngere Generation von Beamten scheint daher sowohl den Sicherheitsbedürfnissen als auch den Anforderungen des Behandlungsgedankens gerecht werden zu wollen.

Aus der Befragung der Vollzugsbeamten ergibt sich insgesamt kein eindeutiges Bild von den Aufgaben und der Rolle der Stationsbeamten bzw. von ihrem Selbstverständnis im Vollzug. Sie lässt auf eine große Bandbreite unterschiedlicher Typen und Auffassungen darüber schließen, was die (Behandlungs-)Aufgaben des Stationsbeamten sind und wie der Beitrag an der Behandlung der Gefangenen auszusehen hat. Die Bandbreite reicht vom „Dienst nach Vorschrift" über die ordnungsgemäße Erledigung der Sicherheitsaufgaben bis hin zu einem höchst motivierten und engagierten Einsatz als Moderator für Soziales Training. Jeder scheint sich – abhängig von seinen persönlichen

Wertvorstellungen – seine eigene Auffassung über den Behandlungsbeitrag eines Stationsbeamten im Vollzug gebildet zu haben.

Die Stationsbeamten sind mit der Erledigung vieler Aufgaben rund um Organisation und Sicherheit betraut, die ihnen oftmals keine Zeit lassen, auf einzelne Belange der Gefangenen einzugehen. Die Formulierung „Dann ... hätte man Zeit, auf die Belange der Gefangenen einzugehen" erweckt den Eindruck, dass „Gespräche führen" von den Beamten eher als eine Gefälligkeit denn als ein Element der Behandlung i.w.S. gewertet wird. Auf jeden Fall steht fest, dass der Verrichtung der ihnen übertragenen Organisations- und Sicherheitsaufgaben der Vorrang vor der wie auch immer ausfallenden Mitwirkung an der Behandlung der Gefangenen zukommt. Hieran schließt sich die Frage, ob es einer rechtlichen Konkretisierung dieser Mitwirkung für die Vollzugsbeamten bedarf, um von ihnen nicht nur als eine bloße Aufforderung, sondern als eine Verpflichtung begriffen zu werden. Der im StVollzG und in den DSVollz formulierte Mitwirkungsauftrag wird ohnehin von denjenigen Beamten wahr und ernst genommen, die sich auch ohne diesen Appell aufgefordert fühlen, nicht nur die Sicherheitsaufgaben korrekt zu erfüllen, sondern auch durch Einsatz ihrer Person zur Erreichung des Vollzugsziels beizutragen.

Diese Vermutung bestätigt auch der Bericht eines Vollzugsbeamten über seine Rolle als Moderator des Sozialen Trainings. Er lässt zum einen eine große Motivation und Einsatzbereitschaft einiger Beamter im Bereich der Behandlung erkennen, macht gleichzeitig aber auch deutlich, dass dieses Engagement (noch) weitgehend die Ausnahme darstellt, da das Soziale Training im Kollegenkreis erst in geringem Umfang akzeptiert wird.

Mit einer weiteren Konkretisierung und Umschreibung von möglichen Behandlungsbeiträgen des AVD müsste gleichzeitig eine Form des Nachweises gefunden werden, mit dem eine gute Arbeitsleistung dokumentiert werden kann. Eine anstaltsinterne Konkretisierung des Mitwirkungsauftrags stellt schon jetzt die Einführung des Betreuungssystems dar. So zeigt beispielsweise die Wahl zum Betreuungsbeamten, dass der Vollzugsbeamte einem Gefangenen durch seine Person bzw. sein Verhalten positiv aufgefallen ist. Der positive Eindruck kann mit Sympathie verbunden sein, was bestenfalls dazu führt, dass sich der Gefangene zum einen dem Beamten gegenüber öffnet und zum anderen bereit ist, Hilfe in Form von Ratschlägen sowie Tipps, aber auch z.B. in Form von Kritik anzunehmen. Ein positiver Vollzugsverlauf dieses Gefangenen kann dann z.B. auch als Nachweis für eine gute Behandlungsarbeit des Betreuungsbeamten gelten.

Die Stationsbeamten können auf Wunsch bzw. auf Antrag eines Gefangenen diesem als Betreuungsbeamter zur Verfügung stehen. Mit ihm kann der Gefangene in einem gewissen vertraulichen Rahmen persönliche Themen und Probleme besprechen, deren Inhalt der Beamte nur weitergeben muss, wenn sie Anhaltspunkte zu Straftaten oder anderem sicherheitsrelevanten Verhalten aufweisen. Oftmals können die Betreuungsbeamten nur zuhören und dem Gefangenen Verständnis entgegenbringen, da ihnen die Möglichkeit zur konkreten Intervention nicht gegeben ist.

Die Gefangenen bestätigen die besondere, positive Funktion des Vertrauensbeamten. Zum einen wird jener einen Vertrauensvorsprung haben, weil der Gefangene ihn aus Sympathie hierzu gewählt hat. Zum anderen ändert der Beamte nach Ansicht der Gefangenen in dem Augenblick seiner Ernennung zum Vertrauensbeamten sein Verhalten gegenüber seinem Vertrauensgefangenen, indem er mehr Zeit für diesen aufwendet, ihm aufmerksamer zuhört, ein längeres Gespräch auch über private Themen zulässt und sich insgesamt mehr für „seinen" Gefangenen einsetzt. Die Vertrauensbeamten nehmen derart in ihrer Beziehung zu „ihrem" Gefangenen wesentliche Behandlungsaufgaben wahr. Darüber hinaus entwickeln sich mit zunehmender Haftzeit aufgrund der Nähe im Vollzug fast freundschaftliche Kontakte zu bestimmten Vollzugsbeamten, ohne dass diese jedoch in eine Vertrauensbeziehung übergehen. Sie äußern sich in zwischenmenschlichen Umgangsformen, also z.B. in kurzen Gesprächen, im Austausch von Witzen oder tröstenden Worten seitens der Beamten.

Vom Vertrauensbeamten abgesehen fallen die Meinungen der befragten Gefangenen über die Vollzugsbeamten unterschiedlich aus. Für einige von ihnen ist für die Rolle des Vollzugsbeamten als eine am Behandlungsvollzug beteiligte Person kein Platz. Für sie steht vielmehr die tradierte Rolle des Beamten als Schließer und Wächter im Vordergrund. Das Verhältnis zwischen diesen Gefangenen und Vollzugsbeamten ist durch – nicht zwingend feindliche – Distanz gekennzeichnet, die lediglich in wichtigen, umgänglichen Angelegenheiten durchbrochen wird. Dementsprechend verschlossen und ablehnend verhalten sich die Gefangenen den Vollzugsbeamten gegenüber, was nicht dazu beiträgt, auf Seiten der Beamten Engagement und Einsatz für behandlungsorientiertes Handeln zu wecken bzw. zu fördern.

Aussagen anderer Gefangener über Stationsbeamte bekräftigen die Annahme, dass zwischen ihnen und den Gefangenen von vornherein eine gewisse soziale Nähe besteht, die eine geeignete Ausgangsbasis für zwischenmenschliche und freundschaftliche Kontakte sein kann. Weil die älteren Vollzugsbeamten als gutmütiger und einsichtiger gelten, gelingt es eher, mit ihnen einen freundschaftlichen Kontakt herzustellen. Die jüngeren Beamten halten sich strenger an die Dienstvorschriften und halten eine gewisse Distanz zu den Gefangenen aus der Angst heraus, einen Fehler zu machen und sich die angestrebte Karriere zu verbauen. Insgesamt sehen die Gefangenen die Stationsbeamten als „ihres Gleichen" an, da diese ihre Arbeit nicht unbedingt aus Berufung, sondern hauptsächlich zum Geldverdienen ausüben. Zu den Verwaltungsbeamten entwickeln die Gefangenen hingegen ein eher distanziertes Verhältnis, was mit deren Stellung im Vollzug, so z.B. als Entscheidungsträger, und z.T. vielleicht auch mit dem Status als „Studierte" zusammenhängt. Bestätigt wird darüber hinaus die oftmals geäußerte Bewertung, dass von allen Vollzugsbeamten den Werkbeamten das höchste Ansehen und der größte Respekt von den Gefangenen entgegengebracht wird.

Wie der Behandlungsbeitrag des AVD in einer Langstrafenanstalt wie der JVA Diez letztlich aussehen kann, schildern die Vollzugsbeamten zusammenfassend folgendermaßen: Die Grundlage des heutigen Strafvollzugs ist eine Zusammenarbeit zwischen Gefangenen und Bediensteten, deren Aufgabe in erster Linie das Helfen und nicht das Schließen darstellt. Helfen bedeutet z.B. Hilfestellung durch Soziales Training oder durch soziale Gesten wie Zuhören und Anteilnahme. Die Stationsbeamten sind für den Gefangenen die Ansprechpartner vor Ort sowie Bindeglied zu der Verwaltung bzw. den Entscheidungsträgern. Mitunter finden kurze Gespräche im Vorbeigehen statt, manchmal auch nur in Form von Bemerkungen, Denkanstößen oder Nachfragen. Oftmals muss der Stationsbeamte auch nur Zuhören, wenn sich die Gefangenen etwas von der Seele reden müssen und keinen frühzeitigen Gesprächstermin beim Psychologen bekommen haben.

V. Normierung von Behandlungsmaßnahmen als subjektive Rechte (Faktor 5)

1. Scheinanpassung

Die Gefangenen der 1. Gruppe nehmen in der Anfangsphase ihrer Haftzeit die sie betreffenden Vollzugsentscheidungen noch offensichtlich widerstandslos in Kauf, auch wenn es sich um zukunftsbezogene Entscheidungen handelt. Der Gedanke, Vollzugslockerungen möglicherweise erst gerichtlich einfordern zu müssen, spielt (noch) keine Rolle (vgl. auch die Ausführungen zu Faktor 2, 1., S. 212 f.). Auf die mit der Gewährung von Lockerungen verbundene Gefahr der Scheinanpassung können keine Rückschlüsse gezogen werden, da sich in dieser Hinsicht keine Hinweise in den Aussagen dieser Gefangenen finden lassen.

Das von einem Gefangenen der 2. Gruppe geschilderte Beispiel steht allerdings exemplarisch für die Scheinanpassung, in welche sich Gefangene flüchten, um nicht Gefahr zu laufen, im Falle des Bekanntwerdens eines Risikofaktors eine Verweigerung der von ihnen erstrebten Vollzugslockerungen zu erhalten. Der Gefangene, der wegen Haschischkonsums zum wiederholten Male vom Freigängerhaus in den E-Flügel zurückverlegt worden war, möchte in einer externen Drogenberatung klären, ob er ein Drogenproblem hat. Er hält es weder gegenüber den Vollzugsbediensteten noch in der, vom Sozialdienst geleiteten, internen Drogenberatung für möglich, die eigene Einstellung zum Konsum von Cannabis darzulegen, ohne dass ihm ein Drogenproblem bestätigt wird. Er geht davon aus, als suchtgefährdet eingestuft zu werden, solange er an seiner Einstellung festhalten würde. Entsprechend negativ würden seine vollzuglichen Beurteilungen ausfallen. Er gibt daher offen zu, den reumütigen Versager vorzuspielen, um erneut Lockerungen zu erhalten.

Eine Scheinanpassung gegenüber der Anstalt und den Vollzugsbediensteten praktizieren manche Gefangene also auch in dem Fall, in dem sie selbst bei sich ein Problem vermuten, von dem sie annehmen, dass es möglicherweise einer Behandlung bedarf. Hierin kommt eine deutliche Absage an das einen Behandlungsvollzug kennzeichnende Vertrauensverhältnis zum Ausdruck (vgl. die Ausführungen zu Faktor 6, 1. b), S. 233 f.).

Die Beschreibungen der Situation im E-Flügel lassen im ersten Moment ebenfalls auf eine Scheinanpassung der Gefangenen schließen. Angesichts der häufig langen Unterbringung im geschlossenen Vollzug riskiert kein Gefangener einen negativen Bericht, durch den er den Anspruch auf eine bevorstehende Verlegung ins Freigängerhaus verwirken könnte. Weil eine Scheinanpassung über einen längeren Zeitraum kaum möglich sein wird, steht jedoch zu vermuten, dass es sich hierbei doch weniger um Scheinanpassung als um einen mühsamen Lernprozess handelt, dauerhaft ein sozial angepasstes Verhalten zu zeigen.

2. Absicherungsbedürfnis der Anstalt

Die Vertreter der Fachdienste formulieren einen Vorwurf an die Adresse des Gesetzgebers, wenn dieser zwar einen Behandlungsvollzug fordert, aber den Anstalten keine absichernde „Rückendeckung" bei den naturgemäß risikobehafteten, weil stets auf einer Prognose beruhenden Entscheidungen über Vollzugslockerungen gibt. Schließlich qualifiziert er diese selbst als Behandlungsmaßnahmen. Die fehlende gesetzliche Legitimation führt ihrer Ansicht nach dazu, dass nicht konkretisierte gesetzliche Vorgaben in Verbindung mit einer gesellschaftlich-politischen Haltung, welche die absolute Sicherheit der Allgemeinheit fordert und jegliches Risiko ablehnt, eine restriktive Entscheidungspraxis bzgl. Vollzugslockerungen begründet. Die Verantwortung für die Gewährleistung dieser Sicherheit wird vom Ministerium an die Anstalt und von dieser an die konkret beteiligten Entscheidungsträger, insbesondere an die Psychologen weitergegeben. Von ihnen wird eine hundertprozentige Prognose erwartet, die sie zum einen nicht zu leisten imstande sind und zum anderen auch nicht für unbedingt erforderlich halten. Schließlich geht es um Behandlungsmaßnahmen, die auf eine Entlassung und ein Leben ohne Straftaten erst *vorbereiten* sollen. Das Bedürfnis der Anstalt, sich gegenüber dem Vorwurf der Fehlentscheidung absichern zu wollen, ist jedoch aufgrund der gesellschaftspolitischen Vorstellungen größer.

Darüber hinaus verweisen die Fachdienstvertreter auf eine andere Gefahr, die mit der Ungewissheit der Gewährung von Lockerungen verbunden ist. Weil eine hundertprozentige Prognose erwartet wird, die ein Sicherheitsrisiko ausschließt, ist es fast unmöglich, einem Gefangenen seinen voraussichtlichen Lockerungszeitpunkt über einen längeren Zeitraum hinweg (z.B. in 1 bis 2 Jahren) in Aussicht zu stellen. Eine derartige restriktive, nicht in Ansätzen risikobereite Entscheidungspraxis erzeugt Unmut bei den

Gefangenen, weil ihnen erstens verwehrt wird, eine Perspektive für ihr weiteres Leben aufzubauen, und weil sie zweitens stets glauben, benachteiligt und daher gezwungen zu sein, sich ihr Recht gerichtlich erstreiten zu müssen. Beide Einstellungen sind nicht geeignet, Vertrauen zu den Anstaltsbediensteten aufzubauen bzw. Verständnis für die Richtigkeit ihrer Entscheidungen aufzuzeigen. Es kann als eher unwahrscheinlich gelten, dass sich die Gefangenen in dieser Situation mit der Bitte um Hilfestellung bei der Lösung persönlicher Schwierigkeiten an die Anstaltsbediensteten wenden. Darüber hinaus ist anzunehmen, dass die Anstalt zur Vorbeugung eines Rechtsstreits, der bei den querulatorisch veranlagten Gefangenen nahe liegt, ihre Entscheidungen in einem Maße absichert, um vor der Aufsichtsbehörde und vor Gericht argumentativ zu überzeugen.

In den – vom einem zu lebenslanger Freiheitsstrafe verurteilten Gefangenen – geschilderten Vorgängen um Fragen seiner Verlegung ins Freigängerhaus, der Rückverlegung, seiner erneuten Verlegung, seiner vorzeitigen Entlassung auf Bewährung etc. konkretisiert sich das Absicherungsbedürfnis der Anstalt. Aus Sicht des Gefangenen möchte in letzter Konsequenz niemand die Verantwortung für eine positive, mit einem Restrisiko behaftete Entscheidung übernehmen, die ohnehin unter dem Zustimmungsvorbehalt der Aufsichtsbehörde steht. Unter der Annahme, dass die Schilderungen des Gefangenen größtenteils wahr sind, ist der gesamte Entscheidungsprozess von widersprüchlichen Einschätzungen gekennzeichnet, die letztlich zugunsten der Sicherheit ausgelegt werden. Es genügt scheinbar eine Vermutung bzw. Behauptung, um eine vorherige positive Begutachtung zugunsten der Sicherheit der Allgemeinheit zu übergehen. Der Gefangene fühlt sich hingehalten und empfindet Verzweiflung und Resignation.

Nicht auszuschließen ist in einem solchen Fall auch die Gefahr, dass weitere, auf die überraschende Ablehnung folgende Stellungnahmen nun weitaus negativer ausfallen, als sie dem Bild des Gefangenen in der Realität entsprechen, nur um die Entscheidung vor dem Gefangenen, der Aufsichtsbehörde und gegebenenfalls der Strafvollstreckungskammer im Falle eines gerichtlichen Vorgehens des Gefangenen rechtfertigen zu können. Hierbei ist anzumerken, dass Anhaltspunkte für eine solche Gefahr in dem genannten Beispiel nicht gegeben sind. Der Gefangene hatte auf eine gerichtliche Auseinandersetzung mit der Anstalt über die Rückverlegung in das Freigängerhaus verzichtet, da er ein solches Vorgehen mit Nachteilen verbindet und weil ihm versprochen wurde, seine Rückverlegung im nächsten halben Jahr wohl wollend zu prüfen. Die Anstalt hatte ihm außerdem signalisiert, dass eine erneute Verlegung in das Freigängerhaus im Falle einer gerichtlichen Auseinandersetzung ohnehin erst nach Beendigung des Verfahrens in Betracht käme, das auch mindestens ein halbes Jahr dauern würde.

Angesichts des großen Absicherungsbedürfnisses der Vollzugsanstalt und der Aufsichtsbehörde, das i.d.R. zulasten von Behandlungsmaßnahmen geht, ist von rechtsstaatlicher Bedeutung, dass diese als subjektiv einklagbare Rechte normiert sind. Den Gefangenen wird somit eine Überprüfung der Vollzugsentscheidungen durch eine unabhängige, gerichtliche Instanz ermöglicht, die einer mitunter zu restriktiven Entscheidungspraxis der Anstalten entgegenwirken kann.

VI. Einbeziehung der Fachdienste in den Vollzug (Faktor 6)

1. Aufgaben der Fachdienste und ihre Stellung im Vollzug

a) Sozialdienst

Der Sozialdienst nimmt eine Fülle von Aufgabenstellungen wahr, die von Stellungnahmen zu bedingten Entlassungen und Gnadenanträgen, über Gespräche mit Gefangenen bzgl. Zukunftsperspektive, soziale Beziehungen, Schuldenregulierung etc., bis hin zu entsprechenden Hilfestellungen reichen. Der Sozialdienst ist Ansprechpartner bei persönlichen Problemen und z.B. bei dem Wunsch des Gefangenen nach Kontaktpflege durch Sonderbesuche, Sonderurlaube oder Besuchsüberstellung.

Soweit ein Sozialarbeiter in einer anderen Funktion innerhalb des Vollzugs, wie z.B. der des Vollzugsabteilungsleiters, eingesetzt ist, sieht er sich mit einem hohen Anfall von Verwaltungsangelegenheiten konfrontiert. Zu seinen Aufgaben gehören in diesem Fall die Leitung von Konferenzen, die Fortschreibung der Vollzugsplanung für die Gefangenen, das Verfassen von Stellungnahmen beispielsweise zu Lockerungsanträgen oder Dienstaufsichtsbeschwerden, die Disziplinarbefugnis und die Aufgabe als Gesprächspartner und Konfliktschlichter sowohl für Gefangenen als auch für Bedienstete.

Die berufliche Stellung des Sozialdienstes im Strafvollzug ergibt sich aus den rechtlichen Vorgaben in den Grundzügen der Sozialarbeit in den Justizvollzugs- und Jugendstrafanstalten Rheinland-Pfalz (Rundschreiben des Ministeriums der Justiz) in Verbindung mit dem jeweiligen Geschäftsverteilungsplan, der die konkrete Zuweisung der Aufgaben erhält. Dabei verbleibt dem Sozialdienst nach eigener Einschätzung innerhalb ihres Arbeitsfelds ein gewisser Handlungs- und Entscheidungsfreiraum, der ein eigenständiges Arbeiten ermöglicht.

b) Psychologischer Dienst

Der Anstaltspsychologe ist allgemein für Diagnostik und therapeutische Behandlung bzw. Beratung der Gefangenen zuständig. Dazu zählt u.a. die Durchführung von Einzel- und Gruppentherapien verschiedener Tätergruppen, die Drogenberatung sowie die Fortbildung für Vollzugsbeamte. Soweit der Psychologe keine leitende Funktion innerhalb der Anstalt übernimmt, ist er weitgehend von Verwaltungsangelegenheiten befreit. Als unschätzbarer Vorzug wird bewertet, innerhalb des psychologischen Arbeitsfeldes im Vollzug weitgehend selbständig, flexibel und variabel arbeiten zu können. Eine, über die vom Ministerium erarbeitete Zusammenstellung hinausgehende, rechtliche Konkretisierung seiner Aufgaben zeigt sich daher weder notwendig noch hilfreich.

Die rechtlichen Vorgaben über die berufliche Stellung des psychologischen Dienstes im Strafvollzug lassen sich den Grundsätzen des psychologischen Dienstes in den Justizvollzugs- und Jugendstrafanstalten Rheinland-Pfalz (Rundschreiben des Ministeriums der Justiz) in Verbindung mit dem jeweiligen Geschäftsverteilungsplan entnehmen, der die konkrete Zuweisung der Aufgaben erhält.

Die erste Kontaktaufnahme zwischen dem Therapeuten und dem Gefangenen stellt sich nicht anders dar als in entsprechenden Situationen außerhalb der Justizvollzugsanstalten. Zuerst wird der Gefangene – wie jeder Klient außerhalb der Anstaltsmauern – testen, ob ihm der Psychologe sympathisch und vertrauensvoll erscheint. Ist dies nicht der Fall bzw. fühlt er sich nicht akzeptiert, wird auch der Klient in einer freien Therapieeinrichtung nicht von seinen persönlichen, intimen Problemen erzählen, sondern entweder die Therapie abbrechen oder zu einem anderen Therapeuten wechseln. Erst im weiteren Verlauf kommen vollzugstypische Aspekte zum Tragen, die ein Vertrauensverhältnis zwischen dem Psychologen und dem Gefangenen belasten könnten. Diese beruhen vor allem darauf, dass der Gefangene den Anstaltspsychologen nicht nur als Therapeuten, sondern auch als Justizangestellten der JVA wahrnimmt, dessen Votum er zudem im Rahmen vollzuglicher Entscheidungen zu Recht erhebliche Bedeutung beimisst. Der als Therapeut arbeitende Anstaltspsychologe befindet sich daher grundsätzlich in einem Rollenkonflikt, der geeignet ist, den Eintritt eines Therapieerfolgs zu verzögern oder sogar gänzlich zu verhindern. Selbst wenn er sich diesem Konflikt nicht ausgesetzt fühlt, wird dieser doch von den Gefangenen an ihn herangetragen. In beiden Fällen kann das Therapieverhältnis gestört und ein Therapieerfolg dementsprechend gefährdet sein. Dem fast unlösbaren Rollenkonflikt, bei dem sich der Psychologe einer Doppelrolle als Therapeut und Gutachter ausgesetzt sieht, wurde von Seiten des Ministeriums begegnet, indem Therapie und Diagnostik eines Gefangenen personell getrennt wurden.

Schilderungen der Gefangenen bestätigen die Annahme, dass sich Anstaltspsychologen in einem Ziel- und Rollenkonflikt befinden bzw. dass ein solcher von den Gefangenen an sie herangetragen wird, auch wenn sie selbst ihn nicht wahrnehmen. Der Psychologe läuft angesichts seines „therapeutisch erworbenen Wissens" und seiner gleichzeitig hervorgehobenen Stellung bei Vollzugsentscheidungen Gefahr, seine therapeutisch relevanten Kontakte zu den Gefangenen zu verlieren oder aber diese erst gar nicht aufbauen zu können. Folgendes, von einem befragten Gefangenen geschilderte Beispiel steht exemplarisch für das Misstrauen gegenüber den Fachdienstvertretern: Anlässlich seiner erneuten Rückverlegung vom Freigängerhaus in den E-Flügel wegen Haschisch-Konsums (vgl. seine Aussagen zu Faktor 1, 5., S. 211 f. und Faktor 5, 1., S. 229) möchte er von sich aus eine externe Drogenberatung besuchen. Die anstaltsinterne Beratungsstelle verhält sich für ihn jedoch zu anstaltskonform. „Ich möchte ganz einfach mit jemandem sprechen, der seinen Gehaltsscheck nicht vom Justizministerium bekommt, weil für mich offenbart sich da irgendwie ein Interessenkonflikt, der vielleicht nicht so deutlich zu Tage tritt. Aber würde ich an einem Drogenberatungsprogramm im Hause teilnehmen und dieses wäre negativ, hätte ich keine Möglichkeit, dagegen anzugehen. Nehme ich an einer Drogenberatung, an einer externen Drogenberatung teil, und bekomme eine negative Beurteilung, kann ich die einfach unter den Tisch fallen lassen. Ist diese externe Beratung positiv, wiegt diese mehr, weil diese Leute einfach auch ganz anders geschult sind und einen ganz anderen Überblick haben als die Leute, die hier intern in der Drogenberatung arbeiten".

Seine Taktik formuliert der Gefangene deutlich. Von Vertrauen, vor allem zu den Vertretern der Fachdienste, kann keine Rede sein. Die Gefangenen wissen sehr genau, welches Gewicht dem Urteil des Psychologen innerhalb der Anstalt zukommt und gehen davon aus, dass er allein ihnen durch seine Stellungnahmen entweder alle Wege versperren oder ebnen kann. Selbst wenn, wie dieses Beispiel zeigt, der Gefangene aus eigener Motivation heraus eine Drogenberatung aufsuchen will, um sich bei Feststellung einer persönlichen Drogenproblematik gegebenenfalls helfen zu lassen, vermeidet er die Institution JVA und alle ihre Bediensteten, weil er für seine Vollzugsplanung nur Nachteile befürchtet. Er benennt dieses Misstrauen zu den Fachdiensten als Interessenkonflikt. Für ihn sind es in erster Linie Vertreter der Anstalt, die ihm aufgrund ihrer beruflichen Stellung nicht uneingeschränkt helfen bzw. behandeln können.

An dem, von einem anderen Gefangenen geschilderten Beispiel wird die oben ausgeführte Problematik ebenfalls sichtbar. Nach seinen Aussagen hatte er Gespräche mit einer Psychologin, die sich eher beiläufig im Rahmen seiner Tätigkeit als Verwaltungsarbeiter ergaben. Das Besondere an diesen Gesprächen war ihre – tatsächliche oder scheinbare – Zufälligkeit. Vielleicht befürchtete er daher auch keine konkreten, unmittelbaren Nachteile für sich, wenn er u.a. auch von seinen Sorgen und Problemen sprach. Zumindest war er nach eigener Aussage überrascht gewesen, dass gerade diese Psychologin für sein wichtiges 10-Jahres-Gutachten verantwortlich war. Ebenso erstaunt war er, dass dieses positiv auffiel, da er nach seiner Offenheit in den Gesprächen mit ihr eigentlich eine ablehnende Stellungnahme erwartet hatte. Daraus lässt sich tendenziell schließen, dass vor allem der in der Anordnung psychologischer Gespräche liegende Zwang durch die Anstalt in Hinblick auf die Feststellung einer bestimmten Tatsache, z.B. Vollzugslockerungen oder vorzeitige Entlassung, eine innere Verschlossenheit bzw. die Scheinanpassung bei den Gefangenen hervorruft. Vielleicht würden Gespräche in ungezwungener, scheinbar beiläufiger Atmosphäre, d.h. ohne eine – dem Gefangenen – bekannte oder offensichtliche bestimmte, therapeutische Zielrichtung, von vornherein erfolgreicher sein, indem der Gefangene ohne Druck und Angst vor konkreter Benachteiligung irgendwann aus sich herausgeht. Die Organisation von Gruppenstunden geht in diese Richtung, doch bedarf es hierbei bereits eines mehr oder weniger aktiven Engagements des Gefangenen, sofern ihm die Teilnahme daran nicht schon durch die Anstalt nahe gelegt wurde. Letzteres weist wiederum einen Anordnungscharakter auf, da die Gefangenen – zumindest anfangs – in aller Regel nur teilnehmen, um ihre Lockerungen oder die vorzeitige Entlassung nicht zu gefährden. „Zufällige Gespräche" sind im halb offenen Vollzug des E-Flügels denkbar, wenn sich die Gefangenen und der Psychologe „unterwegs" begegnen können. Im geschlossenen Vollzug, der nicht in Wohngruppen organisiert ist, scheinen derartige Begegnungen ausgeschlossen.

Die zeitliche Überbeanspruchung der Fachdienste, deren Vertreter für ca. 100 bis 120 Gefangene zuständig sind, führt letztlich zu Unmut bei den Gefangenen. Dieser Unmut entlädt sich nicht selten gegenüber den Stationsbeamten, die mitunter aufgefordert sind, irgendwie zu einer Lösung beizutragen. Dass sie dabei den psychologischen Rat nicht ersetzen können, ist offensichtlich. Auch wenn es in einigen Fällen auf diese Art und Weise sicherlich zu zufrieden stellenden Ergebnissen kommt, bleibt die Gefahr, dass in anderen Fällen Probleme verdrängt werden und unausgesprochen bleiben. Erhalten die Gefangenen daher den Eindruck, in ihrer Person und mit ihren Problemen von den Fachdiensten nicht ernst genommen zu werden, steuern solche Vorkommnisse ihrer Bereitschaft zur Mitarbeit an Behandlungsmaßnahmen entgegen. Auch tragen sie nicht dazu bei, ein gewisses Vertrauen gegenüber den Fachdiensten und auch letztlich gegenüber allen anderen Vertretern der JVA zu begründen. Die schon allein durch den Freiheitsentzug gestiegene Empfindsamkeit gegenüber – vermeintlichen – Beeinträchtigungen persönlicher Rechte wird durch solche Erfahrungen höchst wahrscheinlich nur noch gesteigert.

Was den gesetzlich nicht konkretisierten Einsatz von Psychologen im Vollzug angeht, so gibt es schließlich Anhaltspunkte dafür, dass diese aufgrund des im Vergleich zur Anzahl der zu betreuenden Gefangenen ungünstigen Zahlenverhältnisses einer großen Arbeitsbelastung ausgesetzt sind, die sich zumindest hinsichtlich der therapeutischen Aufgabe mitunter in Kriseninterventionen zu erschöpfen droht.

2. Verhältnis zwischen AVD und Fachdiensten

Der Vertreter des Sozialdienstes bestätigt, dass noch bis Mitte der 80er Jahre die Beamten des AVD den Fachdiensten und vor allem dem Sozialdienst skeptisch bis ablehnend begegneten und Gehalt und Ernsthaftigkeit ihrer Arbeit in Frage stellten. Dementsprechend schwierig gestaltete sich die Abstimmung der eigenen beruflichen Vorstellungen mit denen der anderen Berufsgruppen. Mittlerweile ist der Sozialdienst als „vollwertige" Berufsgruppe im Strafvollzug anerkannt.

Die Fachdienste beschreiben die Zusammenarbeit mit dem AVD als grundsätzlich einvernehmlich und weitgehend problemlos. Nur bei einigen Beamten stoßen sie auch heute noch auf die in vergangenen Zeiten verbreitete Haltung, die Vertreter der Fachdienste würden den Gefangenen zu viel Verständnis entgegenbringen und letztlich keinen wirklich ernsthaften Arbeitsbeitrag im Vollzug leisten. Da sich eine solche Einstellung negativ auf die Zusammenarbeit und das Arbeitsklima auswirkt, bieten die Anstaltspsychologen Seminare für Vollzugsbeamten an. In diesen werben sie durch Vermittlung der psychologischen Sichtweise um Verständnis für ihre Herangehensweise bei der Behandlung der Gefangenen. Indem die Psychologen den Beamten Hintergründe von Tat und Tätergruppen erklären, wird diesen nicht nur die psychologische Arbeitsweise und ihre Ziele klarer, sondern die Beamten ändern möglicherweise auch ihre Einstellung zu den Gefangenen. Diese gezielte Zusammenarbeit mit dem AVD stellt – neben der therapeutischen Arbeit mit den Gefangenen – sicherlich einen gleichermaßen wesentlichen Beitrag zu einem effektiven Behandlungsvollzug dar. Auch das Betreuungssystem, nach dem sich ein Gefangener einen Vertrauensbeamten wählen kann, bedeutet eine konkrete Einbeziehung der Vollzugsbeamten in das Behandlungskonzept.

Auch die Aussagen der Vollzugsbeamten enthalten keine Hinweise, die auf eine skeptische bis ablehnende Haltung des AVD gegenüber den Vertretern der Fachdienste schließen lassen könnten. Ihre Umschreibungen deuten vielmehr auf ein kollegiales Klima gegenseitiger Akzeptanz hin, auch wenn den Psychologen noch immer eine Sonderrolle zugewiesen wird („Die Psychologen sind eine ganz andere Sorte Fachdienst, sie sind einfach etwas fern ... manchmal etwas in einer höheren Sphäre, ja".). Unterschiedliche berufliche Ausbildung und soziale Herkunft beider Dienste zeigen sich in der Aussage: Die Psychologen nehmen „teilweise zu sehr alles aus der Theorie".

Die Vollzugsbeamten sind allerdings mit ihrer im Verhältnis zu den Fachdiensten geringen Beteiligung an Vollzugsentscheidungen nicht zufrieden. Auch wenn auf die ausreichende Beachtung und Würdigung der Ansichten des AVD durch andere Bedienstete hingewiesen wird, bestätigen alle weiteren Aussagen ein eindeutiges Übergewicht der Stellungnahme der Fachdienste, insbesondere der Psychologen im Entscheidungsprozess. Gleichzeitig klingt Kritik an, wenn die Vollzugsbeamten auf eine Diskrepanz aufmerksam machen: Während sie täglich über Jahre hinweg mit den gleichen Gefangenen umgehen und diese im täglichen Umgang erleben, erfahren die Psychologen die Gefangenen in nur wenigen, wenn auch intensiven Gesprächen. Auch wenn die Beamten den Psychologen zugestehen, aufgrund ihrer beruflichen Ausbildung und ihres erworbenen Fachwissens schneller ein genaueres Bild von einem Gefangenen aufstellen zu können, werten sie ihre eigenen, z.T. langjährigen (Lebens-)Erfahrungen im Umgang mit Gefangenen gleichermaßen hoch. Die teilweise geäußerte Unzufriedenheit über die mangelnde Berücksichtigung ihrer Einschätzungen bei Vollzugs(planungs)konferenzen ist somit erklärbar.

Die eben geschilderte Rollenverteilung bestätigen die Gefangenen der 1. Gruppe, indem sie eine deutliche Differenzierung zwischen den Vollzugsbeamten des AVD und den Vertretern der Fachdienste vornehmen. Vor allem dem Psychologen ordnen sie eine große Einflussnahme und dementsprechend eine bedeutende Machtposition im Vollzugsgeschehen zu. Die Vollzugsbeamten müssen sich im Gegensatz zu den Vertretern der Fachdienste zwar täglich mit den Gefangenen arrangieren und auseinandersetzen, haben aber eine vergleichsweise geringe Entscheidungsmacht. Diese aus den Aussagen der Gefangenen ableitbare Einschätzung bestätigt das Missverhältnis zwischen Aufgabe und Stellung des Vollzugsbeamten innerhalb der Anstalt: also seine Schlüsselstellung innerhalb des reibungslos funktionierenden Vollzugs und der Nähe zu den Gefangenen bei gleichzeitig geringer Beteiligung an Vollzugsentscheidungen. Unterstützt wird diese Einschätzung zudem durch die Aussage, die Vollzugsbeamten können lediglich „die ganze Geschichte" zum Negativen wenden. Offensichtlich ausgeschlossen ist aus Sicht der Gefangenen die Möglichkeit, dass die Beamten auch positive Verhaltensweisen und -änderungen wahrnehmen und als Information in eine Entscheidung einbringen oder zumindest weitergeben.

Die Organisation der Zusammenarbeit zwischen den Fachdiensten und den Vollzugsbeamten scheint unterschiedlich auszufallen, insbesondere was den Informationsfluss angeht. Keine Probleme ergeben sich in der halb offenen Abteilung, da dort Fachdienste und Vollzugsbeamte in ständigem Kontakt stehen und die Hemmschwelle seitens der Beamten, sich mit Problemen, Informationen und Hinweisen an die Fachdienste zu wenden, wesentlich geringer ausfällt. Im Umkehrschluss bedeutet das, dass der Kontakt in den geschlossenen Abteilungen problematischer ist, da eben noch gewisse Hemmschwellen bestehen.

Zusammenfassend kann festgehalten werden, dass das Verhältnis zwischen den Fachdiensten und dem AVD zwar nicht als konfliktfrei, aber auch insgesamt nicht als ablehnend bezeichnet werden kann. Da noch immer eine gewisse Skepsis auf Seiten des AVD wahrzunehmen ist, bemüht man sich in der JVA Diez, bestehende Mängel in der Zusammenarbeit zwischen den Fachdiensten und dem AVD zu beheben und das Arbeitsklima zu verbessern, indem der AVD verantwortlich in den gesetzlich normierten Behandlungsauftrag miteinbezogen wird. Zwar lässt sich daraus schließen, dass noch immer Teile der Beamtenschaft ausschließlich die traditionellen Sicherheits- und Ordnungsaufgaben für sich in Anspruch nehmen, aber der Anteil wird, so lassen die Äußerungen der Fachdienste vermuten, geringer. Durch den Abbau von Hemmschwellen zwischen AVD und Fachdiensten wird der für eine effektive Teamarbeit wichtige Informationsaustausch gefördert. Auf diese Art und Weise kann es gelingen, individuell auf den Gefangenen einzugehen und adäquate Behandlungsmaßnahmen zu ergreifen.

VII. Sachzwänge einer JVA (Faktor 7)

In der JVA Diez werden mehrere Beratungsmöglichkeiten angeboten, wie z.B. die Gruppe der Anonymen Alkoholiker, eine externe Drogenberatung und eine AIDS-Beratung. Darüber hinaus können die Gefangenen an internen sowie externen Therapien und Schulungen teilnehmen. Durch großes Engagement einiger Beamter ist es möglich, Kurse für Soziales Training durchzuführen. Die konkrete Anzahl und der Umfang der Behandlungsangebote hängen letztlich vom Personalschlüssel ab. Für eine personelle Verstärkung der Fachdienste – und damit für eine Aufstockung der Therapieangebote – setzen sich alle Befragten ein, was bei Betrachtung des Zahlenverhältnisses zwischen Gefangenen und Fachdiensten (vgl. die Ausführungen zu Faktor 6, 1., S. 232 f.) nachvollziehbar erscheint. Für ein angemessenes Angebot an Sozialen Trainingskursen müssten ebenfalls weitere Stellen geschaffen werden. Die zeitliche Überlastung der Fachdienste kann dazu führen, dass Gesprächstermine drei Monate vorher beantragt werden müssen. Das trägt zum Unmut und zur Unzufriedenheit der Gefangenen bei und fördert nicht ihre Akzeptanz der Fachdienste, auf denen vor allem die Resozialisierungsbemühungen beruhen. Eine Verschärfung der Situation erwarten die Fachdienste durch das 1998 in Kraft getretene Gesetz zur Bekämpfung von Sexualdelikten und anderen gefährlichen Straftaten vom 26. Januar 1998.

In Hinblick auf die baulichen Gegebenheiten bezeichnen die Gefangenen ihre Unterbringung in den geschlossenen Abteilungen der JVA Diez als unwürdig. Möglicherweise meinen die Gefangenen, noch den früheren Zuchthauscharakter zu verspüren. Sicher ist jedenfalls, dass die als schlecht empfundene Unterbringung die Behandlungssituation innerhalb einer Anstalt prägt. Die Gefangenen könnten damit gleichzeitig eine Missachtung ihrer Person verbinden, wobei es ihnen wahrscheinlich gleichgültig ist, wer für diesen Zustand tatsächlich verantwortlich ist. Als konkreter Ansprechpartner und „Vertreter des Staates" hat ohnehin stets die Anstalt bzw. ihre Leitung für Missstände gerade zu stehen.

Aus Behandlungsgesichtspunkten erachten die Bediensteten – abgesehen von der Errichtung kleinerer Strafvollzugsanstalten – darüber hinaus eine vermehrte Einrichtung von Wohngruppen, wie sie derzeit im E-Flügel bestehen, für sehr sinnvoll. Abgesehen davon, dass auch diese entsprechend personell begleitet werden müssten, scheitert ihre Einrichtung aus finanziellen Gründen, da erhebliche bauliche Umbaumaßnahmen der um 1900 als Zuchthaus konzipierten JVA Diez erforderlich wären.

Aufgrund des anstaltsinternen Lockerungssystems der JVA Diez, nach dem ein Gefangener erst aus dem geschlossenen Vollzug in den halb offenen E-Flügel und dann aus diesem heraus in das Freigängerhaus wechseln kann, kommt es wegen dessen Überfüllung zudem zu Wartezeiten nicht nur im E-Flügel, sondern darüber hinaus auch in den geschlossenen Abteilungen. Diese unbefriedigende, letztlich auf mangelnde Kapazitäten im Freigängerhaus zurückzuführende Vollzugssituation führt angesichts der überragenden Bedeutung von Vollzugslockerungen zu Unzufriedenheit bei den Gefangenen, die geeignet ist, das Vollzugs- und Behandlungsklima empfindlich zu stören.[483] Als Folge der Unzufriedenheit sind Aggressionen wahrscheinlich, auf die wiederum mit verstärkten Sicherheitsmaßnahmen reagiert wird. Ein Gefühl von Schikane, Benachteiligung und ungerechter Behandlung kann aufkommen bzw. sich verstärken, wenn die Durchsetzung eines – vielleicht nach langer Zeit endlich – bewilligten Lockerungsantrags lediglich an fehlenden Crafträumen scheitert. Möglicherweise differenzieren manche Gefangene auch gar nicht und verweisen in ihrer Verbitterung auf die willkürliche und

---

[483] Die geschilderte Situation betrifft in erster Linie die Zeit vor der Aufstockung des Freigängerhauses der JVA Diez. Inwieweit sie auch danach weiter besteht bzw. sich die Situation diesbezüglich entspannt hat, kann nicht beurteilt werden.

rechtswidrige Behandlung seitens der Anstalt. In jedem Fall dürfte der Schuldige hierfür feststehen: die Anstaltsleitung.

Auch wenn die Aufstellung von Waschmaschinen nur ein kleines Element im ganzen Vollzug darstellt, kommt ihr dennoch in Hinsicht auf die Situation im E-Flügel der Stellenwert einer Behandlungsmaßnahme zu. Die Maschinen tragen dazu bei, die Gefangenen wieder an eigenständiges Handeln zu gewöhnen und sie von der im geschlossenen Vollzug herrschenden Versorgungsmentalität zu entwöhnen. Bedauerlich wäre es daher, wenn diese kleinen, aber wichtigen Behandlungsansätze im Regelvollzug an finanziellen Vorgaben scheitern würden, wie es die Gefangenen vermuten.

Den Gefangenen bieten sich mehrere Arbeitsmöglichkeiten in den anstaltseigenen Betrieben, wie z.B. in der Druckerei, Kammer, Küche und Schlosserei, sowie in den Unternehmerbetrieben. Angesichts der Ausgestaltung der JVA Diez als Langstrafenanstalt wird von den Gefangenen der 2. Gruppe das geringe Freizeitangebot sowie die stets geforderte Antragstellung zwecks Teilnahme an diesen Angeboten kritisiert. Inwieweit die Darstellung der Freizeitsituation den Tatsachen entspricht oder lediglich der in vielen Aussagen deutlich werdenden Ablehnungshaltung der Gefangenen der 2. Gruppe entspringt, mag dahinstehen. Mit der Errichtung einer neuen Sporthalle im Jahr 1998 bieten sich den Gefangenen jedenfalls nun mehr Möglichkeiten, sich sportlich zu betätigen. Gerade innerhalb einer Anstalt, in der Gefangene lange Freiheitsstrafen verbüßen, zählen die sportlichen Freizeitangebote als wichtige Behandlungsmaßnahmen. Sie dienen zum einen der Ablenkung der Gefangenen und dem körperlichen Ausgleich, bei dem u.a. auch Aggressionen abgebaut werden können. Zum anderen ermöglichen bzw. fördern vor allem Gruppensportarten das Erlernen sozialen Verhaltens und zeigen darin ihren Behandlungscharakter.

Ob dem Bau einer neuen Sporthalle weniger Priorität zukommt als dem Ausbau des Freigängerhauses, wie es ein Gefangener moniert, ist eine Wertungsfrage, die kaum eindeutig beantwortet werden kann.[484] Sicherlich stellen beide Einrichtungen wesentliche Elemente im Rahmen eines Behandlungsvollzugs dar und verdienen gleichermaßen Beachtung. Letztlich werden für die Wahl auch finanzielle Gesichtspunkte ausschlaggebend gewesen sein. Gleiches gilt für die Räumlichkeiten in der Anstalt, in denen die

---

[484] Nach der Durchführung der Interviews wurde das Freigängerhaus im Übrigen vergrößert.

Besuche stattfinden. Sie werden von den Gefangenen als unbefriedigend, weil zu klein und zu laut, bezeichnet. Das erweist sich insofern als nachteilig, als gerade die Möglichkeit des Gefangenen, innerhalb der Haft Besuche von Angehörigen und Freunden zu erhalten, der Erhaltung und Förderung seiner sozialen Kontakte dient. Diese sind für ihn nicht nur während der Haftzeit lebensnotwendig, sondern stellen vor allem für die Zeit nach seiner Entlassung eine wichtige Basis für den Neuanfang dar. Der Erfolg dieser Behandlungsmaßnahme wird jedoch verringert, wenn schon die tatsächlichen Umstände so unbefriedigend sind, dass die Gefangenen nicht ihre volle Aufmerksamkeit auf den Besuch richten können.

VIII. Vollzugsklima (Faktor 8)

Sowohl eine behandlungsorientierte Ausbildung der Vollzugsbeamten als auch die Organisation von Seminaren zum Thema Zusammenarbeit dienen einer Intensivierung der kommunikativen Verständigung und tragen zum gegenseitigen Verständnis zwischen Fachdiensten und AVD bei. Beide Ansätze wirken sich positiv auf das Verhältnis der Beteiligten aus, indem sie eine gegenseitige Ablehnung aus Unwissenheit oder aufgrund Informationslücken zu verhindern suchen, und geeignet sind, das Vollzugsklima insgesamt zu verbessern (vgl. hierzu die Ausführungen zu Faktor 6, 2., S. 237).

Die Einschätzung des Arbeitsklimas unter den Stationsbeamten wird von diesen allerdings unterschiedlich bewertet. Inwieweit tatsächlich in Vollzugsanstalten mehr gemobbt wird als in anderen Arbeitsverhältnissen, kann aufgrund der unterschiedlichen Aussagen nicht beurteilt werden. Dass hingegen das – als Mobbing-Ursache genannte – Besoldungs- bzw.- Beförderungssystem den Beamten Anlass zu Kritik gibt, weil es u.a. zu wenig Leistungsanreize bietet, ist in die allgemeine Diskussion um eine Reform des Strafvollzugs eingeflossen (vgl. auch die Ausführungen zu Faktor 10, S. 246 f.). Es ist denkbar, dass solche Gesichtspunkte gerade den jungen Vollzugsbeamten aufgrund ihres geringen Dienstalters noch nicht so bewusst sind. So bewertet der jüngere Beamten die Besoldung der Stationsbeamtem auch angesichts des für sie bestehenden Berufsrisikos innerhalb einer Justizvollzugsanstalt als angemessen. Die Probleme, die beispielsweise bei der Regelung von Urlaubs- und Dienstzeiten unter den Kollegen entstehen, haben keinen Bezug zur besonderen Arbeitssituation im Vollzug. Das Klima innerhalb der Abteilung bezeichnet er daher grundsätzlich als gut.

Soweit von den Vollzugsbeamten der Wunsch nach mehr Anerkennung ihrer Leistung seitens der Anstaltsleitung und des Ministeriums geäußert wird, liegt es nahe, dass anhaltende Missachtung seitens der Vorgesetzten bei ihnen Unzufriedenheit verursachen und letztlich zu Resignation führen kann. Eine solche Entwicklung wirkt sich letztlich angesichts der Bedeutung einer engagierten Mitarbeit seitens des AVD im Vollzug für die Behandlung von Gefangenen nachteilig aus.

Die Aussagen der Gefangenen vermitteln den Eindruck einer – zumindest latent – aggressiven und gewaltbereiten Grundstimmung unter den Gefangenen, in der diese ihre Probleme lieber untereinander „klären", als Vollzugsbedienstete hinzuzuziehen – aus Angst, Anzeichen von Schwäche zu zeigen. Die Anstalt und ihre Bediensteten zeigen ihrer Ansicht nach gerade so viel Kompromissbereitschaft und Entgegenkommen, dass keine (größere) aggressive Missstimmung unter den Gefangenen erwächst, die sich in sicherheitsrelevanten Situationen entladen könnte. Das Vollzugsklima zeichnet sich durch ein Gegeneinander von Anstalt und Gefangenen aus, in welchem Letztere unterdrückt werden – aufgrund der Machtbefugnis bzw. des Machtpotenzials der Anstalt und ihrer Beziehungen zu anderen wichtigen Personen im Vollzugsgeschehen, beispielsweise zum Richter der zuständigen Strafvollstreckungskammer. Die Gefangenen der 2. Gruppe gehen noch einen Schritt weiter und sehen alle irgendwie gearteten Bemühungen ihrerseits absichtlich untergraben und zunichte gemacht, wobei offen bleibt, warum die Anstalt so handeln sollte. Ihre Kritik gipfelt im Vorwurf des „Rachevollzugs". Unabhängig davon, welche dieser Vorwürfe tatsächlich zutreffen, bezeichnen alle befragten Gefangenen das Vollzugsklima als schlecht. Einige von ihnen reagieren mit Abwehr, Frust oder Aggressivität, also mit Verhaltensweisen, die einer auf Verständnis und vertrauter Offenheit angelegten Behandlung zuwiderlaufen.

Was den vermeintlich guten Zusammenhalt der Gefangenen untereinander in den vergangenen Jahren angeht, so mag es sich hierbei um eine Glorifizierung alter Zeiten handeln. Hingegen scheint der erwähnte Anstieg der Gewalt aufgrund des nachweisbar erhöhten Ausländeranteils nachvollziehbar, von dem nicht nur die JVA Diez, sondern auch viele andere Anstalten betroffen sind. Auf gewalttätige Vorfälle unter den Gefangenen reagiert die Anstalt verstärkt mit Sicherheitsmaßnahmen, die im Zweifel nicht nur betroffene, sondern auch unbeteiligte Gefangene treffen.

IX. Zwangssituation der Haft (Faktor 9)

1. Zwangssituation der Haft

Behandlung im Vollzug unterliegt besonderen Bedingungen, die sich vor allem aus dem zwangsweise angeordneten Freiheitsentzug begründen. Die Dauer der Behandlung richtet sich nur eingeschränkt nach den individuellen Bedürfnissen des Gefangenen und nach den im Laufe der Zeit eintretenden Behandlungserfolgen. Sie ist in erster Linie durch die Strafdauer begrenzt, die ein Gericht unter Beachtung der Schwere der Tat festgelegt hat. Innerhalb dieser Zeit soll es der Anstalt und ihren Bediensteten gelingen, den Gefangenen so „zu behandeln", dass er sein weiteres Leben ohne Straftaten führt. Die Dauer für eine Erfolg versprechende Behandlung lässt sich jedoch auf viele Jahre im vornherein nicht bemessen. Sowohl lange als auch (zu) kurze Haftstrafen können daher Probleme aufwerfen, was die individuelle Angemessenheit der Behandlung betrifft. Je länger die Haftzeit ausfällt, desto schwieriger gestaltet sich die Wiedereingliederung eines Gefangenen in die Gesellschaft. Je kürzer die Zeit im Vollzug ist, desto größer ist die Gefahr, dass auf ihn nicht intensiv genug eingegangen werden kann.

Für die Gefangenen steht der Strafcharakter des zwangsweisen Freiheitsentzugs im Vordergrund ihrer Haftzeit. Besonders die Gefangenen der 1. Gruppe leiden unter dem Entzug der Freiheit, was für sie eine neue, belastende Erfahrung darstellt. Dieser innere Druck könnte durchaus dazu führen, dass sie die Hilfe eines Psychologen suchen. Andererseits kann sich das Gefühl der Unfreiheit auch gegenteilig auswirken: Die Gefangenen lassen sich erst recht nicht von den Menschen helfen, die sie ihrer Meinung nach einsperren, was zunächst den Erfolg jeglicher Behandlungsmaßnahmen verhindert. Angesichts einer im Laufe der Haftzeit entwickelten Verweigerungshaltung verneinen einige der befragten Gefangenen von vornherein eine individuelle Behandlung im Vollzug, für die sie sich im Übrigen weder offen noch bereit zeigen. Ihre statischen Vergleiche des eigenen Vollzugsverlaufs mit dem anderer Gefangener bestätigen das (vgl. auch die Ausführungen zu Faktor 10, S. 245 f.). Soweit sie Behandlung im Vollzug erfahren, wird sich diese für sie unter dem Eindruck des Strafcharakters des Freiheitsentzugs als verordneter Zwang darstellen.

Zusammenfassend ist festzuhalten, dass der Zwangscharakter der Behandlung vor allem bei Gefangenen mit hohen Haftstrafen im Vordergrund steht. Demzufolge wird das Vertrauen zu den „Behandelnden" gering sein. Bei einer langjährigen Freiheitsstrafe nimmt der Gefangene zunächst nur ihren repressiven Strafcharakter wahr, hinter den jegliche Behandlungsbemühungen – zumindest in der Anfangsphase der Haftzeit – zurücktreten. Das kann langfristig zu Reaktionen der Abwehr und Resignation führen. Die Bereitschaft, offen und aufnahmewillig Behandlungsbemühungen der Vollzugsbediensteten entgegenzukommen, wird kaum oder gar nicht vorhanden sein.

2. Therapiemotivation

Zur thematischen Einordnung der Therapiemotivation in den Faktor 9 wird auf die entsprechenden Ausführungen im Rahmen der auf die SthA bezogenen Auswertung zu Faktor 9, 2., S. 171, verwiesen.

Soweit Gefangene, die zu einer bestimmten Tätergruppe gehören, nachdrücklich aufgefordert werden, an einer Therapie teilzunehmen, stellt sich ihre Bewerbung nach Ansicht des Psychologen durchaus als „halb-freiwillig" dar. Sie nehmen an einer Therapie teil, weil sie erkennen, dass sie anderenfalls von erheblichen Verzögerungen bzgl. Vollzugslockerungen und vorzeitiger Entlassung auszugehen haben. Eine derartige Sekundärmotivation stellt sich aus psychologischer Sicht gleichwohl nicht zwingend als negativ bzw. therapiefeindlich dar. Schließlich entscheiden sich auch Klienten außerhalb des Strafvollzugs häufig aufgrund eines äußeren Anstoßes für die Teilnahme an einer Therapie. Die Haftsituation verhindert somit nicht per se den Eintritt eines Therapieerfolgs.

X. Die JVA als staatliche Institution (Faktor 10)

Aufgrund § 2 der rheinland-pfälzischen Landesverordnung über den Vollstreckungsplan ist die JVA Diez u.a. für Gefangene mit Freiheitsstrafen von mehr als drei Jahren zuständig. Diese Vorschrift, die als Bestandteil der staatlichen Organisationsstruktur die Zuständigkeiten für die Justizvollzugsanstalten in Rheinland-Pfalz regelt, hat Auswirkungen auf die Behandlungssituation, sofern sich Gefangene mit längeren Haftstrafen benachteiligt fühlen und Aggressionen entwickeln, weil Gefangene mit kürzeren Haftstrafen quasi „an ihnen vorbei ziehen". Sie machen die Anstalt für ihre vermeintliche

Benachteiligung verantwortlich, was nicht dazu führt, ihre Offenheit für jegliche Behandlungsmaßnahmen und ihr Vertrauen in die Vollzugsbediensteten zu fördern.

Die Forderung von Gefangenenseite, keine als (drogen-)krank einzustufenden Gefangenen im Regelvollzug aufzunehmen, würde ebenfalls auf eine gesetzliche Änderung der Zuständigkeitsvorschriften und auf die gleichzeitige Einrichtung neuer Vollzugsformen hinauslaufen, sofern diese Gefangenen nicht von vornherein in sozialtherapeutischen Anstalten Aufnahme finden. Suchtkranke Gefangene und Sexualstraftäter stören aus Sicht der „normalen" Gefangenen die eigene Behandlung, indem ihretwegen die Haftbedingungen restriktiver gehandhabt werden. Als Beispiel hierfür könnten die Ministerialerlasse für bestimmte Tätergruppen im Vollzug gemeint sein, die nach einzelnen sicherheitsgefährdenden Vorfällen generell einen restriktiveren Umgang in der Lockerungspraxis vorsehen. In Betracht kommen auch Sicherheitsmaßnahmen, die den Schmuggel von Drogen für suchtkranke Gefangene verhindern sollen und damit gleichermaßen alle Gefangenen treffen. Dass hinter dem Drogenmissbrauch in Vollzugsanstalten ein anstaltsinterner Schwarzmarkt mit den bekannten subkulturellen Erscheinungen steht, der weitergehende Sicherheitsvorschriften und -maßnahmen seitens der Anstalt auslöst, ist ebenfalls zu berücksichtigen. Sicherlich werden die vorgenannten Gegebenheiten nicht in dem Moment wegfallen, wenn „kranke" Gefangene nach dem Vorschlag der befragten Gefangenen in anderen Therapieeinrichtungen inhaftiert werden. Unabhängig von der Beurteilung dieser Forderung scheint nicht ausgeschlossen, dass sich das Sicherheitsbedürfnis in der eben geschilderten Art verringert und gleichzeitig der Behandlung mehr Bedeutung und Zeit zukommt.

Auf gesellschaftspolitische Sachzwänge, die den Vollzug im Allgemeinen sowie Art und Ausmaß der Behandlung in einer Anstalt als staatliche Institution im Besonderen beeinflussen, weisen viele der Befragten hin. Einige Gefangene kritisieren beispielsweise, dass der Bau einer Sporthalle politisch und damit in der Öffentlichkeit besser zu verkaufen war, als beispielsweise eine Vergrößerung des als unzureichend eingeschätzten Besucherraums. Ohne diesen Vorwurf bewerten zu wollen, ist anzumerken, dass die staatliche Organisation der Haftanstalten eine politische Beeinflussung des Vollzugskonzepts durch die jeweilige Landesregierung zulässt. Diese hat das gesellschaftspolitische Klima zu beachten und auf das in der Medienöffentlichkeit herrschende Bild des Strafvollzugs zu reagieren. So trägt z.B. auch die Zunahme der den staatlichen Justizvollzug regelnden Sicherheitsvorschriften auf Ebene der Bürokratisierung, die einen störungsfreien Freiheitsentzug gewährleisten sollen, dazu bei, die durch das StVollzG eingeräumten Gestaltungsfreiräume zu verringern. Ein behandlungsfeindliches Klima kann daraus insofern erwachsen, als die Gefangenen die immer restriktiveren Vorschriften als besondere Schikane begreifen.

Einen Gesichtspunkt, der die personelle Situation in Strafvollzugsanstalten betrifft und indirekte Auswirkungen auf den Vollzug in Haftanstalten zeigt, sprechen die Vertreter der Fachdienste an. Sie fordern, dass finanzielle Anreize geschaffen werden müssen, um – vermehrt und auch in Zukunft – engagierte Leute für eine Arbeit im Strafvollzug zu gewinnen. Für die Beamten des AVD müssten zudem erkennbare berufliche Entwicklungsmöglichkeiten bestehen, für die es sich lohnt, gute Arbeitsleistung zu zeigen. Das setzt voraus, dass diese Arbeitsleitung von den Vorgesetzten wahrgenommen und in der dienstlichen Beurteilung entsprechend erwähnt wird. Geschieht das nicht, kann es, wie von den Fachdiensten befürchtet, im Extremfall dazu führen, dass sich nur solche Personen bewerben, die lediglich die Chance einer zukunftssicheren Verbeamtung wahrnehmen wollen, ohne jedoch Interesse für die damit verbundene Tätigkeit aufzubringen. Angesichts der Bedeutung der Arbeit, welche die (Stations-)Beamten gerade im Behandlungsbereich des Strafvollzugs leisten bzw. leisten könnten, würde eine solche Perspektive einen Rückschritt für den Behandlungsvollzug darstellen. Letztlich ist also der Gesetzgeber aufgefordert, das relativ starre, weitgehend laufbahnrechtlich vorbestimmte Entlohnungssystem zu reformieren, indem er ein mehr leistungsbezogenes Vergütungs- und Beförderungssystem einführt.

3. Kapitel: Zusammenfassung der Untersuchungsergebnisse

Als erstes Ergebnis hat die vorliegende Untersuchung ergeben, dass sich der Strafvollzug als ein gesellschaftlicher Bereich erweist, in dem eine Ambivalenz der Verrechtlichung in ihren Ausprägungen der Vergesetzlichung und Bürokratisierung festzustellen ist. Die in dieser Hinsicht theoretisch erarbeiteten Auswirkungen der Verrechtlichung auf die Strafvollzugspraxis wurden überwiegend, wenn auch in unterschiedlicher, von der jeweiligen Vollzugsform abhängigen Intensität bestätigt. Weiterhin konnte auch der Einfluss verrechtlichungsunabhängiger Faktoren auf das Behandlungsgeschehen innerhalb einer Strafvollzugsanstalt nachgewiesen werden. Die Untersuchungsergebnisse zu den Faktoren 7 bis 10 geben einen Eindruck davon, in welchem Ausmaß die Behandlungssituation – unabhängig von der rechtlichen Lage – von tatsächlichen Umständen abhängt.

Darüber hinaus hat sich die Entscheidung für einen qualitativen Zugang zum Forschungsvorhaben rückblickend bewährt. Die teilstrukturierten Interviews mit Gefangenen und Bediensteten der drei Vollzugsanstalten haben das erhoffte detaillierte Beschreibungsniveau erbracht, aufgrund dessen strukturelle Bedingungen und Interaktionen innerhalb einer Anstalt herausgearbeitet und auf ihre Zusammenhänge mit verrechtlichungsabhängigen und -unabhängigen Faktoren untersucht werden konnten. Während sich so der Vorzug einer qualitativen Datenerhebung bestätigte, haben sich gleichfalls die bei der Darstellung der qualitativen Methode der Datenauswertung erwähnten Schwierigkeiten[485] eingestellt. Die unveröffentlichten, bei der Verf. einsehbaren Einzelinterpretationen geben einen Eindruck von der Fülle der durch die Interviews produzierten Einzeldaten, die dort bereits in zusammengefaßter Version zu lesen sind. Sie erschweren grundsätzlich die strukturierte, auf die Forschungsfrage bezogene Zusammenfassung und Interpretation, gerade weil sie eine detaillierte und differenzierte Sicht des zu erforschenden Bereichs liefern. Die einzelnen Arbeitsschritte der hier angewandten Methode der qualitativen Inhaltsanalyse, die in Teil 2 ausführlich dargestellt worden sind[486], haben sich angesichts dieses grundsätzlichen Problems qualitativer Datenauswertung gleichwohl als geeignet erwiesen, die Datenmengen in intersubjektiv nachvollziehbarer Weise strukturiert zusammenzufassen und so für eine Interpretation zugänglich zu machen. Die folgend dargestellten, grundlegenden Tendenzen basieren letztlich auf diesen Einzeldaten, auch wenn ihre Differenziertheit und Detailliertheit, wie sie noch in den Einzelinterpretationen auftreten, keine Berücksichtigung finden können.

---

[485] Siehe Teil 1, 3. Kapitel, A., III. und IV., S. 68 ff.
[486] 1. Kapitel, B., II., S. 129 ff.

A. Die Vergleichspaare

Bei den folgenden Vergleichen bleiben verrechtlichungsunabhängige Bedingungen, wie sie im Rahmen der Auswertung bei den Faktoren 7 bis 10 erörtert werden, außer Betracht, da sie jeweils die spezifische Situation der drei in die Untersuchung einbezogenen Anstalten darstellen und sich daher weitgehend einer Verallgemeinerung entziehen. In diesem Zusammenhang wird auf die im Rahmen der anstaltsbezogenen Auswertung dargestellten Ergebnisse verwiesen, die den – vermuteten – Einfluss der verrechtlichungsunabhängigen Faktoren auf die Behandlungssituation in einer Strafvollzugsanstalt anschaulich belegen.

I. Vergleich zwischen den Fachdiensten und dem Allgemeinen Vollzugsdienst

Ob und welche ambivalenten Auswirkungen der Verrechtlichung des Strafvollzugs in der personellen Struktur der Anstalten zur Geltung kommen, soll innerhalb des Vergleiches zwischen den Fachdiensten und dem Allgemeinen Vollzugsdienst nachgegangen werden. Dabei wird angeknüpft an die gesetzliche Einbeziehung der Fachdienste in den Vollzug durch § 155 Abs. 2 i.V.m. § 154 Abs. 1 StVollzG, deren Auswirkungen unter zwei Gesichtspunkten erörtert werden. Zum einen geht es um die Aufgabenumschreibung und Stellung der Fachdienste im Vollzug, zum anderen um die Zusammenarbeit zwischen den Fachdiensten und dem AVD. Letzteres ist thematisch eng mit der Aufgabenstellung des AVD verbunden, die mit der Normierung des Behandlungsvollzug im Allgemeinen eine neue Ausrichtung erfahren hat.[487]

1. Aufgabenumschreibung und Stellung der Fachdienste im Vollzug

Die Vertreter der Fachdienste aller in die Untersuchung einbezogenen Strafvollzugsanstalten umschreiben eine Fülle von Aufgaben. Einen Teil dieser Aufgaben stellt die originäre Berufstätigkeit eines Psychologen bzw. Sozialarbeiters in einer Justizvollzugsanstalt dar, die in den „Grundzügen des psychologischen Dienstes in den Justiz- und Jugendstrafanstalten Rheinland-Pfalz" bzw. in den „Grundzügen der Sozialarbeit in den

---

[487] Zu den theoretischen Überlegungen vgl. die Ausführungen in Teil 1 zu Faktor 6, 1. Kapitel, B., IV., 2. f), S. 52 ff., und zum betreffenden Vergleichspaar, 2. Kapitel, B. I., S. 61 ff.

Justiz- und Jugendstrafanstalten Rheinland-Pfalz", jeweils Rundschreiben des Ministeriums der Justiz, niedergelegt ist. Weitere Aufgaben ergeben sich aus der von den Fachdienstvertretern eingenommenen Stellung innerhalb der personellen Struktur der Anstalt. Soweit beispielsweise die Sozialarbeiter in der SthA und in der JSA als Wohngruppenleiter die Führung von einer bzw. zwei Wohngruppen übernehmen, ergeben sich daraus vielfältige – organisatorische und verwaltungstechnische – Aufgaben, die im konkreten Geschäftsverteilungsplan der Anstalt geregelt sind. Gleiches gilt für den Fall, in dem ein Psychologe oder ein Sozialarbeiter in der Funktion als (Vollzugs-)Abteilungsleiter innerhalb der JVA tätig wird.

Auf die Übernahme einer leitenden Position innerhalb der Anstaltsstruktur ist zurückzuführen, wenn das Tätigkeitsfeld der Fachdienstvertreter überwiegend in der Erledigung organisatorischer und verwaltungstechnischer Aufgaben besteht und die berufsspezifischen, auf die Behandlung des Gefangenen ausgerichteten Aufgaben dahinter zurücktreten. Kommen tatsächliche Umstände hinzu, wie z.B. ein zahlenmäßiges Missverhältnis zwischen Fachdiensten und Gefangenen, das auf Überbelegung oder auf dem anstaltsinternen Personalschlüssel beruht, kann das im Extremfall dazu führen, dass sich die behandlungsausgerichtete Tätigkeit in aktueller Krisenintervention erschöpft. Die zeitliche Überbeanspruchung der Psychologen der JVA ist beispielsweise darauf zurückzuführen, dass diese – je nach Größe der Abteilung – für die Betreuung von ca. 90 bis 120 Gefangenen zuständig sind. Auf Seiten der Gefangenen kommt es daher zu Unmut und Unzufriedenheit, wenn sie – außerhalb einer aktuellen Krisensituation – auf einen Gesprächstermin erhebliche Zeit warten müssen. Es bestärkt sie in ihrem grundsätzlichen Misstrauen gegenüber dem Psychologen, da sie ihm unterstellen, er wolle sich keine Zeit für sie nehmen.

Im Rahmen der o.g. rechtlichen Aufgabenumschreibung empfinden die Vertreter der Fachdienste den ihnen verbleibenden Gestaltungsfreiraum als Vorzug, den sie durch eine gesetzliche Regelung ihrer Aufgaben eher gefährdet sehen. Die Gefahr, dass die Fachdienste aufgrund einer verwaltungstechnischen, nicht berufsspezifisch begründeten Arbeitsbelastung dem vom Gesetzgeber gestellten Behandlungsauftrag nur eingeschränkt nachkommen können, begründet nach hier vertretener Auffassung ebenfalls keinen Bedarf für eine gesetzliche Konkretisierung. Wollte man das Tätigkeitsfeld der Fachdienstvertreter auf die Wahrnehmung ihrer originären, berufsspezifischen Aufgaben konzentrieren, dürften sie in letzter Konsequenz keine leitenden Positionen innerhalb der Anstalt einnehmen. Diese Frage kann und soll in dieser Arbeit nicht beantwortet werden. Anzumerken ist lediglich, dass die Entscheidung für den Einsatz von Psychologen und Sozialarbeitern in Führungspositionen gleichermaßen auf personalpolitischen Gründen wie auf fachlichen Überlegungen beruht. Das gilt z.b. für den Einsatz des Sozialarbeiters als Wohngruppenleiter in der SthA und JSA.

Als Ergebnis bleibt festzuhalten, dass die fehlende gesetzliche Konkretisierung der (Behandlungs-)Aufgaben der Fachdienste keine ambivalenten Auswirkungen auf deren konkrete Tätigkeit im Vollzug haben. Darüber hinaus lässt sich auch ein Bedarf für eine gesetzliche Konkretisierung der (Behandlungs-)Aufgaben der Fachdienste nicht feststellen.

Ambivalente Auswirkungen durch die Einbeziehung der Fachdienste in die personelle Struktur der Vollzugsanstalt hat die vorliegende Untersuchung jedoch in anderer Hinsicht bestätigt. Bei einigen Vertretern der Fachdienste tritt ein Rollenkonflikt auf, der sich aus ihrer Doppelstellung als „Behandelnder" und Helfer auf der einen Seite und als Justizangestellter auf der anderen Seite ergibt. Er ist vor allem dort deutlich zu erkennen, wo eine erfolgreiche Behandlung ein vertrauensvolles Verhältnis zwischen Bediensteten und Gefangenen voraussetzt: bei der therapeutischen Beziehung zwischen Psychologen und Gefangenem. Dem fast unlösbaren Rollenkonflikt, bei dem sich der Psychologe einer Doppelrolle als Therapeut und Gutachter ausgesetzt sieht, wurde von Seiten des Ministeriums begegnet, indem Therapie und Diagnostik eines Gefangenen personell getrennt wurden. Keine nennenswerten Anhaltspunkte, die auf einen Rollenkonflikt hindeuten, ergaben sich bei der Befragung der Sozialdienste. Eine Erklärung hierfür kann in der Aufgabenstellung gefunden werden, die überwiegend auf Hilfestellungen in organisatorischen (Verwaltungs-)Vorgängen und materiellen Belangen ausgerichtet ist.

Unabhängig von der Besetzung einer leitenden Funktion kommt dem Psychologen in anstaltsinternen Entscheidungsprozessen, die beispielsweise die Gewährung von Vollzugslockerungen oder die Frage der vorzeitigen Entlassung betreffen, eine tragende Rolle zu. Angesichts seiner Informationen und seines Hintergrundwissens über einen Gefangenen sowie der daraus resultierenden Verantwortung wird seine hervorgehobene Stellung i.d.R. von den Fachdiensten als auch von den meisten Beamten des AVD für angemessen gehalten. Die Bedeutung des psychologischen Votums im Rahmen der

Vollzugsplanung ist auch den Gefangenen bekannt. Das kann dazu führen, dass sie in der (Einzel-)Therapie ein Verhalten an den Tag legen, das den Erwartungen des Therapeuten zu entsprechen versucht, und/oder dass sie die offene, ehrliche Aussprache vermeiden. Zum einen aus der Angst heraus, dass Probleme oder Schwierigkeiten zur Sprache kommen, die zur Verweigerung von Lockerungsmaßnahmen bzw. zur Ablehnung einer vorzeitigen Entlassung führen. Zum anderen aber auch aus der Befürchtung heraus, dass die dem Psychologen anvertrauten, intimen Details durch dessen schriftliche Berichte oder mündliche Berichterstattung in Konferenzen einer Vielzahl von Anstaltsbediensteten bekannt werden.

Neben dieser grundsätzlichen Feststellung lassen sich dennoch Unterschiede ausmachen, die möglicherweise auf die Intensität des therapeutischen Klimas in der Anstalt zurückzuführen sind. Es fällt auf, dass es im Rahmen der Interviewreihe in der JSA nur wenige Hinweise auf Rollenkonflikte gegeben hat. Ein solcher wird lediglich dann erkennbar, wenn der Psychologe auf die Therapiemotivation der meisten Gefangenen hinweist, nämlich ihrer Haftsituation durch Teilnahme an einer Therapie so schnell wie möglich zu entkommen. Hierbei liegt es nahe, dass die jugendlichen Gefangenen dem Therapeuten zumindest am Anfang der Therapie ein Wohlverhalten vorspielen, um ihn zu einer positiven Bewertung in Vollzugsfragen zu veranlassen. Die Aussagen der befragten Gefangenen lassen aber gleichzeitig vermuten, dass ihnen die entscheidende Rolle der Fachdienste, vor allem des Psychologen, im vollzuglichen Entscheidungsprozess (noch) nicht im ganzen Ausmaß bewusst ist. So machen die jugendlichen Gefangenen bei der Beurteilung der Bediensteten keine Unterschiede zwischen den Fachdiensten und den Beamten des AVD. Von ihrer Seite gibt es somit keinerlei Anhaltspunkte dafür, dass sie einen entsprechenden Rollenkonflikt an den Psychologen herantragen.

In der JVA hingegen wird der Rollenkonflikt des Psychologen sowohl von diesem selbst als auch von den Gefangenen wahrgenommen. Ein Gefangener bezeichnet den Rollenkonflikt als unausweichlichen Interessenkonflikt, der eine neutrale Begutachtung bzw. Therapie von vornherein ausschließt. „Ich möchte ganz einfach mit jemandem sprechen, der seinen Gehaltsscheck nicht vom Justizministerium bekommt". Die Folge ist gänzliche Ablehnung gegenüber der Teilnahme an therapeutischen Angeboten oder zumindest misstrauische Distanz auf Seiten der Gefangenen gegenüber dem Psychologen. Soweit sich einige Gefangene für die Teilnahme an einer Therapie entschließen, liegen dieser Entscheidung vollzugstaktische Gründe zugrunde. Sie befürchten bei einer

Weigerung den Vorwurf der Anstalt, nicht am Behandlungsziel mitzuarbeiten mit der Folge, dass Vollzugslockerungen und eine vorzeitige Entlassung nicht befürwortet werden. Für sie ist aber i.d.R. nicht vorstellbar, in einer Therapie Hilfe für die Lösung eigener Probleme zu erfahren.[488] Aussagen eines Gefangenen sprechen aber auch dafür, dass der Psychologe weniger als Justizangestellter wahrgenommen wird, sondern vielmehr in der Rolle des Helfers, wenn sich Gespräche mit diesem – scheinbar – zufällig ergeben und nicht offiziell gestaltet sind.[489] Vermutlich ruft vor allem der in der Anordnung (i.w.S.[490]) psychologischer Gespräche liegende Zwang in Hinblick auf die Feststellung einer bestimmten Tatsache, z.B. der Lockerungseignung, eine innere Verschlossenheit bzw. eine Scheinanpassung bei den Gefangenen hervor. Vielleicht würden Gespräche in ungezwungener, scheinbar beiläufiger Atmosphäre von vornherein erfolgreicher sein, d.h. in Situationen ohne eine für den Gefangenen bekannte oder offensichtliche bestimmte, therapeutische Zielrichtung, in denen er irgendwann ohne Druck und Angst vor konkreter Benachteiligung aus sich herausgeht. Die Organisation von Gruppenstunden geht in diese Richtung, doch bedarf es hierbei bereits eines mehr oder weniger aktiven Engagements des Gefangenen, sofern ihm die Teilnahme daran nicht schon durch die Anstalt nahe gelegt wurde. Letzteres weist wiederum einen Anordnungscharakter auf, da die Gefangenen – zumindest anfangs – in aller Regel nur teilnehmen, um ihre Lockerungen oder die vorzeitige Entlassung nicht zu gefährden. „Zufällige Gespräche" sind im halb offenen Vollzug des E-Flügels denkbar, wenn sich die Gefangenen und der Psychologe „unterwegs" begegnen können. Im geschlossenen, nicht in Wohngruppen organisierten Vollzug scheinen derartige Begegnungen ausgeschlossen.

Etwas anders stellt sich die Situation in der SthA dar. Der Konflikt, in dem sich der Anstaltspsychologe in seiner Funktion als Therapeut und Justizangestellter befindet, wird durch den befragten Psychologen in seinen Aussagen konkret und anschaulich beschrieben. Er bestätigt, dass seine Doppelstellung den Gefangenen bewusst ist und bei allen zunächst anfängliches Misstrauen hervorruft. Für einige von ihnen bleibt er so präsent,

---

[488] Selbstverständlich gibt es auch im Regelvollzug Gefangene, die aus innerem Leidensdruck heraus an einer Therapie teilnehmen, um so professionelle Hilfe bei der Lösung ihrer Probleme zu erfahren. Ebenso kann davon ausgegangen werden, dass sich bei einigen die Therapiemotivation im Laufe der Therapie positiv verändert und sie von dieser profitieren. Aufgrund der hier erlangten Untersuchungsergebnisse gilt das jedoch nicht für die Mehrheit der – therapiebedürftigen – Gefangenen.
[489] Vgl. die Ausführungen zu Faktor 6 der anstaltsbezogenen Auswertung der JVA, 2. Kapitel, C., VI., 1. b), S. 233 f.
[490] Darunter ist bereits der Hinweis bzw. die Aufforderung der Anstalt zu verstehen, an therapeutischen Maßnahmen teilzunehmen.

dass sie das auf Vertrauen begründete Arbeitsbündnis mit ihrem Therapeuten nicht vorbehaltlos eingehen. Da sich die Gefangenen freiwillig für eine Verlegung in die SthA in der Kenntnis entschieden haben, dort an Einzel- und Gruppentherapien teilzunehmen, bringen sie zwar eine grundsätzliche Therapiebereitschaft mit und begegnen dem Psychologen bzw. Therapeuten folglich nicht völlig ablehnend, aber dennoch – zumindest am Anfang – distanziert. Nur wenige Gefangene bringen eine sehr hohe Therapiemotivation mit, die sich z.b. darin äußert, dass sie für die Teilnahme an einer Therapie in der SthA bewusst Nachteile in Kauf nehmen, wie z.B. eine verzögerte Gewährung von Vollzugslockerungen. Bei der Mehrheit stellt sich – zumindest am Anfang – eine Therapiemotivation ein, die in erster Linie auf Verbesserungen in Hinblick auf ihren Vollzugsverlauf zielt. Scheinanpassung oder die Vermeidung eines aufrichtigen und vertrauensvollen Therapiebündnisses können die Folge sein.

Im Gegensatz zu der von Grund auf – mitunter feindlichen – Ablehnungshaltung der Gefangenen im Regelvollzug gegenüber therapeutischen Angeboten und der Person des Psychologen wird bei den Gefangenen der SthA ein innerer Zwiespalt sichtbar, der sie zwischen der Entscheidung für Scheinanpassung und für Aufrichtigkeit in der Therapie hin und her schwanken lässt. Sie wissen, dass eine Scheinanpassung oder eine Verweigerungshaltung aufgrund des intensiven Therapie- und Behandlungsklimas in der Sozialtherapie im Vergleich zum Regelvollzug i.d.R. erkannt und angesprochen werden. Ein derartiges, aufgedecktes Verhalten wirkt sich als äußerst nachteilig aus, da es den Therapeuten wieder misstrauischer und vorsichtiger werden lässt. Der Gefangene wird aufgefordert, sich zu ändern. Das gestörte Vertrauen muss erneut erarbeitet werden. Folgt er dieser Aufforderung nicht, droht letztlich die Rückverlegung in den Regelvollzug. Allerdings erwarten nicht wenige Gefangene durch die Teilnahme an einer Therapie eine Lösung ihrer Probleme, so dass sich ihre anfängliche (Sekundär-)Motivation im Laufe ihrer Haftzeit durchaus zu einer aufrichtigen Therapiemotivation entwickeln kann. Nur im Ausnahmefall gelingt es einem Gefangenen, seine Scheinanpassung unentdeckt aufrecht zu erhalten und bis zur Entlassung in der SthA zu verbleiben, ohne dass ein Therapieerfolg eingetreten ist.

Der Psychologe begegnet der Problematik seiner Doppelrolle mit einer gewissen Offenheit und Transparenz in seiner Arbeit mit dem Gefangenen. Durch die gemeinsame Besprechung der von ihm erstellten Therapieberichte weiß der Gefangene zum einen, wie sein Therapeut den Verlauf der Therapie beurteilt, was er über ihn denkt und in Zukunft erwartet. Zum anderen kann er einschätzen, wie viele und welche Informationen von seinem Therapeuten über seine Person an die Öffentlichkeit in Gestalt der Anstalt und ihrer Bediensteten weitergegeben werden. Das Wissen darum ist geeignet, fälschliche Mutmaßungen und Spekulationen auf Seiten des Gefangenen und damit die aus einer Unsicherheit hervorgehende Abwehr- und Distanzhaltung zu vermeiden oder zumindest zu verringern. Wenn der Therapeut in einigen Fällen diese transparente Vorgehensweise unterlässt, so nicht deshalb, weil er seine Aufgabe als Justizangestellter über die des Therapeuten stellt, sondern um aus Sicht des Therapeuten die Therapie nicht zu gefährden. Es geht dabei also nicht darum, dem Gefangenen Informationen zu verschweigen, sondern ihn vor diesen zu schützen.

Im Ergebnis ist folgende Tendenz festzuhalten: Abgesehen von dem wenig ausgeprägten Rollenkonflikt des Psychologen in der JSA, der vor allem auf ein in dieser Hinsicht fehlendes Bewusstsein der jugendlichen Gefangenen zurückzuführen ist, scheint es in der SthA weitgehend zu gelingen, dem Rollenkonflikt des Therapeuten erfolgreich zu begegnen, indem sich das anfängliche Misstrauen der Gefangenen weitgehend abbauen und ein vertrauensvolles Therapieverhältnis begründen lässt. Sicherlich trägt auch das den gesamten Vollzug in der SthA umfassende, intensive Behandlungsklima dazu bei, Vorbehalte und Misstrauen auf Seiten der Gefangenen zu verringern. Eine derartige Entwicklung eines therapeutischen Verhältnisses hat im Regelvollzug insofern bereits schlechtere Voraussetzungen, als dass die Gefangenen den Psychologen aus den oben dargestellten Gründen mit großen Vorbehalten begegnen und einer therapeutischen Behandlung von vornherein ablehnend gegenüberstehen, sie also lediglich aus vollzugstaktischen Überlegungen in Anspruch nehmen. In einigen Fällen dürfte sich somit grundsätzlich schon keine Gelegenheit ergeben, für den sich aus der Doppelstellung des Psychologen ergebenden Konflikt eine gleichermaßen für den Therapeuten und den Gefangenen angemessene Handhabung zu finden.

2. Zusammenarbeit zwischen den Fachdiensten und dem AVD

Die Zeiten, in denen die Beamten des AVD den Fachdiensten skeptisch bis ablehnend begegneten und Gehalt und Ernsthaftigkeit ihrer Arbeit in Frage stellten, sind vorbei. Das Verhältnis zwischen den Fachdiensten und dem AVD kann in allen drei Anstalten zwar nicht immer als konfliktfrei, aber auch insgesamt nicht als ablehnend beschrieben werden. Grundsätzlich zeichnet es sich durch ein kollegiales Klima und gegenseitige

Akzeptanz aus. Das schließt nicht aus, dass es in allen drei Anstalten vereinzelte Stimmen innerhalb des AVD gibt, nach denen die Fachdienste den Gefangenen zu viel Verständnis entgegenbringen und ihre Arbeit nicht an den Bedingungen der Realität ausrichten. Auf die unterschiedliche berufliche Sozialisation und womöglich auf die unterschiedliche rechtliche Aufgabenumschreibung, die für den AVD die Sicherheitsaufgaben im Vordergrund stehen lässt, ist zurückzuführen, wenn Vollzugsbeamte die Psychologen (nicht die Vertreter des Sozialdienstes) mitunter als eine „ganz andere Sorte Fachdienst" bezeichnen, die „manchmal etwas in einer höheren Sphäre (sind)" und „teilweise zu sehr alles aus der Theorie (nehmen)" bzw. sich etwas „blauäugig" verhalten.

Soweit bis hier eine einheitliche Grundtendenz zur Zusammenarbeit beider Dienste in allen drei Anstalten festzustellen ist, sind Unterschiede in Art und Intensität wahrzunehmen. Sie geben Anlass zur Vermutung, dass eine Zusammenarbeit, die sich beispielsweise durch Teamgeist und offenen Informationsaustausch auszeichnet, umso besser gelingt, wenn die Beamten des AVD in Behandlungsaufgaben aktiv einbezogen sind. Dort, wo Behandlungsaufgaben des AVD durch die Vollzugspraxis konkretisiert worden sind – sei es durch ein spezifisches Anstaltskonzept oder durch geäußerte Erwartungshaltungen der Anstaltsleitung – und wo sich für ihn Gelegenheiten bieten, behandlungsorientiert mitzuwirken – sei es im Wohngruppenvollzug oder im so genannten halb offenen Vollzug der JVA Diez –, werden die Vollzugsbeamten vermehrt in Entscheidungsprozesse einbezogen. Schließlich bringen sie entscheidungsrelevantes Wissen in Hinblick auf den Behandlungsstand des Gefangenen mit. Die verstärkte Einbeziehung der Vollzugsbeamten in den Behandlungsauftrag bedingt wiederum die organisatorische Gestaltung der Zusammenarbeit mit den Fachdiensten. Mit der Einbeziehung in vollzugliche Entscheidungen wächst das Verständnis des AVD für die – behandlungsorientierte – Sichtweise und Arbeit der Fachdienste. Umgekehrt mag das auch zu größerem Verständnis der Fachdienste für die vom AVD bei der Ausübung seines Dienstes zu beachtenden sicherheitsrelevanten Aspekte führen.

Alle o. g. Voraussetzungen sind in der SthA vorzufinden, in der die Zusammenarbeit beider Dienste gemäß den dokumentierten Untersuchungsergebnissen am besten verläuft. Die wesentlichen Aspekte sollen an dieser Stelle nur stichpunktartig erwähnt werden, da sie ausführlich in der anstaltsbezogenen Auswertung[491] erörtert worden sind:

---

[491] Siehe im 2. Kapitel, A., die Ausführungen bes. zu den Faktoren 4, IV., und 6, VI.

konkrete, von der Anstaltsleitung geförderte und durch das sozialtherapeutische Anstaltskonzept bedingte Vorstellungen der Vollzugsbeamten über ihren Behandlungseinsatz und ein damit verbundenes Engagement; entsprechende Gelegenheiten im Wohngruppenvollzug; Einbeziehung in vollzugliche Entscheidungsprozesse durch ein ausgeprägtes Konferenzsystem und das System der Triade.

Eine ähnliche Situation findet sich in der JSA. Auch dort sind viele der o.g. Komponenten festzustellen, die nach der hier vertretenen Ansicht wesentliche Voraussetzungen für eine gute Zusammenarbeit zwischen den Fachdiensten und dem AVD darstellen[492]: teilweise konkrete, durch das Anstaltskonzept bedingte Vorstellungen der Vollzugsbeamten über ihren Behandlungseinsatz und ein damit verbundenes Engagement; entsprechende Gelegenheiten im Wohngruppenvollzug; Einbeziehung der Vollzugsbeamten in vollzugliche Entscheidungsprozesse durch das auf dem Teamgedanken beruhende Konferenzsystem.

Wenn die Aussagen der befragten Bediensteten dennoch den Eindruck erwecken, dass sich die Zusammenarbeit innerhalb eines Teams nicht immer reibungslos gestaltet und Gruppenbildungen nicht ausgeschlossen sind, bei denen eine behandlungsorientierte Einstellung auf Seiten der Fachdienste und einzelner Vollzugsbeamter einer sicherheitsbetonten Haltung der anderen Vollzugsbeamten gegenübersteht, so kann das – abgesehen von der unterschiedlichen beruflichen Sozialisation, den persönlichen Wertvorstellungen und der auf die Erfüllung von Sicherheitsaufgaben ausgerichteten Aufgabenstellung des AVD – auch auf eine fehlende gemeinsame „Erziehungskultur" zurückgeführt werden, um welche sich einige Fachdienste innerhalb ihres Vollzugshauses bemühen. Als ein Bestandteil kann hierbei die Vermittlung von Fachwissen seitens der Fachdienste an Vollzugsbeamte in Gesprächen und Fortbildungsveranstaltungen gesehen werden, die das gegenseitige Verständnis und damit die Zusammenarbeit beider Dienste fördert.

Die Einschätzung bestätigen Untersuchungsergebnisse, die innerhalb des AVD auf nennenswerte Unterschiede bei der Bewertung seiner Aufgaben und seines Erziehungs- bzw. Behandlungsbeitrags schließen lassen. Jeder scheint sich – auch oder vor allem von den eigenen persönlichen Wertvorstellungen geleitet – seine eigene Auffassung

---

[492] Siehe die ausführlichen Darstellungen im Rahmen der anstaltsbezogenen Auswertung, 2. Kapitel, B., bes. zu den Faktoren 4, IV., und 6, VI.

über den Erziehungs- bzw. Behandlungsbeitrag eines Vollzugsbeamten im Jugendstrafvollzug gebildet zu haben. Die Bandbreite umfasst daher den „Dienst nach Vorschrift" und geht über die ordnungsgemäße Erledigung der Sicherheitsaufgaben bis zu einem höchst motivierten und engagierten Einsatz als Moderator für Soziales Training. Aufgrund dessen bleiben Differenzen mit entsprechendem Konfliktpotenzial nicht aus, sowohl unter den Vollzugsbeamten als auch in ihrem Verhältnis zu den Fachdiensten.

In Hinblick auf eine Förderung der Zusammenarbeit beider Dienste könnte demzufolge eine gesetzliche Umschreibung pädagogischer Grundsätze im Sinn einer „Erziehungskultur" hilfreich sein. Hierzu wird auf die Ausführungen zur Prognose hinsichtlich ambivalenter Auswirkungen eines JugStVollzg in der Vollzugspraxis verwiesen.[493]

Für die Organisation der Zusammenarbeit zwischen den Fachdiensten und den Vollzugsbeamten des AVD in den geschlossenen Abteilungen des Regelvollzugs gelten ähnliche Überlegungen. Innerhalb der JVA Diez ist man bestrebt, bestehende Mängel in der Zusammenarbeit zwischen den Fachdiensten und dem AVD zu beheben, indem den Vollzugsbeamten die psychologische Sichtweise für die Herangehensweise bei der Behandlung von Gefangenen in Seminaren vermittelt wird. Durch die Sensibilisierung für mögliche Hintergründe von Tat und Tätergruppen lernen die Beamten nicht nur die psychologische Arbeitsweise und ihre Ziele kennen, sondern ändern möglicherweise auch ihre (Arbeits-)Einstellung gegenüber den Gefangenen. Zum anderen weisen die positiven Erfahrungen hinsichtlich des Informationsaustausches in der halb offenen Abteilung darauf hin, dass aufgrund des vermehrten Kontakts zwischen Fachdiensten und Vollzugsbeamte deren Hemmschwellen, sich mit Problemen, Informationen und Hinweisen an die Fachdienste zu wenden, geringer ausfallen. Diese Erfahrung kann einen nützlichen Anhaltspunkt für die Organisation der Zusammenarbeit in den geschlossenen Abteilungen darstellen.

Mit dieser Einschätzung geht das Untersuchungsergebnis einher, dass innerhalb des AVD viele unterschiedliche Auffassungen über die (Behandlungs-)Aufgaben des Stationsbeamten bestehen, und darüber, wie der Beitrag an der Behandlung der Gefangenen auszusehen hat. Die Bandbreite reicht auch hier vom „Dienst nach Vorschrift" über die ordnungsgemäße Erledigung der Sicherheitsaufgaben bis hin zu einem höchst moti-

---

[493] Unten B., S. 277 ff.

vierten und engagierten Einsatz als Moderator für Soziales Training. Jeder scheint sich – abhängig von seinen persönlichen Wertvorstellungen – seine eigene Auffassung über den Behandlungsbeitrag eines Stationsbeamten im Vollzug gebildet zu haben. Die Untersuchungsergebnisse zeigen zudem, dass der Verrichtung der ihnen übertragenen Organisations- und Sicherheitsaufgaben der Vorrang vor der wie auch immer ausfallenden Mitwirkung an der Behandlung der Gefangenen zukommt. Mangelnde Gelegenheiten im geschlossenen Vollzug erschweren schließlich nicht unwesentlich eine behandlungsorientierte Vorgehensweise der Vollzugsbeamten.

In das bisherige Bild der Zusammenarbeit zwischen Fachdiensten und AVD fügt sich letztlich die Diskrepanz ein, die sich ergibt, wenn die Beamten des AVD angesichts ihrer z.T. langjährigen (Lebens-)Erfahrung im Umgang mit Gefangenen und ihrer, durch die Nähe zu diesen sich auszeichnenden Schlüsselstellung innerhalb eines reibungslos funktionierenden Vollzugs nur in einem verhältnismäßig geringem Ausmaß an Vollzugsentscheidungen beteiligt sind.

Fest steht, dass ein so intensives, von allen Bediensteten getragenes Behandlungsklima, wie es in sozialtherapeutischen Anstalten zu finden ist, im Regelvollzug aus verschiedenen, bereits bekannten Gründen weder umsetzbar noch anstrebenswert ist. Eine Förderung der Zusammenarbeit beider Dienste könnte jedoch im Regelvollzug durch eine vermehrte Einbindung des AVD in Behandlungsaufgaben erreicht werden. Letzteres spricht für eine rechtliche – gegebenenfalls beispielhafte – Umschreibung von Mitwirkungsmöglichkeiten des AVD im Regelvollzug. Dabei wird nicht verkannt, dass es in den geschlossenen, nicht in Wohngruppen organisierten Abteilungen schon allein weniger Gelegenheiten zu behandlungsorientierten Verhaltensweisen gibt als im Wohngruppenvollzug. Gleichwohl weist eine rechtliche Verankerung im o.g. Sinn einen Verbindlichkeitscharakter auf und ist letztlich als Aufwertung des im StVollzG verankerten Behandlungsauftrags zu verstehen.[494] Soweit es damit gelingt, die Vollzugsbeamten in den Behandlungsauftrag aktiv einzubinden, entsteht gleichzeitig der Bedarf, ihre in dieser Hinsicht gesammelten Erkenntnisse vermehrt in Vollzugsentscheidungen einfließen zu lassen. Ihre regelmäßige Mitwirkung in Entscheidungsprozessen der Vollzugsplanung etc. wird wiederum einen motivierenden Einfluss auf ihre tägliche Arbeit haben. Das lassen zumindest die Aussagen der Vollzugsbeamten der JSA und SthA vermuten.[495]

---

[494] Siehe auch die Ausführungen zum zweiten Vergleich, II., 2., S. 271 f.
[495] Vgl. die entsprechenden Einzelinterpretationen, einzusehen bei der Verf.

Sie belegen den großen Stellenwert, den die maßgebliche Beteiligung der Beamten an Entscheidungen über einzelne Gefangene (oder über ihre Wohngruppe) einnimmt, auch unter dem Gesichtspunkt, dass sie diese i.d.R. später ausführen müssen. Das Gefühl, zum „ausführenden Organ" degradiert zu werden, stellt sich bei ihnen nicht ein.

Letztlich bleibt festzuhalten, dass dort keine oder nur geringe negative verrechtlichungsbedingte Auswirkungen durch die Einbeziehung der Fachdienste in den Vollzug auftreten, wo ein intensives Behandlungsklima existiert. Es überwiegen vielmehr die positiven Aspekte, wenn sich die unterschiedlichen beruflichen Ausbildungen und sozialen Hintergründe der Bediensteten nicht ausschließend, sondern ergänzend gegenüberstehen und auf die engagierte Umsetzung des gesetzlichen Behandlungsauftrags ausgerichtet sind.

II. Vergleich des Erwachsenen(regel)vollzugs mit dem Vollzug in einer sozialtherapeutischen Anstalt

1. Vollzug in einer sozialtherapeutischen Anstalt

Die Untersuchung hat ergeben, dass insgesamt weniger negative Auswirkungen der Vergesetzlichung des Strafvollzugs durch In-Kraft-Treten des StVollzG auf den Vollzug in sozialtherapeutischen Anstalten festzustellen sind, als dies im Regelvollzug der Fall ist. Die Vielzahl der im StVollzG verwendeten unbestimmten Rechtsbegriffe sowie Beurteilungs- und Entscheidungsspielräume wirkt sich positiv aus, da sie einen auf das jeweilige sozialtherapeutische Konzept der Anstalt abgestimmten Strafvollzug ermöglicht. Das StVollzG steht wesentlichen Elementen nicht entgegen, wie beispielsweise spezifisch therapeutischen Angeboten, dem Wohngruppenvollzug, der Einbeziehung aller Bediensteten in den behandlungsintensiven Vollzug und ihrer Beteiligung in anstaltsinternen Entscheidungsprozessen. Die oben erwähnten Handlungs- und Entscheidungsfreiräume gewährleisten, dass die SthA aufgrund ihrer fachlichen Kompetenz den Vollzug insgesamt als auch die Vollzugsplanung jedes Gefangenen flexibel und individuell gestalten kann. Am Beispiel der Telefon- und Besuchsregelungen in der SthA[496]

---

[496] Siehe oben, 2. Kapitel, A. I., 1., S. 135 f.

zeigt sich das Bemühen der SthA, die durch das StVollzG eingeräumten Freiräume nach behandlungsorientierten Gesichtspunkten in verantwortbaren Grenzen umzusetzen, um so die Fähigkeit der Gefangenen zur kommunikativen Auseinandersetzung und ihre Bereitschaft zu verantwortungsbewusster Eigeninitiative zu wecken und zu fördern.

Soweit negative, verrechtlichungsabhängige Auswirkungen in manchen Bereichen entweder gar nicht oder nur in geringem Ausmaß festzustellen sind, bedeutet das allerdings nicht, dass der sozialtherapeutische Vollzug von vornherein von ihnen unbeeinflusst ist. Bei genauerer Betrachtung der Untersuchungsergebnisse lassen sich verschiedene Ursachen ausmachen, auf welche das geringe Ausmaß ambivalenter Auswirkungen der Verrechtlichung auf die Vollzugspraxis in sozialtherapeutischen Anstalten zurückzuführen ist. Hierzu gehören das intensive, therapeutische Behandlungsklima innerhalb der Anstalt, die damit verbundene erhöhte Sensibilität für derartige Auswirkungen und letztlich die vielfachen Möglichkeiten einer frühzeitigen Korrektur, die geeignet sind, das Eintreten von negativen, verrechtlichungsabhängigen Auswirkungen in der Vollzugspraxis zumindest erheblich zu verringern. Denn auch im sozialtherapeutischen Vollzug gibt es dafür Anzeichen, wie beispielsweise für eine mit der frühzeitigen Erlangung von Vollzugslockerungen verbundene Scheinanpassung oder für ein mit der Gewährung von Lockerungen verbundenes Absicherungsbedürfnis der Anstalt. Letzteres erhält durch die auf therapeutische Gesichtspunkte gestützten Stellungnahmen der Anstalt noch eine besondere Qualität, da diese – und mit ihr die fachliche Kompetenz der Anstalt – vor Gericht kaum in Zweifel gezogen werden.[497] Das Wissen der Gefangenen um ihre geringen Erfolgschancen bei einer gerichtlichen Auseinandersetzung mit der Anstalt trägt zwar zur geringen Beschwerde- und Klagehäufigkeit innerhalb der SthA bei. Die Untersuchungsergebnisse belegen allerdings, dass der Hauptgrund hierfür im intensiven Behandlungsklima zu finden ist, das sich durch eine hohe Kommunikationsdichte auszeichnet, die sich in erster Linie in einer flexiblen und engagierten Gesprächsbereitschaft aller Bediensteten äußert. Sie umfasst neben Konflikt- und Kritikfähigkeit die Bereitschaft, zusammen mit dem Gefangenen eine möglichst einvernehmliche Lösung seines Problems herbeizuführen. Dazu gehört gleichermaßen, dass mit ihm die einer Entscheidung zugrunde liegenden Aspekte erörtert werden, soweit seine Forderungen auf Ablehnung gestoßen sind. Das gemeinsame Suchen nach einer Lösung verhindert weitgehend eine Konfliktenteignung, bei welcher der Gefangene seine persönlichen

---

[497] Vgl. die Ausführungen zur anstaltsbezogenen Auswertung, 2. Kapitel, A., II., 2. S. 146 f.

Probleme auf die Rechtsebene verlagert. So genannte Querulanten, welche die Anstalt mit Beschwerden und Anträgen auf gerichtliche Entscheidung gemäß § 109 StVollzG „überziehen", sind in der SthA jedenfalls unbekannt. Gleichzeitig verringert sich das Bedürfnis der Anstalt nach Absicherung der eigenen Entscheidung, durch das ein übertrieben negatives Bild von einem Gefangenen für geraume Zeit „zementiert" werden könnte. Im Vorfeld stattfindende, klärende Gespräche vermeiden darüber hinaus von vornherein den Anfall bestimmter Verwaltungsarbeiten in Form von Stellungnahmen, Berichten, Vorlagen etc.

Möglicherweise stoßen – negative – Entscheidungen der Anstalt hinsichtlich der Vollzugsplanung auch deshalb auf größere Akzeptanz des betroffenen Gefangenen, weil sie keine standardisierte, nach Aktenlage ergehende, sondern eine auf den Einzelfall bezogene, sich auf die Erkenntnisse möglichst vieler Bediensteter stützende Begründung enthält. Das ausgeprägte Konferenzsystem, das System der Triade und die daraus resultierende gute Zusammenarbeit der Bediensteten innerhalb der Anstalt gewährleisten diese Entscheidungsfindung.

Dass vor allem die Gesprächs- und Konsensbereitschaft der Anstalt, ihrer Leitung und ihrer Bediensteten gegenüber den Gefangenen zur Verringerung ambivalenter Auswirkungen der Verrechtlichung beiträgt, dokumentieren auch die Ergebnisse zur Stellung der GMV in der SthA. Sie belegen eine auf verschiedenen Aspekten basierende Grundzufriedenheit der Gefangenen, die ein Bedürfnis nach streitbarer Auseinandersetzung mit der Anstalt auch im Rahmen der GMV entfallen lässt.

Die mit der Verrechtlichung einhergehende Ausweitung formaler, bürokratischer Strukturen im Rahmen der Durchsetzung rechsstaatlicher Maßstäbe in der Eingriffs- und Leistungsverwaltung versucht die SthA bewusst gering zu halten und die daraus entstehende Verwaltungsarbeit auf ein Mindestmaß zu reduzieren.[498] Indem die Anstalt den Gefangenen nur ein Mindestmaß an verwaltungstechnischen Hürden – z.B. in Form des Antragserfordernisses – im Rahmen von sozialen Kontaktmöglichkeiten (Telefon, Besuch) auferlegt, erleichtert sie erheblich die Aufnahme und Förderung sozialer Kontakte zu Angehörigen wie Freunden und bezieht diese gleichzeitig in die Behandlung

---

[498] Dass die Beamten auf bürokratische Auswüchse hinweisen, beruht u.a. auch auf der noch ausstehenden Einführung der EDV zwecks Vereinfachung und Beschleunigung von – notwendigen – Verwaltungsvorgängen.

des Gefangenen mit ein. Darüber hinaus wirkt sich die bereits mehrfach erwähnte Gesprächs- und Kompromissbereitschaft der Anstalt ein weiteres Mal positiv aus. Nur wenige Anträge sind mit entsprechend begründeten Stellungnahmen abzulehnen, weil viele Anliegen bereits im Vorfeld mündlich mit dem Gefangenen abgeklärt werden. Sofern es doch zu einer Ablehnungsentscheidung kommt, trifft diese auf weitgehende Akzeptanz der Gefangenen, da die Anstalt das Für und Wider im Einzelfall gewissenhaft abgewogen hat und bemüht ist, ihre Sichtweise dem Gefangenen verständlich zu vermitteln.

Hierbei ist allerdings auf einen Unterschied im Vergleich zum Regelvollzug hinzuweisen, der die Situation der SthA zu begünstigen scheint. Die Aussagen der Gefangenen haben ergeben, dass sie grundsätzlich größeres Verständnis für Begründungen zeigen, die sich auf therapeutische Gesichtspunkte stützen. Soweit sich die Anstalt bei einer Entscheidung auf sicherheitsrelevante Gründe beruft, wird mitunter der Vorwurf von Gefangenenseite laut, die SthA grenze sich als sozialtherapeutische Anstalt nicht klar genug vom Regelvollzug ab. Dieses Ergebnis wie auch die grundsätzliche Akzeptanz der Gefangenen für die therapeutische Ausrichtung der Anstalt und ihre damit verbundenen Handlungen und Entscheidungen, die in anderen Aussagen immer wieder deutlich wird[499], könnte als Hinweis für die Schlüsselstellung und Macht der psychologischen Auslegung von Verhaltensweisen gedeutet werden. Sofern von dieser – nicht eindeutigen – Interpretation ausgegangen wird, bleibt anzumerken, dass sich in diesem Zusammenhang keine Anhaltspunkte für die Gefahr einer Einschränkung des Rechtsschutzes der Gefangenen fanden. Diese Erkenntnis gilt insbesondere für die geringe Anzahl formeller Disziplinarverfahren in sozialtherapeutischen Anstalten, die sich auf das intensive Behandlungsklima zurückführen lässt, in dem sehr früh und differenziert auf vollzugsstörende Verhaltensweisen unter therapeutischen Vorzeichen reagiert wird.

Deutlichere Anzeichen für negative Auswirkungen der Vergesetzlichung sind im behandlungssensiblen Bereich des therapeutischen Bündnisses zwischen Gefangenem und Psychologen wahrzunehmen. Es hat sich bestätigt, dass die Inanspruchnahme des Therapieangebotes der SthA gleichzeitig mit gewissen Gesetzmäßigkeiten bürokratischen Handelns (z.B. Transparenz der Entscheidung) verbunden ist, die von vornherein eine Gefährdung für die Entwicklung eines vertrauensvollen Therapieverhältnisses darstellen. Dieses Untersuchungsergebnis ist thematisch eng verbunden mit dem Rollenkon-

---

[499] Vgl. die Ausführungen zur anstaltsbezogenen Auswertung, 2. Kapitel, A., S. 134 ff.

flikt des Psychologen, der sich aus seiner Doppelstellung als „Behandelnder" und Helfer auf der einen Seite und als Justizangestellter auf der anderen Seite ergibt. Die zuletzt genannte Stellung verpflichtet den Psychologen u.a. zur regelmäßigen Abfassung von Therapieberichten[500], die der Gefangenenpersonalakte beigefügt werden und damit in Entscheidungsprozessen anderen Anstaltsmitarbeitern zugänglich sind. Sowohl dieser Umstand als auch die Bedeutung des psychologischen Votums im Rahmen der Vollzugsplanung sind auch den Gefangenen bekannt. Das kann zur Folge haben, dass sie in der (Einzel-)Therapie ein Verhalten an den Tag legen, das den Erwartungen des Therapeuten zu entsprechen versucht, und/oder dass sie die offene, ehrliche Aussprache vermeiden.[501] In diesem Dilemma obliegt dem Therapeuten schließlich ein verantwortungsvolles Abwägen der sich widersprechenden Erfordernisse (aktenförmige Protokollierung des Verwaltungsvorgangs, Transparenz und Nachvollziehbarkeit der Entscheidung auf der einen Seite und Begründung eines vertrauensvollen, therapeutischen Verhältnisses auf der anderen Seite). Der befragte Psychologe der SthA begegnet der Problematik seiner Doppelrolle beispielsweise mit einer gewissen Transparenz in seiner Arbeit, indem er dem Gefangenen seine bevorstehenden Arbeitsschritte und Verpflichtungen so weit wie möglich offen legt.

Erheblich negative Auswirkungen lassen sich schließlich durch die Verrechtlichung in ihrer Ausprägung der Bürokratisierung feststellen. Dabei ist anzumerken, dass keine verwertbaren Ergebnisse zu den Auswirkungen der VVStVollzG auf die Vollzugspraxis erzielt worden sind.[502] Zu den von der Ebene der Bürokratisierung ausgehenden Anordnungen (im nicht-technischen Sinn), auf welche sich die vorliegenden Untersuchungsergebnisse beziehen, zählen im hier verstandenen Sinne neben Erlassen und Verfügungen der Landesjustizverwaltungen auch – rechtlich unverbindliche – Anweisungen, sofern sie geeignet sind, unmittelbaren Einfluss durch situationsbezogene, sicherheitsbetreffende Handlungsanweisungen i.w.S. auf die Anstalten auszuüben. Letzteres gilt beispielsweise für den Hinweis der Aufsichtsbehörde an alle Anstalten des Landes nach einem Sicherheitsvorfall, Entscheidungen über Vollzugslockerungen bestimmter Täter-

---

[500] Neben den zu veröffentlichenden Therapieberichten führt der Therapeut eigene Therapieakten in Form von umfassenden, detaillierten Protokollen über jede Therapiesitzung, die bei ihm verbleiben und auf die er nur im Fall der eigenen Absicherung zurückgreift.
[501] Vgl. die Ausführungen zum ersten Vergleich, I., 1., S. 249.
[502] Hinsichtlich fehlender Aussagen zu den in den VVStVollzG normierten Genehmigungsvorbehalten der Aufsichtsbehörde ist zu vermuten, dass die Adressaten der Interviewreihen hierzu keine Auskunft geben können.

gruppen noch einmal eingehend zu prüfen. Für die Anstalt steht der Tenor dieses Hinweises unmissverständlich fest: „Prüfen Sie noch genauer, es darf nichts passieren. Das wäre eine Katastrophe". In die sich durch Einzelfallentscheidungen unter therapeutischen Gesichtspunkten auszeichnenden Entscheidungsprozesse fließen auf diese Weise allgemeine, sicherheitsrelevante Erwägungen unabhängig von der Person des Gefangenen ein, die letztlich dem gesellschaftspolitischen Bedürfnis nach Sicherheit nachkommen. Die – nachvollziehbare – Folge ist, dass das Absicherungsbedürfnis der Anstalt zunimmt und sicherheitsorientierte Entscheidungen getroffen werden, die einer nachträglichen Überprüfung umfassend standhalten. Ein derartig restriktives Vorgehen kann schließlich zu einer Störung der therapeutischen Beziehungen zwischen Gefangenem und Therapeuten führen, wenn die Gewährung von Vollzugslockerungen verschoben oder sogar zurückgenommen wird und der hiervon betroffene Gefangene zu der Ansicht gelangt, dass seine Mitarbeit in der Therapie und im Vollzugsgeschehen nicht anerkannt wird. Deutlich wird, dass es in diesem Fall der Bürokratisierung nur bedingt gelingt, den dargestellten negativen Auswirkungen entgegen zu steuern. Auf Seiten betroffener Bediensteter ist ein Zwiespalt festzustellen, wenn sie sagen: „In dem Moment bleibt mir fast nichts anderes übrig, als zu sagen: So ist die Situation, die Gesellschaft und Sie leiden jetzt darunter. Und auch schon zu kennzeichnen, dass es eigentlich nicht gerecht ist".

Andere, auf Ebene der Bürokratisierung erlassene Sicherheitsvorschriften regeln konkrete Bereiche bzw. Situationen innerhalb der Anstalt. Sie lassen insbesondere in den Fällen negative Auswirkungen auf die Vollzugspraxis erkennen, in denen sie nicht nur durch Einschränkung des gesetzlichen Gestaltungsspielraums zulasten der Behandlung ausfallen, sondern darüber hinaus auch geradezu in einem Widerspruch zu dem von der Sozialtherapie verfolgten Anspruch stehen (z.B. die Reglementierung der Haftraumeinrichtung[503]).

Eine weitere Forschungsfrage, welcher in der hier vorliegenden Arbeit nachgegangen wurde, betrifft die Frage nach einem weiteren Bedarf an Verrechtlichung in Bezug auf den sozialtherapeutischen Strafvollzug. Die soeben getroffenen Feststellungen ergeben diesbezüglich mit den entsprechenden Aussagen der in der SthA befragten Gefangenen und Bediensteten ein stimmiges Bild. Ausgehend von den Untersuchungsergebnissen ist

---

[503] Siehe die Ausführungen im Rahmen der anstaltsbezogenen Auswertung, 2. Kapitel, A., I., 5., S. 143.

kein Bedarf für eine Verrechtlichung in Hinsicht auf eine verbindliche Erstellung eines sozialtherapeutischen Konzepts erkennbar. Die ausführliche Darstellung des in der SthA betriebenen Behandlungsvollzugs lässt ein detailliertes Konzept erkennen, das zumindest von der hier nur möglichen äußeren Betrachtung keine Regelungslücken aufweist.[504] Dieses Ergebnis kann allerdings nicht als Antwort auf die Frage bezogen werden, ob sich eine gesetzliche Festlegung der Organisations- und Entscheidungsstruktur sowie der personellen und sachlichen Ausstattung sozialtherapeutischer Anstalten zu ihrer Erhaltung und Unterstützung als erforderlich erweist. Da hierzu keine verwertbaren Aussagen in der Interviewreihe gemacht worden sind, muss die Frage offen bleiben.

Soweit der Wunsch nach weiterer Vergesetzlichung geäußert wird, betrifft er Bereiche, in denen das StVollzG abschließende Regelungen trifft, die einer SthA nicht die bereits erwähnte Möglichkeit einräumen, unter entsprechender Auslegung der Vorschriften die Vollzugsgestaltung sozialtherapeutischen Maßstäben anzupassen (z.B. die Erweiterung des Katalogs der Disziplinarmaßnahmen, § 103 Abs. 1 StVollzG, oder – in Anlehnung an § 124 StVollzG – eine Erweiterung der Möglichkeiten, Gefangene auf ihre Entlassung vorzubereiten). Wenn Bedienstete und Gefangene darüber hinaus fordern, die Sozialtherapie stärker vom Regelvollzug abzugrenzen, liegt derartigen Forderungen die Überlegung zugrunde, Eigenständigkeit und Besonderheit der Sozialtherapie vor einer Übernahme von durch Regelvollzugsverhältnisse bedingten Maßstäbe zu bewahren. Eine nach Vollzugsformen differenzierende Reglementierung soll den behandlerisch-therapeutischen Gestaltungsfreiraum gewährleisten, indem sie eine umfassende Übernahme der auf den Regelvollzug bezogenen Sicherheitsvorschriften verhindert. Angesichts der oben dargestellten Untersuchungsergebnisse betrifft diese Forderung überwiegend untergesetzliche Vorgaben (z.B. die Reglementierung der Haftraumausstattung) und lässt die bestehende gesetzliche Normierung des Strafvollzugs unberührt.

2. Regelvollzug

Im Vergleich zu der oben beschriebenen Situation in der SthA weisen die Untersuchungsergebnisse zum Regelvollzug vermehrt negative Auswirkungen der Verrechtlichung auf die dortige Vollzugspraxis auf.

---

[504] Vgl. die Darstellung im Rahmen der anstaltsbezogenen Auswertung, 2. Kapitel, A., IV., S. 149 ff.

Während die gesetzlichen Vorgaben des StVollzG durch Verwendung unbestimmter Rechtsbegriffe und durch Einräumung von Beurteilungsspielräumen sowie Ermessensentscheidungen auch den Regelvollzugsanstalten vielfache Gestaltungs- und Entscheidungsfreiräume belassen, regeln vielfältige Vorgaben unterhalb der Ge-setzesebene den Vollzugsalltag und schränken somit die Handlungs- und Entscheidungsspielräume von Bediensteten und Gefangenen erheblich ein. Die – grundsätzlich positive – Unbestimmtheit des StVollzG hat somit zu einer Fülle von konkretisierenden Vorschriften auf Basis von Erlassen, Verfügungen etc. der Länder geführt, welche die Arbeitsbedingungen im Vollzug unmittelbar betreffen.

Die Auswirkungen der Bürokratisierung auf die Vollzugspraxis im Regelvollzug sind mit den dargestellten Auswirkungen auf die Vollzugspraxis in sozialtherapeutischen Anstalten vergleichbar. Wie oben ausgeführt, zählen im hier verstandenen Sinne neben Erlassen und Verfügungen auch – rechtlich unverbindliche – Anweisungen der Landesjustizverwaltungen als Akte der Bürokratisierung, sofern sie geeignet sind, unmittelbaren Einfluss auf die Vollzugspraxis der Anstalten auszuüben. In Verbindung mit vagen Gesetzesvorschriften[505] begründen die der Absicherung dienenden Vorgaben (i.w.S.) eine restriktive, sicherheitsorientierte Entscheidungspraxis der Anstalt, die einer gesellschaftspolitischen Haltung entgegenkommt, welche die absolute Sicherheit der Allgemeinheit fordert und jegliches Risiko ablehnt. Insbesondere die Psychologen sehen sich dabei einer Erwartung von Seiten der Anstalt, der Landesjustizverwaltungen und letztlich der Gesellschaft ausgesetzt, die sie zu erfüllen nicht imstande sind. So wird von ihnen bei Entscheidungen über Vollzugslockerungen eine hundertprozentige Prognose erwartet, die jegliches Sicherheitsrisiko ausschließt. Zum einen können sie diese nicht aufstellen, zum anderen halten sie es auch nicht für unbedingt erforderlich. Schließlich geht es um Behandlungsmaßnahmen, die auf eine Entlassung und ein Leben ohne Straftaten erst vorbereiten sollen. Eine derartige restriktive, nicht in Ansätzen risikobereite Entscheidungspraxis erzeugt gleichzeitig Unmut bei den Gefangenen, weil sich bei ihr der Lockerungszeitpunkt innerhalb einer gewissen Zeitspanne (z.B. von ein oder zwei Jahren) kaum vorhersagen lässt. Als Folge kann sich beim Gefangenen eine Perspektivlosigkeit einstellen, die ihn veranlasst, sein Recht auf Vollzugslockerungen gerichtlich zu erstreiten. Damit kann schließlich die Bereitschaft des Gefangenen zur Mitarbeit an seiner Behandlung – zunächst einmal – erheblich sinken.

---

[505] Vgl. die Ausführungen im Rahmen der anstaltsbezogenen Auswertung, 2. Kapitel, C. V., 2., S. 230 f.

Die rechtlichen Vorgaben auf Ebene der Bürokratisierung enthalten darüber hinaus viele Sicherheits- und Ordnungsregelungen, die vor allem die Vollzugsbeamten betreffen. Diese sehen sich in einem Zwiespalt, wenn einerseits die Anstaltsleitung von ihnen die strikte Einhaltung dieser Regeln verlangt, andererseits jedoch ein solcher „Dienst nach Vorschrift" zu Aggressionen, Streit und insgesamt zu einem spannungsgeladenen Verhältnis mit den Gefangenen führt. Letztlich schränken sie in ihrer Gesamtheit den gesetzlichen Handlungsspielraum nicht unerheblich zulasten der Behandlung ein und führen mitunter zu Diskrepanzen und widersprüchlichen Zuständen.

Bürokratische Formen, die mit der Eingriffs- und Leistungsverwaltung im Vollzug verbunden sind, treten im Regelvollzug deutlich zu Tage. Vor allem die gesetzlich eingeräumten Beurteilungs- und Entscheidungsspielräume des StVollzG wirken sich diesbezüglich negativ aus, wenn sie bürokratische (und gerichtliche) Vorgänge auslösen, die durch das Abfassen schriftlicher Stellungnahmen und (Ablehnungs-)Begründungen viel Zeit in Anspruch nehmen. Während die SthA – bei gleicher Gesetzeslage – diesen Erscheinungen zielgerichtet durch die Reduzierung von Verwaltungserfordernissen auf ein Mindestmaß entgegenzusteuern versucht, ist im Regelvollzug ein Kreislaufeffekt festzustellen. Das Antragserfordernis für jegliches Anliegen führt in einer großen Anstalt zu einer Vielzahl von Anträgen, die von den Vollzugsbediensteten zu bearbeiten sind. Die Untersuchungsergebnisse weisen auf ein bürokratisches, sich absicherndes System der Bearbeitung von Gefangenen-Belangen hin, bei dem auf zeitintensive, einzelfallbezogene Begründungen sowie vermittelnde Gespräche verzichtet wird. Gefangene erheben in dieser Hinsicht den Vorwurf einer schablonenmäßigen, sich nach Aktenlage richtenden Entscheidungsfindung. Gerade fehlende oder standardisierte Begründungen veranlassen die Gefangenen wiederum, „ganz stumpf" einen neuen Antrag zu stellen. Der mit der Verwaltungsarbeit verbundene Zeitaufwand geht somit zulasten behandlungsorientierter Arbeit mit den Gefangenen. Wirkliche Probleme der Gefangenen werden weder erkannt noch behandlungsorientiert angegangen, schon weil den Bediensteten angesichts des dargestellten Kreislaufs hierfür die notwendige Zeit letztlich nicht zur Verfügung steht.[506]

---

[506] Zur zwiespältigen Einschätzung der von den Vollzugsbeamten geführten Wahrnehmungsbögen siehe die Ausführungen im Rahmen der anstaltsbezogenen Auswertung, 2. Kapitel, C., I., 2., S. 208 f.

Die Untersuchungsergebnisse belegen weiterhin negative, verrechtlichungsabhängige Auswirkungen, die von der Normierung des Rechtswegs ausgehen. Die sich in einer verhältnismäßig hohen Beschwerde- und Klagehäufigkeit äußernde Konfliktenteignung wird durch Aussagen von Gefangenen und Bediensteten bestätigt. Der Unterschied zur SthA ist nicht zu übersehen, auch wenn zu differenzieren und darauf hinzuweisen ist, dass sich die Beschwerde- und Klagehäufigkeit weitgehend auf relativ wenige – querulatorische – Gefangene zurückführen lässt, welche die Anstalt mit Rechtsbehelfen „überziehen".[507] Mitgefangene und Bedienstete beklagen gleichermaßen den durch Bagatell-Beschwerden und Anträge nach § 109 StVollzG verursachten Verwaltungsaufwand. Die Gefangenen erkennen zu Recht, dass dadurch die Bearbeitung von dringenden Angelegenheiten anderer Gefangener verzögert wird. Die Reaktion der Bediensteten ist unterschiedlich und i.d.R. wenig zuversichtlich. Die Vollzugsbeamten erkennen zwar das Problem, sehen aber für sich keinen Weg bzw. betrachten es nicht als ihre Aufgabe, auf solche Gefangene derart einzuwirken, dass sie sich auf eine andere, gesellschaftlich akzeptablere Form des Umgangs besinnen. Sie versuchen, sich so weit wie möglich dem Wirkungskreis querulatorisch veranlagter Gefangener zu entziehen, um diesen keinerlei Anlässe für weitere Beschwerden zu liefern. Mit unterschiedlichem Erfolg versuchen die Vertreter der Fachdienste den Gefangenen verständlich zu machen, dass sie mit ihrem Beschwerdeverhalten zwar Wut und Unzufriedenheit über die Haftbedingungen i.w.S. zum Ausdruck bringen können, letztlich aber nichts erreichen werden. Die Interviewreihe im Regelvollzug lässt den Eindruck zu, dass der durch die „Beschwerdenschreiber" verursachte Mehraufwand an Verwaltungsarbeit zwar beklagt, aber letztlich als gegeben hingenommen wird.[508]

Mit dem Auftreten von Konfliktenteignung und der damit verbundenen, verhältnismäßig hohen Beschwerde- und Klagehäufigkeit geht eine weitere negative Auswirkung der Normierung des Rechtswegs im Regelvollzug einher, nämlich das Absicherungsbedürfnis der Anstalt und ihrer Entscheidungsträger. In Verbindung mit (richterlich aufgestellten) Begründungsanforderungen an Ablehnungsbegründungen werden zwar in positiver Hinsicht pauschale, standardisierte Formeln, wie z.B. bei der Begründung einer Missbrauchsgefahr im Fall der Ablehnung von Vollzugslockerungen, vermieden.

---

[507] Nach den vorliegenden Untersuchungsergebnissen ist zu vermuten, dass auch der Anteil von Gefangenen mit langen Freiheitsstrafen gering ausfällt, die mit einer Beschwerde bzw. einem Antrag auf gerichtliche Entscheidung „wieder auf sich aufmerksam machen wollen".
[508] Vgl. die ausführliche Darstellung im Rahmen der anstaltsbezogenen Auswertung, 2. Kapitel, C., II., S. 212 ff.

Gleichzeitig bestätigen Bedienstete aber die damit verbundene Gefahr, dass betreffende Entscheidungen wegen des bestehenden Absicherungsbedürfnisses der Anstalt so „wasserdicht" verfasst werden, dass zu einem späteren Zeitpunkt eine Argumentation beispielsweise für die Gewährung von Lockerungen schwer fällt. Abgesehen vom erhöhten Zeitaufwand, der für eine detaillierte Begründung zu veranschlagen ist, kann darüber hinaus nicht ausgeschlossen werden, dass im weiteren Vollzugsverlauf für die Behandlung des Gefangenen nachteilige Entscheidungen ergehen, weil sie sich an der „wasserdicht" formulierten Ablehnungsentscheidung orientieren müssen.

Die mit der Normierung von Behandlungsmaßnahmen als subjektive Rechte einhergehenden, ambivalenten Auswirkungen lassen sich ebenfalls im Regelvollzug feststellen. Sowohl eine Scheinanpassung auf Seiten der Gefangenen als auch ein Absicherungsbedürfnis der Anstalt bei Entscheidungen über Vollzugslockerungen können durch die Untersuchungsergebnisse belegt werden.[509] Angesichts eines derartigen Absicherungsbestrebens von Anstalt und Aufsichtsbehörde, das i.d.R. zulasten von Behandlungsmaßnahmen geht, ist es wiederum als ein positiver, Rechtssicherheit gewährleistender Umstand zu betrachten, dass diese Maßnahmen als subjektiv einklagbare Rechte normiert sind. Den Gefangenen wird somit eine Überprüfung der Vollzugsentscheidungen durch eine unabhängige, gerichtliche Instanz garantiert, die einer in Einzelfällen zu restriktiven Entscheidungspraxis der Anstalten entgegenwirken kann.

Was den Bedarf weiterer Verrechtlichung angeht, so formulieren die in der Regelvollzugsanstalt befragten Gefangenen und Bediensteten keine direkten Forderungen. Im Vergleich zur Befragung in der SthA eröffnet beispielsweise nach Ansicht der Bediensteten der Katalog des Gesetzgebers über die Disziplinarmaßnahmen in § 103 StVollzG ausreichende Möglichkeiten, einen Gefangenen empfindlich zu bestrafen, beispielsweise indem die von ihm bevorzugten Tätigkeiten sanktioniert werden. Soweit von Seiten der Gefangenen eine Erweiterung der Gelegenheiten gewünscht wird, bei denen sie ihre sozialen Kontakte aufrechterhalten und fördern können (z.B. im Rahmen der Besuchs- und Telefonzeiten), betreffen diese Wünsche anstaltsinternen Regeln oder Verwaltungsvorschriften bzw. Regelungen auf Verwaltungsebene. Die gesetzliche Normierung des Strafvollzugs durch das StVollzG bleibt davon unberührt.

---

[509] Zum Absicherungsbedürfnis wird – oben – auf die Darstellung der ambivalenten Auswirkungen auf Ebene der Bürokratisierung verwiesen.

Die Untersuchungsergebnisse lassen den positiven Schluss zu, dass das unbestimmte, vom Gesetzgeber nicht konkret umschriebene Behandlungskonzept den Anstalten unter Berücksichtigung ihrer Vollzugsverhältnisse den nötigen Freiraum für vielfältige, behandlungsorientierte Ansätze und Methoden belässt. So kommt auch der Regelvollzug entsprechend seiner spezifischen Vollzugsbedingungen[510] dem Behandlungsauftrag nach, indem verschiedene allgemeine[511] und therapeutische Behandlungsmaßnahmen angeboten werden.[512] Als Ausdruck der Offenheit des StVollzG für die Entwicklung neuer Behandlungsmethoden und -konzepte kann beispielsweise die Einrichtung einer so genannten halb offenen Abteilung mit Wohngruppenelementen angesehen werden. Gleichzeitig tritt aber auch die Ambivalenz der gesetzlichen Unbestimmtheit hervor, wenn diese Behandlungsmaßnahme mangels verpflichtender gesetzlicher Vorgaben über Ausmaß, Ausgestaltung oder personelle Betreuung durch entsprechende Fachkräfte hinter den Chancen zurückbleibt, die ein Wohngruppenvollzug bietet.

Als nachteilig erweist sich das im StVollzG offen gelassene Behandlungskonzept in Bezug auf den Behandlungsbeitrag des AVD. Abgesehen von der Tatsache, dass im Vergleich zu sozialtherapeutischen Anstalten in den geschlossenen Abteilungen des Regelvollzugs erheblich weniger Gelegenheiten für die Vollzugsbeamten bestehen, sich in irgendeiner Form behandelnd einzubringen, lassen die Untersuchungsergebnisse den Schluss zu, dass der Verrichtung der ihnen übertragenen Organisations- und Sicherheitsaufgaben nach wie vor der absolute Vorrang vor der wie auch immer ausfallenden Mitwirkung an der Behandlung der Gefangenen zukommt. Während einerseits die (vielfach normierte) Verpflichtung zur Erfüllung der Organisations- und Sicherheitsaufgaben stets eine originäre berufliche Aufgabe des AVD darstellen wird, fehlt es andererseits an einer gesetzlichen Umschreibung seines Behandlungsbeitrags, welche diesen in den Stand einer beruflichen Verpflichtung erheben würde. Diese Feststellung trifft auch auf die Situation des AVD in sozialtherapeutischen Anstalten (und Jugendstrafanstalten) zu. Dass die in der SthA tätigen Vollzugsbeamten dennoch weitgehend genaue Vorstellungen von ihren Behandlungsaufgaben und Mitwirkungsmöglichkeiten haben, liegt nach den vorliegenden Untersuchungsergebnissen an einer präzisen Ausgestaltung des sozialtherapeutischen (Behandlungs-)Konzepts innerhalb der SthA, das die Vollzugsbe-

---

[510] Zu nennen sind z.B. die Größe der Anstalt und ihre Sicherheitsstufe.
[511] Z.B. Sport- und andere Freizeitveranstaltungen.
[512] Vgl. die Darstellung des Behandlungsvollzugs im Rahmen der anstaltsbezogenen Auswertung, 2. Kapitel, C., IV., S. 217 ff.

amten des AVD konkret miteinbezieht.[513] Angesichts der vielen Sicherheits- und Organisationsaufgaben, die sie auch zu erfüllen haben, verbleibt ihnen dennoch Zeit und Raum, behandelnd auf die Gefangenen einzugehen.[514] Die Tatsache, dass die Beamten in manchen Bereichen einen Widerspruch zwischen Sicherheit und Behandlung im Rahmen des sozialtherapeutischen Vollzugs erkennen, führt für sie – sowie aus Sicht der Fachdienste – darüber hinaus zu keinem erkennbaren Ziel- bzw. Rollenkonflikt. Vielmehr scheint ihnen eine ausgewogene Handhabung von Sicherheits- und Behandlungsaufgaben zu gelingen, vielleicht auch, weil sie diese gerade nicht als „Entweder-oder" begreifen.

Ein Hinweis darauf, dass eine (beispielhafte) Beschreibung von behandlungsorientierten Mitwirkungsmöglichkeiten des AVD auch im Regelvollzug zu positiven Ergebnissen führen kann, zeigt die anstaltsinterne Konkretisierung des Mitwirkungsauftrags in Form des Vertrauensbeamten. Die Gefangenen bewerten die besondere Funktion des Vertrauensbeamten insgesamt positiv, da dieser sich mehr Zeit für „seinen" Gefangenen nimmt, ihm aufmerksamer zuhört, ein längeres Gespräch – auch über private Themen – zulässt und sich insgesamt mehr für „seinen" Gefangenen einsetzt. Mit einer weiteren Konkretisierung und Umschreibung von möglichen Behandlungsbeiträgen des AVD müsste gleichzeitig auch eine Form des Nachweises gefunden werden, mit dem eine gute Arbeitsleistung dokumentiert werden kann. Im Falle des Vertrauensbeamtens kann z.B. ein positiver Vollzugsverlauf des betreuten Gefangenen auch als Nachweis für eine gute Behandlungsarbeit des Betreuungsbeamten gelten. Im Ergebnis kann davon ausgegangen werden, dass mit einer gesetzlichen Konkretisierung des Behandlungsbeitrags des AVD nicht nur eine grundsätzliche Aufwertung bzw. Bestätigung des Behandlungsgedankens im Straf(regel)vollzug einhergeht, sondern auch eine Aufwertung seiner beruflichen Stellung im Vollzug, die sich im Regelvollzug noch immer durch ein hohes Maß an Verantwortung bei gleichzeitig geringer Entscheidungsfreiheit bzw. -mitwirkung auszeichnet. Zu den damit verbundenen Auswirkungen auf die Zusammenarbeit mit den Fachdiensten wird auf die Ausführungen zum ersten Vergleich verwiesen.[515]

---

[513] Vgl. hierzu auch die Ausführungen zum ersten Vergleich, I., 2., S. 255 f., und im Rahmen der anstaltsbezogenen Auswertung, 2. Kapitel, A., IV., 2., S. 156 ff.
[514] Vgl. die Darstellungen im Rahmen der anstaltsbezogenen Auswertung, 2. Kapitel, A., IV., 1. b), S. 150 ff., und 2., S. 160 ff.
[515] Oben I., 2., S. 255 ff. (bes. S. 258 ff.).

Darüber hinaus wird von Bediensteten des Regelvollzugs wie des sozialtherapeutischen Vollzugs ein weiterer Aspekt angesprochen, der zwar in anderer Hinsicht einen Verrechtlichungsbedarf erkennen lässt, aber im thematischen Zusammenhang mit den obigen Ausführungen steht und daher an dieser Stelle erwähnt werden soll. Gefordert werden finanzielle Anreize für die Tätigkeit als Vollzugsbeamter, um engagierte Personen für die Arbeit im Strafvollzug zu gewinnen. Dazu gehören auch erkennbare, berufliche Entwicklungsmöglichkeiten, für die es sich lohnt, gute Arbeitsleistung zu erbringen. Das bedeutet letztlich, dass der Gesetzgeber aufgefordert ist, das relativ starre, weitgehend laufbahnrechtlich vorbestimmte System durch die Einführung eines leistungsbezogeneren Vergütungs- und Beförderungssystems zu reformieren.[516]

3. Zusammenfassung

Zusammenfassend bleibt festzuhalten, dass sich die Untersuchungsergebnisse grundsätzlich in die konzeptionellen Überlegungen zur Verrechtlichung einfügen.[517] Gerade weil die ambivalenten Auswirkungen der Verrechtlichung in dem auf individuelle Behandlung der Gefangenen ausgerichteten Strafvollzug in sozialtherapeutischen Anstalten besonders deutlich und hinderlich erfahren werden bzw. weil für ihre Wahrnehmung eine besondere Sensibilität vorhanden ist, tritt man ihnen zur Wahrung des intensiven Behandlungsklimas auf verschiedene Art und Weise entgegen. Die Untersuchungsergebnisse verdeutlichen dabei, dass es in diesem sozial geprägten, sich durch zwischenmenschliche Qualitäten auszeichnenden Gesellschaftsbereich in einigen Gebieten gelingen kann, ambivalenten (negativen) Auswirkungen durch eine gezielte Intensivierung der zwischenmenschlichen Beziehungen wirksam im Vorfeld zu begegnen. Anders formuliert, sind es gerade die in der sozialen Prägung und der Zwischenmenschlichkeit liegenden spezifischen Qualitäten, welche die Anfälligkeit für ambivalente Auswirkungen der Verrechtlichung begründen und gleichzeitig die Mittel und Wege darstellen, mit denen diese verhindert oder zumindest erheblich verringert werden können. Die Folge ist, dass letztlich ambivalente – insbesondere negative – Auswirkungen in geringerem Ausmaß eintreten als in einem weniger behandlungsintensiven Bereich, wie ihn der Regelvollzug darstellt. Gleichzeitig ist dort die Sensibilität für die Wahrnehmung ambiva-

---

[516] Gleiche Überlegungen beziehen sich im Übrigen auch auf den Jugendstrafvollzug.
[517] Vgl. auch den Exkurs zum Untersuchungsvorgang in der SthA, Teil 1, 5. Kapitel, C., III., S. 116 f., und die Auswertung der Experteninterviews bzgl. der sozialtherapeutischen Anstalt, Teil 1, 4. Kapitel, C., II., 2., S. 102 ff., welche durch die abschließenden Untersuchungsergebnisse bestätigt werden.

lenter Auswirkungen geringer und es bestehen weniger Gelegenheiten, ihnen entgegenzuwirken.

III. Vergleich des Erwachsenen(regel)vollzugs mit dem Jugendstrafvollzug

Es bleibt festzustellen, dass sich ein Vergleich beider Vollzugsarten in Bezug auf die Forschungsfrage insofern als schwierig und im Ergebnis als nur bedingt aussagekräftig erweist, weil viele Unterschiede nicht auf das Fehlen einer gesetzlichen Grundlage für den Jugendstrafvollzug zurückzuführen sind, sondern auf die (Eigen-)Art seiner Insassen. Die Interviewreihe in der JSA Schifferstadt hat dahingehend allgemeines Wissen bestätigt, dass Jugendliche im Allgemeinen und jugendliche Gefangene im Besonderen anders denken, handeln und reagieren als Erwachsene, andere Inhalte für wichtig erachten und daher unterschiedliche Schwerpunkte setzen. Somit fehlt grundsätzlich der gemeinsame Bezugspunkt für den vorgesehenen Vergleich zwischen dem Erwachsenen(regel)vollzug und dem Jugendstrafvollzug in Hinblick auf die Forschungsfrage.

Ein Vergleich der beiden Vollzugsformen scheitert dementsprechend in Bezug auf die Normierung des Rechtswegs (Faktor 2) und die Normierung von Behandlungsmaßnahmen als subjektive Rechte (Faktor 5). Die Aussagen der befragten jugendlichen Gefangenen, die diesen beiden Faktoren zugeordnet werden konnten, belegen anschaulich die oben erwähnten Unterschiede im Verhalten zwischen Jugendlichen und Erwachsenen. Sie lassen unter Einbeziehung der im Regelvollzug erlangten Untersuchungsergebnisse einen Rückschluss auf die rechtliche Ausgestaltung beider Vollzugsformen daher nicht zu. Diesbezüglich wird auf die Ausführungen zur Prognose hinsichtlich ambivalenter Auswirkungen eines JugStVollzG auf die Vollzugspraxis in Jugendstrafanstalten verwiesen.[518]

Ein Vergleich kann somit nur in Hinblick auf die im Rahmen der anstaltsbezogenen Auswertung dokumentierten Ergebnisse erfolgen, denen Aussagen der Bediensteten über die sie betreffenden (Arbeits-)Situationen zugrunde liegen.[519]

---

[518] Siehe unten B., S. 277 ff.
[519] Zur Zusammenarbeit der Fachdienste und des AVD sowie zu dessen Behandlungsbeitrag siehe die Ausführungen zum ersten Vergleich, I., 2., S. 255 ff.

Hinsichtlich ambivalenter Auswirkungen durch die Bürokratisierung auf die Vollzugspraxis fallen Gemeinsamkeiten, aber auch Unterschiede hinsichtlich ihrer Intensität auf. Was den Jugendstrafvollzug angeht, so ist zunächst festzuhalten, dass die sich auf gesetzliche Vorgaben des StVollzG beziehenden VVJug und vielfältige untergesetzliche Vorgaben für die einzelnen Bereiche des Vollzugs zwar konkrete Regeln enthalten, in ihrer Gesamtheit aber zahlreiche Gestaltungs- und Entscheidungsspielräume gewähren, deren inhaltliche Konkretisierung der jeweiligen Anstalt und ihren Bediensteten überlassen bleibt. Die rechtliche Situation ist insofern mit der im Regelvollzug vergleichbar, als dass das StVollzG durch Verwendung unbestimmter Rechtsbegriffe und durch Einräumung von Beurteilungsspielräumen und Ermessensentscheidungen den Strafvollzugsanstalten gleichfalls vielfache Gestaltungs- und Entscheidungsfreiräume belässt.[520]

Soweit nun die Jugendstrafanstalten wie auch die Regelvollzugsanstalten Einschränkungen dieser Freiräume erfahren, sind diese der Ebene der Bürokratisierung zuzuordnen, z.B. durch Erlasse und Verfügungen der Landesjustizverwaltungen. Während einzelne Reglementierungen auf dieser Ebene auf Kritik im Jugendstrafvollzug stoßen (z.B. die Begrenzung der Telefonregelung aufgrund eines Sicherheitsvorfalls in einer anderen Anstalt[521]) und es beklagt wird, dass Sicherheitsvorgaben grundsätzlich den bestehenden Handlungsspielraum einengen, wird diesem Umstand jedoch nicht dieselbe – negative – Bedeutung beigemessen, wie sie im Regelvollzug festgestellt wurde. Die in der JSA erzielten Untersuchungsergebnisse weisen vielmehr darauf hin, dass Einschränkungen erzieherisch angemessener (Behandlungs-)Maßnahmen weniger aus rechtlichen Gesichtspunkten als durch tatsächliche Gegebenheiten erfolgen, so z.B. durch eine hohe Arbeitsbelastung der Bediensteten in Zeiten einer Überbelegung der Anstalt.

Allgemein betrachtet ist eine weitere Parallele zum Regelvollzug festzustellen, wenn Bedienstete der JSA den wachsenden Verwaltungsaufwand beklagen, der zulasten von erziehungs- und behandlungsorientierten Aktivitäten mit den jugendlichen Gefangenen geht. Dieser ist jedoch – anders als im Regelvollzug – weniger auf bürokratische Formen zurückzuführen, die mit der Eingriffs- und Leistungsverwaltung im Vollzug ver-

---

[520] Zu den ambivalenten Auswirkungen der Verrechtlichung im Erwachsenen(regel)vollzug in Form der Bürokratisierung wird auf die Ausführungen im Rahmen des zweiten Vergleichs, II., 2., S. 266 ff., verwiesen.
[521] Vgl. Faktor 3 im Rahmen der anstaltsbezogenen Auswertung, 2. Kapitel, B., III., S. 182 f.

bunden sind. Während dort sich die gesetzlich eingeräumten Beurteilungs- und Entscheidungsspielräume des StVollzG negativ auswirken, indem sie bürokratische (und gerichtliche) Vorgänge auslösen können, die durch das Abfassen schriftlicher Stellungnahmen und (Ablehnungs-)Begründungen viel Zeit der Vollzugsbediensteten in Anspruch nehmen, sind solche Erscheinungen im Jugendstrafvollzug weitgehend unbekannt. Zwar besteht auch dort in vielen Bereichen das Antragserfordernis, aber die mit der Antragstellung verbundenen Begründungs- und Absicherungsanforderungen gegenüber den jugendlichen Gefangenen fallen geringer aus, da eine Jugendstrafanstalt fast keine formellen Beschwerden der Gefangenen gegen Ablehnungsentscheidungen befürchten muss. Die Untersuchungsergebnisse deuten daraufhin, dass der – auch mangels EDV – als hoch bezeichnete Verwaltungsaufwand vielmehr auf das Bedürfnis nach Absicherung und Nachweis der eigenen Arbeitsleistung gegenüber den Vorgesetzten, der Anstaltsleitung und dem Ministerium zurückzuführen ist.[522] Auch hieran zeigt sich im Übrigen, dass die dargestellte Unterschiedlichkeit – zumindest auch – auf der Verschiedenartigkeit des Verhaltens von jugendlichen und erwachsenen Gefangenen beruht.

Hinsichtlich weiterer Regelungserfordernisse im Regel- und im Jugendstrafvollzug wird auf die Ausführungen zur Prognose über ambivalente Auswirkungen eines JugStVollzG auf die Vollzugspraxis, folgend unter B., und – den Regelvollzug betreffend – auf die Ausführungen zu den beiden anderen Vergleichen unter I. und II. in diesem Kapitel verwiesen. Als vergleichbares Ergebnis bleibt festzuhalten, dass ein Verrechtlichungsbedarf sowohl im Regelvollzug, und zwar in Bezug auf eine Konkretisierung des Behandlungsbeitrags des AVD, als auch im Jugendstrafvollzug hinsichtlich einer Umschreibung erzieherischer Grundsätze erkennbar geworden ist.

Zusammenfassend ist festzustellen, dass ein Vergleich zwischen einer Erwachsenenstrafvollzugsanstalt und einer Jugendstrafanstalt nur eingeschränkt vorgenommen werden kann. Viele Erscheinungen in der Vollzugspraxis von Jugendstrafanstalten hängen unmittelbar mit dem Verhalten der jugendlichen Gefangenen zusammen und geschehen weitgehend unabhängig von seiner rechtlichen Ausgestaltung. Gerade weil dies so ist und weil in den Jugendstrafanstalten eine verhältnismäßig große Zufriedenheit mit der rechtlichen Lage des Jugendstrafvollzugs besteht, ist nachzuvollziehen, dass tatsächliche Gegebenheiten (z.B. Überbelegung, veränderte Insassenstruktur) intensiver als (be-

---

[522] Diese Ursache kommt aller Wahrscheinlichkeit nach auch im Regelvollzug zum Tragen, doch wurde sie im Rahmen der Interviewreihe nicht so deutlich formuliert.

handlungs-)behindernd wahrgenommen werden als im Erwachsenenstrafvollzug, der ebenfalls mit ihnen konfrontiert wird.

B. Prognose hinsichtlich ambivalenter Auswirkungen eines Jugendstrafvollzugsgesetzes

Soweit anhand der Untersuchungsergebnisse eine Prognose hinsichtlich der ambivalenten Auswirkungen eines zukünftigen JugStVollzG auf die Vollzugspraxis in Jugendstrafanstalten aufgestellt wird, bleiben verfassungsrechtliche Aspekte, die für eine Regelung sprechen[523], sowie verrechtlichungsunabhängige Bedingungen, wie sie im Rahmen der Auswertung bei den Faktoren 7 bis 10 erörtert werden[524], außer Betracht. Die Prognose bezieht sich ausschließlich auf Auswirkungen, die eine gesetzliche Regelung des Jugendstrafvollzugs nach sich ziehen könnte. Dabei weisen die hier aufgestellten Vermutungen eine grundsätzliche Tendenz auf, die sich nicht auf einen konkreten Entwurf eines JugStVollzG bezieht.

Eine gesetzliche Verankerung der Fachdienste in einem JugStVollzG wird keine – weiteren – Auswirkungen auf die Vollzugspraxis haben. Da diese neben dem AVD bereits in den Vollzug einbezogen sind und wesentliche Aufgaben übernommen haben, würde eine künftige Normierung lediglich eine bestehende Situation gesetzlich legitimieren. Zu den Auswirkungen der Einbeziehung der Fachdienste in den Vollzug wird auf die Ausführungen im Rahmen der anstaltsbezogenen Auswertung[525] sowie auf die Ausführungen zum ersten Vergleich[526] verwiesen.

Einer Fülle anstaltsinterner Verhaltens- und Organisationsregeln auf Seiten der Gefangenen steht ein hohes Maß an Entscheidungs- und Reaktionsfreiheit auf Seiten der Bediensteten gegenüber. Die Disziplinarpraxis stellt hierfür das beste Beispiel dar. Verständlich ist es daher, dass die Bediensteten die Konzeption eines JugStVollzG nur dann für erstrebenswert erachten, wenn es die bestehenden Freiräume bewahrt, um so weiterhin auf die Verschiedenartigkeit der jugendlichen Gefangenen und deren Probleme dif-

---

[523] Siehe die Ausführungen in der Einleitung, C., S. 10 f.
[524] Siehe die Ausführungen in Teil 2, 2. Kapitel, B., beginnend ab VII., S. 198 ff.
[525] 2. Kapitel, B., VI., S. 194 ff.
[526] Oben I., S. 249 ff.

ferenziert eingehen zu können. Darüber hinaus sollte ihrer Ansicht nach das Sicherheitsbedürfnis zugunsten pädagogischer Möglichkeiten zurückgedrängt werden. Von einem neuen Gesetz wird also erwartet, dass es (noch mehr) experimentelle Freiräume bei gleichzeitiger „Rückendeckung" für entsprechend risikobehaftete Entscheidungen schafft.

Es ist hingegen nicht auszuschließen, dass bestehende Gestaltungs- und Entscheidungsfreiräume durch eine gesetzliche Regelung der Eingriffe in die Rechte jugendlicher Gefangener eingeschränkt werden. Angesichts der allgemeinen Zunahme sicherheitsregelnder Vorgaben im Strafvollzug aufgrund eines gesellschaftspolitischen Klimas, das der Sicherheit der Allgemeinheit Priorität vor anderen Strafvollzugszielen einräumt, dürfte es als wenig wahrscheinlich gelten, dass ein künftiges JugStVollzG (noch mehr) experimentelle Freiräume vorsieht und entsprechend risikobehaftete Entscheidungen gesetzlich legitimiert.

Andere, mit einer Verrechtlichung verbundenen negative Auswirkungen sind nicht zwingend zu erwarten, wie z.B. die Zunahme von Verwaltungsarbeiten in Form von schriftlichen, „rechtssicher" begründeten Stellungnahmen, Berichten etc. aufgrund gesetzlicher Anforderungen zulasten behandlungsorientierten Handelns und Entscheidens. Der Grund hierfür ist in der mangelnden Beschwerde- und Klagebereitschaft jugendlicher Gefangener zu finden.

Aufgrund der Untersuchungsergebnisse ist anzunehmen, dass eine Änderung des formellen Beschwerdeverhaltens selbst dann nicht eintritt, wenn der Beschwerde- und Rechtsweg unter Beachtung jugendspezifischer Anforderungen einer gesetzlichen Regelung unterworfen würde. Für diese Vermutung sprechen zum einen sowohl das mangelnde Ausdrucks- und Formulierungsvermögen vieler jugendlicher Gefangener als auch das fehlende Interesse, ein Anliegen schriftlich zu formulieren. Jugendliche sind im Allgemeinen an einer schnelleren Antwort interessiert, als diese ihnen ein Gericht geben kann, selbst wenn man voraussetzt, dass auch hierfür eine angemessene jugendspezifische Regelung gefunden würde. Es geht ihnen nicht so sehr um eine formelle Klärung eines Anliegens, sondern überhaupt um eine schnelle Klärung, die i.d.R. schon akzeptiert wird, wenn sie vom Hausdienstleiter kommt. Zum anderen spricht für diese Einschätzung, dass selbst das anstaltsinterne Beschwerdeverfahren im Jugendstrafvollzug, das dem Verfahren im Regelvollzug gemäß Nr. 92 der VVJug unter Verweis auf § 108 StVollzG angeglichen ist und keine größeren formellen Anforderungen aufstellt, von den jugendlichen Gefangenen nur selten in Anspruch genommen wird. Diese Tatsache geht einher mit einer annähernd absoluten Unkenntnis – mitunter verbunden mit einem entsprechenden Desinteresse – der Gefangenen über ihre Rechte und Pflichten sowie über die ihnen zur Verfügung stehenden Beschwerde- bzw. Rechtsmittel. In einigen Aussagen wird die jugendliche Naivität gegenüber diesen Themenkreisen offensichtlich. Letztlich dürften den meisten Gefangenen die finanziellen Mittel für die Inanspruchnahme anwaltlicher Hilfe fehlen.

Die gesetzliche Normierung eines spezifischen Rechtswegs für jugendliche Gefangene wird nach den hier erlangten Untersuchungsergebnissen daher kaum ambivalente Auswirkungen haben. Vor allem die im Erwachsenenvollzug festzustellenden negativen Folgen der Konfliktenteignung und des Absicherungsbedürfnisses der Anstalt, das sich langfristig zulasten der Behandlung auswirken kann, sind nicht zu erwarten.

Vermutlich werden verrechtlichungsbedingte Auswirkungen durch die Normierung von Behandlungsmaßnahmen als subjektive Rechte, die sich z.B. in einer Scheinanpassung der Gefangenen und einem wachsenden Absicherungsbedürfnis der Anstalt zulasten von Behandlungsmaßnahmen i.w.S. niederschlagen können, ebenfalls kaum eintreten. Letzteres ist wiederum auf die wenig ausgeprägte Bereitschaft jugendlicher Gefangener zurückzuführen, Vollzugslockerungen gerichtlich einzuklagen. Wie oben ausgeführt, sind in dieser Hinsicht auch durch die gesetzliche Normierung eines auf den Jugendstrafvollzug abgestimmten Rechtswegs keine Änderungen zu vermuten. Es besteht somit seitens der Anstalt kein Bedürfnis, ihre abschlägigen Entscheidungen in einem Maße abzusichern, das den tatsächlichen Umständen nicht mehr entspricht und darüber hinaus auf längere Zeit ein negatives Bild des Gefangenen „zementiert".

Eine – über das im Rahmen dieser Arbeit festgestellte Maß hinausgehende – Scheinanpassung durch eine gesetzliche Verankerung von Behandlungsmaßnahmen als subjektive Rechte, insbesondere von Vollzugslockerungen, ist gleichfalls nicht vorstellbar. Aufgrund der geringen Rechtskenntnisse und des damit verbundenen fehlenden Rechtsinteresses der jugendlichen Gefangenen ist anzunehmen, dass sie durch die Ausgestaltung von Behandlungsmaßnahmen als subjektive Rechte in einem JugStVollzG keine wesentliche Änderung ihrer Situation wahrnehmen bzw. damit keine weiteren, für sie günstigen Folgen verbinden. Im Übrigen wird jegliche, auf Dauer angelegte, zielstrebig betriebene Scheinanpassung zur frühzeitigen Erlangung von Vollzugslockerungen oder für eine vorzeitige Entlassung durch den Wohngruppenvollzug und die damit verbundene Nähe der Bediensteten zu den Gefangenen sowie durch den regelmäßigen Informationsaustausch der Bediensteten erheblich erschwert.

Soweit also – wie hier vermutet – kaum mit negativen, verrechtlichungsbedingten Auswirkungen durch den Erlass eines JugStVollzG zu rechnen ist, sprechen die Untersuchungsergebnisse für einen Bedarf an gesetzlicher Regelung des Jugendstrafvollzugs. Im Vordergrund steht die gesetzliche Umschreibung erzieherischer Inhalte bzw. Methoden. Die Bediensteten stellen hierbei – zu Recht – in Frage, ob es dem Gesetzgeber gelingen kann, über die Ge- bzw. Verbotsformulierung hinaus auch die Art ihrer Umsetzung unter pädagogischen Gesichtspunkten präzise in Worte zu fassen. Eine Beschränkung auf die Formulierung pädagogischer Grundsätze ist aber ohnehin angezeigt, um die bereits bestehende Vielfalt pädagogischer Herangehensweisen an die jugendlichen Gefangenen nicht zu gefährden. Denkbar ist aber u.a. eine beispielhafte Aufzählung von Verhaltensweisen, die für die Bediensteten einen Leitfaden darstellen kann, auf welche Art und Weise ein – zwischenmenschlicher – Kontakt aufgebaut oder sogar eine vertrauensvolle Beziehung zu den jugendlichen Gefangenen hergestellt werden kann.

Es geht also nicht um die Festlegung eines – eher konservativen oder mehr liberalen – Erziehungsstils, sondern um einen Rahmen erzieherischer Verhaltensmaßstäbe. Durch die Umschreibung pädagogischer Grundsätze sollte z.B. ausgeschlossen werden, dass Bedienstete für sich (im Dienst) andere Maßstäbe gelten lassen als für die jugendlichen Gefangenen.[527] In diesem Sinne sind die Bemühungen der Fachdienste zu verstehen, bei den Beamten des AVD für eine einheitliche „Erziehungskultur" zumindest innerhalb eines Vollzugshauses zu werben.

Zusätzlich bietet es sich an, eine theoretische Ausbildung entweder im Rahmen der zweijährigen Dienstausbildung[528] oder in praxisbegleitenden Ausbildungskursen gesetzlich vorzuschreiben, um den Anwärtern bzw. jungen Beamten die Besonderheiten des Jugendstrafvollzugs, vor allem des Umgangs mit jugendlichen Gefangenen vor dem

---

[527] Z.B. Schuhe auf den Tisch legen, Rauchen im Rauchverbot etc.; siehe die Aussagen in der Einzelinterpretation, einzusehen bei der Verf.
[528] Das hätte Veränderungen im Rahmen der bisherigen Einheitslaufbahn zur Folge.

Hintergrund des Erziehungsgedankens zu vermitteln. Eine solche hätten sich die befragten Vollzugsbeamten jedenfalls gewünscht.

Die Vorschläge zielen insgesamt auf eine – pädagogische – Nutzung der Möglichkeiten, die ein Wohngruppenvollzug bietet. Engagement und Eigeninitiative sollen in dieser Hinsicht nicht von einigen, ohnehin motivierten Bediensteten abhängen. Es kann dabei zu Recht eingewandt werden, ob sich ein persönlicher, engagierter Einsatz bei Ausübung der beruflichen Tätigkeit gesetzlich vorschreiben lässt. So gefragt, lautet die Antwort sicherlich nein. Durch eine gesetzliche Umschreibung in der oben beschriebenen Art und Weise kann jedoch zweierlei erhofft werden: Erstens gilt es verbindlich aufzuzeigen, was von den im Jugendstrafvollzug Beschäftigten, insbesondere von den Vollzugsbeamten, neben der Erfüllung ihrer Sicherheitsaufgaben erwartet wird. Zweitens geht es um die Aufwertung der am Erziehungsgedanken ausgerichteten Behandlungsaufgaben der Bediensteten im Jugendstrafvollzug. Diesem zweiten Motiv für eine gesetzliche Umschreibung würde umso mehr Bedeutung zukommen, wenn mit dieser die Schaffung eines leistungsgerechten Vergütungs- und Beförderungssystems für die Vollzugsbeamten einhergehen würde. Insgesamt müssen pädagogisches Engagement, Eigeninitiative und Einsatzbereitschaft von Vorgesetzten wahrgenommen, gefördert und – bei Nachlassen nach negativen Erlebnissen oder Erfahrungen – wieder geweckt bzw. angemahnt werden. Ein entsprechender Arbeitseinsatz muss sich m.a.W. auch für die Bediensteten lohnen.

Letztlich hängt die Relevanz eines JugStVollzG für das Gelingen eines guten Jugendstrafvollzugs maßgeblich von tatsächlichen Gegebenheiten ab. Die Aussagen zu den Folgen der Überbelegung auf das Vollzugs- und Betriebsklima, den Wohngruppenvollzug etc.[529] veranschaulichen, dass allein die gesetzliche Umschreibung erzieherischer Inhalte, Methoden und Aufgaben nicht genügt. Es bedarf darüber hinaus der gesetzlichen Verankerung gewisser Vorgaben bzgl. Größe der Anstalt, Anzahl und Größe ihrer Wohngruppen und entsprechender personeller Betreuung, damit die Durchführung pädagogisch wertvoller Maßnahmen (Tagesausflüge, Kinobesuche, Wochenendfreizeiten etc.) nicht an Überbelegung und Personalmangel scheitert und sich damit das „Haupterziehergeschäft" gänzlich auf die Disziplinierung der Jugendlichen verlagert.

---

[529] Vgl. die zahlreichen Hinweise zu verschiedenen Faktoren im Rahmen der anstaltsbezogenen Auswertung, 2. Kapitel, B., S.174 ff.

Zusammenfassend geht es darum, dass das zukünftige JugStVollzG einen Wohngruppenvollzug nicht nur erlaubt, sondern ihn auch sachlich und personell absichert. Das bedeutet neben der zahlenmäßig ausreichenden Besetzung mit Bediensteten „eine partnerschaftliche Organisationsstruktur, Zeit für gemeinsame Dienstbesprechungen und Fortbildungswochenenden sowie eine praxisnahe Ausbildung der Gruppenbediensteten."[530]

Abschließend zu der hier aufgestellten Prognose hinsichtlich ambivalenter Auswirkungen eines JugStVollzG auf die Vollzugspraxis ist *Böhm* zuzustimmen, wenn er sagt: „Eine eigenständige Regelung würde dem Jugendstrafvollzug die Chance einer Entwicklung erlauben, die nicht am allgemeinen Strafvollzug orientiert ist."[531]

---

[530] *Böhm* (Fn. 34), S. 1022.
[531] (Fn. 34), S. 1024.

Anhang

A. Leitfaden für die Gefangenen-Interviews

Die Stichpunkte zu den verschiedenen thematischen Bereichen galten der Verfasserin als mögliche Fragen, die im Laufe des Gesprächs gestellt werden konnten, sofern sie nicht ohnehin vom Interviewpartner angesprochen wurden. Sie kamen – mit Ausnahme der zu Beginn eines Interviews stehenden Einleitungsfragen – allerdings weder in der hier vorgestellten Reihenfolge noch in ihrer Gesamtheit in jedem Interview gleichermaßen zur Sprache.

Der Leitfaden für die Interviews mit den Gefangenen der SthA Ludwigshafen und der JSA Schifferstadt umfasste noch einen Themenbereich mit Fragestellungen, die sich konkret auf die jeweilige Vollzugsart und ihre möglichen Besonderheiten im Vollzugsalltag bezogen. Der Leitfaden für die Bediensteten musste hinsichtlich der anzusprechenden Themenbereiche modifiziert werden, war aber in Aufbau und Struktur dem hier dargestellten Leitfaden vergleichbar.

➢ Einleitungsfragen
Zeitpunkt des Haftantritts in der SthA/JSA/JVA; frühere Inhaftierungen; Erinnerungen an den Tag des Haftantritts in der Anstalt (Gefühle, Eindrücke etc.); Beschreibung eines typischen Vollzugsalltags; Arbeitssituation.

➢ Anträge, Beschwerden
Letzte Antragstellung; Antragsbegehren und -verlauf, u.a. Dauer der Antwort, Verständlichkeit der Begründung, Möglichkeit von Rückfragen, häufigste Ablehnungsbegründung, Vorstellung von einfacheren und schnelleren Möglichkeiten.

Antrag auf gerichtliche Entscheidung; Antragsbegehren und -verlauf; Ausleihe von Gesetzestexten und -kommentaren; Beschäftigung mit Rechten und Pflichten; juristische Ratschläge an bzw. von anderen Gefangenen.

➢ Schul- und Berufsausbildung/Arbeit
Bisherige Schul- und Berufsausbildung; Ausbildungsmöglichkeiten in der Anstalt; Arbeitsmöglichkeiten; Verdienstmöglichkeiten.

➢ Vollzugslockerungen und vorzeitige Entlassung
Lockerungssystem der Anstalt; Antragstellung und -verfahren, u.a. Begutachtung, Gespräche, eigene Verhaltenseinstellung; Lockerungsmissbrauch und Konsequenzen; Chancen für eine vorzeitige Entlassung; Bereitschaft zur gerichtlichen Auseinandersetzung; persönliche Probleme bei ersten Lockerungen.

➢ Soziale Kontakte
Besuchs- und Telefonmöglichkeiten, u.a. zeitlicher Umfang, ausreichende Zeiten, Wünsche; Antragsverfahren; regelmäßige Besuchskontakte (Schwierigkeiten); Briefkontakte; Briefkontrolle.

➢ Freizeit
Freizeitbeschäftigungen bzw. Freizeitangebote und -wünsche; Ausleihe bzw. Bezug von Zeitschriften und Büchern; GMV, u.a. Erfolge, Durchsetzungsvermögen, Verhältnis zwischen GMV und Anstaltsleitung.

➢ Wohngruppe/Einzelhaftraum und Umgang unter den Gefangenen
Anzahl der Gefangenen in der Wohngruppe; Reibungsflächen und Konflikte; Machtverhältnisse; Ansprechbarkeit der Wohngruppenbeamten; Möglichkeiten, Gefangenen und/oder Problemen aus dem Weg zu gehen; Konfliktregelung innerhalb der Wohngruppe (z.B. mit oder ohne Bedienstete).

➢ Vollzugsklima
Darf/Kann man Gefühle zeigen?; anstaltsinterne Hierarchie; Freunde bzw. vertrauensvolle Gesprächspartner unter Gefangenen; Haftraumausstattung und Haftraumkontrolle.

➢ Disziplinarpraxis
Ablauf eines Disziplinarverfahrens, u.a. mögliche Maßnahmen (und ihre Wirkung), zeitlicher Vollzug der Maßnahme, Möglichkeit zur Erklärung der eigenen Position; Beschwerdemöglichkeiten; Thematisierung persönlicher Schwierigkeiten in Gesprächen

mit Fachdiensten; wenn bislang keine Disziplinarmaßnahme: Ursache hierfür (angepasstes Verhalten).

➢ Anstalt/Bedienstete

Verhältnis zu den Stations- bzw.- Wohngruppenbeamten, u.a. Einschätzung von jüngeren und älteren Beamten, Vertrauensverhältnis zu einem speziellen Beamten, Hilfe und Ratschläge seitens der Beamten (konkrete Situation); Inanspruchnahme konkreter Behandlungs- und Therapieangebote; Verhältnis zu Fachdiensten; Einstellung zur Anstaltsleitung; Nutzung der Gelegenheit, wenn ein Aufsichtsbeamter die Anstalt besucht; Beschwerdevorbringen; konkreter Wunsch nach Verlegung in eine andere Anstalt.

➢ Schlussfragen

Positive Anstöße in der Haftzeit, u.a. Freizeitgestaltung, Umgang mit Gefühlen, Aggressionsbeherrschung; Erwartungen und Zukunftsperspektive (Freude, Angst); politische Forderungen bzgl. des Strafvollzugs; dringender Änderungs- bzw. Regelungsbedarf.

B. EXKURS: Interviews mit Gefangenen und Bediensteten einer JVA

I. Allgemeine Darstellung

1. Vorbemerkungen

Viele der als „Thesen" formulierten Verhaltensweisen wird der (auch ungeübte) Interviewer intuitiv machen, ohne vorher professionelle Schulung erfahren zu haben. Aus meiner persönlichen Erfahrung, die ich bei den Interviews mit den Gefangenen und den Bediensteten gewonnen habe, möchte ich den Ablauf eines gelungenen Interviews einschließlich gewisser taktischer Verhaltensweisen für den Interviewer beispielhaft wiedergeben, ohne den Anspruch der Ausschließlichkeit erheben zu wollen. Die Ausführungen beziehen sich weitgehend auf die Interviewsituation mit Gefangenen und Bediensteten einer Justizvollzugsanstalt. Im Rahmen meiner Interviewreihe habe ich, anfangs völlig unerfahren in der Befragungstechnik, eine Reihe von Fehlern gemacht, die sich mit der Zeit schnell verringerten. Eine geringere Fehlerquote bedingt allerdings nicht zwingend das Gelingen eines Interviews.

Der Erfolg eines Interviews hängt meines Erachtens hauptsächlich davon ab, ob im ersten Augenblick des Aufeinandertreffens der Interviewer und der Gesprächspartner eine „gemeinsame Ebene" finden, die nicht zwingend mit Sympathie gleichzusetzen ist. Ist das der Fall, so wird der Interviewer mit Hilfe gewisser Techniken von dem Gesprächspartner das erfahren, was er wissen möchte. Ist eine „gemeinsame Ebene" nicht vorhanden, wird auch der Einsatz aller erdenklichen Interviewtechniken nicht zum erwünschten Erfolg führen, weil der Gesprächspartner „mauert" und nicht das sagt, was er eigentlich denkt. Da der Aufbau dieser „gemeinsamen Ebene" kaum bewusst gesteuert werden kann, wird sich jeder Interviewer damit abfinden müssen, dass einige Interviews unbefriedigend enden, obwohl er hoch motiviert und unter Beachtung wichtiger Verhaltensregeln das Gespräch geführt hat. Allein dieser Aspekt schließt die Homogenität aller Befragungs-/Gesprächssituationen schon von vornherein aus.

Abgesehen von dieser – meiner Ansicht nach unbeeinflussbaren – Komponente kann der Gang eines Interviews maßgeblich durch den Einsatz von Techniken bzw. Taktiken des Interviewers gesteuert werden.

2. Begrüßung und Einstieg

a) Bedankung für die Bereitschaft zum Interview

Als selbstverständlich gilt es, dem Interviewpartner Dank dafür auszusprechen, dass er sich zu einem Interview bereit erklärt hat. Es zeigt dem Gesprächspartner, dass er nicht ein Teilnehmer unter vielen ist, sondern dass gerade er durch sein Einverständnis wesentlich zum Gelingen des Projektes beiträgt. Zudem rückt es ihn in eine Position, in der er durch ein „Keine Ursache", „Gern geschehen" oder „kein Problem" o. Ä.. eine überlegte (bei manchen auch gönnerhafte) und damit sichere Haltung einnehmen kann, hinter der – anfängliche – Unsicherheiten versteckt oder abgelegt werden können.

b) Informierung des Gesprächspartners und Vorstellung des Projekts

Die Erklärung des Anliegens ist verbunden mit der Vorstellung des Projekts. Hierzu hat es sich als günstig und wegen der Einhaltung datenschutzrechtlicher Vorgaben als notwendig erwiesen, nach einem vorher entworfenen Sprechvermerk vorzugehen, ohne ihn stereotyp „herunterzubeten". Er sollte nicht abgelesen, sondern sein Inhalt frei und umgangssprachlich mit Blickkontakt zum Gesprächspartner formuliert werden. Der Sprechvermerk sollte nicht zu informativ und ausführlich sein, um dem Interview nicht vorzugreifen und die Spannung des Gegenübers auf die eigentliche Befragungssituation nicht über zu strapazieren. Kurze, verständliche Sätze sind sinnvoll. Wichtig ist es, auch die wiederholte Darstellung nicht gelangweilt, sondern in einem ansprechenden, „unverbrauchten" Tonfall wiederzugeben, da es sich für den Gesprächspartner stets um eine einmalige Situation handelt. Unerlässlich ist auch der Hinweis auf die Vertraulichkeit des Gesprächs. Auf den Zusatz, dass weder die Anstalt (und ihre Leitung), von welcher der Interviewer aus Sicht der Gefangenen kommt, noch Mitgefangene von dem Gesprächsinhalten erfahren, sollte nicht verzichtet werden, auch wenn die meisten Gefangenen – mehr oder weniger großspurig – verkünden, das, was sie sagen, könne jeder hören, sie hätten keine Angst bzw. sie stünden zu ihrer Meinung. Als Überleitung zum Interview hat es sich als sinnvoll erwiesen, zusammenfassend und deutlich zu äußern, was von dem Gesprächspartner konkret erwartet wird. Zum Beispiel: „Ich möchte von Ihnen also wissen, wie Ihr Tag hier im Knast abläuft, welche Probleme es gibt, was gut ist, was verbessert werden könnte usw.". Der Gesprächspartner wird dann gebeten, sein Einverständnis mit seiner Unterschrift unter die Einverständniserklärung zu dokumentieren, nachdem er den Sprechvermerk noch einmal in Ruhe durchgelesen hat.

In der Regel fangen die meisten Gesprächspartner darauf hin an zu überlegen, was sie zu dieser Fragestellung beitragen können. Sie wissen in dem Moment, was auf sie zukommt, und merken dabei, dass kein Wissen „abgefragt" wird bzw. keine Fragen gestellt werden, die sie vielleicht nicht beantworten können. Sie erkennen, dass sie sich vielmehr auf bekanntem Terrain bewegen werden und gewinnen daher Sicherheit. Es ist jetzt offensichtlich, dass der Interviewer sie nicht – intellektuell – in Verlegenheit bringen kann, da sie diejenigen sind, die den Erfahrungsvorsprung haben. Aufgrund dieser Tatsache gehe ich auch von dem subjektiven Wahrheitsgehalt der Antworten und einer unverstellten Mitteilungsfähigkeit aus. Daraus folgt die Annahme, dass die Aussagen im Interview die Betroffenheit auch außerhalb des Interviews kennzeichnen und der Gefangene als kompetenter Gesprächspartner gilt, der seine eigene Wahrnehmung von einer Situation am besten darstellen kann.[532] Verzerrungen durch interaktive Zwänge sind zwar denkbar, bei den Gefangenen beispielsweise aufgrund profilierungsbedingter Übertreibungen, Erinnerungslücken, der Angst vor der Preisgabe von Wissenslücken (wobei Letzteres sich kaum einstellte) oder aufgrund des Umstandes, dass im Interviewer ein Vertreter der mit Autorität ausgestatteten Institution Universität gesehen wird, bei dem es gilt, sich (vermeintlich) gewählt auszudrücken. Nur bei sehr wenigen Gefangenen hatte ich aber den Eindruck, dass sich einer der genannten Interaktionszwänge – und dann auch nur zeitweise – einstellte.

c) Die Anfangsphase des Interviews

Nach dem Anschalten des Diktiergerätes wartet der Gesprächspartner gespannt auf die erste Frage. Die Eröffnung mit einer offenen Frage zu beginnen, beispielsweise: „Was hat Sie zuletzt am meisten geärgert?", hat sich nicht bewährt, da der Gefragte den Eindruck bekommt, es werde von ihm eine überlegte Antwort erwartet. Er wird nachdenken und gegebenenfalls weit ausholen, um den Sachverhalt zu schildern. Die Folge ist, dass

---

[532] So auch *Mühlfeld* et al. (Fn. 358), S. 339; *Bukowski* (Fn. 460), S. 50.

bereits am Anfang des Interviews Pausen entstehen und der Gesprächspartner von vornherein nicht in einen Erzählfluss gerät. Weniger ausdrucksfähige Gesprächspartner fühlen sich mitunter sofort überfordert und bauen schlimmstenfalls noch mehr Hemmnisse auf. Deswegen hat es sich bewährt, eine neutrale Eingangsfrage zu stellen, mit der Faktenwissen erfragt wird, z.B.: „Seit wann sind Sie hier in Ludwigshafen?" oder „Welche Arbeit verrichten Sie in der JVA?" Hierauf kann jeder antworten, auch wenn er die Fähigkeit, seine Gedanken, Gefühle o. Ä.. zu formulieren, nur eingeschränkt besitzt. Erst nach zwei oder drei geschlossenen Fragen, die lediglich – mitunter dem Interviewer bereits bekannte – Daten abfragen, kann die erste offene Frage gestellt werden. Der Gesprächspartner hat sich etwas gelockert und das Gespräch kann seinen Lauf nehmen. Die erste offene Frage sollte allerdings noch keine heiklen Themengebiete betreffen. Diese werden erst im Laufe des Gesprächs angeschnitten, wenn nicht sogar der Gesprächspartner von selbst auf sie zu sprechen kommt. Ich habe daher versucht, Erinnerungen an den ersten Tag der Inhaftierung bzw. der Berufstätigkeit wachzurufen, um anschließend den Gesprächspartner einen Vergleich zwischen damals und heute ziehen zu lassen. In der Regel bot die Beantwortung dieser Frage zahlreiche Anhaltspunkte für Nachfragen. Das Gespräch wurde damit in der Regel in Gang gebracht.

3. Interviewtechniken, Gefahren und Probleme

Die folgende Aufzählung enthält – wie schon angesprochen – viele selbstverständliche Verhaltensweisen, die der Interviewer in der Regel unbewusst anwendet. Vieles hängt zudem sowohl von der Menschenkenntnis und Einfühlsamkeit des Interviewers als auch von der Laune des Gesprächspartners ab. Fehler, die den Erfolg eines Interviews beeinträchtigen, können jedoch vermieden werden, wenn der Interviewer sich einige Regeln vor Augen hält.

a) Äußere Verhaltensweisen

Trotz eigener Anspannung sollte der Interviewer versuchen, eine lockere und entspannte Sitzhaltung einzunehmen, um seinem Gegenüber zu signalisieren, dass es sich hierbei nicht um eine „Vernehmung", sondern um ein freiwilliges Gespräch handelt. Losgelöst von Sympathie- bzw. Antipathiegefühlen muss jedem Gesprächspartner sachliche Freundlichkeit und gleichermaßen große Aufmerksamkeit entgegengebracht werden, auch wenn es das dritte Gespräch in Folge ist.

Blickkontakt sowohl während der Begrüßung und der Vorstellung des Projekts als auch während des Gesprächs ist unerlässliche Voraussetzung für dessen Gelingen. Weder Wegsehen bei unangenehmen Fragen/Antworten noch Anstarren bei sensationellen Neuigkeiten sind angebracht. Der Interviewer sollte sich bewusst sein, dass er von seinem Gegenüber genau beobachtet wird, und zwar gerade in den Momenten, wenn dieser – seiner Ansicht nach – eine überraschende, unverständliche, erschreckende, ablehnende oder in anderer Hinsicht bedeutsame Aussage macht. So wurde ich beispielsweise von den Gefangenen in den Momenten genau beobachtet, wenn sie mir von ihren Straftaten erzählt haben. Das Beibehalten einer neutralen Haltung ist allerdings nicht einfach, wenn ein Gefangener den Tathergang einer Vergewaltigung bzw. sexueller Nötigung erzählt. Insbesondere als Interviewerin wird man in diesen Momenten von den Gesprächspartnern auf die Probe gestellt. Gelingt es, mit der Situation zwanglos umzugehen, kann aus dem Gespräch ein aufschlussreiches und interessantes Interview werden. Besteht der Interviewer die Probe nicht, weil er z.B. zusammenzuckt, einen verängstigten oder angewiderten Gesichtsausdruck macht bzw. einen entsprechenden Kommentar äußert, hat er im Grunde genommen das „Spiel um die Macht" verloren und kann nicht mehr erwarten, ernst genommen zu werden.

Der Redefluss bleibt in Gang, wenn dem Gesprächspartner während des Interviews z.B. durch Kopfnicken oder durch bestätigende Äußerungen wie z.B. „hm" und „ja" Aufmerksamkeit signalisiert wird. Der Interviewer sollte sich dabei aber jeder bewertenden Äußerung enthalten. Zu seiner Aufgabe zählt weder eine Solidarisierung mit dem Gesprächspartner noch die Leistung von Überzeugungsarbeit, schließlich handelt es sich gerade nicht um eine Diskussion. Andererseits ist Lachen erlaubt, wenn es die Situation zulässt oder es gilt, eine angespannte Situation zu lockern und Vertrauen zu schaffen.

Schon selbstverständlich erscheint der Rat, ausgeruht und ohne Zeitdruck in ein Interview zu gehen. Geistige Trägheit infolge von Müdigkeit oder Konzentrationsschwäche aufgrund anderer Ursachen verhindern, die Antworten des Gesprächspartners umgehend zu „speichern". Es bedarf dann Rückfragen, bereits angesprochene Themen werden nur schleppend wieder aufgenommen und die Möglichkeit, den Gesprächspartner mit vorherigen – widersprüchlichen – Aussagen zu konfrontieren, wird reduziert. Letztlich bleiben viele Chancen auf ein lebendiges und informatives Gespräch ungenutzt.

Aus den genannten Gründen sollte ebenfalls die tägliche Anzahl der Interviews – je nach Dauer – auf ein erträgliches Maß beschränkt und zwischen den Interviews kleine Pausen eingelegt werden. Bei einer durchschnittlichen Dauer von 1 ½ Stunden habe ich daher zwei Interviews, bei einer durchschnittlichen Dauer von einer Stunde maximal drei Interviews durchgeführt.

b) Verhaltensweisen

In annähernd jeder Darstellung über Interviewtechnik wird darauf hingewiesen, dass der Interviewer Pausen zulassen und diese nicht sofort mit einer weiteren Frage stören soll. Grundsätzlich ist es wichtig, dem Gesprächspartner Zeit zum Nachdenken und zur Formulierung seiner Gedanken zu lassen. Oftmals wird er seinen vorherigen Ausführungen noch etwas hinzufügen wollen. Wird jedoch eine Pause unerträglich oder ist offensichtlich, dass der Gesprächspartner eine abschließende Antwort gegeben hat, ist es Aufgabe des Interviewers, das Gespräch mit einer erneuten Frage wieder in Gang zu setzen.

Das Zulassen bzw. das Ertragen von Pausen, besser gesagt Stille, ist wohl eine der schwierigsten Verhaltensweisen, die bei einem Interview zu beachten ist. Es besteht die Tendenz, jegliche Stille zu vermeiden und den Gesprächspartner mit Fragen regelrecht zu „bombardieren".

Einen unverzeihlichen Fehler begeht der Interviewer, der die Sätze seines Gesprächspartners an dessen Stelle beendet oder diesem ins Wort fällt. Es ist nicht nur unhöflich, sondern birgt die Gefahr, dass der Gesprächspartner seinen eigentlichen Gedanken nicht vollständig ausführt, sondern seine Gedanken in die vom Interviewer vorgegebene Richtung lenkt.

c) Techniken

Ein gutes Interview lebt von vielen offenen Fragen, die dem Gesprächspartner die Möglichkeit eröffnen, ins Erzählen zu kommen. Alternativfragen sollten so wenig wie möglich gestellt werden, da sie dem Gesprächspartner Richtungen für mögliche Antworten bereits vorgeben und andere von vornherein ausschließen. Persönlich habe ich die Vermeidung von Alternativfragen als sehr schwierig empfunden, da man als Interviewer bei einigen Fragen die Antworten bereits zu wissen meint und sie um der Bestätigung willen stellt. Diese Tendenz kann im Laufe der Interviewreihe an Stärke zunehmen. Bewusst müssen daher diese Fragen im Kopf zu offenen Fragen umformuliert werden. Suggestivfragen sind dabei gänzlich zu vermeiden, da sie eine eigenständige, unbeeinflusste Antwort verhindern.

Der Gesprächspartner sollte nicht schon mit der ersten oder zweiten Frage zu einem heiklen Thema überrascht und in Verlegenheit gebracht werden. Ein langsames Vorgehen durch anfangs neutrale Fragen, die immer persönlicher werden, wird eher dazu führen, den Gesprächspartner auch bei „heiklen" oder intimen Fragen zu ehrlichen Antworten zu bewegen.

Fragen, die auf das Unverständnis des Gesprächspartners stoßen, sollten umformuliert werden, sofern es sich nicht nur um akustische Probleme handelt. Es kann sich auch als sinnvoll erweisen, eine Frage, die der Gesprächspartner auch beim zweiten Mal inhaltlich nicht verstanden hat, zunächst zurückzustellen und bei Gelegenheit – anders formuliert – noch einmal vorzubringen, um eine Verunsicherung des Gesprächspartners zu vermeiden.

Eine weitere Interviewtechnik besteht in der Aufforderung an den Gesprächspartner, sich in eine andere Person oder Lage zu versetzen und aus dieser Sicht zu antworten. Es besteht dabei die Chance, aufschlussreiche Informationen zu erhalten.

4. Beendigung des Interviews

Das Interview wurde in der Regel mit der Feststellung beendet, dass von meiner Seite aus keine Fragen mehr bestehen. Es folgte der Dank für das informative und aufschlussreiche Interview. Zwar habe ich jedem Gesprächspartner die Möglichkeit gegeben, auch an mich Fragen zu stellen, was jedoch kaum wahrgenommen wurde. Danach habe ich das Diktiergerät abgeschaltet und Glück für die Anliegen gewünscht, die dem Gesprächspartner nach seinen eigenen Aussagen besonders wichtig waren, z.B. Bewilligung von Vollzugslockerungen oder vorzeitiger Entlassung, Aufnahme einer Arbeit, Erhalt einer Lehrstelle etc.

II. Zu den Interviews mit den Gefangenen

1. In der SthA Ludwigshafen

Die Interviews mit den Gefangenen der sozialtherapeutischen Anstalt Ludwigshafen sind geprägt von der sozialtherapeutischen Ausrichtung der Anstalt. Die Mehrzahl der Interviews dauerte bis zu zwei Stunden oder länger und ist von z.T. sehr ausführlichen Antworten geprägt. Die Gefangenen, die eine Sozialtherapie durchlaufen, haben durch diese Therapie gelernt, ihre Gedanken und Gefühle zu formulieren, Dinge auf einer abstrakteren Ebene zu beschreiben und darüber hinaus zu analysieren. Mitunter erfolgen im Interview Aussagen, die durchaus einem Therapiegespräch mit einem Psychologen entstammen könnten. Ich habe diese Interviewreihe – im Nachhinein zu Recht – an den Anfang meiner Befragung gestellt, da Interviewfehler, die ich anfangs mangels Interviewerfahrung noch in großem Umfang gemacht habe, von den Gefangenen der JVA Ludwigshafen noch eher „verziehen" wurden als von den Gesprächspartnern in der JSA Schifferstadt und in der JVA Diez.

Die Transkription der Interviews in der JVA Ludwigshafen stellte sich als problemlos im Vergleich zu den anderen Interviews dar, insbesondere zu denen in der JSA Schifferstadt, da die meistens in hochdeutsch gegebenen Antworten verständlich und damit gut protokollierbar waren. Als störend sind zeitweise lediglich laute Hintergrundgeräusche wie beispielsweise handwerkliche Arbeiten im Haus oder vorbeifahrende Autos festzuhalten, die teilweise die schriftliche Erfassung erschwerten. Von den 10 Interviews konnten 9 in die Datenauswertung einbezogen werden. Ein Interview war aus den genannten Gründen nicht zu transkribieren.

2. In der JSA Schifferstadt

Die Interviews mit den jugendlichen Gefangenen gestalteten sich aus meiner Sicht am schwierigsten. Neben den stark vom (pfälzischen) Dialekt geprägten Antworten, welcher die Transkription teilweise unmöglich machte, kam insbesondere bei den jüngeren Gesprächspartnern und denen der 1. Gruppe die vorherrschende Neigung zum Ausdruck, wortkarg und einsilbig auf meine Fragen zu antworten. Hinzu kam offensichtliches Desinteresse oder aber Angst vor Konsequenzen bei vermeintlich die Anstalt und ihre Bediensteten belastenden Aussagen. Bei den jugendlichen Gefangenen mussten zudem die Fragen noch konkreter und kürzer formuliert werden, als es ohnehin für Interviews schon allgemein erforderlich ist; anderenfalls wurde die Frage nicht verstanden. Abstrakte, allgemein auf den (Jugend-)Vollzug bezogene oder reflektierte Antworten konnten von den jugendlichen Gefangenen überwiegend nicht gegeben werden. Im Vordergrund der Gespräche standen daher die gegenwärtige Situation des einzelnen und seine spezifischen Probleme. Dieses Phänomen traf nicht nur auf die Lage von jugendlichen, sondern auch teilweise auf die von erwachsenen Gefangenen zu. Die isolatorischen Bedingungen der Haft, die ständig subjektiv empfundene Benachteiligung und der damit verbundene Kampf um das eigene „Recht" sowie die Routine des Haftalltags konzentrieren alle Überlegungen und Gedanken auf das „Ich".

Es konnten 4 Interviews von vornherein nicht schriftlich erfasst und daher auch nicht in die Auswertung einbezogenen werden, weil sie über weite Teile aus technischen Gründen (Störung des Aufnahmegerätes) oder aus sprachlichen Gründen (pfälzischer Dialekt verbunden mit undeutlichem Ausdruck) nahezu völlig unverständlich waren.

3. In der JVA Diez

Die Interviews mit den Gefangenen in der JVA Diez müssen differenziert betrachtet werden. Die Gefangenen der 1. Gruppe (Erstinhaftierte in den ersten drei Monaten ihrer Haft) waren überwiegend wenig erzählbereit bzw. -fähig, da sie offensichtlich noch zu wenig Kenntnisse über den Haftalltag und die Gewohnheiten im Vollzug besaßen. Die Gefangenen der 2. und 3. Gruppe waren überwiegend sehr erzählfreudig, was nicht überrascht, wenn man die Äußerung eines Gefangenen dieser Gruppe bedenkt, dieses Interview sei das erste Gespräch mit einem Außenstehenden innerhalb seiner Haftzeit. Das war u.a. ein Grund, warum ich stellenweise auch langen Ausführungen über die Lebensgeschichte und begangene Straftaten zugehört habe, obwohl sie für das zu untersuchende Thema nicht relevant waren. Im Anschluss daran konnte oftmals das Interview mit einer weiteren Frage fortgeführt werden.

Die Interviews mit den Gefangenen in der JVA Diez konnten ohne Ausnahme transkribiert und daher in die Datenauswertung einbezogen werden.

Als Ergebnis der Interviewreihen wird festgestellt, dass diese mit den Gefangenen – entgegen anfänglicher Zweifel und kritischer Voraussagen – weitgehend problemlos durchgeführt werden konnten, ohne dass Abstriche an ihrer Aussagekraft gemacht werden mussten.

C. Kategorienschema für Gefangene

Kategorie	AntwortNr.	Seite
1. Die erste Zeit in Haft - Gründe für die Verlegung - allgemeine Eindrücke in der ersten Zeit - Kenntnis von Anstaltsregeln (Hausordnung)		
2. Tagesplanung/-ablauf		
3. Arbeit / Ausbildung - Anstaltssituation - Vorstellungen/Verbesserungen		
4. Freizeit - Freizeitangebote - Freizeitvertreib		
5. Finanzielle Situation - Verdienst und Ausgaben während der Haft - Schulden und ihre Regulierung - Situation nach der Entlassung		
6. Rechtskenntnisse - Ausleihe von Gesetzen und Rechtsbüchern - rechtliche Beratung im Vollzug		
7. Anstaltsinterne Regelungen - u. a. Besuchs-, Telefon-, Fernseh-, Einkaufsregelung - Ausstattung des Haftraums		
8. Antragsbearbeitung / anstaltsinterne Entscheidungsprozesse - Gang, Dauer und Art der Antragsbescheidung - u.a. Entscheidungen über Vollzugslockerungen und Entlassungszeitpunkt		

9. Beschwerde / Klage - Bereitschaft; Gründe - Gang des Verfahrens - Reaktion der Anstalt		
10. Therapeutische Angebote		
11. Knastverhalten - allgemeine, nicht themenbezogene Aussagen über das Verhalten von Gefangenen im Knast		
12. Akzeptanz von Hilfe - Bereitschaft, sich zu öffnen - Eigenverantwortung - soziale Kontakte - Alkohol- und Drogenproblematik - persönliche Veränderungen während der Haft		
13. Die Vertreter der Fachdienste		
14. Die Beamten des AVD		
15. Umgang der Gefangenen untereinander		
16. GMV		
17. Sicherheit und Ordnung		
18. Disziplinarpraxis		
19. Anstaltsausrichtung - Vollzugsrichtlinien der Anstaltsleitung - Konzept der Anstalt - Einfluss des Justizministeriums		
20. Das Leben nach der Haft - Planung/Wünsche/Vorstellungen - Vorbereitung		
21. Der Status als Freigänger - Arbeitsverhältnis - Vorbereitung auf das FGH (z.B. halb offener Vollzug)		

D. Kategorienschema für Bedienstete

Kategorie	AntwortNr.	Seite
1. Berufliche Ausbildung - Art und Dauer der Ausbildung - Fort- und Weiterbildung - Berufsanfang in der JVA		
2. Berufliches Tätigkeitsfeld - Tagesablauf/Aufgabenbeschreibung - Verwaltungsarbeiten		
3. Rechtliche Vorgaben für den Strafvollzug - Beachtung und Umsetzung der Vorschriften - Entscheidungsspielräume - rechtliche Hindernisse bzw. Lücken		
4. Der Erziehungs- bzw. Behandlungsauftrag - Inhalte und Umsetzungsmöglichkeiten - konkrete Möglichkeiten, erzieherisch bzw. behandlerisch tätig zu werden; persönliche Motivation - Aufbau zwischenmenschlicher Beziehungen (Vertrauen)		
5. Anstaltsinterne Regelungen - Besuchs-, Telefon-, Fernseh-, Einkaufsregelung - Haftraumausstattung		
6. Antragsbearbeitung / anstaltsinterne Entscheidungsprozesse - Gang, Dauer und Art der Antragsbescheidung - Zusammensetzung des Entscheidungsgremiums (Vollzugsplanung) und Entscheidungsfindung - Gewichtung der Entscheidungsträger		
7. Beschwerde / Klage - Bearbeitung - „Querulantentum" - Gang des Verfahrens		

8. Angebote der JVA an die Gefangenen - Therapien - Lehrgänge (z.B. soziales Training) - Freizeitangebote - GMV		
9. Knastverhalten - allgemeine, nicht themenbezogene Aussagen über das Verhalten von Gefangenen im Knast		
10. Der AVD - Arbeitsfeld (wenn nicht schon unter Kat. 2) - das Verhältnis von jüngeren zu älteren Kollegen - das Verhältnis zu vorgesetzten Beamten - interne Konfliktlösung		
11. Die Fachdienste - Arbeitsfelder der Psychologen und Sozialarbeiter (wenn nicht schon unter Kat. 2)		
12. Sicherheit und Ordnung - Maßnahmen - Verhältnis zur Resozialisierung		
13. Disziplinarpraxis - Sanktionsmöglichkeiten - Gang des Verfahrens		
14. Berufseinstellung - Berufsauffassung - Verhaltenseinstellungen - anstaltsinterne und abteilungsinterne Verhaltensprinzipien		
15. Die Anstaltsausrichtung - Vollzugsvorgaben der Anstaltsleitung - Konzept der Anstalt		
16. Veränderungsvorschläge / Wünsche - mit rechtlichem, politischem oder gesellschaftlichem Inhalt - Verhältnis zur Aufsichtsbehörde		

Literaturverzeichnis

Arbeitsgruppe Bielefelder Soziologen (Hrsg.), Alltagswissen, Interaktion und gesellschaftliche Wirklichkeit, Bd. 1, Symbolischer Interaktionismus und Ethnomethodologie, 5. Aufl., Opladen 1980, und Bd. 2, Kommunikative Sozialforschung, München 1976

Atteslander, Peter, Methoden der empirischen Sozialforschung, 9. Aufl., Berlin/New York 2000

Atteslander, Peter/*Kopp*, Manfred, Befragung, in: Erwin Roth (Hrsg.), Sozialwissenschaftliche Methoden, 4. Aufl., München/Wien 1995, S. 146-174

Bandell, Dieter, Behandlung, Sicherheit, Schuld im Strafvollzug – Erfahrungen in der Praxis, in: Alexander Böhm/Hans-Dieter Schwind/Gernot Steinhilper (Hrsg.), 10 Jahre Strafvollzugsgesetz. Resozialisierung als alleiniges Vollzugsziel?, Heidelberg 1988, S. 45-54
- *ders.*, Erfahrungen mit dem Strafvollzugsgesetz aus der Sicht der Praxis, in: Gesellschaft für Rechtspolitik (Hrsg.), Bitburger Gespräche, Jahrbuch 1986/2, München 1986, S. 53-64

Blanke, Thomas, Verrechtlichung von Wirtschaft, Arbeit und sozialer Solidarität, KJ 21 (1988), S. 190-200

Bleckmann, Albrecht, Zum Sonderstatus insbesondere der Straf- und Untersuchungsgefangenen, DVBl. 1984, S. 991-996

Bock, Marlene, „Das halbstrukturierte-leitfadenorientierte Tiefeninterview." Theorie und Praxis der Methode am Beispiel von Paarinterviews, in: Jürgen H.P. Hoffmeyer-Zlotnik (Hrsg.), Analyse verbaler Daten: über den Umgang mit qualitativen Daten, Opladen 1992, S. 90-107; zit. Marlene Bock

Bock, Michael, Schädlich, überflüssig, schmutzig., in: Michael Bock/Wolfgang Feuerhelm/Hans-Dieter Schwind (Hrsg.), Festschrift für Alexander Böhm, Berlin/ New York 1999, S. 285-303.
- *ders.*, Recht ohne Maß. Die Bedeutung der Verrechtlichung für Person und Gemeinschaft, Berlin 1988
- *ders.*, Recht und Gesellschaft unter den Bedingungen der Verrechtlichung, MschKrim 1986, S. 289-295

Böhm, Alexander, Zur Diskussion um die gesetzliche Regelung und die tatsächliche Entwicklung des Jugendstrafvollzugs, in: Hans-Dieter Schwind/ Edwin Kube/ Hans-Heiner Kühne (Hrsg.), Festschrift für Hans Joachim Schneider, Kriminologie an der Schwelle zum 21. Jahrhundert, Berlin 1998, S. 1013-1035
- *ders.*, Das Berufsbild der Strafvollzugsbediensteten im Wandel der Zeit, ZfStrVo 1992, S. 275-279
- *ders.*, Zur „Verrechtlichung" des Strafvollzugs, ZfStrVo 1992, S. 37-41
- *ders.*, Vollzugslockerungen und offener Vollzug zwischen Strafzwecken und Vollzugszielen, NStZ 1986, S. 201-206
- *ders.*, Zur Sozialtherapie, NJW 1985, S. 1813-1816
- *ders.*, Überlegungen zur Rechtsstellung der im Jugendstrafvollzug befindlichen Gefangenen, in: Hans-Dieter Schwind (Hrsg.), Festschrift für Günter Blau, Berlin/ New York 1985, S. 189-205

Böllinger, Lorenz, Unheils-Ideologie. Bemerkungen zu einer Soziologie des Strafvollzugs, KJ 15 (1982), S. 88-94

Böttger, Andreas, „Hervorlocken" oder Aushandeln? Zu Methodologie und Methode des „rekonstruktiven Interviews" in der Sozialforschung, in: Rainer Strobl/ Andreas Böttger (Hrsg.), Wahre Geschichten?, Zur Theorie und Praxis qualitativer Interviews, Baden-Baden 1996, S. 131-157

Bukowski, Annette, Benachteiligungen im Jugendstrafvollzug? Ergebnisse qualitativer Interviews mit türkischen Insassen, Konstanz 1998

Calliess, Rolf-Peter/*Müller-Dietz*, Heinz, Strafvollzugsgesetz, 8. Aufl., München 2000

Damman, Burkhard/*Scheerer*, Sebastian, Verrechtlichung der Drogentherapie. Absicherung der Therapiefreiheit oder Festschreibung des „helfenden" Zwangs?, Recht und Psychiatrie 1985, S. 6-10

Deggau, Hans-Georg, Über einige Voraussetzungen und Folgen der Verrechtlichung, Rechtstheorie 20 (1989), S. 98-128

Dietl, Hubert, Alle im Vollzug Tätigen arbeiten zusammen, ZfStrVo 1989, S. 4-7

Dolde, Gabriele, Motivationsprobleme der Strafvollzugsbediensteten, in: Heinz Müller-Dietz/Michael Walter (Hrsg.), Strafvollzug in den 90er-Jahren, Festgabe für Karl Peter Rotthaus, Pfaffenweiler 1995, S. 45-54

Egg, Rudolf, Straftäterbehandlung unter Bedingungen äußeren Zwangs, in: Michael Bock/Wolfgang Feuerhelm/Hans-Dieter Schwind (Hrsg.), Festschrift für Alexander Böhm, Berlin/New York 1999, S. 397-418
- *ders.*, Der Streitfall Sozialtherapie, in: Heinz Müller-Dietz/Michael Walter (Hrsg.), Strafvollzug in den 90er-Jahren, Festgabe für Karl Peter Rotthaus, Pfaffenweiler 1995, S. 55-68

Eisenberg, Ulrich, Über sozialtherapeutische Behandlung von Gefangenen, ZStrW 1986, S. 1042-1066

Ellwein, Thomas, Aus Vernunft und Wohltat darf nicht Plage werden. Recht und Verrechtlichung – ein historischer Problemaufriss, Materialien zur Politischen Bildung 1979, S. 18-22

Feest, Johannes/*Lesting*, Wolfgang/*Selling*, Peter, Totale Institution und Rechtsschutz. Eine Untersuchung zum Rechtsschutz im Strafvollzug, Opladen 1997
- *ders.*, Totale Institution und Rechtsschutz. Einleitende Bemerkungen, KrimJ 25 (1993), S. 8-11
- *ders.*, (Hrsg.), Strafvollzugsgesetz. Reihe Alternativkommentare, 3. Aufl., Neuwied/Darmstadt 1990

Flick, Uwe/*Kardorff* v., Ernst/*Keupp*, Heiner/*Rosenstiel* v., Lutz/*Wolff*, Stephan (Hrsg.), Handbuch Qualitative Sozialforschung. Grundlagen, Konzepte, Methoden und Anwendungen, 2. Aufl., Weinheim 1995

Fliedner, Ortlieb, Notwendigkeit, Verständlichkeit und Praktikabilität von Rechtsvorschriften, ZG 1993, S. 347-356

Friedrichs, Jürgen, Methoden empirischer Sozialforschung, 14. Aufl., Opladen 1990

Göppinger, Hans, Kriminologie, 5. Aufl., München 1997

Groeben, Norbert/*Rustemeyer*, Ruth, Inhaltsanalyse, in: Eckard König/ Peter Zedler (Hrsg.), Bilanz qualitativer Forschung, Band II: Methoden, Weinheim 1995, S. 523-554

Haag, Fritz, Psychologen und Juristen im Strafvollzug, in: Heribert Ostendorf (Hrsg.), Integration von Strafrechts- und Sozialwissenschaften, Festschrift für Lieselotte Pongratz, München 1986, S. 217-227

Habermas, Jürgen, Theorie des kommunikativen Handelns, Bd. 2: Zur Kritik der funktionalistischen Vernunft, Frankfurt a.M. 1981

Hassemer, Winfried, Resozialisierung und Rechtsstaat, KrimJ 14 (1982), S. 161-166

Herrfahrdt, Rolf, Das Strafvollzugsgesetz auf dem Prüfstand, ZfStrVo 1990, S. 3-9

Hill, Hermann, Impulse zum Erlass eines Gesetzes, DÖV 1981, S. 487-497

Hoffmann-Riem, Christa, Die Sozialforschung einer interpretativen Soziologie. Der Datengewinn, Kölner Zeitschrift für Soziologie und Sozialpsychologie 32 (1980), S. 339-372

Holtschneider, Rainer, Normenflut und Rechtsversagen: wie wirksam sind rechtliche Regelungen?, Baden-Baden 1991

Hopf, Christel, Die Pseudo-Exploration – Überlegungen zur Technik qualitativer Interviews in der Sozialforschung, Zeitschrift für Soziologie 7 (1978), S. 97-115
- *dies./Riecker*, Peter/*Sanden-Marcus*, Martina/*Schmidt*, Christiane, Familie und Rechtsextremismus, Weinheim/München 1995

Kaiser, Günther, Resozialisierung und Zeitgeist, in: Rüdiger Herren/Diethelm Kienapfel/ Heinz Müller-Dietz (Hrsg.), Kultur, Kriminalität, Strafrecht, Festschrift für Thomas Würtenberger, Berlin 1977, S. 359-372

Kaiser, Günther/*Kerner*, Hans-Jürgen/*Schöch*, Heinz, Strafvollzug, 4. Aufl., Heidelberg 1992

Kamann, Ulrich, Der Richter als Mediator im Gefängnis: Idee, Wirklichkeit und Möglichkeit, KrimJ 25 (1993), S. 13-25

Kleining, Gerhard, Umriss zu einer Methodologie qualitativer Sozialforschung, Kölner Zeitschrift für Soziologie und Sozialpsychologie 34 (1982), S. 225-253

Kleinknecht, Theodor/*Meyer-Goßner*, Lutz, Strafprozessordnung, 44. Aufl., München 1999

Koepsel, Das Vollzugskonzept des Strafvollzugsgesetzes und seine Veränderungen durch Verwaltungsvorschriften und Erlasse der Landesjustizverwaltungen, ZfStrVo 1992, S. 46-51
- *ders.*, Strafvollzug im Sozialstaat. Die Auswirkungen des Sozialstaatsprinzips auf das Strafvollzugsrecht, Diss., Hamburg 1985

Kromrey, Helmut, Empirische Sozialforschung: Modelle und Methoden der Datenerhebung und Datenauswertung, 8. Aufl., Opladen 1998

Kury, Helmut, Zum Stand der Behandlungsforschung, in: Michael Bock/Wolfgang Feuerhelm/Hans-Dieter Schwind (Hrsg.), Festschrift für Alexander Böhm, Berlin/New York 1999, S. 251-274

- *ders.*, Die Behandlung Straffälliger, Teilbd. 1: Inhaltliche und methodische Probleme der Behandlungsforschung, Berlin 1986

Lamnek, Siegfried, Qualitative Sozialforschung, Bd. 1: Methodologie, 3. Aufl., Weinheim 1995
- *ders.*, Qualitative Sozialforschung, Bd. 2: Methoden und Techniken, 3. Aufl., Weinheim 1995

Lamott, Franziska, Die erzwungene Beichte. Zur Kritik des therapeutischen Strafvollzugs, Diss., München 1984

Laubenthal, Klaus, Strafvollzug, 2. Aufl., Berlin u.a. 1998

Mayntz, Renate/*Holm*, Kurt/*Hübner*, Peter, Einführung in die Methoden der empirischen Soziologie, 4. Aufl., Opladen 1974

Mayring, Philipp, Qualitative Inhaltsanalyse. Grundlagen und Techniken, 5. Aufl., Weinheim 1995

Michelitsch-Träger, Ingrid, Sozialtherapeutisch ausgerichteter Wohngruppenvollzug – oder: was man wissen muss, wenn man eine Wohngruppe implementieren will, ZfStrVo 1991, S. 282-286

Mrozynski, Peter, Resozialisierung und soziales Betreuungsverhältnis. Eine Untersuchung zur Bedeutung des Sozialrechts in der Resozialisierung, Heidelberg 1984

Mühlfeld, Claus/*Windolf*, Paul/*Lampert*, Norbert/*Krüger*, Heidi, Auswertungsprobleme offener Interviews, Soziale Welt 1981, S. 325-353

Müller-Dietz, Heinz, 20 Jahre Strafvollzugsgesetz – Anspruch und Wirklichkeit –, ZfStrVo 1998, S. 12-16
- *ders.*, Grundfragen des heutigen Strafvollzugs, NStZ 1990, S. 305-311
- *ders.*, Erfahrungen mit dem Strafvollzugsgesetz, in: Gesellschaft für Rechtspolitik (Hrsg.), Bitburger Gespräche, Jahrbuch 1986/2, München 1986, S. 27-52

- *ders.*, Empirische Forschung und Strafvollzug, Frankfurt a.M. 1976

Oevermann, Ulrich, Die Methodologie einer „objektiven Hermeneutik" und ihre allgemeine forschungslogische Bedeutung in den Sozialwissenschaften, in: Hans-Georg Soeffner (Hrsg.), Interpretative Verfahren in den Sozial- und Textwissenschaften, Stuttgart 1979

Pieroth, Bodo/Schlink, Bernhard, Grundrechte. Staatsrecht II, 15. Aufl., Heidelberg 1999

Pollähne, Helmut, Lockerungen im Maßregelvollzug. Eine Untersuchung am Beispiel der Anwendung des nordrhein-westfälischen Maßregelvollzugsgesetzes im Westfälischen Zentrum für forensische Psychiatrie (Lippstadt), Frankfurt a.M. u.a. 1994

Preusker, Harald, Erfahrungen der Praxis mit dem Strafvollzugsgesetz, ZfStrVo 1987, S. 11-16

Reitemeier, Ulrich, Qualitative Sozialforschung und Kriminologische Forschungsperspektiven, in: Helmut Kury (Hrsg.), Methodologische Probleme in der kriminologischen Forschungspraxis, Köln u.a. 1984, S. 511-546

Rehn, Gerhard, Behandlung im Strafvollzug: unzeitgemäß?, in: Heinz Müller-Dietz/Michael Walter (Hrsg.), Strafvollzug in den 90er-Jahren, Festgabe für Karl Peter Rotthaus, Pfaffenweiler 1995, S. 69-85

Rosner, Anton, Die Arbeitssituation der Bediensteten im Strafvollzug – eine empirische Untersuchung zur Situation der Mitarbeiter nach der Strafvollzugsreform, ZfStrVo 1983, S. 67-73

Rotthaus, Karl Peter, Rechtsschutz und Mediation im Strafvollzug. Anmerkungen zu Plumbohm und Kamann, KrimJ 25 (1993), S. 56-61
- *ders.*, Die Bedeutung des Strafvollzugsgesetzes für die Reform des Strafvollzugs, NStZ 1987, S. 1-5

Schaffstein Friedrich/*Beulke* Werner, Jugendstrafrecht, 13. Aufl., Stuttgart u.a. 1998

Schmidt, Christiane, „Am Material": Auswertungstechniken für Leitfadeninterviews, in: Barbara Friebertshäuser/Annedore Prengel (Hrsg.), Handbuch Qualitative Forschungsmethoden in der Erziehungswissenschaft, Weinheim/München 1997, S. 544-568

Schneider, Hans Joachim, Kriminologie, Berlin/New York 1987

Schneider, Hendrik, Grundlagen der Kriminalprognose, Berlin 1996; zit. Hendrik Schneider

Schüler-Springorum, Horst, Hauptprobleme einer gesetzlichen Regelung des Jugendstrafvollzugs, in: Rüdiger Herren/Diethelm Kienapfel/Heinz Müller-Dietz (Hrsg.), Kultur, Kriminalität, Strafrecht, Festschrift für Thomas Würtenberger, Berlin 1977, S. 425-447

Schwind, Hans Dieter/*Böhm*, Alexander (Hrsg.), Strafvollzugsgesetz, 3. Aufl., Berlin/ New York 1999

Spöhring, Walter, Qualitative Sozialforschung, 2. Aufl., Stuttgart 1995

Strauss, Anselm L., Grundlagen qualitativer Sozialforschung: Datenanalyse und Theorienbildung in der empirischen soziologischen Forschung, München 1991

Teubner, Gunther, Verrechtlichung – Begriffe, Merkmale, Grenzen, Auswege, in: Friedrich Kübler (Hrsg.), Verrechtlichung von Wirtschaft, Arbeit und sozialer Solidarität, Baden-Baden 1984, S. 289-344

Vogel, Hans-Jochen, Zur Diskussion um die Normenflut, JZ 1979, S. 321-325

Voigt, Rüdiger (Hrsg.), Gegentendenzen zur Verrechtlichung, Jahrbuch für Rechtssoziologie und Rechtstheorie, Bd. 9, Opladen 1983

- *ders.*, Mehr Gerechtigkeit durch mehr Gesetz? Ein Beitrag zur Verrechtlichungsdiskussion, Aus Politik und Zeitgeschichte, B 21/81, 23. Mai 1981, S. 3- 23
- *ders.*, Verrechtlichung des Rechtsstaats. Schutz des Individuums oder Gefahr für die persönliche Freiheit?, Materialien zur Politischen Bildung 1979, S. 23-29

Wagner, Georg, Strafvollzug und Sicherheitspolitik, in: Heinz Müller-Dietz/Michael Walter (Hrsg.), Strafvollzug in den 90er-Jahren, Festgabe für Karl Peter Rotthaus, Pfaffenweiler 1995, S. 183-190

Walter, Michael, Strafvollzug, 2. Aufl., Stuttgart u.a. 1999

Wingenfeld, Angelika, Die Verrechtlichung des Strafvollzugs in ihren Auswirkungen auf die judikative Entscheidungspraxis, Diss., Aachen 1999

Witzel, Andreas, Auswertung problemzentrierter Interviews: Grundlagen und Erfahrungen, in: Rainer Strobl/Andreas Böttger (Hrsg.), Wahre Geschichten?, Zur Theorie und Praxis qualitativer Interviews, Baden-Baden 1996, S. 49-75

Wycisk, Petra/*Noeres*, Peter, Strafvollzug als Therapieziel?, Recht und Psychiatrie 1991, S. 114-118

Zacher, Hans F., Das soziale Staatsziel, in: Josef Isensee/Paul Kirchhof (Hrsg.), Handbuch des Staatsrechts, Bd. I, 2. unveränderte Aufl., Heidelberg 1995

STUDIEN UND MATERIALIEN ZUM STRAF- UND MASSREGELVOLLZUG

◯ *Hürlimann, Michael*
**Informelle Führer und Einflußfaktoren
in der Subkultur des Strafvollzugs**
Band 1, 1993, 232 + LXVII S., ISBN 3-89085-643-X, 29,65 €

◯ *Steller, Max / Dahle, Klaus-Peter / Basqué, Monika (Hg.)*
Straftäterbehandlung
Band 2, 2. Auflage 2003, 318 S., ISBN 3-89085-873-2, 29,65 € (NA in Vorbereitung)

◯ *Müller-Dietz, Heinz / Walter, Michael (Hg.)*
Strafvollzug in den 90er Jahren. Perspektiven und Herausforderungen. Festgabe für Karl-Peter Rotthaus
Band 3, 1995, 260 S., ISBN 3-8255-0029-2, 34,77 €

◯ *Weber, Florian*
Gefährlichkeitsprognose im Maßregelvollzug. Entwicklung sowie Reliabilitätsprüfung eines Prognosefragebogens als Grundlage für Hypothesenbildung und langfristige Validierung von Prognosefaktoren
Band 4, 1996, 140 S., ISBN 3-8255-0056-X, 29,65 €
zusätzlich:
◯ *Weber & Leygraf:* **Prognosefragebogen nach Weber & Leygraf**
1996, 12 S., ISBN 3-8255-0164-7, 51,13 € (1 Einheit = 50 Fragebögen)

◯ *Rassow, Peter*
Bibliographie Gefängnisseelsorge
Band 5, 1998, 300 Seiten, ISBN 3-8255-0196-5, 30,58 €

◯ *Ommerborn, Rainer / Schuemer, Rudolf*
Fernstudium im Strafvollzug
Band 6, 1999, 244 S., ISBN 3-8255-0232-5, 25,46 €

◯ *Lösel, Friedrich / Pomplun, Oliver*
Jugendhilfe statt Untersuchungshaft.
Eine Evaluationsstudie zur Heimunterbringung
Band 7, 1998, 196 S., ISBN 3-8255-0247-3, 30,58 €

◯ *Pecher, Willi*
Tiefenpsychologisch orientierte Psychotherapie im Justizvollzug. Eine empirische Untersuchung der Erfahrungen und Einschätzungen von Psychotherapeuten in deutschen Gefängnissen
Band 8, 1999, 300 + X S., ISBN 3-8255-0234-1, 30,58 €

CENTAURUS VERLAG

STUDIEN UND MATERIALIEN ZUM STRAF- UND MASSREGELVOLLZUG

○ *Bundesarbeitsgemeinschaft der Lehrer im Justizvollzug (Hg.)*
Justizvollzug & Pädagogik. Tradition und Herausforderung
Band 9, 2. Auflage 2001, 200 S., ISBN 3-8255-0270-8, 20,35 €

○ *Walther, Jutta*
Möglichkeiten und Perspektiven einer opferbezogenen Gestaltung des Strafvollzugs
Bd. 10, 2002, 330 S., ISBN 3-8255-0303-8, 30,60 €

○ *Rehn, Gerhard / Wischka, Bernd / Lösel Friedrich / Walter, Michael (Hg.)*
Behandlung „gefährlicher Straftäter". Grundlagen, Konzepte, Ergebnisse
Bd. 11, 2. überarb. Auflage 2001, 442 S., ISBN 3-8255-0315-1, 35,69 €

○ *Mandt, Brigitte*
Die Gefährdung öffentlicher Sicherheit durch Entweichungen aus dem geschlossenen Strafvollzug. Eine empirische Untersuchung am Beispiel des Landes Nordrhein-Westfalen in den Jahren 1986 – 1988
Band 12, 2001, 350 S., ISBN 3-8255-0321-6, 30,58 €

○ *Ross, Thomas*
Bindungsstile von gefährlichen Straftätern
Band 13, 2001, 200 S., ISBN 3-8255-0329-1, 23,53 €

○ *Böhmer, Mechthild*
Forensische Psychotherapieforschung: Eine Einzelfallstudie
Band 14, 2001, 140 Seiten, ISBN 3-8255-0336-4, 20,35 €

○ *Zabeck, Anna*
Funktion und Entwicklungsperspektiven ambulanter Sanktionen. Ein Rechtsvergleich zwischen England / Wales und Deutschland
Bd. 15, 2001, 380 S., ISBN 3-8255-0334-8, 34,77 €

○ *Tzschaschel, Nadja*
Ausländische Gefangene im Strafvollzug. Eine vergleichende Bestandsaufnahme der Vollzugsgestaltung bei ausländischen und deutschen Gefangenen sowie eine Untersuchung zur Anwendung des § 456a StPO. Ergebnisse einer in Nordrhein-Westfalen durchgeführten Aktenanalyse
Bd. 17, 2002, 170 S., ISBN 3-8255-0377-1, 24,60 €

○ *Giefers-Wieland, Natalie*
Private Strafvollzugsanstalten in den USA. Eine Perspektive für Deutschland?
Bd. 18, 2002, 246 Seiten, ISBN 3-8255-0383-6, 26,90 €

CENTAURUS VERLAG

MIX
Papier aus verantwortungsvollen Quellen
Paper from responsible sources
FSC® C105338

If you have any concerns about our products,
you can contact us on
ProductSafety@springernature.com

In case Publisher is established outside the EU,
the EU authorized representative is:
**Springer Nature Customer Service Center GmbH
Europaplatz 3, 69115 Heidelberg, Germany**

Printed by Libri Plureos GmbH
in Hamburg, Germany